東京都 日野市
公立小中学校全教師・教育委員会
with
小貫 悟

通常学級での
特別支援教育の
スタンダード

自己チェックと
ユニバーサルデザイン環境の
作り方

東京書籍

自 己 紹 介

　私は、とても、ユニークな「本」です。

　ですから、なんだか、珍しいことかもしれませんが、「本」である私は、ここで自己紹介をさせていただこうと思います。皆さんに、私の中を見ていただく前に「どうしても」と思いまして。

　私が、なぜユニークなのかと言えば、東京都多摩地区の日野市という一つの地域の小学校、中学校の約650名の教師全員の実践から産み出された本だからです。

　ある年の春には、市内の教師全員が、私の中にあるチェックリストを使って、自分自身の普段の指導の様子を振り返りました。その年の暑い夏に、やはり全員で市のホールに集まって特別支援教育のためのユニバーサルデザインの考え方を研修しました。秋には、一人一人が持っている教材をユニバーサルデザインの視点から点検して、互いの取り組みを見せ合ったり、提案し合ったりしました。これらの取り組みは、私の一部になっています。さらに冬には、各校の特別支援教育コーディネーターを中心とした人たちが、これまでの教師生活を振り返って、思い出として残る子どもたちとの出会いや、教育上の工夫、思いをコラムにしました。私は、それを身につけることで、彩りある暖かい衣裳を手に入れることができたのです。

　私が育つ間には、教師だけでなく、市の教育長をはじめ、教育委員会の指導主事、市内の幼稚園の先生、市内にある大学の研究者、そして、この地域を担う医療機関の医師などの学校の「サポーター」たちも、それぞれの立場で必要なことを伝えてくれました。私はそれをしっかり受け止めました。

　そんなふうにして、市内のあちこちに咲く「実践」という名のちいさな花を集めたら、私が1冊分になったというわけです。

　特別な大先生でもなく、特別な立場でもない、ごくごく普通の教育実践者たちが、子どもたちが活き活きと輝く方法を、一丸になって一生懸命考えてみたら生まれていた……そんな私なのです。

　そして、色々のご縁の中で、私は出版という形で、もっと広い地に送り出されることになりました。

　こうして、全国の教育実践者の先生方とも出会える機会が、私に与えられたのです。

　私の中にある一つ一つのアイデアや思いは、どのような形でこれから出会う人たちの役に立つのでしょうか。この旅の先にあるものは、一体なんなのでしょう……。本当に楽しみです。

　私の中にある、実践という名の花々が、読者の中で種となり、各地の学校で、もっともっと綺麗な花を咲かせ、その種が、どこからか風に乗って、いつのまにか故郷の日野市に戻って、また、みずみずしい花を咲かせてくれたら……なんて、夢をもちながら、旅立とうと思います。

編者まえがき

　この本は、東京都日野市という一つの自治体にある全小中学校25校の全教師約650名がなんらかの形で参加した特別支援教育の実践の現在までの到達点をまとめ、広く全国に向けて仕立てたものです。平成19年度から全国でスタートした特別支援教育に対して、それよりも一年前倒しして平成18年度を本格スタートと位置づけた日野市は、市の基本テーマの柱の一つに「特別支援教育の充実」を掲げ、熱心に取り組み続けてきました。

　教育委員会の中に特別な部署を立ち上げ、大学と連携を結び、巡回相談を強化し、市内のどこの学校であれ、特別支援教育に関わる悩みがある場合は、その内容に応じて、行政や専門家などが相談にあたるという目標達成に向けて体制を整えてきました。ハード面でも、特別支援学級の増設、全小学校に特別支援教室（学習支援室のことです。週に1、2時間の個別指導が受けられます。日野市では「リソースルーム」と呼んでいます）の設置、巡回相談員の増員と次々に手を打ちました。こうした取り組みと並行して、コーディネーター研修会の充実についても試行錯誤を続け、その工夫に注目した東京都が、都内すべての自治体から推薦された代表者が受ける都のコーディネーター研修会について、日野市との合同開催を申し入れてくださるという名誉もありました。

　このような取り組みの中で、市内の教師が使える特別支援教育の「手引き書」が必要になりました。平成19年度には簡単なものができ、全教師に配付されましたが、内容を絞ったこともあって、コーディネーターや管理職以外にはあまり役立たなかったようです。すべての教師に役立つ手引き書が必要という意識が高まってきましたが、なかなか、作るアイデアとタイミングが得られませんでした。

　一方で、市内の学校でのハード面の充実を中心に取り組んだ3ヶ年計画の最終年の平成21年度からは、次なる特別支援教育の推進計画の基本テーマに「ソフト面の充実」を掲げ、それを実現するための検討が始まりました。充実してきたハードを活用するソフト面の充実です。それには、教師一人一人の指導方法が重要になります。充実とは、教師が特別支援教育の指導法をよく理解し実践できるようになることです。一方で、従来の障害児教育の手法をそのまま通常学級に持ち込むやり方には不適切な面もありました。障害児教育の個別的な対応が、集団への指導を基本とする通常学級にはなじみにくかったのです。そのため、日野市では検討委員会を立ち上げ、この問題をどうするか検討してきました。

　その結果が「ひのスタンダード」の策定というアイデアです。それは、市内の各小中学校の通常学級で実際に行う特別支援教育の内容と基準を具体的に示そうという試みです。ただし、特別支援教育と一口で言っても、その示す範囲は広く、整理が必要でした。この整理に役に立ったのが、編者の一人である小貫が試行錯誤して作成したモデルです（23頁の図参照）。特別支援教育で必要とされていることを、子どもを中心にして同心円状に並べてみました。本書ではこれを「包み込むモデル」と呼んでいます。このモデルに沿って、特別支援教育の各層ですべきことを「チェックリスト」にで

きるくらいに明確にするという試みが始まりました。

このチェックリストの内容は最後の最後まで修正が重ねられました。そして、平成21年度の一学期には、市内のすべての教師が自分の指導を特別支援教育の視点から見直す目的でチェックが実施されました。検討委員会の中では、長く経験を積んでこられた先生方にこうした問題提起的なチェックを行うこと自体が反発を生むのではないかという心配もありました。しかし、従来の教育に欠けていた部分を補う特別支援教育では、経験豊富な先生方にも頭の切り替えが求められます。結果的には、多くの先生方が実に正直に自身の指導内容を評定してくださいました。チェックリストの記入から生じた数々の疑問や気づきに対しては、チェック項目の一つ一つが意味するところについて明解に解説することで対応するようにしました。これらを手引き書にすれば、チェックリストが生き、どの先生方にも、手元に置いていただいて役立てられるのではないかと考えるようになりました。このようにして、本書の各章を形づくる項目別の解説文作成作業が始まりました。

しかし、この作業は想像以上に大変なものでした。書かれる内容は、実際に現場で使えるものでなければなりません。日々頑張っておられる先生方の顔が一人一人浮かぶ中で、理想的な内容ばかりを書くのではなく、あくまで実践的で「役に立つ！」と喜んでもらえるようにまとめねばならないと思いました。結局は、文部科学省からの発信や、全国の実践研究などを参考にしながらも、できるだけ現場でできることに絞ったり、新たに発想したりという作業になりました。特に「学級環境作り」や「授業における指導方法」の部分は執筆が難しいものでした。この部分の執筆にあたり、指針となったのが「バリアフリー」という理念とともに、一般で使われるようになった「ユニバーサルデザイン」の発想です（「はじめに」22頁参照）。これは、最近では特別支援教育の中にも取り入れられるようになってきています。「障害の有無を超えた良き環境作り」というユニバーサルデザインの視点は、障害児教育と通常教育とを融合する発想そのものです。そこで、この視点をもって解説をまとめることとしたのです。

このユニバーサルデザインの発想を突き詰めて考えていくと「〈障害児教育の中にある要素を、うまく通常学級に持ち込むこと〉が、通常学級での特別支援教育の推進である」という視点が間違っており、これまでそれにどれほど縛られていたかがよく分かります。なぜなら、通常学級には「どの子も活かされる学級経営」「どの子にも分かる授業」という発想がすでに存在していたからです。これを活かさない手はないのです。そこで、さらに〈通常学級での特別支援教育 ⇒ 特別でない「支援教育」〉という視点も加わることになりました。検討委員会では、すでに通常学級に存在するたくさんの工夫と教材を市内から集める試みが始まりました。一学期に行ったその試みで分かったことは、通常学級は予想以上にユニバーサルデザインに基づく工夫・教材の宝庫であるということです。「これだけのものを各学校・各学級に埋もれさせておいては、もったいない」、これが、この作業に関わったすべて人の感想です。そして、夏休みの全教師を対象にした研修会で「ひのスタンダードの紹介」「ユニバーサルデザインの説明」が行われ、市内の全教師に対して、個々人の工夫・教材の分かち合い（シェアリング）が呼びかけられました。これに応じて集まったものが、450点を超える教材と工夫例です。これらのすべてを本書に載せられなかったことは、編者として心残りですが、一方で、内容を精選・昇華して多くの教師に役立ち、分かち合えるようにすることも大変に重要なことでした。

このように作業を進めていく中で、この取り組みの意義を理解してくださった出版社が、通常学級

での指導にも、特別支援教育にも詳しい東京書籍だったことは必然的な流れだったのかもしれません。こうして、日野市の手引き書作りは市だけのものでなくなり、全国でも使われる手引き書作りに変わっていったのです。

　本書の内容は、23頁の「包み込むモデル」に沿って記載されていますが、大きく3つの柱からできています。

　一つ目が前述した解説文です。ここが本書の理論的支柱になっています。しかし、前述したように、この部分は机上の空論になりやすい性質があります。「これは理想だけど、こんなこと現場ではできない！」と腹を立てながら読む特別支援教育の本もあります。この本はそうしたものにしたくなかったのです。そして、「みなさん、忙しいのだから、大体この程度でいいですよ」というような本にもしたくなかったのです。それでは、特別な教育的ニーズのある子どもたちにあまりに失礼です。したがって、文部科学省が示した模範内容を「では、現場で無理なく実現するためには一体どうしたらいいか」というような応用問題を解く姿勢でまとめていくことにしました。したがって本書の内容は、やはり全国的な基準を外れることはしていません。これも題名に「スタンダード」を入れた理由の一つです。理想と現実のせめぎ合いの中で着地したところが、そのまま本書の内容になっています。

　二つ目の柱として、解説に応じたコラムをたくさん載せることにしました。理論的な説明を目指した解説部分と、現実の制約の中で実際に行われることや、行われたことから得られた実感をコラムに載せることで「不可能なことは書かない」という方針の裏打ちとしました。このコラムは解説文と関連するように配置していますが、ここだけ拾い読みしてくださっても良いようになっています。このコラムについても集まったものすべてを掲載できなかったことは心残りです。日々の教育活動に疲れた時、あるいは手立てに行き詰まった時に、コラムを読んでみてください。きっと、また心に元気が湧いてくるはずです。

　そして、本書のメインではないかと思われる三つ目の柱、それが第4章と第5章に挙げた通常学級の中でのユニバーサルデザインの工夫の数々です。それぞれ70以上の事例を掲載しており、150近い工夫が紹介できました。これらの工夫はすべて、通常学級の中で実践されているもので、頭で考えただけのものは一つもありません。それらをチェックリストの項目内容に合わせて分類することで、特別支援教育の手引き書という任に堪えうるものになったと思います。これらの事例から、あらたなアイデアや工夫が全国で生まれることを期待しています。

　以上のように、紆余曲折、試行錯誤と教師の士気から生まれたこの本は、あくまで実践のための手引き書です。今後も新たな視点が追加されていくことになるでしょう。しかし、通常学級における特別支援教育に必要な「スタンダード」な視点を網羅できたのではないかと思っています。なぜなら、これは、特別な人や、特別なモデル校が作った本ではなく、日本の中の、ある一つの市の普通の学校での実践を基に作られた本だからです。

　「誰にでもできる」というユニバーサルデザインの基本理念は、本書のめざす存在意義そのものなのです。

編者一同

目次

はじめに | **通常学級での特別支援教育**……**15**

「発達障害の教育を通常学級で対応する」ことをよく考えてみる……15

人は本質的に社会的な動物である……15

人は「学び」を求める……16

学校が社会から期待されている機能と特殊教育……16

分離からのゆりもどし……17

インクルーシブ教育……17

発達障害の概念の登場……18

発達障害のある子への教育の意味……18

「通常学級における特別支援教育」が未来に残すもの……19

実際問題の発生……19

具体的対応の実際……19

より良い教育への模索はさらに続く……20

ユニバーサルデザインという発想……22

包み込むモデル……23

第1章 | **チェックリストを活用する**……**25**

1 チェックリスト　小学校用……26　中学校用……28

2 チェックリストを活用した実践例……30

　事例1：A小学校　教室環境の整備……30

　事例2：B小学校　個別指導計画の評価を確実に行うシステムを作る……32

　事例3：C小学校　保護者との連携……34

　事例4：D中学校　校内研修委員会との連携……36

第2章 | **特別支援教育システムのスタンダード**……**39**

1 通常学級における特別支援教育とは……40

2 LD、ADHD、高機能自閉症の理解……40〜50

3 特別支援教育コーディネーターの役割……50

4 校内委員会の役割……52

5 実態把握のための文書（以下、実態把握票）の作成……54

6 個別指導計画の作成……56

7 特別支援学級／特別支援学校……63

第3章 | **個別的配慮のスタンダード**……**67**

1 つまずき全般……68

2 学習のつまずき……69

3 社会性のつまずき……74

　　　　4　注意のつまずき……78
　　　　5　言葉のつまずき……80
　　　　6　運動のつまずき……84
　　　　7　情緒のつまずき……86

第4章　指導方法のスタンダード……93

1　時間の構造化……94
見通しの提示 94 ／進行している課題の理解 97 ／変更の伝達 100 ／時間の区切りの明確化 102　（以下、小見出しの一部は簡略化・短縮化された見出しになっています）

2　情報伝達の工夫……105
視覚的援助 105 ／具体的指示の徹底 112 ／記憶の負荷の軽減 116

3　参加の促進……120
助言の用意 120 ／発表できる機会 126 ／空白時間の排除 130 ／関心の持続 134

4　内容の構造化……138
進め方、段取りの明確化 138 ／スモールステップ化 143 ／パターン化 151

5　授業の中でのユニバーサルデザインの実践方法……155
(1) 構造化された指導案を作る……155
(2) 支援計画を作る……157
(3) 授業の実際　①小学校 低学年・算数科 ……158
　　　　　　　　②小学校 中学年・算数科 ……160
　　　　　　　　③小学校 高学年・算数科 ……162
　　　　　　　　④中学校・数学科 ……………164
　　　　　　　　⑤小学校 低学年・国語科 ……166
　　　　　　　　⑥小学校 中学年・国語科 ……168
　　　　　　　　⑦小学校 中学年・体育科 ……170
　　　　　　　　⑧小学校 高学年・体育科 ……172

第5章　学級環境のスタンダード……175

1　場の構造化……176
教室の中の物品の配置の分かりやすさなど 176 ／座席への配慮 188

2　刺激量の調整……191
掲示物の制限・精選／棚等の目隠し 191 ／音刺激への配慮 197 ／人刺激への配慮 191

3　ルールの明確化……204
実行可能性の高さ 204 ／役割・ルール内容の参照 210 ／ルール遵守の確認、評価の実施 216

4　クラス内の相互理解の工夫……218
一人一人の目標の設定 218 ／協力場面の設定 223 ／保護者の理解・協力 227

第6章 学校環境のスタンダード……233

1. 組織作り……234
2. 理解・啓発……238
3. 発見……241
4. 把握・分析……248
5. 配慮・支援……252
6. 評価……254
7. 引き継ぎ……256
8. 連携……259
9. 学校環境維持のための校内委員会の年間スケジュールモデル……262

第7章 地域環境のスタンダード……265

1. 専門家チーム……266
   判断……266／個別指導計画作成への助言……267／
   関係者への説明……267
2. 巡回相談……270
   巡回相談の役割……270／巡回相談の事例……270
3. 就学・進学システム……272
4. 研修システム……275
5. 専門機関との連携……276
6. 行政システム間の連携……277
   連携協議会……277／個別の教育支援計画……277

終章……281

論点1：包み込むモデルによって、なぜ育つのか。……282

論点2：包み込まれて育つことが社会自立を妨げないのか。……283

論点3：包み込むモデルで育つことが、その子の将来にどう影響するのか。……285

おわりに…286

あとがき……287

編著・執筆・編集者 紹介……290

付録……293

- 実態把握票　児童のようす……294　生徒のようす……296
- 個別の指導計画……299
- 就学支援シート……300　進学支援シート……302
- 個別の教育支援計画……304
- チェックリスト　小学校用……312　中学校用……314

コラム一覧

コラム1	現場からの実感	クラスメイト	24
コラム2	現場からの実感	特別支援教育の始まりの時に	41
コラム3	現場からの実感	僕のこと 分かった？	44
コラム4	現場からの実感	ありのままで	49
コラム5	現場からの実感	「コーディネーターならでは」の視点とは	51
コラム6	現場からの実感	校内委員会のやりがい	53
コラム7	現場からの実感	答案用紙には、ヒントがいっぱい！	55
コラム8	現場からの実感	個別指導計画を作ること	62
コラム9	現場からの実感	二つの心残り	64
コラム10	現場での出会い	聴覚過敏のN君	68
コラム11	現場での出会い	先取り九九で生まれた笑顔	70
コラム12	現場での出会い	漢字が苦手でも	71
コラム13	現場からの実感	「連携」について思うこと	73
コラム14	現場での出会い	真っ白な体操着	74
コラム15	現場での出会い	トンボから5段タワーへ	76
コラム16	現場での出会い	いつも見てもらっている	77
コラム17	現場での出会い	「変わる」ためにできることを全部やってみる	78
コラム18	現場での出会い	「落ち着かないんだよなぁ…」	80
コラム19	現場からの実感	紙しばい	82
コラム20	現場での出会い	伝えるべきこと	83
コラム21	現場での出会い	すぐに器用になる特効薬はないけれど	85
コラム22	現場での出会い	意欲とやる気を生んだ「がんばるマン表」	86
コラム23	現場での出会い	ハムスター	87
コラム24	現場での出会い	関係	88
コラム25	現場での出会い	思春期の難しさ	90
コラム26	現場での出会い	コミュニケーション	91
コラム27	現場からの実感	児童理解	104
コラム28	現場での出会い	けんばんハーモニカ	147
コラム29	現場での出会い	技能習得への道	150

コラム 30	現場での出会い	跳び箱	174
コラム 31	現場からの実感	教師の声もストレス??	201
コラム 32	現場からの実感	心を一つに	226
コラム 33	現場での出会い	連絡帳交換日記	229
コラム 34	現場からの実感	違いを受け入れる	231
コラム 35	現場での工夫	コーディネーターを一人から複数にしてみた	234
コラム 36	現場での工夫	〈分担〉と〈計画〉で委員会が「楽に開ける」工夫を	235
コラム 37	現場での工夫	会議のもち方	236
コラム 38	現場での工夫	担任が抱え込まないように	237
コラム 39	現場での工夫	これも"ユニバーサルデザイン"なんだね	239
コラム 40	現場での工夫	講師が見つからない時は、校内の一人一人の先生方が「講師」	240
コラム 41	現場からの実感	校内委員会で、全校児童一人一人をみています!!	242
コラム 42	現場からの実感	どうしてなのかな?	244
コラム 43	現場からの実感	そんな生徒、他にもいますよ	246
コラム 44	現場からの実感	中学校における実態把握票のポイント	247
コラム 45	現場での工夫	児童理解のために、そして…	249
コラム 46	現場での出会い	集団と個別と	251
コラム 47	現場からの実感	より適切な対応方法をサポートするために	252
コラム 48	現場での出会い	解決に向けて、色々の視点を	253
コラム 49	現場への応援	教師の気概	257
コラム 50	現場での工夫	貴重なノート	259
コラム 51	現場での出会い	そんなに得意なことがあったの?	260
コラム 52	現場からの実感	特別支援教育コーディネーターの動きやすい条件	261
コラム 53	現場からの実感	専門家への相談(専門家チーム)につなげるまで	267
コラム 54	現場への応援	歯車	268
コラム 55	現場への応援	巡回相談を通じて見えるもの	273
コラム 56	現場からの実感	幼児教育と特別支援教育はとっても似ている!?	274
コラム 57	現場への応援	研修会を運営すること	275
コラム 58	現場への応援	行政がすべきこと	278

● 本書の使い方（すぐに役立てる方法）

　この本は、理論的かつ実践的であるように作られています。そのため、第1章から（できれば「はじめに」から）順に読み進めていただくと、多くの情報をお伝えできると思います。しかし、実際に教育を実践している方たちは、多忙を窮めていると思います。その場合には、できるだけ効率的に本書を読み進め、すぐに役立てられるようにしていただきたいと思い、以下に「読み進め方のモデル」を提示いたします。もちろん、この通りでなくて結構なのですが、一つの目安としてお使いください。

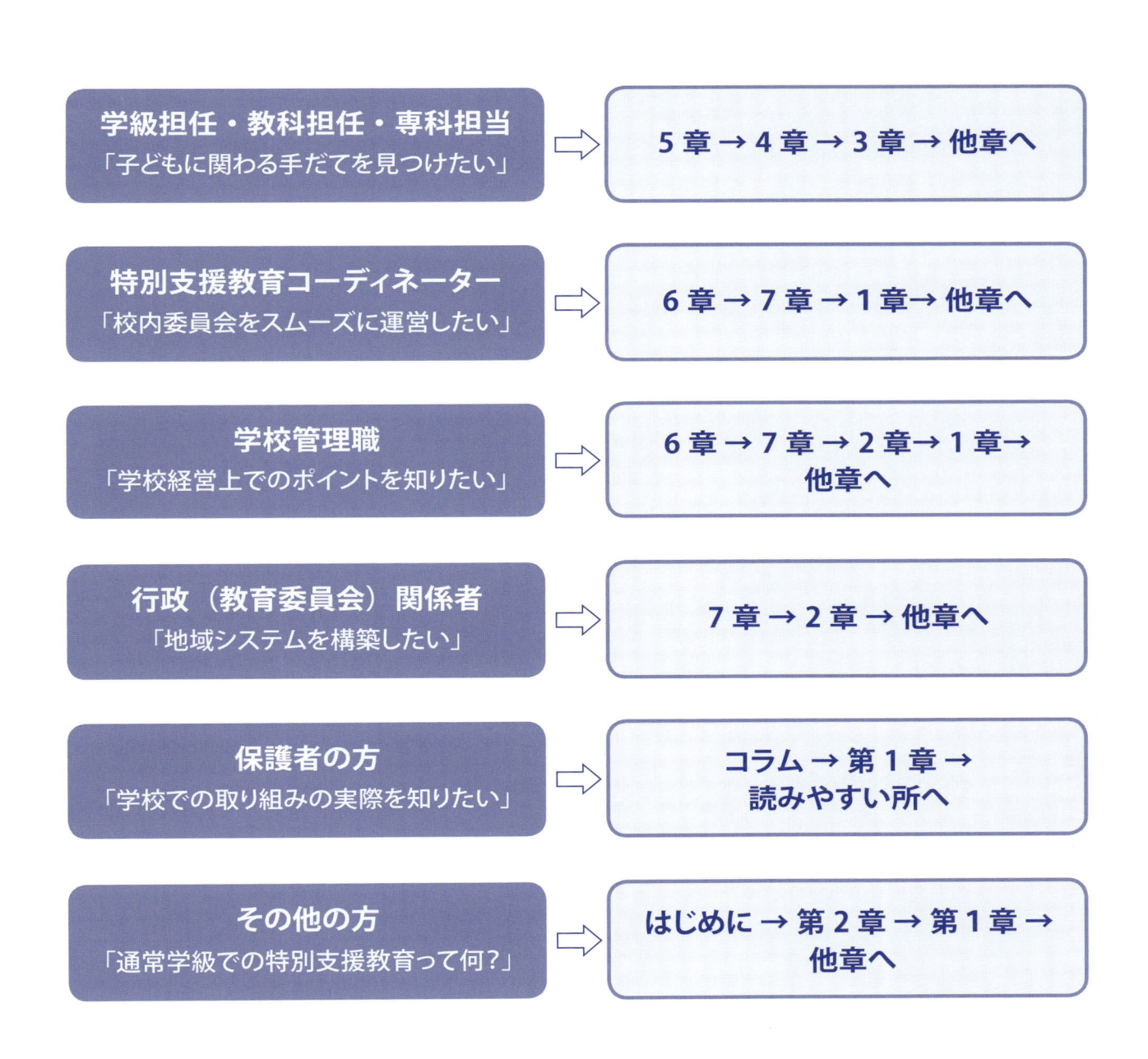

学級担任・教科担任・専科担当 「子どもに関わる手だてを見つけたい」	5章 → 4章 → 3章 → 他章へ
特別支援教育コーディネーター 「校内委員会をスムーズに運営したい」	6章 → 7章 → 1章 → 他章へ
学校管理職 「学校経営上でのポイントを知りたい」	6章 → 7章 → 2章 → 1章 → 他章へ
行政（教育委員会）関係者 「地域システムを構築したい」	7章 → 2章 → 他章へ
保護者の方 「学校での取り組みの実際を知りたい」	コラム → 第1章 → 読みやすい所へ
その他の方 「通常学級での特別支援教育って何？」	はじめに → 第2章 → 第1章 → 他章へ

　注記：第3、4、5章の中見出し番号は、**学校環境・授業における指導方法・個別的配慮のチェックリスト**に対応しています。
　　　〔例〕**29 (22)** と表示されている場合、27頁の小学校用チェックリスト項目 **29** と、29頁の中学校用チェックリスト項目 **22** に対応しています。すなわち（ ）**内**が中学校用チェックリスト項目番号です。
　　　第6章の見出し番号 **1～31** は、26、28頁および312、314頁の**学校環境のチェックリスト**の番号に対応しています。

はじめに

通常学級での特別支援教育

　特別支援教育は現文部科学省の平成13（2001）年「21世紀の特殊教育の在り方について～一人一人のニーズに応じた特別な支援の在り方について～（最終報告）」調査研究協力者会議で従来の特殊教育から特別支援教育への転換が方向づけられ、平成14（2002）年の「今後の特別支援教育の在り方について（中間まとめ）」同会議によって「これまでの特殊教育の対象の障害だけでなく、その対象でなかったLD、ADHD、高機能自閉症を含めて障害のある児童生徒に対して……」と対象となる子どもを明確にして始まりました。つまり、これまで通常学級に在籍していた障害のある子どもも含めて障害児教育の再スタートを切ったことを意味します。本書では主に発達障害のある子どもたちへの「通常学級での特別支援教育」を達成するためのノウハウを提供しようとするものです。できるだけ具体的な方法について記すことを目指しました。ただし、この章では、そうしたノウハウの紹介に入る前に、障害児教育に関する歴史、内外の状況を加味しつつ「特別な教育的ニーズのある子への通常学級における特別支援教育とは何か」という本質的なテーマに触れておきたいと思います。

「発達障害の教育を通常学級で対応する」ことをよく考えてみる

　まずは、主に発達障害のある子が通常学級での教育を受ける意味とは何なのかを考えるところから始めてみたいと思います。現在のインクルーシブ教育（後述）の潮流の中でこのような問題提起自体が、すでにナンセンスであると言われてしまうかもしれません。しかし、理念は理念として、実際の学校現場では「教室の中にいられない」「カリキュラムの進度に合わせられないのでただ聞いているだけ」などの不幸な状態の子どもを目にすることがあります（本当はあってはならないことなのですが）。こうした子どもを前にして、誠実な学級担任であればあるほど悩みは深くなります。そして、当然、とにかく様々な工夫を試みます。しかし、多くの試行錯誤がうまくいかなかった時、本当に通常学級に在籍して教育を受けることがよいことなのかという疑問は、担任だけでなく、保護者にも生じることがあります。ですから、ここでは、根本的に発達障害のある子が「通常学級で教育を受ける意味」を真剣に考えてみたいのです。

人は本質的に社会的な動物である

　ヒトは本質的に「人」を求めます。なぜなら、ヒトは社会的動物の種に属するからです。この特性に障害の有無は関係ありません。人と関わりをもとうとしないと一般に理解されている「自閉症」の

子でも、その点はやはり同じなのです。自閉症のある子は人との関わりが苦手なだけなのです。複数の情報が同時に行き交う「人とのやりとり」場面での複雑で心理的な情報処理を彼らの脳は苦手としています。結果的に「人とのやりとり」を避けようとします。しかし、よく観察すると「人」を避けようとしているのではないのです。重い自閉症のある子も、わざわざ人に近づいたり、関わらないでいてくれさえすれば、人の中にいることを嫌がらないことは多いのです。

こうして、障害の内容や程度を超えて、どのような人も社会参加ができる社会構造を作っていこうという発想はヒトという種が作る社会では自然なものになります。「バリアフリー」という発想も、その指向の達成のために必然的に生じる工夫です。

人は「学び」を求める

また、ヒトという種の特徴として「学び」を求める性質もあります。人は常に「学び」を求めます。これも、障害の有無にかかわらず本質的なレベルで人に備わった特徴ということができます。物心ついていない幼児ですら、ごく自然に「学ぶ」ことを求めます。そこで社会は成長過程の子どもに対しては「学び」を保障します。その方法として、学校というシステムが作られました。

学校という場は社会の中に含まれる存在です。子どもにとっては学校が社会そのものであると言うこともできるでしょう。学校は社会が進む方向性とともにあるのです。ヒトは「社会参加」と「学び」において本質的な喜びを感じます。この二つについては平等に機会をもてること、機会を作ることが、子どもへの教育の我々の視点の最初の出発点になります。

学校が社会から期待されている機能と特殊教育

ところが、学校が実際に子どもの教育を行う機能をもつことになると、事態は単純でなくなります。なぜなら、学校という社会を構成している子ども一人一人は、その学びのスピード、学びの必要性（ニーズ）が一人一人違うからです。「個性に応じる」ということも学校が期待されている機能の一つになります。個性に応じて、限られた時間の中で最も効果的に学習が進むようにすることを真剣に考えていくと、それぞれの個性に応じて、教育の場も、方法も、別々にしていこうという発想に結びつくことは自然な帰結と言えます。そして、障害のある子だけの学校、障害のある子だけの学級などの教育形態、方法が誕生することになります。一方、個性に応じるという発想に立つと、学びのスピードが早いという個性にも対応する発想も出てきます。実は米国における special education（特殊教育）は「優秀児（gifted）」の教育も含んでいます。我が国では、学びのゆっくりな子（つまり、障害児）のみの部分を取り出して、この special education の訳を当ててしまいました。その結果、special education（特殊教育）は従来「個性への対応」を意味する言葉だったのが、我が国では障害児教育だけを指す言葉になってしまい、その結果、「特殊（な）教育」を受けるのは障害児だけという視点が固定してしまったのです（言葉というものが我々に与える影響は大きいものだとつくづく思います……）。ただし、障害に応じて場を別に確保するというこの方向性は多くの子を救うことになったことも事実です。世界的には、障害を理由に学校に通えない子どもの少なさでは我が国はトップクラスなのです。

分離からのゆりもどし

　学校が個性に応じるという教育の発想自体は全く自然ですし、大切なことです。一方で、この教育の機能を突き詰めていくと「同じ社会に共にある」という部分が置き去りにされやすいのも事実なのかもしれません。当然、教育界がみずから、そこに気づき始めます。交流教育の活性化、特別支援学校が通常学級や特別支援学級を含む小学校、中学校と積極的につながりをもつなどの最近の方向性は、子どもの学びの場自体が常に一つであろうとする思いの発露なのでしょう。米国の障害児教育では、障害のある子の個別指導計画（IEP）には「最も制約の少ない環境」という項目を明記することを法的に決めています。つまり、特別な場での支援以外の時間（通常学級で学ぶ時間）をできるだけ確保することを障害児教育の基本的な方針に組み込んでいるのです。こうした工夫とともに1980年代後半から起きてきたメインストリーム運動（主流化と訳されたりします。つまり、教育の場にできるだけ支流となる流れを作らずに教育の場を一本化するイメージです）と呼ばれる、障害のある子をできるだけ通常の教育の場に戻す試みなどが続いていたのです。

　こうして社会の流れと、学校という場が期待される機能との矛盾に折り合いをつける作業は途切れることなく続いています。そして、我が国でも、これらの世界的流れに影響を受けつつ、少しずつ、立ち位置の変化が起きてきたのです。学校がその目的の達成を追求する中で生まれた分離教育という工夫に対して（前述した通り、この方法論自体が悪いと言うことではないのです）、社会的視点という大きな流れの中での自然な「ゆりもどし」が起きているというふうに考えることもできるでしょう。

インクルーシブ教育

　そして、世界の流れは「インクルーシブ教育」に向かっています。これは1994年のサラマンカ声明と呼ばれる国際会議での「万人のための教育」という提言に強い影響を受けた理念に基づく教育実践です。さらに2006年12月に国連総会で採択され、2008年に発効した障害者権利条約では、締約国は「あらゆる段階におけるインクルーシブな教育制度」を確保するとし、自分の生活する地域においてインクルーシブで質の高い教育を受けることができるようにすると規定しました[*]。このインクルーシブ教育は「包括（的）教育」とも訳され、「統合教育」と訳されたインテグレーション教育とは区別されます。インクルーシブ教育では、障害のある子どもだけをその対象にしているのではなく、困難を感じているすべての子どもたちを学校が「包み込む」ことの実現を目指しています。当然、障害のある子どもは困難を感じることが多くなりがちですから、インクルーシブ教育の対象として注目されることになります。

[*] 本条約に関して、わが国も2014年1月に批准を果たし、本格的な「インクルーシブ教育システム」の構築を始めようとしている

　インクルーシブ教育は「子どもが学校に適応するというよりも、むしろ学校が児童生徒の必要に応じる」という発想をもちます。このことは、よく考えれば当然のことを言っているように思います。なぜなら、学校は子どもたちのためにあるのです。子どもの実態に学校側が寄り添わないのであれば、存在意義を見失うことになってしまいます。このことを別の言い方をすれば「柔軟な対応が可能な学校」が求められるようになっていると言えます。「個性への対応」という視点が明確に示されたと言えるでしょうか。そして、この理念に基づく、障害のある子どもへ教育イメージは、大半の時間を通常学級で教育を受けられるような学校作りを目指す実践ということになります。

発達障害の概念の登場

　そのような理念の変化と併行して、我が国の従来の障害児教育のシステムには入っていなかったLD、ADHD、高機能自閉症等の発達障害の存在が明確になってきました。ここで「特別な場で、特別な人が、特別な方法で行う」というふうに「特殊なもの」と考えられてきた我が国の障害児教育は終焉を迎えます。子どもに障害があれば「どこの場で?」と反射的に教育形態について考えてきた我々にとって、大きく発想を変える必要が出てきたのです。なぜなら、この子たちはこれまでも通常の学級で教育を受けてきた子どもたちだったからです。障害児教育の発想に対して世界的にも「プレイスメントからサービスへ」（柘植，2004）という発想、つまり、「どの場へ措置するかでなく、どのような配慮をするか」が求められるようになりました。こうして、我が国に「通常学級での配慮指導」という障害児教育の発想が誕生することになりました。

発達障害のある子への教育の意味

　このような理念的な視点だけでなく、現実的な教育効果という視点でも、発達障害のある子への対応は、基本的には（原則として）、通常学級で行われることが望ましいのです。なぜなら、その形は、将来の社会参加というテーマと深く関係するからです。彼らの障害は年齢とともに、その特徴の様子に変化が生じます。一方、その特徴は残されたままになることも多いのです。例えば、ADHDの子は小さな頃の多動は収まり、その代わりに青年期になって多弁で周囲を困惑させたりすることもあります。高機能自閉症の子のこだわりの内容自体は年齢とともに変化していきますが、こだわるという姿勢はもち続けます。LDの子の読めないという特徴も年齢とともに緩和されていき、読める文章が増えることが多いようです。しかし、他の人と同じ速さでは読めない、漢字の量によって理解できない文章があるなどの特徴が残るケースが少なくありません。まず、「変化が起きる」ことは、彼らへの教育の大切さを示しています。そして障害の「特徴が残る」ことについては、本人が自身のその特徴とのつきあい方、社会と折り合いをつける方法を学び、力をつけていく必要を示しています。

　彼らは、将来、発達障害の特性とともに、社会参加していくことになります。その時、出会う一つ一つの出来事に対して、自力で対応していくことが求められます。その時に、彼らの指針になるのは、学校での体験がその大部分を占めます。ですから、学校の中で彼らは、自分の特徴と集団の間での折り合いのつけ方を繰り返し学ぶ必要があるのです。その学びの中心は担任からの「助言」になります。そしてまた、言葉を超えた教育、担任の「試行錯誤の姿勢」も大変重要な教育になります。どうすればそのような子どもが適応して教室にいられ学べるのかを考え工夫する教師の姿は、その子に将来の自身の姿を担任に重ね合わせて見る機会を提供するのです。ある時には諦めそうになったり、限界を感じたりしながらも課題に向き合う担任教師の姿は、彼らの中にモデルとして取り込まれ、将来、その子によって再現されることになります。そして、こうした教育を通じて子どもが手に入れたスキル、姿勢、自信などは、自分の「障害の受け入れ（障害受容）」への取り組みを支えていきます。担任が学級の中で彼らの居場所を作り、学びを手助けしていく工夫と姿が、単に教科学習だけでなく、生きる力を育む教育をしていることになるのです。

「通常学級における特別支援教育」が未来に残すもの

　もっと視点を変えると、実は、こうした担任の姿勢は、学級のすべての子の「仲間を受け入れる」モデルともなっていきます。「他者の個性を受け入れる」実践が目の前で展開されることにまさる教育はないはずです。こうした姿をモデルにして育った子どもたちが作る我々の次の社会を想像してください。結局、人が社会を作るのです。教育は目立たない地味な作業でありながら、次の時代に大きくて立派な花を咲かせる種を社会に蒔く作業であるのです。

　社会の流れとともにある学校は、同時に社会の流れを作り出してもいるのです。

実際問題の発生

　こうして考えていくと、発達障害を含む子どもへの教育が通常学級をメインの場として行われるのは自然であり、意義のあることも理解できるわけです。しかし、現実には、この道は苦難の道でもあります。これまで、障害児教育を「特殊（な）教育」と位置づけ、すっかり他に任せてきてしまった通常の学級にとっては、手持ちのカードが何もない状態で日々の勝負をしているような感覚になっても無理はありません。つまり、発達障害のある子の教育が通常学級という形態でよいのかどうかという迷いの原因は、通常学級での対応方法のレパートリーの蓄積のなさという事態にあることも少なくないのです。このことは、時間をかけて実績を積んでいくしか解決の道はないであろうと思います。

　一方、発達障害の特徴から通常学級での教育の難しさを感じる瞬間もたびたび起きます。多動が頻繁になり、苦手な集団行動を避ける気持ちが強くなれば、一斉授業を前提に考えられてきた通常学級のシステムでは対応できないのです。結果的に、授業中でも別のことをやっていたり、教室にいられなくなったりすることになります。さらに、「二次障害の発生」という問題も大きな課題です。二次障害とは、発達障害から起きる問題そのものではなく、そうした特徴が理解されないまま、適切でない対応にさらされると起きてくる問題と言われています。基本的には心理的な不適応を指して使われます。じっとしていられない、読み書きができない、友人ができないという問題の発生は子ども本人の意志と関係ないことが多いのですが、こうした特徴に対しては、障害から生じたものであるという理解に周囲の大人が辿り着くまでは、注意、叱責、指導の対象として、重点的に本人の変容が求められます。意志と努力と関係なく「結果が出ない」という状態は、本人のモティベーションや、学校に対する思いにマイナスの影響をもたらします。授業への参加意欲の低下、担任への反抗、友人への攻撃などに発展していくこともあり、授業への不参加が助長されることもあります。

　こうした問題が発生する場合、担任から見て、子どもが通常学級で過ごす時間が無為なものに思えたりします。通常学級で教育を受けることが果たして本当に妥当なものなのかという疑問が生じたりもします。

具体的対応の実際

　そこで、教育の場のこのような現実の問題を乗り越え、子どもたちの教育的ニーズを満たすための工夫として二つの流れが出てきました。一つは、組織全体の性質を変えようとする流れです。そして、

もう一つはこれまでの特別な場での教育という発想を変化させていこうとする流れです。前者が校内委員会の設置などを中心とする工夫であり（第6章で説明）、後者は通常学級に在籍しながら特別支援学級を利用する方法です。

　通常学級の中で適応していられるようにするためには、担任一人が責任を負うのでなく、学校全体の連携や、これまでその子に関わったすべての担任の時系列の連携が必要です。「担任が育てる」ことをメインにしてきた教育の伝統から「学校全体で育てる」「小学校6年間、中学校3年間のスパンで育てる」という視点をもって実践されるようになってきました。組織的対応への意識とシステムの変更によって、担任に対して具体的な指導方法のアイデアを示すアドバイスができたり、時系列の対応によって子どもの二次障害を防止したりできます。その結果として、通常学級での教育対応の可能性を高めようとしているのです。一方、発達障害の特性から能力が発揮できない状態については、やはり、個別的、専門的で「特別な」対応をとる必要もあります。この部分は、特別支援学級という従来のシステムの登場となります。ただし、その教育的対応は部分的なものであり、発達障害に対しては「通級による指導」というスタイルが示されることになります。この方法が発達障害のある子が特別支援学級を利用する場合のスタンダードになっています。その中で、能力の状態、広さによって、どの程度（例えば、通級時間数など）通級指導教室（地域によっては特別支援学級）を利用するかは違ってきます。

より良い教育への模索はさらに続く
「通常学級での特別支援教育」の先にあるもの

　こうして現在は、社会的な場への参加を保障しつつ、学びの個性に対応するという、学校がもつ永遠の課題と向き合う日々が続いています。この工夫はこれからもずっと続くことでしょう。この模索の末に、どのような新たな形態が出てきても、おかしくありません。すでに、分離とか統合という言葉自体が無力化しており、新たなパラダイム作りが求められているのかもしれません。少なくとも、現在のインクルーシブ教育は、理念上、ただ、通常学級にどの子も在籍できるようになればそれが達成するとは考えていません。インクルーシブ教育の大前提は「すべての子どもが学ぶことができ、教育から恩恵を受けることもできる」という原則であるからです。この理念の真の達成には、多くの変革が必要になってきます。インクルーシブ教育を早くから取り入れて進めている国では、学校に様々な教育形態を準備し、個性に合わせて選択可能なシステムなどを構築しているそうです。つまり、インクルーシブ教育は「特別な場」での教育を否定していないということです。そこでは、どの子も共にいられることを前提にした通常学級の必要性を述べているだけなのです。ですから、その延長線上にある工夫であれば、見た目では逆行や矛盾があっても、理に適ったものと言えます。例えば、現在の公教育で言うところの固定制の特別支援学級での対応も、教育方法の選択肢としては残るでしょう（ただし、理想の追求のためには、さらなる発展が必要であることは言うまでもありません）。つまり、「特別支援教育」が目指すところが、一人一人の「個性に応じた支援教育」であるならば、通常学級とか特別支援学級といった「学級」の形態という輪郭は、理念上は、極めて曖昧で、形式的なものであるとも言い得るのです。形態などの見かけの違いを超えて、すべての子に対して「特別でな

い支援教育」が成されることが「通常学級での特別支援教育」の流れの行くべきところなのでははないでしょうか。

　こうした現実の流れの中にあって変わらないのは、教師が一人一人の個性に応じて教育を行っていくこと、そして、その個性を受け入れる学校を作っていくことだけなのです。結果として、より一層、多様性を受け入れ、柔軟な選択肢が用意されるのが近未来の学校のあるべき姿と言えます。そして、これは近未来の社会構造そのものなのかもしれません。今後、学校は既成の概念にとらわれない姿勢が問われることになります。「変化」への取り組みが、学校における発達障害を含む教育的ニーズのある子どもへの対応の基本姿勢であろうと思います。

ユニバーサルデザインという発想

　ここまで発達障害を中心に、細かな課題を抱えつつも通常学級での教育という形態が選択されることについて記しました。最後に、最近のもう一つの流れについて触れて、このテーマを終わらせたいと思います。

　それは「ユニバーサルデザイン」という発想です。ユニバーサルデザインという発想は、バリアフリーを一歩進めたものだと考える人がいます。例えば、バリアフリーが「障害のある人が住みやすい町を作る」という発想に立っているとすれば、ユニバーサルデザインは「障害のある人にとっても、障害のない人にとっても住みやすい町を作る」という発想になります。この発想においては、障害があろうがなかろうが過ごしやすい具体的なセッティングとは何かを追求することになります。この視点を教育の世界に適用すると、発達障害の有無に関わらず、クラスの中のすべての子にとって分かりやすい対応を工夫しようということになります。この理念はインクルーシブ教育の理念につながります。

　では、この理念を達成するためにはどのようなプロセスを踏めばよいかいうことになります。そのためにはあくまで発達障害のある子に対する、より良い教育を追求していく姿勢が望まれるのです。発達障害のある子には第2章で触れるように、その特徴において「状況に左右されやすい」様子が見られます。発達障害の特徴は、学習方法、対応方法などの周囲の状況、環境によって負の影響を受けやすい性質という言い方に換えることができます。つまり、発達障害のある子は、受ける教育に敏感に反応するのです。そして、発達障害のある子にとって学びやすい環境は、どの子にとっても学びやすい環境なのです。とすると、発達障害のある子の反応は、教育環境がすべての子どもにとって適切かどうかの善し悪しを計るリトマス試験紙のような特徴なのだということもできるでしょう。彼らにとって良き反応を引き出す環境を作っていくと、自ずとすべての子どもにとって良き環境が作られていくと考えることができるのです。このように考えていくと、ユニバーサルデザインという視点においては、発達障害のある子は、学校という場における教師の教育活動にとって、なくてはならない存在になります。彼らには自ずと活躍の場を与えられているという言い方さえできるかもしれません。

　さらに、ユニバーサルデザインの考え方は「すべての子にとって、参加しやすい学校を作り、分かりやすい授業をする」という発想ですから、おそらく、これは通常学級の担任が教師としてのスタートを切った時から、今まで、ずっと堅持してきた姿勢そのものであるはずです。ユニバーサルデザインは、今までの教育姿勢を新たに意識的に行うことだけで達成可能なものなのです。

　本書では、このユニバーサルデザインという視点の教材や具体的対応をできる限り収載することを目的の一つとしています。一つ一つの教材や具体的対応が、通常学級における特別支援教育の達成の選択肢となり、結果的に「特別でない支援教育」の達成に寄与できることが本書の最大の目標なのです。

包み込むモデル

　ここまで述べたことを実践するためには、全体的な視点を示すモデルがあると分かりやすいでしょう。そこで、本書では「包み込むモデル」として、下図を提示したいと思います。子どもを取り巻く環境は図のように同心円状をしていると考え、その中心に子どもがいます。

　従来の特別支援教育の視点では、子どもを包み込む環境として、子どもの最も近くにある「個別的配慮」という部分を強調してきました。一人一人の教育的ニーズに配慮・対応していこうということです。しかし、通常学級での特別支援教育という視点では、これだけでは十分ではありません。個別的配慮という、いわばその子へのオーダーメイド的な対応は、担任を中心とするすべての子に対する「指導方法」という枠に抱えられて成立するのです。学級指導の工夫の中で、初めてその子に対する「個別的配慮」のよりよい工夫が生まれます。さらにこの「指導方法」は「学級環境」に抱えられて成立しています。「学級環境」には、教室という物理的な環境、学級を構成する子ども、そして保護者までもが含まれます。これらの環境がしっかりあって、担任の「指導方法」も「個別的配慮」も生きてくるのです。そして「学級環境」は「学校環境」の中に存在します。ここでは管理職が主役となります。特別支援教育コーディネーターや校内委員会の活動も必要になります。さらに「学校環境」は「地域環境」の中にあります。地域環境作りでは教育委員会がその実務的役割の中心にいます。特別支援教育では専門家チームや巡回相談などの具体的対応がここでの抱えの役割の一端を担います。

　本書は、この基本モデルのそれぞれの包み込む「層」でいかなる工夫をすべきか、いかなる整備をすると実際の「通常学級での特別支援教育」が達成できるかを示そうとしています。常にこのモデル（下図）に立ち戻りながら、読み進めると、それぞれの章の記述が伝わりやすくなると思います。

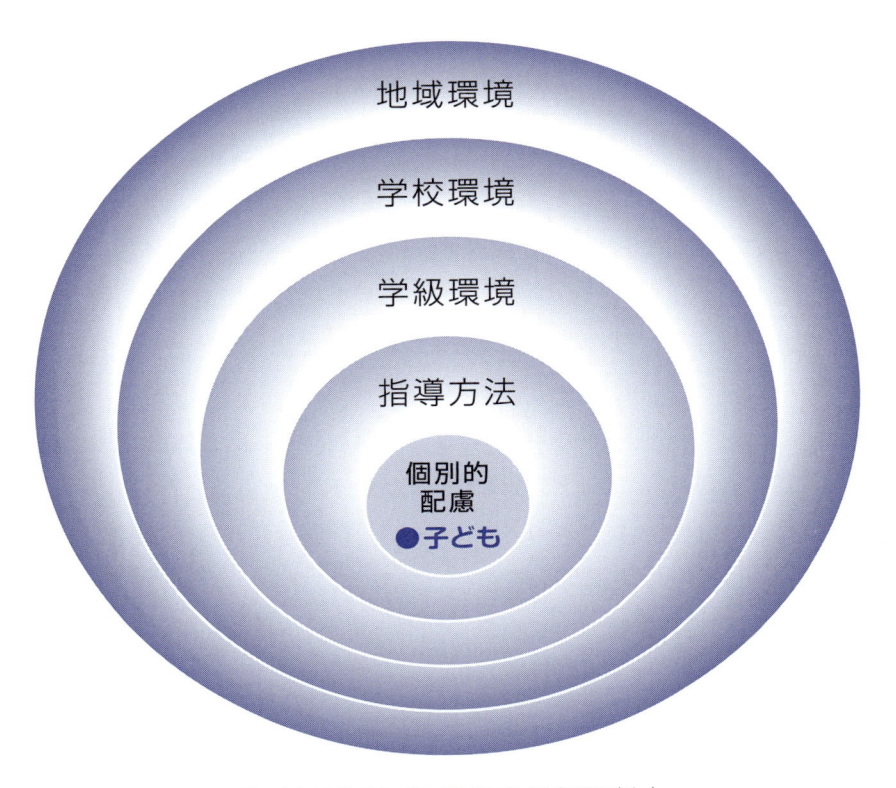

特別支援教育における「包み込むモデル」

コラム 1　現場からの実感　●クラスメイト

　私は、固定制の知的障害特別支援学級の担任をしています。特別支援学級に子どもを通わせる保護者の方々には共通した強い思いがあります。それは、できるだけ「通常学級の子たちとの交流」をさせたいというものです。私たち教員はその思いに応えるべく、給食や運動会などの行事の場面などで、できる範囲で交流教育を進めてきました。

　保護者のその思いには大変共感できます。将来、社会に出た時には、職場でも余暇の場面でも障害者と健常者が共生しています。そうした場では、特別支援学級のようにそのペースや苦手なことを理解してもらえて過ごせる場面は少なく、騒がしい場所があったり、コミュニケーションを要求されたりします。それらの苦難を自力でクリアし、たくましく生きていかねばならないのです。私の学級の子たちには、その「たくましさ」を交流教育の中で身につけさせたい。そして通常学級の子たちには、「様々な個性を受け入れる心」を身につけさせたいと考えています。

　本校の通常学級の中に6年生のA君がいます。A君は「ひらがなの読み書き」が苦手です。とても素直で優しい性格で、友だちがたくさんいます。友だちと会話しながら歩く姿はごく自然ですし、剣玉も得意でスイスイとお手の物です。自分で考えて作文等を書くことは苦手ですが、板書された字を視写したり、学生のボランティアに自分の考えを伝えて一緒に書いたりできます。一生懸命頑張っている姿には、私たち教員もとても感心しています。

　ある日、とても素敵な場面を見かけました。A君のクラスでグループで相談した内容をワークシートに書く場面があったのです。「どうするのかな？」と見ていると、友だちが書き終わるのをじっと待っていたA君の机上に、隣席の子がさり気なく自分のワークシートを置いたのです。視写の得意なA君はすぐに写し終え、さり気なく返しました。その場面は、A君とクラスメイトの信頼関係を象徴している場面だったと思います。クラスのみんなはA君のハンディキャップを分かっていて、自然に手を貸しているのです。決して「特別なこと」とは思わずに。

　このクラスメイトの子たちはA君に出会ったことで、より豊かな心の成長を遂げることができたのでしょう。この信頼関係は、A君のひたむきな努力の姿と心優しい人柄とともに、必要な支援をしながらも特別扱いをせずに、ごく自然にA君に向かい続けた担任の先生の姿があってこそ培われたものです。これこそが、私たちの特別支援学級でも目指す交流教育の姿です。クラスの中で瞬間的に起きたこの様子は、様々な個性のある人々が共生する理想的な社会の縮図だったように思います。

　運動会の時に、私の学級の児童も、通常学級の児童とともに組み体操に取り組みました。その子の後ろに並んでいたA君は、走って入場するとき大分遅れてしまったその背中を、優しくそっと押して走ってくれました。二人技でもペアになりました。残念ながら、その技は成功しませんでしたが、A君の爽やかな優しい表情に、皆が救われました。

　4月から中学校の特別支援学級で、この二人はクラスメイトになります。新しい友情がまた一つ育っていくことが、私にはこの上もない楽しみになっています。

（小学校教諭　特別支援学級担任）

■ 第1章

チェックリストを活用する

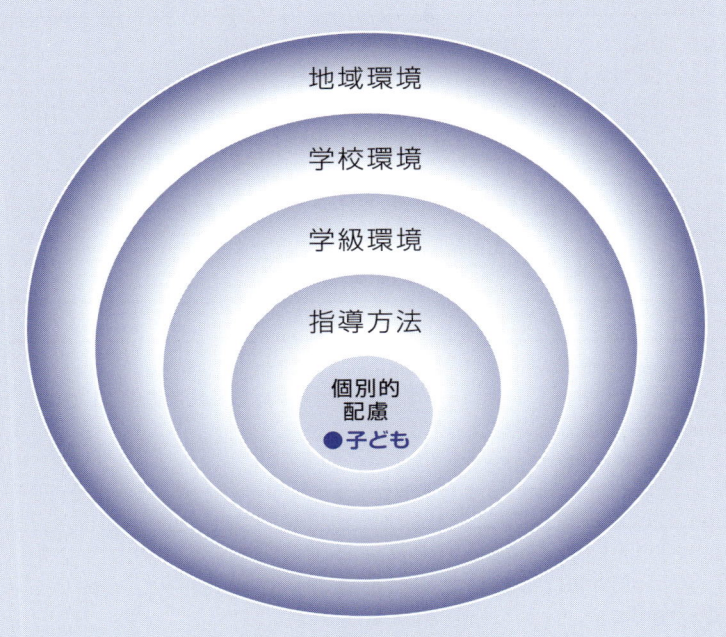

```
地域環境
  学校環境
    学級環境
      指導方法
        個別的
        配慮
        ●子ども
```

特別支援教育における「包み込むモデル」

　第1章は、本書の核心とも言えるチェックリストの全体をお見せするための章です。
　このチェックリストは、「はじめに」で説明した「包み込むモデル」の各層に対応した構成で作られています。モデルでは、その内側から「個別的配慮」「授業での指導方法」「学級環境」「学校環境」「地域環境」という順で、同心円の中心にいる子どもに近いものから順に包み込む環境の有り様を示しています。チェックリストでは、記入のしやすさを考慮して各環境を逆の順番で並べてあります（つまり、外部から内部への順です）。「学校環境」は校内委員会が記入し、その他の部分は学級担任が記入することになります。
　それぞれの包み込む環境で、どのような対応方法や視点をもてば発達障害のある子が支援されるかを記述したものが、チェックリストの一つ一つの項目になっています。その解説については後続の章に項目ごとに説明します。本書を順に追っていただければ、ご理解いただけるようになっています。
　もちろん、このチェックリストに示した項目が支援のすべてではありません。しかし、ユニバーサルデザインに基づく、最初の一歩目を示すという意図では、現時点で道標としてお使いいただけるものになったと思っています。このチェックリストは実際に使用していただいて、はじめて意味のあるものになります。そこで、日野市では、すべての小学校・中学校の教員（約650名）を対象にこのチェックが実施されました。その結果、各校の課題を明らかすることができました。それらの課題解決に向けて、さらに、学校全体で1年間かけて取り組んだ小学校3校、中学校1校の実践例も、ここで紹介します。

小学校用

| 小学校名 _____ 記入者名 _____ |
| 役職 ［校長・コーディネーター・その他（　　　　　　　）］ |

評価スケール：とてもよくできた ／ できた ／ 少しできた ／ できなかった

学校環境

I．組織作り

1. 校内委員会は適切に運営できる体制（構成メンバー、頻度等）でしたか
2. 校内委員会の開催間隔は適切であるように設定しましたか
3. 他の部会等との共同開催等で情報共有、整理を行いましたか。また行った場合、どのように行ったかご記入下さい。
   [　　　　　　　　　　　　　　　　　　　　　　　　　　　　　　]
4. 校内委員会の構成メンバー以外にその時に必要（有効となる）となる人物（担任、前担任、介助などその子をよく知る人）に校内委員会へ参加してもらいましたか
5. 校内委員会で検討された結果、得られた結論を校内で有効に活用、機能させましたか

II．理解・啓発

6. 校内委員会として発達障害等の理解に必要な資料、文献等を校内の教員に対して紹介をしましたか
7. 校内委員会として専門家等を招いての校内での研修会、あるいは学習の機会を校内の教員に対して設定しましたか
8. 各担任による個々の児童理解を深める機会（事例検討会等）を作りましたか
9. 校内の教員に対して発達障害等の理解に必要な学校外の研修等の参加を促しましたか

III．発見

10. 気になる児童について校内委員会に各担任から報告される機会を作りましたか
11. 校内委員会の中で気になる児童について専門的視点から検討する機会（巡回相談の利用等）を作りましたか
12. 気になる生徒について校内委員会の把握児童としてリストに載せましたか
    昨年度まで継続されてきた把握児童数　（　　　　）人
    今年度新たに追加された把握児童数　（　　　　）人
13. 校内委員会の把握リストに載っている以外の児童についても学習状況等の把握が適切に行われるよう働きかけをしましたか
14. 昨年度から引き継いだ校内委員会の把握児童の入れ替えを校内委員会で検討しましたか

IV．把握・分析

15. 把握リストに載った児童に対して実態把握票を校内委員会と担任が協力して作成しましたか
16. 実態把握票を基に、個別指導計画の作成に結びつけましたか
17. 個別指導計画を作成するにあたって、専門家の活用（巡回相談）をしましたか
18. 関係する学習の場（通級・療育機関）での指導内容を考慮した個別指導計画が作成できましたか

V．配慮・支援

19. 配慮の具体的な方法について担任を交えて校内委員会で検討する機会を作りましたか
20. 校内委員会が必要に応じて担任の指導について定期的に専門家からのアドバイスが受けられる機会を設定しましたか

VI．評価

21. 学期終了時点で個別指導計画の評価記載の管理を校内委員会で行っていますか
22. 個別指導計画の評価について保護者と共有しましたか
23. 個別指導計画の評価に基づき、来学期の指導目標を設定しましたか
24. 評価を客観的に行うための工夫（複数名での確認、数値（頻度など）の記録等）をしましたか

VII．引き継ぎ

25. 校内委員会として前年度の担任と今年度の担任との間で適切な引き継ぎが行われるような方法を取りましたか
26. 前年度の実態把握票の書き換えを行いましたか
27. 前年度の個別指導計画の内容と一貫性を持った新しい個別指導計画を作成しましたか

VIII．連携

28. 校内全体で対応方法を決めておいた方がよい児童について校内全体で情報を共有する機会を設けましたか（全体会の実施）
29. 通級あるいは専門機関を利用している児童について担当者・主治医などとの連絡を行う機会を作りましたか
30. 校内委員会で把握している児童について継続的に情報収集、検討を行う機会を作りましたか
31. 担任のみでなく校内委員会も関わった方がよいと判断される保護者との連携について、適切な対応ができましたか

小学校名 ＿＿＿＿＿＿＿＿＿＿ 小学校　　記入者 ＿＿＿＿＿＿＿＿＿＿	かなりやっている	やっている	たまにやっている	ほとんどやっていない
今年度担当学年　小 ＿＿＿＿ 年				

学級環境

Ⅰ．場の構造化
1. 教室内の物については、一つ一つ置く位置が決まっていますか
2. 教材の場所や置き方などが一目で分かるように整理されていますか
3. 座席の位置は個々の特徴に合わせたものになっていますか

Ⅱ．刺激量の調整
4. 教室内の掲示物によって気がそれたりしないように配慮がされていますか
5. 教室の前面の壁の掲示物は必要最小限なものに絞られていますか
6. 教室の棚等には目隠しをするなど、余計な刺激にならないような配慮がなされていますか
7. 教室内、教室外から刺激となるような騒音（例　水槽、机、廊下等）が入らないように配慮されていますか
8. ちょっかいを出す、話しかけるなどの刺激し合う子をお互いに離れるような座席位置にしていますか

Ⅲ．ルールの明確化
9. クラス内のルールはシンプルで誰もが実行できるものに設定されていますか
10. クラス内での役割（例　当番、係）について行動の手順・仕方などが分からなくなった時、実際に参照できる工夫（例　手順表・マニュアル）がされていますか
11. 担任からクラス内のルールについての確認、評価を適切なタイミングで行っていますか

Ⅳ．クラス内の相互理解の工夫
12. 一人一人の目標について明確にし、本人に伝え、それについて一貫した指導を行っていますか
13. 助け合ったり、協力したりする場面を意図的に設定していますか
14. クラスの状況や方向性について、保護者会などで理解が得られるような説明をしていますか

授業における指導方法

Ⅰ．時間の構造化
15. 授業の初めに内容の進め方について全体的な見通しを提示していますか
16. 授業の流れの中で、今、何が行われているかが分かる工夫をしていますか
17. 時間割の変更などについてはできるだけ早く伝える工夫がされていますか
18. （タイマーなどを活用して）作業など時間の区切りが分かるように工夫していますか

Ⅱ．情報伝達の工夫
19. 指示・伝達事項は聴覚的（言語）にだけでなく、視覚的（板書）に提示するようにしていますか
20. 抽象的な表現、あいまいな表現をできるだけ避け、具体的な表現に置き換える工夫をしていますか
21. 大事なことはメモさせる、メモを渡すなど、記憶に負担がかからない方法を工夫していますか

Ⅲ．参加の促進
22. 分からないことがあった児童が、担任からの助言を受けやすくする工夫をしていますか
23. どの児童も発表できる機会をもてるよう工夫をしていますか
24. 1つの課題が終わったら、次にするべきことが常に用意されていますか
25. 集中の持続が可能なように、課題の内容や取り組み方に少しずつ変化をもたせていますか

Ⅳ．内容の構造化
26. （ワークシートなどを活用して）学習の進め方、段取りが分かりやすくなるような工夫がされていますか
27. 課題についてできる限り学習内容の細分化（スモールステップ化）を行っていますか
28. 授業がスムーズになるように毎回の進め方にある程度パターンを導入していますか

個別的配慮（気になる児童に対して）

Ⅰ．つまずき全般
29. 個別指導計画に基づいた指導が充分に行えましたか（個別指導計画が作成されている児童に対して）

Ⅱ．学習のつまずき
30. 教科内容について習得されている学年レベル、ミスの仕方について把握する工夫がされていますか
31. つまずきが起きはじめている所に戻って学習できる機会を用意していますか（例　下学年対応）
32. 学級以外の指導の場（例　通級）を利用している場合、情報・教材の共有がされていますか

Ⅲ．社会性のつまずき
33. その子なりに参加できる集団作り（例　学級、班、小グループ）をしていますか
34. 集団に参加できるための本人に応じたスキル（例　言葉のかけ方、挨拶の仕方）を個別に教える機会を作っていますか
35. 小集団指導の参加機会について検討していますか（例　通級）

Ⅳ．注意のつまずき
36. 集中が途切れた時やじっとしていられない時に、どうするかなどの具体的な行動の仕方を本人と約束していますか
37. 授業内容は聞くばかりでなく、具体的な活動を取り入れていますか

Ⅴ．言葉のつまずき
38. 時々、質問などをして指示内容が理解できているか確認していますか
39. 指示理解の弱い子に対して、個別に説明を加えるようにしていますか
40. 言葉だけの説明で理解できない子には、絵や図などを使って補っていますか
41. 説明することの苦手な子に対して、時々時間をかけてゆっくり聞いてあげることをしていますか

Ⅵ．運動のつまずき
42. 手先の不器用さ、運動の苦手さから学習参加の拒否などが起こらないように気をつけていますか

Ⅶ．情緒のつまずき
43. 1日の中でほめられる場面作りをしていますか
44. 得意なことが発揮できる活動を時々入れていますか
45. 本人の成長している点について、時々本人に伝える機会を作っていますか
46. 学校生活の中で苦にしていることなどについての訴えを聞く機会を作っていますか
47. 学校が好きになれることを一緒に探したり、提示したりしていますか

中学校用

| 中学校名 _____ 記入者名 _____ |
| 役職 [校長・コーディネーター・その他（   ）] |

評価スケール: とてもよくできた / できた / 少しできた / できなかった

学校環境

Ⅰ．組織作り
1. 校内委員会は適切に運営できる体制（構成メンバー、頻度等）でしたか
2. 校内委員会の開催間隔は適切であるように設定しましたか
3. 他の部会等との共同開催等で情報共有、整理を行いましたか。また行った場合、どのように行ったかご記入下さい。
   [   ]
4. 校内委員会の構成メンバー以外にその時に必要（有効となる）となる人物（担任、前担任、介助などその子をよく知る人）に校内委員会へ参加してもらいましたか
5. 校内委員会で検討された結果、得られた結論を校内で有効に活用、機能させましたか

Ⅱ．理解・啓発
6. 校内委員会として発達障害等の理解に必要な資料、文献等を校内の教員に対して紹介をしましたか
7. 校内委員会として専門家等を招いての校内での研修会、あるいは学習の機会を校内の教員に対して設定しましたか
8. 各担任による個々の生徒理解を深める機会（事例検討会等）を作りましたか
9. 校内の教員に対して発達障害等の理解に必要な学校外の研修等の参加を促しましたか

Ⅲ．発見
10. 気になる生徒について校内委員会に各担任から報告される機会を作りましたか
11. 校内委員会の中で気になる生徒について専門的視点から検討する機会（巡回相談の利用等）を作りましたか
12. 気になる生徒について校内委員会の把握生徒としてリストに載せましたか
    昨年度まで継続されてきた把握生徒数 （   ）人
    今年度新たに追加された把握生徒数 （   ）人
13. 校内委員会の把握リストに載っている以外の生徒についても学習状況等の把握が適切に行われるよう働きかけをしましたか
14. 昨年度から引き継いだ校内委員会の把握生徒の入れ替えを校内委員会で検討しましたか

Ⅳ．把握・分析
15. 把握リストに載った生徒に対して実態把握票を校内委員会と担任が協力して作成しましたか
16. 実態把握票を基に、個別指導計画の作成に結びつけましたか
17. 個別指導計画を作成するにあたって、専門家の活用（巡回相談等）をしましたか
18. 関係する学習の場（通級等）での指導内容を考慮した個別指導計画が作成できましたか

Ⅴ．配慮・支援
19. 配慮の具体的な方法について担任を交えて校内委員会で検討する機会を作りましたか
20. 校内委員会が必要に応じて担任の指導について定期的に専門家からのアドバイスが受けられる機会を設定しましたか

Ⅵ．評価
21. 学期終了時点で個別指導計画の評価記載の管理を校内委員会で行っていますか
22. 個別指導計画の評価について保護者と共有しましたか
23. 個別指導計画の評価に基づき、来学期の指導目標を設定しましたか
24. 評価を客観的に行うための工夫（複数名での確認、数値（頻度など）の記録等）をしましたか

Ⅶ．引き継ぎ
25. 校内委員会として前年度の担任と今年度の担任との間で適切な引き継ぎが行われるような方法を取りましたか
26. 前年度の実態把握票の書き換えを行いましたか
27. 前年度の個別指導計画の内容と一貫性を持った新しい個別指導計画を作成しましたか

Ⅷ．連携
28. 校内全体で対応方法を決めておいた方がよい生徒について校内全体で情報を共有する機会を設けましたか（全体会の実施）
29. 通級あるいは専門機関を利用している生徒について担当者・主治医などとの連絡を行う機会を作りましたか
30. 校内委員会で把握している生徒について継続的に情報収集、検討を行う機会を作りましたか
31. 担任のみでなく校内委員会も関わった方がよいと判断される保護者との連携について、適切な対応ができましたか

中学校名 _____ 中学校　記入者 _____	かなりやっている	やっている	たまにやっている	ほとんどやっていない
学級担任　有・無　今年度担当学年 ____ 年　教科 ____				

学級環境

Ⅰ．刺激量の調整
1　座席の位置は個々の特徴に合わせたものになっていますか
2　ちょっかいを出す、話かけるなどの刺激し合う子をお互いに離れるような座席位置にしていますか

Ⅱ．ルールの明確化
3　クラス内のルールはシンプルで誰もが実行できるものに設定されていますか
4　クラス内での役割（例　当番、係）について行動の手順・仕方などが分からなくなった時、実際に参照できる工夫（例　手順表・マニュアル）がされていますか
5　担任からクラス内のルールについての確認、評価を適切なタイミングで行っていますか

Ⅲ．クラス内の相互理解の工夫
6　一人一人の目標について明確にし、本人に伝え、それについて一貫した指導を行っていますか
7　助け合ったり、協力したりする場面を意図的に設定していますか
8　クラスの状況や方向性について、保護者会などで理解が得られるような説明をしていますか

授業における指導方法

Ⅰ．時間の構造化
9　授業の初めに内容の進め方について全体的な見通しを提示していますか
10　授業の流れの中で、今、何が行われているかが分かる工夫をしていますか
11　時間割の変更などについてはできるだけ早く伝える工夫がされていますか

Ⅱ．情報伝達の工夫
12　指示・伝達事項は聴覚的（言語）にだけでなく、視覚的（板書）に提示するようにしていますか
13　抽象的な表現、あいまいな表現をできるだけ避け、具体的な表現に置き換える工夫をしていますか
14　大事なことはメモさせる、メモを渡すなど、記憶に負担がかからない方法を工夫していますか

Ⅲ．参加の促進
15　分からないことがあった生徒が、担任からの助言を受けやすくする工夫をしていますか
16　どの生徒も発表できる機会をもてるよう工夫がされていますか
17　1つの課題が終わったら、次にするべきことが常に用意されていますか
18　集中の持続が可能なように、課題の内容や取り組み方に少しずつ変化をもたせていますか

Ⅳ．内容の構造化
19　（ワークシートなどを活用して）学習の進め方、段取りが分かりやすくなるような工夫がされていますか
20　課題についてできる限り学習内容の細分化（スモールステップ化）を行っていますか
21　授業がスムーズになるように毎回の進め方にある程度パターンを導入していますか

個別的配慮（気になる生徒に対して）

Ⅰ．つまずき全般
22　個別指導計画に基づいた指導が充分に行えましたか（個別指導計画が作成されている生徒に対して）

Ⅱ．学習のつまずき
23　教科内容について習得されている学年レベル、ミスの仕方について把握する工夫がされていますか
24　つまずきが起きはじめている所に戻って学習できる機会を用意していますか（例　下学年対応）
25　学級以外の指導の場（例　通級）を利用している場合、情報・教材の共有がされていますか

Ⅲ．社会性のつまずき
26　その子なりに参加できる集団作り（例　学級、班、小グループ）をしていますか
27　集団に参加できるための本人に応じたスキル（例　言葉使い、挨拶の仕方）を個別に教える機会を作っていますか
28　小集団指導の参加機会について検討していますか（例　通級）

Ⅳ．注意のつまずき
29　集中が途切れた時やじっとしていられない時に、どうするかなどの具体的な行動の仕方を本人と約束していますか
30　授業内容は聞くばかりでなく、具体的な活動を取り入れていますか

Ⅴ．言葉のつまずき
31　時々、質問などをして指示内容が理解できているか確認していますか
32　指示理解の弱い子に対して、個別に説明を加えるようにしていますか
33　言葉だけの説明で理解できない子には、絵や図などを使って補っていますか
34　説明することの苦手な子に対して、時々時間をかけてゆっくり聞いてあげることをしていますか

Ⅵ．運動のつまずき
35　手先の不器用さ、運動の苦手さから学習参加の拒否などが起こらないように気をつけていますか

Ⅶ．情緒のつまずき
36　1日の中でほめられる場面作りをしていますか
37　得意なことが発揮できる活動を時々入れていますか
38　本人の成長している点について、時々本人に伝える機会を作っていますか
39　学校生活の中で苦にしていることなどについての訴えを聞く機会を作っていますか
40　学校が好きになれることを一緒に探したり、提示したりしていますか

チェックリストを活用した実践例

　ここでは、学校で実際にチェックリストを活用し、その結果を基に1年間に渡って行った実践事例について紹介します。それぞれの学校の実態に合わせた実践になっていますので、現場でチェックリストの結果をどのように活かしていくかの参考になります。

● 事例1
A小学校「教育環境の整備」

チェックリスト結果（部分）

※評定値として○をつけたものは校内全体の平均値
左方から「とてもよくできた」－「できた」－「少しできた」－「できなかった」

Ⅱ．刺激量の調整
4　教室内の掲示物によって気がそれたりしないように配慮がされていますか
5　教室の前面の壁の掲示物は必要最小限なものにしぼられていますか
6　教室の棚等には目隠しをするなど、余計な刺激にならないような配慮がなされていますか
7　教室内、教室外から刺激となるような騒音（例：水槽、机、廊下等）が入らないように配慮されていますか
8　ちょっかいを出す、話かけるなどの刺激し合う子をお互いに離れるような座席位置にしていますか

計画策定の理由

　本校のチェックリストの結果は、全項目とも概ね市内平均を上回る結果でした。日頃の担任の先生方の努力が、こうした数値にも具体的に表れたのは大変嬉しいことでした。

　しかし、その中で数値が低かったのは「学級環境」領域の「教室の棚等には目隠しをするなど、余計な刺激にならないような配慮がなされていますか」の項目です。実は、このチェックを実施した年度に、本校では学校間の統合があり、仮校舎で教育活動が行われていました。こうした特別な環境と、その後の引っ越しなどの落ち着かなさが影響してしまっていたのかもしれません。新校舎へ引っ越した今年度は、初心に戻り、児童一人一人にとって学びやすく過ごしやすい新しい環境（学校・学級）を全教員で力を合わせて創り上げていきたいとの思いを込め「教室環境の整備」を本校の特別支援教育の充実計画の重点テーマとして掲げました。

実際の展開・活動・様子

　目標達成の手だてとして、まずは先生方が日常的に行っている「教室環境の整備」に関する優れた実践を、全職員で共有したいと考えました。そうした呼びかけに対して、校内で15点もの実践が集まりました。夏休み中の生活指導全体会で、その実践の映像を順番に見ながら、それぞれを考案した先生に解説していただくことにしました。いくつかの実践例を紹介しますと、5年生の先生の「一人一役マグネットボード」は、自分の係の仕事が終わったら、名前のマグネットを隣のボードに移す

というものです。仕事の終わった子と終わっていない子が一目瞭然で分かり、子どもにとっては自分の活動状況を自覚しやすくなり、担任にとっては指導がしやすくなるメリットがあります。音楽専科の先生の「強弱記号カード」には、「フォルテ」や「ピアノ」等の強弱記号が大きさの違う丸いカードに明記されています。「ピアノ」と「メゾピアノ」はどちらが大きい音なのか一瞬迷いますが、常に掲示してあるこのカードの大きさの違いを見れば直観的に理解することが可能になります。このように、それぞれの学級環境・状況に応じた多彩な視点からの実践が次々と出てくることで、それぞれの教育環境を見直す良い機会になりました。

　その後、この研修会の成果が徐々に現れました。例えば、毎月の「全校の生活目標」の意識づけのために、自分のクラスの児童一人一人に「生活目標川柳」を書かせて、毎月掲示している先生の実践アイデアを参考に、生活指導主任の先生が「あいさつ」の五・七・五を全校児童から募集しました。集まった標語は名前入りで校舎内のあちこちに掲示されました。そうすると、不思議なことに「あいさつ」するということが堅苦しいことでなく、身近に感じられるようになります。朝に夕に、子どもたちのあいさつの声が当たり前に響く学校になっていくように感じました。

　このような具合に、その他の実践についても、各先生方が自分の担任するクラスの実態に応じて、研修したアイデアをさりげなく取り入れている場面を見かけるようになりました。

成果と課題

　学級担任は忙しい日々の中では、例えば、隣のクラスの先生がどんな実践をしているのかよく知らないということは起こりがちです。その中でお互いの日々の教育実践を共有する機会設定はとても貴重で有意義なものでした。特に本校は、6学年のうち4学年の学年主任が30歳代であるといったように、多くの若い先生方が活躍している実態があります。こうした若手の先生方に、ベテランはたくさんのヒントをプレゼントできましたし、若手の先生方の優れた実践がベテランの先生方にとって良い刺激になったように思えます。

　今年度は、充実計画の策定のきっかけとなったチェックリスト項目の〈「よけいな刺激」を避けた環境整備〉という視点のアイデアの発掘には至らなかったのですが、校内全体に〈学びやすい環境作り〉へのモティベーションは上がったように思います。今回行った「実践の共有化」を土台に、さらに発達障害のある子の特徴に合わせた特別支援教育の視点からの新しい実践を、校内でどんどん実現することが今後の課題と言えそうです。

● **事例2**

B小学校「個別指導計画の評価を確実に行うシステムを作る」

チェックリスト結果（部分）

※評定値として○をつけたものは校内全体の平均値
左方から「とてもよくできた」-「できた」-「少しできた」-「できなかった」

Ⅵ．評価	
23　学期終了時点で個別指導計画の評価記載の管理を校内委員会で行っていますか	
24　個別指導計画の評価について保護者と共有しましたか	
25　個別指導計画の評価に基づき、来学期の指導目標を設定しましたか	
26　評価を客観的に行うための工夫（複数名での確認、数値（頻度など）の記録等）をしましたか	

計画策定の理由

　チェックリスト結果から、本校の課題は個別指導計画の評価について校内委員会が十分に対応できていないこと、また、保護者への提案・報告が不十分であることが明確になりました。そこで、「個別指導計画の作成・評価を確実に行うシステムを作る」ことを本校の特別支援教育の充実計画の重点テーマに掲げ、取り組みを始めました。

実際の展開・活動・様子

　個別指導計画の作成と評価を校内委員会で行うことのメリットの一つは、児童の実態、目標、具体的な支援方法等について複数の目で検討ができることです。また、もう一つのメリットは、学校全体で支援することから生じる安心感を、担任の先生に、もってもらうことです。

　新年度がスタートする4月1日は、先生方にとっても、期待と不安が交錯する日です。異動してきたばかりの先生や新たに担任になった先生方は、なおのことです。

　そこで、この日に第1回目の校内委員会を開くことにしました。メンバーは、校長、副校長、新旧担任、コーディネーターです。当然のことながら、管理職もコーディネーターも異動で代わることはありますので、4月1日に校内委員会を開くことは、支援を必要とする児童を大まかにではあっても学校全体で把握できる良い機会です。児童の顔写真を見ながらの話し合いでは、引き継ぎの内容が、さらに具体的に感じられました。そして、この日に、1学期の個別指導計画を前年度の3学期のものを踏襲し、案として作成しました。

　早々に作成した個別指導計画は、学期の早い時期に保護者に同意をもらうようにしました。学期末には、実施した計画の評価を行い、次学期の指導計画も同時に作成しました。保護者には、保護者会等で来校された際に報告を行うようにし、年度末には、次年度の案も作成することにしました。

　個別指導計画の作成と評価のすべてを校内委員会が行うためには、校内委員会のあり方を柔軟にする必要があります。本校では、コーディネーター複数体制を採用し、4名がコーディネーターを担うことにしています。また、各コーディネーターが担当する学年も決めることにしました。校内委員会はスクールカウンセラーが来校する水曜日の開催を基本にしていますが、必要に応じて話し合いの時間をとることにもしました。その時の構成については、検討内容に応じて全メンバーが集まる時も

あれば、必要なメンバーだけで話し合う工夫もすることにしています。学期ごとの個別指導計画の作成と評価を検討する時は、担任と学年担当のコーディネーターが中心になって行い、作成後に管理職に報告をします。

成果と課題

　今年度、実際にやってみての実感は、忙しさとどう折り合いをつけるかが難しいというのが本音でした。学期末の評価は通知表の作成の時期と重なり、大変忙しい中での作業となりました。一方で、個別指導計画の評価は、通知表や指導要録の作成に大いに役立つという側面も同時にあります。

　担当学年のコーディネーターが中心となって作成と評価を行うという方法は、知識や経験が豊富なコーディネーターが複数配置されていることで成り立っている面もあります（本校では特別支援学級が併設されているため、特別支援教育の方法に詳しい教員がいたのです）。このようなコーディネーターの配置ができない時には、やはり校内委員会全体で、個別指導計画の作成と評価をする必要があると考えています。

　もう一つの課題は、個別指導計画の開示と結果報告が保護者との信頼関係を損なうのではないかという不安を経験年数の少ない若手の先生方がもったことです。個別指導計画の意義は、対象となっている子どもの一人一人に応じた指導を行うということですから、その教育内容をその子の保護者に知らせるのは当然のことになります。その子に行っている教育内容を保護者が知らないなどという事態はあってはならないのです。その点についての教員側の理解は当然なこととして、さらに、双方に誤解が生じないように、来年度は、個別指導計画を作成することの意義と利点について、学校全体のすべての保護者に知っていただくよう働きかけていきたいと思います。

● 事例3
C小学校「保護者との連携」

チェックリスト結果（部分）

※評定値として○をつけたものは校内全体の平均値
左方から「とてもよくできた」-「できた」-「少しできた」-「できなかった」

Ⅵ．評価	
23 学期終了時点で個別指導計画の評価記載の管理を校内委員会で行っていますか	
24 個別指導計画の評価について保護者と共有しましたか	
25 個別指導計画の評価に基づき、来学期の指導目標を設定しましたか	
26 評価を客観的に行うための工夫（複数名での確認、数値（頻度など）の記録等）をしましたか	

計画策定の理由

　本校のチェックリスト結果のうち校内委員会に関わる「学校環境」のチェック項目の中で市内平均より低かったものが「個別指導計画の評価について保護者と共有しましたか」という項目でした。思い返してみると、確かに個別指導計画のたたき台を作っても、保護者の理解を得られずにそのままにしてしまう例もありました。保護者と連携できないという状況は、支援の手立ての選択肢が限られたものとなり、学校現場で担任が行き詰まりやすくなります。そこで、本校では、特別支援教育の充実計画の重点テーマとして「保護者との連携」を取り上げることになりました。

実際の展開・活動・様子

　連携がうまくいかない原因の一つに、その子の見方が教師と保護者とで異なるということがよくあります。さらに、発達障害の専門家でない教師が、保護者にどのように伝えたらよいか自信がないということもあります。そこで連携の土台を作るために、教師も保護者もその子の理解を深める必要があると考えました。

市の特別支援教育システムの利用

　以前は保護者の了承がとれれば専門機関にかかってもらい、その検査結果やアドバイスを学校にも伝えていただき、児童理解や支援に役立てていました。しかし、専門機関が予約でいっぱいでなかなか診てもらえない、診てもらっても十分な説明がなされず、その後の対応に指針が得られないなどの限界もありました。そこで、市の特別支援教育システムの活用をしてみることにしました。日野市では、全校毎学期1回、専門家による巡回相談があり、さらに臨床心理士を派遣してもらって発達検査を学校または教育委員会でとることができます。巡回相談の内容は、学校の希望に添って行っていただけるので、1学期は教員向けの発達障害についての研修会に充て、2学期・3学期は児童観察と保護者面談をしていただくことにしました。

　保護者の了承のもと、学校で事前に対象児童の発達検査（WISC-Ⅲ）を実施し、その結果を基にして、巡回相談の日に児童観察と保護者面談を専門家からしていただきました。検査の結果があることで、より具体的で分かりやすい説明をしていただき、保護者だけでなく担任も新しい視点をたく

さん発見でき、共通理解することができました。コーディネーターもできるだけ同席することで、学校としての支援を考える良い機会となりました。

継続的な保護者面談の設定

巡回相談で土台作りができると、保護者との連携が大きく前進します。ただ、日々の学校生活をどうやって良いものとしていくかについては、巡回相談の後にもその子の様子を見守りながら少しずつ検討していくしかありません。そこで、保護者・担任・スクールカウンセラーとひと月1回程度の定期的な面談を設定することもあります。カウンセラーに家庭での様子や保護者の思いを聞いてもらった後に、担任・コーディネーターが入って学校での取り組みの様子をお知らせし、課題を共通理解し、実現可能で具体的な1ヶ月間の目標の検討をします。最後に子ども本人にも面談に合流してもらい話し合いをする…というのが最近のパターンです。一度の面談で変わらなくても、回数を重ねるうちに学校と家庭の理解の差が埋まり、一緒に連携して取り組めるようになることが多く、それは児童の変化に大きく影響しました。

成果と課題

保護者も教師も自分の経験に頼るだけでなく、専門家の視点をプラスしたことで、ともに学ぶ機会を得て、新しい支援の選択肢が増えました。そして、継続的に学校－保護者間で面談を設定することで、連携してその子を一緒に育てるチームという形になりつつあります。このことは、教育現場の私たちにとって、とても心強いことです。

一方で、連携するまでには時間のかかる保護者もいます。あきらめずに日々の様子をお伝えして共通理解を深め、信頼関係を築いていきたいと思います。

● 事例4

D中学校「校内研修委員会との連携」
教員一人一人の一層の意識向上を目指した

チェックリスト結果（部分）

※評定値として〇をつけたものは校内全体の平均値
左方から「とてもよくできた」-「できた」-「少しできた」-「できなかった」

Ⅱ．理解・啓発	
6 校内委員会として発達障害等の理解に必要な資料、文献等を校内の教員に対して紹介をしましたか	├──┼──〇┼──┤
7 校内委員会として専門家等を招いての校内での研修会、あるいは学習の機会を校内の教員に対して設定しましたか	〇──┼──┼──┤
8 各担任による個々の児童・生徒理解を深める機会（事例検討会等）を作りましたか	├──┼──〇┼──┤
9 校内の教員に対して発達障害等の理解に必要な学校外の研修等の参加を促しましたか	├──┼─〇┼──┤

計画策定の理由

　本校の教員全員によって「学級環境」「授業における指導方法」に関するチェックリストを行ったことは、一人一人の教員の中に色々な思い（気づき）を生じさせたようです。例えば、チェックリストにあるような物理的な環境刺激の軽減などは試したい方法だと思った先生は多かったようです。しかし、中学校の場合には、それだけで教育効果が格段に上がるとは思いにくいというのも本音だったようです。また、中学校では、教科担任制であることや、生徒は年齢段階として思春期を迎え、精神的な発達や学力差が大きくなることから、小学校で有効であった特別支援教育の方法のみでは十分ではないというようにも思えます。チェックリスト実施をきっかけに、発達段階に応じた効果的な実践とは何か、という悩みを多くの先生方が抱えていることが分かりました。

実際の展開・活動・様子

　そこで、本校では特別支援教育の充実計画の重点テーマを「特別な支援を要する生徒への配慮を踏まえた授業の実施」としました。これまでも校内での研修会等、積極的に行ってきた実績があるのですが、さらに全員が授業の中で特別支援教育を実践することで、教員一人一人の一層の意識向上を目指すことにしました。

　取り組みのポイントは次のような内容です。

> 仮説：特別支援教育の手法を取り入れた授業はすべての生徒にとって分かりやすい。
> 視点：ICTやユニバーサルデザインを取り入れた授業を行う。
> 試み：教員全員が配慮を取り入れた授業指導案を作り、実践して検証する。

　言うなれば、すべての教科で授業のユニバーサル化を目指したのです。それは、昨年度までの研修テーマとしてICTの活用に取り組んだ本校としてはそのノウハウを生かす絶好のチャンスでもありました。　　　注：ICT: information and communication technology の略。情報通信技術。従来のITよりも情報の共有化をめざす。

通常学級における特別支援教育の導入時は、とりあえず「やれることからやりましょう」とスタートした一面はあるように思えます。そのため、学校によっては条件不足でやりにくい実情があると思います。本校は、校内研修のテーマに位置づけることで、何らかの方法を考える機会を作り〈「やれることから」ではなく「必ずやること」〉に転換したいと考えました。そして、それを全員が行うことで、意識を向上させ、他の先生のアイデアや事例を共有できる機会を作ることにしました。

　最初は、もちろん、すべての先生が「特別支援教育の手法」をもち合わせているわけではありませんでした。しかし、どの先生も、これまで教員になってから、ずっと分かりやすい授業を目指して何らかの工夫をしています。それらの工夫に、特別支援教育の視点を加え、これまでの授業を再構築するという取り組みにすることで、ゼロから考えるのではなく、自分のアイデアや持ち味を生かして、特別支援教育を授業の中にどのように落とし込んでいくかを考える実践としました。

　具体的事例について、詳しくは第4章の第5節（155～174頁）を見てください。④の中学校の数学の授業事例（164～165頁）は本校の研究授業で行ったものです。先生が分かりやすくしようと工夫したり、丁寧に授業を進めると、その姿勢が生徒にも伝わります。研究授業後に「先生が一生懸命だから、私もがんばろうと思う」という生徒からの感想がありました。「プリントは毎回すぐ全員分をチェックして返していくと、生徒の意欲やお互いの信頼関係が築かれる」という学年のベテラン教員の意見がありました。このような「当たり前なこと」も特別支援教育の技法導入の前に大切な視点だということも再確認する機会になりました。

成果と課題

　授業改善や分かりやすい授業については、すでに様々な研究がなされています。本校は特別支援教育にスポットを当てて授業をユニバーサルデザイン化し、発達障害のある生徒だけでなく、誰にでも分かりやすい授業を目指しました。教員全員が共通の認識とテーマをもって取り組むことで大きな力となり、意識向上に繋がっていきました。

　しかし、「ユニバーサルデザイン」という言葉は、たしかに聞こえがよいのですが、一方で、懸念する点がないわけではありません。例えば、配慮しすぎると自ら考える力、自立心にブレーキをかけてしまうのではないか。また「分かりやすく・具体的に・丁寧に」を実践すると、内容を深める時間がなくなり、「できる」生徒の退屈を招くのではないか。そんな声も聞こえてきます。もちろん、これらのことにも考慮した上で授業を進める必要があります。今の段階で十分な回答をお示しすることはできません。私たちは研究の一歩をスタートしたに過ぎないからです。

　現時点では、授業改善の工夫を通して何を目指すのか、目指した結果どうだったのか、残った課題は何かを認識することが大切であると考えています。そして、何もせずに批評だけしてみたり、問題点ばかりを頭の中で考えるのでなく、まずは実践を通じて、その成果と改善点を多く見つけることでしか、教員、生徒双方にとって納得できる特別支援教育の在り方にたどりつく道はないだろうと思っています。

■ 第2章

特別支援教育システムのスタンダード

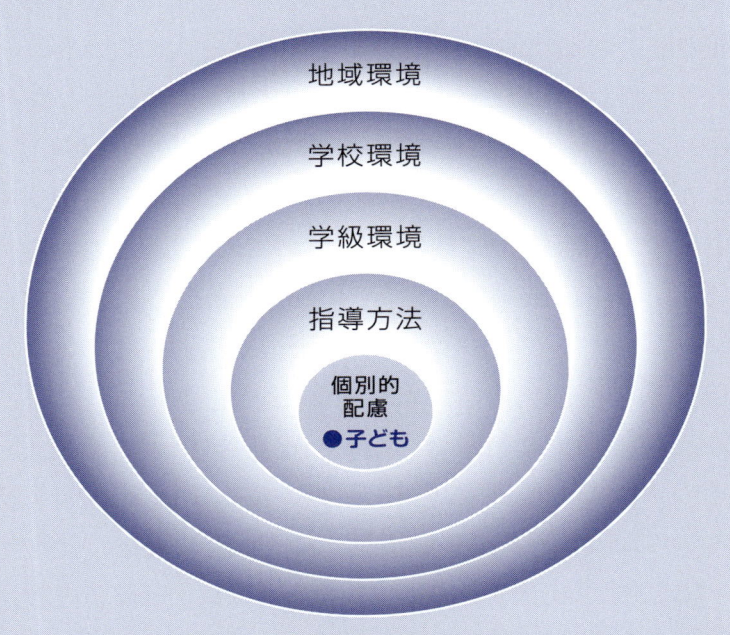

```
地域環境
学校環境
学級環境
指導方法
個別的配慮
●子ども
```

特別支援教育における「包み込むモデル」

　第2章では、特別支援教育の基礎・基本に触れます。このような事項について詳細に説明している専門的な類書はすでに数多く出版されています。通常学級担任を読者に想定している本書で、どこまで触れるべきかの判断には難しいものがありました。

　しかし、最低限の特別支援教育に関する用語や事柄が説明されないと、その後の章の記載内容が分からなくなること、そして、特別支援教育に関する方法論の根拠になることについては、お知らせしておかないと実践の中での方向性に不安が生じやすいことなどを考え、ごく基本項目に絞り、かつ、内容も簡潔にまとめるという方針で執筆しました。それだけに、要点が絞り込まれ過ぎて、読むだけではよく分からない内容も多いと思います。

　しかし、日々の教育活動として特別支援教育を実践していく中で「そういうことだったのか」とご理解いただけるような工夫を凝らしたつもりです。また、日々の実践の中で「どういうことなんだろう」と疑問が生じた時に、ページをめくってもらえば、その背景となっている知識が確認できるようにも執筆しました。

1／通常学級における特別支援教育とは

特別支援教育とは

　特別支援教育は「従来の特殊教育の対象の障害だけでなく、LD、ADHD、高機能自閉症を含めて障害のある児童生徒の自立や社会参加に向けて、その一人一人の教育的ニーズを把握して、その持てる力を高め、生活や学習上の困難を改善又は克服するために、適切な教育や指導を通じて必要な支援を行うものである」（文部科学省　調査研究協力者会議「今後の特別支援教育の在り方について（最終報告）」平成15（2003）年3月）という説明とともにスタートしました。「特別支援教育」という名のもとに、すでに長い歴史をもつ我が国の障害児教育において、最も大きな変更点となったのが、ここに記載されたように「LD、ADHD、高機能自閉症」の三つを新たにその教育対象としたことです。

三つの障害が加わった意味

　この三つの障害に共通する最大の特徴は「知的に遅れを伴わない」という点です（厳密にはADHDの診断基準はその条件に触れていないのですが、ADHDという診断を受ける大部分の子どもに知的な遅れが伴わないのが現状です）。この共通点は、同時に現在の公教育システムでは「通常学級に在籍する」ということを意味します。特別支援教育導入以前は障害児教育を「特殊－普通（通常）」と言う切り分けによって捉えてきました。養護学校や特殊学級（東京都では心身障害児学級）などでの対応がその例です。しかし、特別支援教育では、特別支援学校や特別支援学級のみだけでなく、この三つの障害が障害児教育の対象として加わったことで「通常学級における障害児教育」という視点が与えられたことになります。つまり、特別支援教育は「特別な場」で「特別な方法」で「特別な人」が行うものではなく、すべての教員が取り組むテーマになったことを意味しています。

　しかし、こうした変更に対する現実の運用は簡単なことではありません。教員として、さらなる新しいスキル獲得を目指しながら、同時にこれまでの通常学級での教育活動も変わらずに行っていかなければならないのです。すでに通常学級担任の仕事は手に余るほどになっています。通常学級における特別支援教育を可能にするには、どのようにしていけばよいのか、平成19年度に全国でスタートした特別支援教育の現実的な取り組みは、試行錯誤を続けています。

　　　　　　　　　※この三つの障害を文部科学省は「発達障害」と括り、公文書内で使用することにしました。
　　　　　　　　　　本書でも、この三つの障害を言う時には、まとめて「発達障害」と表現することにします。

2／LD、ADHD、高機能自閉症の理解

1. LDについて

LDとは

　LDとは学力に関するつまずきをメインとする障害のある子を指す言葉でlearning disabilities（ラーニング・ディスアビリティーズ）の頭文字を取った呼称です。日本語訳としては「学習障害」と訳さ

コラム 2 現場からの実感
● 特別支援教育の始まりの時に

「高校に元気で通っています」。制服姿のM君とお母さんが、校長室に訪ねてきてくれました。「心配したのですが、北海道での修学旅行にも参加できました」と笑顔で語るお母さんのそばで「飛行機も乗るし、かなり大変だったけどね」とM君。体もたくましくなり、顔には自信が伺えました。小学校時代から、M君は音や味などに対する感覚が敏感で、学級の中での生活は困ることが多かったようです。調子が悪くなると学校に来られないこともありました。しかし、彼の特性をよく理解しているご両親は、その都度、担任と話し合い、解決策を見出してきました。通級制の学級の教員が調整役も務めました。ありとあらゆる可能性を探りながら、みんなでチャレンジした日々でした。

通常学級で特別支援教育が始まった時、私の中には、二つの気持ちが交錯しました。

その一つは、M君のように周囲から理解されず「なまけている」「わがままだ」などと言われて苦しんでいる子どもたちや、一人で対応に苦慮している担任や、「自分の子育てが間違っているのでは」と自信を失っている保護者が理解され、支援の手が入るという喜びでした。

一方で、この教育改革が学校という現場にどのように受け入れられるかという不安や心配もありました。「誰か応援に入ってくれるの?」「今までと何が違うの?」「固定制や通級制の学級で指導してくれるんでしょう?」などの言葉は、教師たちの偽らざる思いでした。現場には、次々と新しい改革の波が押しよせ、教師の多忙感が募っていましたし、特別支援教育の専門的な学習を教師は積んでいませんでした。また、すでに、今まで教師として、がんばって立派にやってきたという自信や自負もありましたから……。

その後、私は少しずつ特別支援教育について学ぶうちに、M君がつらいというサインを出した時、そっと手を貸していた担任の工夫や実践の中には、すでに特別支援教育の視点が息づいていたと実感しました。「一人一人を大切にしている優れた教師は、とっくに特別支援教育を実践している」との思いでした。そして、そうした無我夢中の実践の上に、特別支援教育への具体的な学びが加われば、その指導技術や連携の方法が、より一層磨かれるはずだと。

私は、特別支援教育はすべての学校現場にとって、なくてはならない視点と技術であるという確信を持ったのです。

（小学校　校長）

れます。日本では、このdisabilitiesに訳をあてることが大変難しかったようです。結果的には「障害」という訳になりますが、部分的なハンディキャップによって生じるLDの状態と、当時の我が国で使用してきた言葉としての「障害」イメージとの間にはどうしてもギャップがありました。そこで、訳としては「学習障害」としますが、元々のlearning disabilitiesの意味するところを残す意図で、現在も教育領域では「LD」と頭文字の略称で使用されています。

発達障害の教育が日本より30年早く始まったと言われる米国ではlearning disabilitiesへの教育

が障害児教育の対象者の中で、最も大きな割合を占めています。そうした状況との比較で考えると、我が国のLDへの支援教育の現状は、その気づきにおいても、支援についても、まだまだ課題が残されていると言わざるをえません。

LDの定義

我が国のLDの公式定義と位置づけられているのは平成11（1999）年に文部科学省（当時、文部省）の調査協力者会議が「学習障害児に対する指導について（報告）」に明記したもので、内容は以下のようになっています。

> 学習障害とは、基本的には全般的な知的発達に遅れはないが、聞く、話す、読む、書く、計算する又は推論する能力のうち特定のものの習得と使用に著しい困難を示す様々な状態を指すものである。
> 学習障害は、その原因として、中枢神経系に何らかの機能障害があると推定されるが、視覚障害、聴覚障害、知的障害、情緒障害などの障害や、環境的な要因が直接の原因となるものではない。

公式定義には専門的な視点での言葉が多く、その読み取りには苦労すると思います。しかし、この定義に書かれていることのポイントは以下の3つになります。

1. 基本的に全般的な知的発達に遅れはない：平たく言えばIQレベルが知的障害のレベルにないということです。もっと、実際的な言い方にしますと、通常学級に在籍している子どもであるという言い方もできます。
2. 聞く、話す、読む、書く、計算する又は推論する能力のうち特定のものの習得と使用に著しい困難を示す：一言で言いますと、「基礎学力のつまずき」が生じるということです。学習障害の中核的な症状はここになります。
3. 原因として、中枢神経系に何らかの機能障害があると推定される：これは脳を中心とする生物学的基盤について述べた部分です。平たく言えば、本人の努力不足などが要因ではなく、本人の中の発達上の特徴によって生じるということを意味しています。

このような3つの観点が定義には示されており、専門的な視点からこの3点が確認できた子をLDと判断（日本では教育用語であるLDについては「診断」と言わず「判断」と言います）されることになります。第7章で触れる「専門家チーム」のLDの判断作業の実際は、この3点を確認することによって行われています。

LDのつまずきの発生メカニズムのモデル

LDがある子がなぜ、学力につまずくのかをメカニズムモデルとして示したのが、次頁の**図2-1**です。この図の一番下にある「基礎学力の特異的習得困難」という部分が、教室の中で見える子どもの実

際のつまずきです。「特異的」というのは多くの子どもが起こすつまずきとちょっと違って独特であったり、多くの子は、すぐに乗り越えてしまうつまずきが、なかなか克服できずに停滞してしまったりしている状態を言います。

　こうした学習上のつまずきがなぜ起きるのかという「原因」を追求していくと、この図の上方に遡っていくことになります。LDのつまずきの源流にあるのは定義の中では「中枢神経系の機能障害」を推定していることになります。つまり、生物学的な特徴、コンピュータに例えるとハード面のうまくいかなさがあるということになります。そうした特徴をもつと、その次のプロセスである「認知」とか「思考」と言われる人の脳の情報処理プロセスにうまくいかない部分が生じてきます（「認知（情報処理）過程の特異的障害」）。例えば、目で見た情報を処理したり（視覚認知）、耳で聞いた情報を処理したり（聴覚認知）する部分がうまくいかなくなったりします。時にはそうして入ってきた情報を蓄えておくこと（記憶）にうまくいかなさをもつこともあります。こうした認知能力についてうまく機能しない状態は知的障害についても生じます。知的障害には能力の全般にうまくいかなさが見られるために、日常的に「遅れ」という言葉を使ってきました。LDに対しては、そのうまくいかなさが部分的に生じるため、この「遅れ」という言葉に対しては「かたより」という言葉を使用することになります。こうした一連の流れから最終的に「聞く、話す、読む、書く、計算する、推論する」などの学力につまずきが生じてくると考えています。

中枢神経系の機能障害
↓
認知（情報処理）過程の特異的障害＝認知の偏り
↓
基礎学力の特異的習得困難

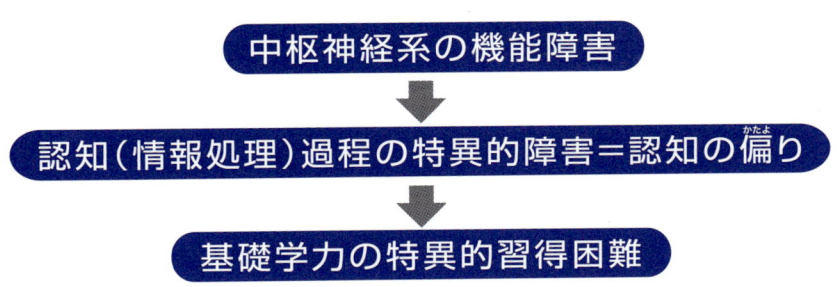

図2-1 LDのつまずきのメカニズム
（上野,1993を修正）

専門的な視点から見たLDへの対応のポイント

　ここまでの記述から、LDの対応のポイントを示してみたいと思います。LDのある子を理解するためには教室で見える実際の姿だけでなく、その背景にある目に見えない障害プロセスも理解する必要があります。特に**図2-1**の真ん中部分にあたる「認知のかたより」の理解はとても重要になります。この部分を明らかにする専門的な道具として認知能力検査があります。認知能力検査の代表的なものとして「*WISC（ウィスク）」があります。専門家チームや専門機関でLDと判断や診断を受けた子どもについては、保護者と相談の上、こうしたデータに関する説明を専門機関から聞くことで、つまずきの背景が分かり、具体的な教材の工夫への方針を立てることができます。

> ※ 発達障害の認知の「かたより」を把握するために、もっとも多く使われている代表的な心理検査。専門機関等で正式にLDと診断されている子どもの多くはこの検査を受けている。その結果から、学習のつまずきとの関連が説明されることも多く、最近は、専門機関から学校に向けて、WISCの結果を資料として保護者を介して提出されるケースが多くなっている。
> 現在は第4版であるWISC-Ⅳ（ウィスク-フォー）が使われている。

コラム ❸ 現場からの実感
● 僕のこと 分かった？

　私は、ここ数年、巡回相談員として市内の小学校、中学校で先生方や保護者の方々の相談をお受けする仕事を続けています。私は発達障害のある子どもたちが「頑張れる環境作り」をするという、この仕事が大好きです。どうしてかというと、私には発達障害のある子たちが、魅力に満ちた彩り豊かな子どもたちに見えるからです。

　私の大学院時代の師匠は、発達障害を「理解と支援が必要な個性」と言いました。障害を「個性」と位置づける人は昔からたくさんいました。しかし、私はどうしても、その考え方になじめませんでした。なぜなら、私が長い期間に出会ってきた子どもたちの苦しみを考えると「個性」などと呑気なことを言う気になれなかったのです。数年間ずっと授業中は「分からない」という思いだけを抱えている子、自分でもなんとかしたいと思っていても、結局、じっとしていられずに、立ち歩いてしまったり、気が散って違うことを始めてクラスメイトに責められる子、友だちを作りたいとずっと思っているのに場の空気が読めず、結局、休み時間はひとりぼっちで過ごすことが多い子など、発達障害のある子が直面している現実は本当に切ないことばかりです。こうしたことを「個性」などというきれいごとで済ませていいものかと思わざるをえませんでした。

　しかし、「個性」の前に「理解と支援が必要な」という言葉がついた途端に「個性」という言葉を抵抗なく、受け入れることができたのです。彼らの本当の「個性」は〈理解〉と〈支援〉という要素が生じた途端に、活き活きと輝き出すのです。

　先日、市内のある小学校で4年生の男の子の認知のかたよりをチェックする心理検査を私自身が行いました。彼は一生懸命に検査に取り組みました（普段はすぐに飽きてしまうのに！）。そして、検査が終わった途端に「ぼくのこと分かった？」と真剣な顔で質問してきました。そして「ぼくは、嫌なことがあるとすぐにどっかに行っちゃうから……」と言葉を続けました。その時に、この子は本当に自分を〈理解〉してもらいたいと思っているんだなぁと感じました。とてもとても、いとおしい気持ちになりました。私は「ちゃんと、分かったよ。これで他の人にもちゃんと説明できるよ」と伝えました。専門的に言えば、心理検査で分かることは、彼のすべてではなく、彼のごく一部分に過ぎません。それでも、そう言わざるをえない気分だったのです。「これから、この検査の結果を基に、大人たちがみんなで君の〈支援〉をどうするか、ちゃんと考えるからね」と言うつもりで言いました。私には彼の表情が検査を始めた時より、ちょっとだけ明るくなったように感じました。

　前述した私の師匠は、常々「人生に必要なことはすべてLDから学んだ」と言い続けていました。できなさについて悩み、苦しみ、困り果てている子たちは、そのことに対して、表面からだけでは分からないような様々な思いをもっています。その思いに触れると、普段の忙しい生活に忘れかけていた色々な思いが私の中にも生じます。それは私にとっては「人生に大切なことって何だろう」と時々、立ち止まって考える機会でもあります。

　本書は「障害の有無に関係なく学べる環境作り＝ユニバーサルデザイン」を教育現場に紹介することを目標にしています。発達障害を〈理解〉し、その子どもたちが頑張れる〈支援〉環境を作っていくと、必ず、すべての子にとっても学びの多い学校となっていくはずです。発達障害のある

> 子の存在が「教育の原点ってなんだろう」と我々大人があらためて考えてみるきっかけを作ったことになればとても嬉しいです。学校のなかにあるすべてのものが発達障害のある子に「君のこと、ちゃんと、分かってるよ」と微笑（ほほえ）みかけているような環境作りのために、私は学校を応援していく仕事を続けたいと思っています。
>
> （大学教員　臨床心理士　巡回相談員）

2. ADHD について

ADHD とは

　ADHD は「注意欠陥・多動性障害（2008 年に日本精神神経学会にて「注意欠如・多動性障害」と改称されている）」と訳されている障害で、不注意（注意の持続の苦手さ）、多動性（じっとしていることの苦手さ）、衝動性（がまんの苦手さ）などの状態を見せる症候群です。LD と同様に attention-deficit/hyperactivity disorder の頭文字をとって ADHD と呼ばれています。ADHD のタイプとしては、注意力と多動の問題の両方をもつタイプ、注意力のみに問題をもつタイプ、多動や衝動性が前面に出るタイプなどがあると言われています。ADHD は正式には精神医学の診断基準によって診断されます。そのため、教育の現場などで安易に判断し口にすることなどは避ける心がけも必要になります。

ADHD の定義

　ADHD は教育用語として以下のように定義されています。

> 　ADHD とは、年齢あるいは発達に不釣り合いな注意力、及び／又は衝動性、多動性を特徴とする行動の障害で、社会的な活動や学業の機能に支障をきたすものである。
> 　また、7 歳以前に現れ、その状態が継続し、中枢神経系に何らかの要因による機能不全があると推定される。

　多動などの特徴は、知的障害のある子や自閉症などに伴う形で起こることもあります。しかし、ADHD という診断名は、こうした状態が直接の原因ではない行動上の障害に限定するという基本理解・同意のもとで使用されています。これが「年齢あるいは発達に不釣り合いな」という文言が意味しているところと言えます。その結果、ADHD と診断される子どもには知的な遅れ等が伴わないことが多く、通常学級に在籍することが多くなります。

専門的な視点から見た ADHD への対応のポイント

薬物対応について

　ADHD への対応と、LD や高機能自閉症への対応との相違点には、ADHD への対応には薬物療法

が選択され、使用されることが多いということがあります。この薬物対応には、基本的には中枢刺激薬（塩酸メチルフェニデート）を使用することが多く、現在は「コンサータ」という商品名の薬が使われています。また、中枢刺激薬でない薬物としてノルアドレナリン再取り込み阻害薬（アトモキセチン塩酸塩）の「ストラテラ」という商品名の薬も使用されることがあります。そのため、ADHDへの対応では医療機関との連携の機会が多くなるのです。ただし、こうした薬物が有効になるADHDのある子は7割程度とも言われており、必ず薬が効くということではありません。

　薬を使用する子に対する教育側の留意点は、薬物対応はあくまで対症療法に過ぎないということを理解しておくことです。これらの薬を飲み続ければ多動が治る（根治する）ということではありません。薬物はあくまで症状を一時的に抑えることを目的としています。薬物によって症状が緩和している間に、成功体験を積み上げたり、成長に必要な学習の積み上げを丁寧に行う必要があります。つまり、ADHDの成長の促しは、あくまで教育的対応がその中心にあり、薬物対応は補助的役割でしかないということです。医療側はこの点を十分に認識しています。こうした基本方針を学校側が理解しないままの安易な医療機関の利用の勧めなどを行い、保護者との連携にかえって混乱を生じさせることもあるので、注意が必要です。

教室の中での留意点

　また、教室の中での対応の基本は「刺激量の調整」になります。ADHDのある子の不注意の様子をよく観察すると、いつも外界にある何かに反応してしまう結果から起きていることに気づきます。つまり、ADHDのある子は置かれた状況によって、注意集中の様子や多動の状態が変わったりするのです。そうした特徴を抑えると、対応の基本は、当然、子どもの注意を逸らす教室内の刺激をできるだけ少なくするようにしたり、集中が続くような環境を工夫することになります。これらの工夫の実例は第5章にたくさん収載しました。

　さらに、ADHDについての重要な教育的ポイントの一つは「叱責量の調整」です。ADHDの障害特徴は、本人に様々なハンディキャップをもたらすものであり、当然、ケアを受ける必要がある状態と言えます。にもかかわらず、この状態は、逆に叱責を受けることがあります。例えば「集中しなさい」「じっとしていなさい」という声かけは彼らが頻繁に受けるものです。教育的な意図の声かけと、叱責と言われるものの間にラインを引くことは大変難しい側面がありますが、少なくとも、本人が叱責と感じる体験の蓄積によって、心に荒れが生じ、次第に反抗、攻撃、非行などの具体的行動に結びついていくことがあります。叱責を減らすためには、本人が失敗する前に、それを回避する方法が用意されていることが必要になります。何か起きた時には、指導対象として、その事実内容だけを扱うのでなく、そうした事態が起きるまでに、それに対する回避行動がなぜとれなかったのか、決めていた回避行動のどこに無理があったのかなどを話し合うことで「叱責」の雰囲気を減らし、建設的な「教育」の雰囲気を増やしていくことができます。対話の中での叱責を減らすというと、教育的な声かけまでも減らしてしまう誤解が生じることがあります。そうではなく、折角の本人とのコミュニケーションの機会を、できる限り、有意義で実効性のあるものに変えていこうという姿勢が問われているのです。

3. 高機能自閉症について

高機能自閉症とは

　高機能自閉症は、英語の high-functioning autism をそのまま訳す形で紹介されました。そのため、日常用語としては若干違和感のある言い回しになってしまいました。「高機能」などというとなんだかコンピュータみたいで、すごいことができるような印象を与えてしまいますが、この「高機能」という言葉は、専門領域では「知的な遅れを伴わない」という意味を伝えるために使用されています。特に、自閉症の中の一つのタイプである医学用語の「アスペルガー症候群」については、言語の遅れを伴わないという特徴があるために、結果的に、知的な遅れを伴わないことが多く、教育領域では広義の意味で高機能自閉症の中に含まれると考えて対応しています。また、医師によっては診断名で広汎性発達障害（PDD：pervasive developmental disorder）という用語を使うこともあります。こちらも、知的な遅れを伴わない場合には、広義の意味での高機能自閉症に含まれるとみなしてかまいません。広汎性発達障害と自閉症スペクトラム障害は、ほぼ同等の概念として扱われることがあります。

高機能自閉症の定義

　文部科学省の最終報告において、高機能自閉症は以下のように定義されています。

> 高機能自閉症とは、3歳位までに現れ、① 他人との社会的関係の形成の困難さ、② 言葉の発達の遅れ、③ 興味や関心が狭く特定のものにこだわることを特徴とする行動の障害である自閉症のうち、知的発達の遅れを伴わないものをいう。
> また、中枢神経系に何らかの要因による機能不全があると推定される。

　つまり、自閉症の特徴である
　　　① 対人関係をもつことの苦手さ（例えば、目が合わないなどの特徴）、
　　　② 言葉の遅れ、独特な使用（例えば、オウム返し）、
　　　③ こだわり、の三つの特徴をもつことと、知的な遅れを伴わないということ
が専門的に確認され、知的な遅れがないと判断されると「高機能自閉症」と診断されることになります。このうち ② の部分が軽い状態像になると、医学的には「アスペルガー症候群」と診断されることがあります。

　こうした中核的な症状とともに、高機能自閉症には、以下の例のような細かい様々な周辺症状が生じます。

- 周囲のペースとのずれ
- こだわりから離れられない
- 曖昧な状況に耐えられない
- イメージするのが苦手
- ……等々
- 感じ方の違い
- パニックが起きてしまう
- 変更があると不安定になる
- 言葉通りにしか受け取れない

これらは定義の三つの症状と違い、高機能自閉症と診断されるすべての子どもに生じる特徴というわけではありませんが、強弱はあっても個別的に生じやすい症状であると言うことができます。どの特徴も学校場面では不適応となりやすいものばかりですが、ペースのずれや、パニックなどは特に学級集団全体に影響をもたらすことが多くなります。

専門的な視点から見た高機能自閉症への対応のポイント

文化モデル

　高機能自閉症に対応する基本姿勢は「文化モデル」に基づく支援がよいでしょう。「文化モデル」とは、自閉症の治療教育の代表的存在である TEACCH（ティーチ）プログラムの根底に流れる考え方です。自閉症の特徴を「違う文化を生きている人」と捉え直して「我々の文化をどう理解してもらい、相手の文化をどう理解するか」ということを考えながら支援方針を決めていく考え方です。自閉症の人には自閉症特有の感じ方、考え方、譲れない部分があり、非自閉症、すなわち一般社会には非自閉症の感じ方などがあると考え、どう「折り合い」をつけていくかについてお互いに模索していくことになります。例えば、自閉症の人は「一人でいることが楽」「マイペースでやりたい」というような感じ方をします。集団行動を重視する学校生活ではこの特徴は大抵、問題（わがまま）とされます。そこで「自分のペースでやっていい時」と「人のペースに合わせる時」などを明確にして、それぞれが折り合う形を設定するなどの具体的、実際的対応が必要になります。高機能自閉症のある子どもは、学校社会の中で、お互いの文化を尊重し接点を探る体験を積み重ねることで、将来の一般社会とのつきあい方を学習していきます。

構造化

　特に、高機能自閉症の人の感覚にこちらが合わせる支援としては「構造化」という方法が有名です。これも前述した TEACCH プログラムの代表的な手法です。彼らは、イメージする（見えないものを想像する）、曖昧（あいまい）なものを理解する、抽象的な事柄を処理することなどに根本的な弱さがあります。これらの特徴を補うために構造化が使われます。「構造化」とは、障害のある子ども・人たちの特性に合わせて、環境（周囲の人や物）の方を調整し、彼らにとって理解しやすく、また安心できる状況を用意することです。例えば、教室の中を分かりやすい配置にしたり、時間の区切りを明確にしたり、予定を事前に伝えてこれから起きてくることに見通しをもたせたりする方法です。具体的な方法は第4章、第5章でたくさん紹介しています。ぜひ、参考にしてください。

4. 発達障害のある子の「状況」からの影響の受けやすさ
～ 包み込むモデルの根拠 ～

　ここまで、LD、ADHD、高機能自閉症について、それぞれ、違った特徴をもっていることを説明してきました。にもかかわらず、LDもADHDも高機能自閉症も「発達障害」という名で一つに括られています。「発達障害」という言葉があてられるようになった社会的背景には、知的障害がないという状態を、説明する言葉が必要だったという事情もあったでしょう。しかし、実際の関わりを前提にすると「知的障害がない」という共通の特徴自体はあまり役に立つ視点ではないのです。

　では、三つの障害について、我々の対応のキーとなる共通項とは何なのでしょう。彼らの不適応の状況をよく観察していくと、それぞれの障害は、見た目や様子は違っていても「周囲の環境（＝状況）から負の影響を受けやすい」という点では同じであることに気づきます。LDの子は、勉強ができない子ではありません。皆と同じようなオーソドックスな教わり方だと分からないけど、別の教わり方だと理解できたりします。つまり、特別な指導方法が必要なのです。ADHDの子は、常時、多動であるわけではありません。刺激量の多い状況では、その特徴が出やすくなってしまうのです。高機能自閉症の子は、曖昧で見通しの立たない状況にあると不安定になったり、いつもの力が発揮できなくなったりします。すべて状況によっては負の影響を受けやすい性質によるのです。

　通常学級では、この特性を理解し対応することが求められます。彼らのこうした特性を知った上で、支援方法を模索すると、自然に、状況、つまり環境を整えていくという視点に導かれていきます。つまり、彼らの力が発揮しやすいように「状況（環境）を調整する」のです。そのためには、「はじめに」で紹介した包み込むモデルに沿った環境を学校に構築する必要が生じます。

コラム 4　現場からの実感
● ありのままで

　私が教員になって最初に採用されたのは、養護学校（現在の特別支援学校）の高等部でした。美術大学の出身で、教員養成大学出身でも特殊教育の単位を取ったわけでもなく「養護学校＝車椅子の子どもたち」という乏しいイメージしかない状態で事前打ち合わせに行き、初めて知的障害の学校と知り、また、障害によって校種が違うこともその時わかったような状態でした。

　ある日の午後、気持ちがいいので外で美術の授業をすることになり、大きなダンボールを広げて何人かで絵を描いていると、男子生徒が紙を筒状にして、空を見上げ、何かを追っていました。「何をしているの？」と聞くと、「ウェンディーが見える」というのです。本当に見えているかのようにじっと雲の間を追っているのです。その時「ああ、この子たちと美術ができるなんて」と感動を覚えました。自分自身が小さな頃、無心で絵を描いたり、ものを楽しく作ったことを思い出したのです。美術大学に入るための絵、人に認められる絵を描いてきた私にとって衝撃のでき事でした。

　また、ある時には、ニューヨークに旅行に行って来た生徒が、「自由の女神、スタチュー・オブ・リバティ」とつぶやきながら熱心にクレヨンで絵を描いていました。私はそのまま見守っていたの

ですが、やがてその子は真っ黒に自由の女神を塗りつぶしてしまいました。その時、先輩教員に何でそこで指導をして、黒く塗るのをやめさせなかったのかと問われ、答えに窮したことがありました。その生徒に聞くと「夜の自由の女神」だから塗ったのだというのです。以来、このことは私のなかに強い印象として残ったのです。他の子よりもできないから、誰が見ても分かる絵を描かせなければいけないのだろう。でも、健常の子どもに近づけるという目的で、その子の意思を無視してこちらの型にはめていいものなのか…。

中学校の通常学級に異動をして、たまに、このことを生徒たちに話してみることがあります。「みんなだったらどうする？」と。すると、「その子がそうしたいなら、黒く塗っても、塗らなくてもいい」と言ってくれる生徒がいます。その答えにホッと胸をなでおろします。そして、私が、長いこと自分のなかで問い続けた思いを子どもたちに語ります。

「ありのまま」でいいのです。まずは、その子のありのままを受け止めることが大事。しっかり受け止めてもらえたら誰だって嬉しいのです。安心して次のステップを踏み、成長することができるはずです。そして、まずは自分のありのままを認めて欲しいと。

これが、今年送り出した3年生への最後の言葉となりました。

特別支援教育に対する意識が高まって数年がたちますが、障害の有無に関わらず、どんな生徒に対しても、まず「ありのまま」を受け入れ、そこからいろいろな可能性を広げられるように……、現場で悩むことがあると、まずそこに立ち返るよう心がける毎日です。

（中学校　教諭）

3／特別支援教育コーディネーターの役割

平成16年度に文部科学省が示した「小・中学校におけるLD（学習障害）、ADHD（注意欠陥／多動性障害）、高機能自閉症の児童生徒への教育支援体制整備のためのガイドライン（試案）」では、校務分掌上、校内で指名された「特別支援教育コーディネーター」の役割として以下の五つの柱を提示しています（各項目のカッコ内は五つのテーマに関する解説部分からポイントを要約したもの）。

1. 校内の関係者や関係機関との連絡調整
    （教職員間の連絡調整、関係機関への窓口、ケース会議の準備、保護者との関係作り）
2. 保護者に対する相談窓口
    （保護者の気持ちの受け止め、共に対応策を考える機会設定、保護者への支援体制作り）
3. 担任への支援
    （担任の相談役、児童生徒理解への協力、助言、組織による支援体制作り）
4. 巡回相談や専門家チーム＊との連携
    （巡回相談の連絡調整、専門家チームへの依頼・準備、指導助言の活用）

5. 校内委員会での推進役
（協議内容の円滑化、校内の状況把握と情報収集、ケース会議の実施、個別指導計画の作成、校内研修会の企画）

※ 東京都では「専門家チーム」を「専門委員会」という名称で呼んでいます。

　つまり、特別支援教育コーディネーターの役割は、一言で言うと「コーディネーター」の名称そのままに「校内、校外の調整役、つなぎ役」ということになります。実際には、上記の5本柱のすべてをコーディネーター一人が実施していくのではなく、校内委員会で話し合われた児童生徒に関する様々な判断に基づいて、コーディネーターがその実現の足掛かりを作っていくことになります。そのため、コーディネーターの仕事の中心は、上記の5の「校内委員会の開催」と言えます。コーディネーターは校内委員会の中で、個々の児童生徒について1～4に関する事柄の必要性を確認し、具体的な実施に移していく調整をします。コーディネーターは校内委員会を支え、校内委員会はコーディネーターを支えるといった表裏一体の関係にあると言えます。

　コーディネーターの仕事は、校内と校外の全体に広がりをもち、広い範囲の目配りと活動を必要とします。その分、コーディネーターが担う業務は負担が大きくなりがちです。管理職を中心に教員全体がコーディネーターの役割を十分に理解し、協力することが極めて大切なことになります。

コラム 5　現場からの実感
●「コーディネーターならでは」の視点とは

　本校は個別指導計画を作成する子が50人近くいる大規模校です。児童の実態把握と必要な支援を模索するために、特別支援教育コーディネーター2名を中心とする校内委員会全員で学校内外の情報収集にいつもアンテナを張るように心がけています。最近になって、ようやく児童の情報が、きちんと集まりだし、また、学校内外の支援の手立ての選択肢がある程度見えてきたりして、コーディネーターらしい仕事が少しずつできるようになってきたと感じています。

　今、思うと、目の前の子どもの個別対応や支援だけを必死に考えていた時は、トラブル処理などの仕事が次々あり、本当に大変でした。その後、校内に設置した学習支援室での個別指導が大きな成果を上げたり、全教職員が特別支援教育全体会で発達障害の理解と対応についての研修をして発達障害のある子が安心できる学級環境を作ることを学んだり、分かりやすい一斉指導を実践するように心がけるようにしたところ、教室から飛び出す子がいなくなり、トラブルの件数も半減しました。日々、具体的に起きてくる行動面等の支援に追われるだけでなく、なにげない日頃の学習支援や、校内での体制作り、学級環境作りがどれだけ大切かを思い知りました。そうしたことは頭で理解していても、実践はなかなか難しいものです。どうしても日々の教育活動に追われる中で、実態把握、教育指導計画の作成などを周辺的な仕事と感じやすい学級担任に対して、その大切さや段取りを発信していくのも、現時点ではコーディネーターの仕事かなと思いま

す。一方、コーディネーターも特別支援教育以外の多くの仕事を抱えています。そこで、次の課題としてコーディネーターが変わっても校内委員会の仕事を誰でもできるようにシステム化して「仕事のエコ」を目指すことも必要に思えます。このようなことも、段取りの大切さをよく知るコーディネーターの仕事の一つと言えるのかもしれません。

（小学校養護教諭　特別支援教育コーディネーター担当）

4／校内委員会の役割

校内委員会の仕事

前述の文部科学省のガイドラインでは、校内委員会の役割について、以下のように述べています。

- 学習面や行動面で特別な教育的支援が必要な児童生徒に早期に気付く。
- 特別な教育的支援が必要な児童生徒の実態把握を行い，学級担任の指導への支援方策を具体化する。
- 保護者や関係機関と連携して，特別な教育的支援を必要とする個別の教育支援計画を作成する。
- 校内関係者と連携して，特別な教育的支援を必要とする個別の指導計画を作成する。
- 特別な教育的支援が必要な児童生徒への指導とその保護者との連携について，全教職員の共通理解を図る。また，そのための校内研修を推進する。
- 専門家チームに判断を求めるかどうかを検討する。なお，LD，ADHD，高機能自閉症の判断を教員が行うものではないことに十分注意すること。
- 保護者相談の窓口となるとともに，理解推進の中心となる。

この役割を要約すると、校内にいる障害のある児童生徒について ① 理解・啓発、② 発見、③ 把握・分析、④ 配慮・支援、⑤ 評価、⑥ 引き継ぎ、⑦ 連携の「機能」をもつのが校内委員会と言うことができます。また、これらの内容を見ると、第3節（50～51頁）の特別支援教育コーディネーターに求められる役割とほとんど重なっていることが分かります。このことからも第3節で校内委員会と特別支援教育コーディネーターは表裏の関係と言った理由が分かっていただけると思います。こうした内容を着実に校内委員会が遂行できるようにコーディネーターが潤滑油の役割を果たすことになります。

校内委員会の位置づけ、構成

また、このガイドラインでは、校内委員会の設置の仕方について ① 新規の委員会としてとらえ、新たに設置する、② 従来ある既存の校内組織に、校内委員会の機能をもたせて拡大する、③ 既存のいくつかの校内組織を整理・統合して設置する、の三つの方法を提案しています。発達障害のある児

童生徒の課題は、教育相談、生徒指導上の課題などと重なることは多く、② や ③ などの方法については実務上の活性化という現実的な視点から年度ごとに検討するとよいテーマであると言えます。

さらに、校内委員会の構成メンバーについては「各学校の規模や実情によって一律には考えられませんが」と断った上で「例えば、校長、教頭、教務主任、生徒指導主事、通級指導教室担当教員、特殊（現、特別支援）学級担任、養護教諭、対象の児童生徒の学級担任、学年主任等、その他必要に応じて外部の関係者」などの例に挙げています。最も、効果を上げるメンバー構成についても年度ごとに見直すなどの基本姿勢で柔軟な形態を考えていくことが必要ということでしょう。

コラム 6 現場からの実感
● 校内委員会のやりがい

　中学校の校内委員会にも、生徒についての指導上の課題が多くもち込まれてきます。その中に、たびたび友だちとトラブルを起こすA君がいました。本校の決まりの一つに「他の教室には入らない」というルールがあります。しかし、生徒の中には、自分の友だちに会うために、おかまいなしに他の教室に入ってしまう生徒もいます。A君はそうしたルール違反の生徒に対して「入ってはいけないんだ」と注意をします。相手が素直に聞いてくれない時は、しつこく、しつこく注意するので、最後にはトラブルになり、結局、担任が両者に指導することになります。A君としては正しいことをしているという思いもありますから、担任からの注意が理不尽にも思えるのでしょう。その説明にはなかなか時間がかかります。そんなことが繰り返されているうちに、担任にも「またか」という気持ちが起こってきてしまいます。そこで、校内委員会で検討した結果、「巡回相談」の機会に相談してみることにしました。巡回相談を担当する専門家と保護者との面談によって、A君にWISC（ウィスク）の検査を受けてもらうということになりました。その結果について、次の巡回相談で説明を受けて、学校も保護者もA君の特性をよく理解することができました。それをきっかけに、担任と保護者の対応の仕方が変わっていきました。それと並行して、A君の友だちとのトラブルが減り、落ち着いて学校生活を送ることができるようになっていったのです。保護者もとても安心し、喜んでいました。さらに、その良い流れの中で、卒業後の進路についても、A君に合った学校を考えることができ、関係する教員全員でよかったと思えました。

　もちろん、いつも、こんなふうに校内委員会がうまく機能するとは限りません。色々な支援のアイデアが校内委員会の中にあっても、保護者との連携ができないために、それが実行に移せない場合もあります。しかし、そうした場合にも、学級担任だけでなく、校内委員会という組織で対応を進めていくことで、諦めずに「まずは、保護者とのやりとりをどうしようか」というふうに前向きな方針が打ち出されます。うまくいく支援も、うまくいかない状況も学級担任を中心にして校内体制で共有していくことで、教育と士気の継続が可能になる効果があります。「組織で対応する」ということのメリットを、最大に活かすために校内委員会があるのだと実感します。

（中学校教諭　特別支援教育コーディネーター担当）

5／実態把握のための文書（以下、実態把握票）の作成

　第1節（40頁）で説明した通り、我が国の特別支援教育を定義した文言の中に「その一人一人の教育的ニーズを把握して……」とあります。つまり、「実態把握」と呼ばれる作業は特別支援教育の成功、不成功を分けるほど大切な作業の一つと言えます。実態把握は、一人一人の学習、社会性、行動の状態を中心に状況を把握し文書として残していく作業です。文部科学省がガイドラインの中で実態把握の「観点」とされたものを集約すると以下になります。

○ 知的発達の状況　　　　　　　　　　　○ 教科指導における気づき
○ 行動上の気づき　　　　　　　　　　　○ 対人関係における気づき
○ コミュニケーションや言葉遣いにおける気づき

　なぜ、このような内容を実態把握の視点とするかは、第2節で説明したLD、ADHD、高機能自閉症の定義や特徴と照らし合わせると、ご理解いただけると思います。つまり、これらは、定義に書かれた内容について、現実場面で把握するための観点として示されているわけです。例えば、LDの子の学力の状況を確認するためには、定義に書かれている通り「聞く、話す、読む、書く、計算する、推論する」などの領域に分けて把握することが実態把握のスタンダードになります。それと同じように行動面の記載はADHDの特徴である不注意、多動性、衝動性という観点から状態を記載することが望ましいのです。高機能自閉症にあたっては、同様に定義から見て、対人関係、コミュニケーション、こだわりの有無などがポイントになります。ただし、知的発達の状況については、多くの場合、通常学級の担任が現場でその正確な把握をすることは難しいです。そこで専門機関からの意見や心理検査結果の有無などの情報は、大変に重要になり、当然、実態把握票に記載されることになります。

　しかし、こうした専門性に基づく観点が示されていても、実際の細かい点のどこを見るかは人によって違いますし、専門家が見る部分と担任が気づく部分はまた違ってくると思います。担任が見るべき部分をあまりに細かく要求すると、それだけでかなりの労力となってしまいます。そこで最小限の実態把握を確実に行うことを重視して、日野市では市内で統一した実態把握票のフォーマットを使用しています。本書の付録に収載しています。

　特別支援教育において実態把握票の大切さは、いくら言っても言い切れないくらいなのですが、実態把握票の作成にあたって重要な点を一つだけに絞るとすれば、毎年度、新たな実態把握票を作成していくことの必要性を挙げたいと思います。言わずもがなのことですが、子どもの状態は毎年変わっていきます。過去の実態把握票を見直すことで児童生徒の変化の様子や、課題の推移を知ることができます。過去1年、あるいは2年前にはどのような状態であったのが、どのように変化していったのかという情報があって、はじめて現在の対応の正しさや根拠が言えます。毎年、実態把握票を作成しているからこそ、こうしたことが可能になるのです。これは、医療分野での「カルテ」の大切さと同じです。過去と現在を結ぶ直線の延長線上にしか未来を描くことができないという論理は支援に関わる分野では、共通するものなのでしょう。

コラム 7 現場からの実感
● 答案用紙には、ヒントがいっぱい！

　特別支援教育コーディネーターをしていると、多くの先生方とお話をする機会があります。先日も、初めて3年生を担任している「熱血」H先生が、「K君、算数、全くお手上げです。どうしよう。」と言って、テストを見せてくれました。

　それは、3年生のまとめのテストでした。1枚のテストに「かさ」と「長さ」と「重さ」を調べる問題が載っていましたが、その答えのすべてにバツがついています。よく見ると、答えの数字はあっているのですが、かさの単位がkmと書かれていたり、長さの単位がgと書かれたりしていました。

　私が、「K君、おしいね。単位を書かなければいけないってことは分かっているみたい。だけど、どれにどの単位を使うかが、ごちゃごちゃになっているのかな？」と言うと、「えっ! どれですか?」とH先生は採点の手をとめ、K君の答案用紙をのぞきこみました。

　H先生は、「ホントだ！　機械的に丸をつけていたので、気がつきませんでした。反省です……。じゃあ、他にもK君と同じような子がいたかもしれない。もう一度、よく見てみます。先生、ありがとう」と言って、既に採点を終えた答案用紙の見直しを始めました。

　翌日の朝、H先生が笑顔で近づいてきました。「先生、あの後、全部の答案を見直してみました。そうしたら、K君と同じ間違いをしている子が他にもいました。3年生って、『かさ』と『長さ』と『重さ』の勉強を一気にするから、わけがわからなくなっちゃう子がいるんですね。全員が、すっきりと分かるようにがんばります！」となにやら張り切っている様子でした。

　数日後の放課後、H先生が、ガッツポーズをしながら、「先生、やりました！　K君ばっちりです」と報告に来てくれました。聞くと、学年主任の先生の助言をもらい単位の復習授業をやったとのことでした。それを嬉々として話すH先生。「黒板を三つに仕切って、それぞれを『かさ』『長さ』『重さ』の部屋にしたんです。デシリットルマスと、メスシリンダーの絵カードを作って、その上に、$d\ell$ と ℓ の記号を重ねて、形で覚えられるようにしたんです。mは山の絵と重ねて、gは秤の絵と重ねてみたんです。そうしたら、『これだとよく分かる』『忘れた時は、絵を思い出せばいいんだ』っていう声が、子どもたちから出てきたんです」と満面の笑顔で、その時の感動を伝えてくれました。

　さらに数日後、H先生が「先生、K君、今度は漢字のテストで100点でした」とまたまた、嬉しそうに報告にきてくれました。そのテストはH先生の手作りの10問テストでした。問題の下に出題数より多い数の漢字が書いてあり、その中から選んで書くという形式のテストでした。「K君、読みのテストは満点でも、書き取りはだめだったんです。それで、このテストを思いついたんです。それでも、同じ部首のものは選び間違えるかなと思ったら、ちゃんとできていました。答案用紙って、じっくり見ると、子どもがどこでつまずいているのか、どうやったら分かるようになるかっていうヒントがいっぱいあるんですね」とH先生。

　「ていねいな実態把握は、支援の第一歩」ということを教師2年目のH先生に教わりました。

（小学校教諭　特別支援教育コーディネーター担当）

6／個別指導計画の作成

公的な位置づけ

　「個別指導計画」(「個別の指導計画」と呼ばれることもあります。本書では前者の呼び方で統一します)は、まさに、特別支援教育の柱です。例えば、特別支援学校では「個別指導計画」は平成21年の学習指導要領の改訂で、これまでの限定的であった作成範囲から「すべての児童生徒に、すべての時間に対して作られる」ということになりました。また、小学校、中学校の学習指導要領でも「障害のある児童については……指導についての計画又は家庭や医療、福祉等の業務を行う関係機関と連携した支援のための計画を個別に作成することなどにより、個々の児童の障害の状態等に応じた指導内容や指導方法の工夫を計画的、組織的に行うこと」と明記されています。つまり、通常学級でも個別指導計画の作成を通して指導の充実が図られる必要性が述べられています。

　このように特別支援教育全体で大変重要な位置づけをもつ個別指導計画ですが、通常学級の現場では、その作成にはまだまだ課題が多いのです。具体的には「作り方が分からない」「作る意義が分からない」という声を多く聞きます。

個別指導計画の意義

　そもそも個別指導計画はなぜ作られるべきなのでしょうか。一つは障害という特性はオーソドックスなカリキュラムになじまないという現実があります。障害のある子は一人一人の状態や特徴が違ってくるため、一律に用意した教育内容では十分なものにならないのです。そこで、一人一人に応じた教育内容を記す必要があるということになります。

　個別指導計画は、保護者がわが子に発達障害があると分かり、学校にその旨を伝えてきた時に学校側がその支援要請に応える道具の一つということもできます。障害があるという申し出に対して、教育上の目標と手だてを考えるのは当然のことです。個別指導計画を作るという基本的な対応が保護者とのつながりの糸口となるのです。

　さらに、大切な視点は、学習指導要領に書かれている「計画的・組織的」という文言が意味しているところになります。個別指導計画が「計画的」であることは当然ですが、個別指導計画によって「組織的」な対応も可能になります。なぜなら、個別指導計画は、毎年度作られることで、一人一人の「指導効果に関する資料」「関わりの記録」という役割を果たしてくれるからです。前節の実態把握票はあくまで状態・変化の記録ですが、個別指導計画には、指導内容の試行錯誤が記録されるので、どのような方法が本人に有効であり、無効であるのかということまでを、その時点、その時点の担任に伝える資料になります。担任から見たら、これほど強力な資料は他にはないでしょう。個別指導計画に記載されている、これまでの指導の経過を踏まえて、自分が担任である1年間の指導を組み立て、さらに次年度につなげる関わりを行うことができます。つまり、たとえ年度によって担任が変わっても、複数年のスパンで一貫して組織的に育てていくためのバトンの働きをするのが個別指導計画なのだと言えるのです。

個別指導計画の柱

　個別指導計画のフォーマットの例は文部科学省をはじめ、様々な自治体から出されており、様式も様々です。しかし、その記載の柱となるものは、大きく3点しかありません。それは「指導目標」「方法」「評価」です。オーソドックスなカリキュラムについていけなくなった子どもに対して、我々はその教育内容を独自に考えなければなりません。そのための第一歩は言うに及ばず、まず「目標を立てる」ことから始まります。目指す到達点はどこなのかを明確にする作業はなによりも先行されて行われる必要があります。それがなければ、向かう方向は決められません。「目標なき教育」は成立しないのです。また、目標を立てても、それが無理のあるものであったり、全く見当違いな方向を目指すものであったりしても困ります。ここで、第5節（54頁）で説明した実態把握の大切さが明白になってきます。的確な理解（実態把握）に立って、適切な指導計画が立てられるのです。個別指導計画ではまず、大きく長期目標と短期目標を立てることになります。長期目標とは1年間での達成を目指す目標です。この長期目標を達成するために短期的な視点で区切った目標を立てます。これを短期目標といいます。通常は短期目標は学期単位で立てることになります。長期目標（1年間の目標）を二つ～三つ程度立て、それに対する短期目標を現実の様子に合わせて現実的にその都度設定するという方法が最も一般的であろうと思います。

　目標が立てば、次に考えるべきは、その達成の方法です。簡単に言えば「手だて」です。ここでは、教員側の指導方法のレパートリーが問われることになります。発達障害のある児童生徒の指導は、これまでの自分の経験だけに頼っても有効にならないことがあります。そうした場合には、校内委員会や巡回相談の機会を利用して、方法を検討することも必要になります。

　目標を立て、手だてを講じた後は、当然「評価」を必要とします。評価によって目標の達成具合を見ることになります。個別指導計画に評価という観点があることの理由は二つあります。一つはその学期中の指導がどうであったかの結果を客観的に知るためです。そして、もう一つは、次の学期（もしくは年度）にはどのような目標を立てると良いかということを知るためです。評価をすることには「過去を振り返り、未来に活かす」という大切な役割があるのです。

　本書の付録には個別指導計画としては最もシンプルな様式を例として収載しています。より使いやすくするための工夫がなされたものも各地で提案されているようです。ただし、一定の地域内では、できるだけ統一した様式で使用することが、小中の連携や、地域の連携に役に立ちます。

個別指導計画の実践例

　ここで、実際に通常学級で作られた個別指導計画の中に記載されたものを抜き出して、例として**表2-1**に示します。個別指導計画は、できるだけ具体的に書いていくことが良いのですが、ここでは出版物という形態上、個人情報等を削除したものを載せています。個別指導計画を全く書いたことがないという先生方に参考にしていただくサンプル集と考えていただければと思います。

表2-1 個別指導計画（小学校）の記入例

《目標》

(低学年)
- 全体への指示を聞き取って行動できる。
- 学習に向かう姿勢をつくることができる。
- 挨拶や返事をする。
- 学習準備ができる。
- 相手に応じて正しい言葉遣いをすることが大切だと気づける。
- 自分ができる方法・取り組み方によって学習課題に最後まで取り組む。
- 給食で、担任と本人で目標とした量を食べ切ることができる。
- 給食の時間に、自分の食べる量を少しずつ増やしていくことができる。（食事量が不十分な子で）
- 学習活動の時間に、何らかの理由で教室外に出ることがあっても、担任と約束をし、それを守ることができる。
- 友だちとおだやかなかかわり方ができるようになる。

(中学年)
- 算数の基礎・基本的な問題を中心に問題を解くことができる。解けたという達成感と自己肯定感をもてる。
- 特定の仲良しの友だちだけでなく、いろいろな子と関わり、様々な遊びに目を向けられる。
- 急な予定変更・思い通りにならない時にも対応できる。
- 体育の時間を中心に、できないことにも挑戦することができる。
- 漢字を中心に復習をすることができる。
- 日記に毎日の出来事をきちんと書く習慣を身につけることができる。
- 忘れ物を少なくする。
- 自分の気持ちを言葉で伝える方法を覚える。
- 授業中のルールを守って学習できる（すわる・必要のない時に大きな声を出さない・課題に取り組む）
- 友だちに手や足を出さない。傷つくようなことを言わない。
- 2年生〜3年生程度の計算力をつける。（学力に遅れのある子で）
- 文章力をつけ、漢字テストで自信をもつ。
- 集団生活のルールを守り、クラスの一員としての自覚をもって行動できるようにする。
- 専科等で担任以外と接している時も、勝手な行動をしない。
- パニックになってしまったら、「場」を変えて、気持ちを落ち着ける。
- 教室にいなければならないというルールを守れる。
- 宿題をする。

(高学年)
- 授業中、分からない時は小さな声で先生や友だちに聞くことができる。
- できることは、最後まで頑張ってやりとげる。できないことでも、頑張ってやってみる。
- 遊びの場面などで、自分の言いたいことがある時に、言葉で思いをうまく伝えられるようになる。
- 自分のすべきことを順序立ててやる。
- 朝、宿題の漢字ノートを提出する。
- 授業で使う教科書・ノートを言われなくても出す。
- 机の上や持ち物の片づけや管理ができる。
- 連絡帳を書いて親に見せる。
- 「分からないこと」を上手に伝えられる。

- ノートを全部書き、課題を最後までやる。
- 明日の予定を書き、宿題をする、提出物を出す。
- 状況を理解し、必要な最低限の言動をとることができる。
- どうしても席にいられない時は、先生に断ってから廊下に出る。

《具体的な対応、配慮、支援》
（低学年）
- 指導者側は時々動きを止めて、授業の話に集中できるように促したり、確認したりする。
- 教師の手が届きやすいよう、席を前列にする。
- 学習準備については、早め早めに声をかけ、ほめられながらできるよう一緒に取り組む。
- 挨拶や返事は、照れて言わないですまさず、しっかり言うよう毎日促す。
- 座席は一番前の端にして、なるべく刺激の少ないように配慮する。トラブルになりそうな児童とは意識的に座席を離すようにする。
- きちんとできたことを認め、まずい言動があった時には、言葉だけでなく、時には動作や合図など視覚的にもわかりやすい手段で伝える。
- どんな時にどんな言葉を使うと、相手はどう思うのかを具体的な生活場面などを通して一緒に考える機会を多くもつ。
- ノートのとり方の見本を示したり、赤鉛筆で手本を示してなぞらせたりする。
- 給食を減らしにきた時に、薬の副作用も配慮に入れつつ、本人が頑張って食べようとする量を一緒に考える。（薬を服用している子で）
- 給食は予め、少なめによそってあげる。また、場合によっては家庭から食べられる物（主に主食となるもの）を持ってきて、食べる量を増やしていく。
- 何らかの理由でその場を離れたくなった時には、口頭やカードを担任に示すなどして、クールダウンに必要な時間を決め、戻る約束をする。その約束が守れた時に、きちんと褒め認めていく。
- どこに何をしまうのかを、明確にし、途中まで担任や友だちに手伝ってもらっても、最後は本人がすることで達成感を味わえるようにする。そしてそれを認めていく。
- 課題に取り組む前に具体的な目安を指導者が示す。何をどれくらい書くか、どこまで読むかなど。

（中学年）
- 授業に集中して取り組めるように、導入の工夫と視覚的提示を工夫した展開を行っていく。
- 正解しやすい問題をまじえ、達成感や意欲を高める。
- 問題の内容を具体像（イメージ）で表して、内容の理解、計算の意味理解を促す。
- 一日の予定を事前に知らせておき、取り組みの確認を行う。
- 分からない時は、問題文を声に出して一緒に読む。
- イライラして感情が抑えられなくなった時には、ストップウォッチを渡して、時間制限の中で、廊下で落ち着くようにする。できたことをほめ、自己肯定感を高める。失敗しそうな時は事前に対処法を教え、心の準備をすることを伝える。
- 授業中のルールとその意味（集団での生活）を繰り返し話す。
- ほめ言葉をタイミングよくかけ、自尊感情が高まるようにする。
- がんばり表を継続する。友だちに優しくできる他の児童をモデルとして、その行為のよさの価値を教え、本人が同じような行動ができた時は、大いにほめ、自尊感情が高まるようにする。
- 落ち着いたところで、同様な場面の対処法を一緒に考え、振り返る習慣をつける。
- 短時間でも取り組んだことやがんばりを評価して意欲を高める。
- 書き取りの際に、「はね」・「はらい」・「字のきれいさ」にはこだわらず、まずは書くことを促す。
- 計算では本人の気持ちを考えながら、九九や2位数1位数などの計算練習をさせていく。
- 漢字テストに向けた練習を家庭でしっかり行ってもらい、テストでよい点を取れるようにすることで本人のやる気と自信につなげていく。

- 日常的に声をかけてコミュニケーションをとることで信頼関係を持続させ、メリハリのある対応をしていく。甘えたり話を聞く機会をもうけて満足感を与えつつ、わがままや勝手気ままな行動は抑制していく。
- 専科等での本人の学習状況を知り、けじめのある行動がとれるようにしていく。
- 一つ一つの出来事を冷静に振り返ることを続ける。「うまくいったこと」「失敗してしまったこと」を論理立てて整理し、次の行動に生かす。うまくいったら一緒に喜ぶ。
- うまく伝わらなかった気持ち、理解できなかった相手の気持ちは担任が間に入り、伝え、聞かせる。
- 些細なことでよいので「かかわり方が上手」な場面を探し、ほめることを繰り返す。本人の気持ちに寄り添うことを丁寧に続け、不安や心配を取り除いていく。成功体験を振り返る。
- 片づけてから次の行動に移るように、習慣づける。
- 担任や周りの人に小さな声で気持ちを伝える。それでも落ち着かない時には、場所を変えて気持ちを静める。

（高学年）
- 授業中は意見を言うこともできるので、遊びの場面でも少し興奮した時にも自分の思いを相手にうまく伝えるようにしていく。友だちとけんかしそうになったら、冷静に自分を見る時間をつくる。自分の行動を振り返って、どうすべきだったかを考えさせる。
- 自分がしていいと思うことが、相手にいいと思ってもらえるとは限らないことをその都度話して理解できるようにする。引き続き、冷静に自分を見る時間をつくるようにして、自分の行動を振り返るように促す。
- 複数のことを同時に指示すると、何からやっていいのか分からなくなってしまうので、一つ一つ提示し、一つ一つにしっかり取り組ませる。全体の中では課題に取り組めないことが多いので、難しい時には、本人に合った個別の課題に取り組ませながら基礎的な学習を身につけさせる。毎日、やらなければいけないことに確実に取り組ませる。
- その度に声をかけないとできないことが増えてきてしまったようなので、5年生のうちに一つ一つを確実にできるようにする。授業中は、みんなと同じ内容の学習は難しいので、自分にできることをするようにする。
- 話しかける前に、名前を呼んだり、視線をこちらに向けさせる。
- 正解しやすい問題をまじえ、達成感を高めて意欲を高める。
- 質問の仕方を具体的に教える。
- トラブルの原因を聞いてあげ、気持ちをクールダウンさせる。落ち着いたら振り返らせる。
- 小さなことでよいので「我慢」を教えられる場面を探す。約束が守れたらほめることを繰り返す。
- 叱責せねばならない場合は、まずい行動のみを端的に注意し、必要最小限にとどめる。
- 授業中保健室に行く場合は、必ず担任に断ってから行く。「10分たったら戻ってくる」など約束をする。

《評価》
（低学年）
- 個別に伝えたり確認したりすると、意識することができる。
- 全体に向けた指示を聞こうとする意識はまだまだである。
- 薬の種類が変わり、いらいらしたり、怒ってパニックになったり、暴言をはいたりということもあったが、2学期後半からは、約束をしてクールダウンする時間をとり、その約束を守ることができるようになってきた。
- 宿題などの提出物がそろわず、きちんとやってくる回数が減ってしまった。
- 宿題は量を減らし、二つだったものを一つにまとめた結果、毎日提出できるようになった。学期初めが不安定なので、スムーズに学校生活になじめるよう3学期の最初の出会いを丁寧に扱うと同時に、引き続き話をじっくりと聴く機会を頻繁に設ける。

- 毎日の漢字練習に丁寧に取り組み、花丸をたくさんもらうことで自信がついた。
- 算数では、計算問題を解くといった活動などは、比較的集中して取り組むことができていた。

(中学年)
- 仲良しの友だちが増え、様々な遊びを工夫していた。2学期のまとめの漢字テストでは98点をとった。しかし語彙の理解力はまだまだなので、引き続き指導していく。
- 1時間の授業の中で声掛けを意識的にしていくことで、姿勢や集中が持続できるようになってきた。
- 担任の前では授業中の立ち歩きはほとんどなくなった。大きな音、声を出すことはまだ続いている。耳からの情報にはすぐ答えたり、手を挙げて的を射た発言をすることもある。
- 班での学習には参加がしにくいが、清掃時は友だちの邪魔をせずに自分の仕事ができる日もでてきた。
- 友だちとのトラブルが減った。今後も休み時間など友だちと仲良く遊ぶことができるように励ましていく。
- 授業中に離席が多く見られるので、がんばりカードの取り組みで○がつくように声掛けを行う。
- 2〜3年生程度の計算力を身につけることができた。
- 漢字テスト前の家庭学習を行い、平均70点以上をとることができた。
- 専科等でも勝手な行動をせずに学習に参加することができた。
- 専科の時間以外、授業中は教室から出ないルールは守ることができた。薬・登校時間は守ることができなかった。行動面では、日に日に学級のルールを意識するようになり、チャイム着席や挨拶ができるようになってきた。学習課題を仕上げると、自分の好きなことができる決まりをつくったことで、何もしないで一日過ごすことはなくなった。暴言もなくなり、友だちとのトラブルもなくなってきている。課題は教室移動などの環境の変化に対応できないことである。
- 薬の服用により、改善された点が多くあるが、その日の気分によって様子がかなり変わってくる。調子がよいと、集中して課題に取り組むことができるが、調子が悪いとすぐに保健室に行ってしまう。1学期当初に比べると気持ちは安定して過ごしているが、苦手意識をもっているものに対する抵抗がかなり強い。

(高学年)
- 友だち関係の中で、暴力を振るうようなことはほとんどなかったが、他の児童(特に女子)から見て気分を害するようなことがあるらしく、責められるようなことがあった。担任が気がついた時には、話がこじれないうちにその場で解決するようにしたが、本人が自覚していないことが多く、そのずれが問題になってくるかもしれない。・
- 毎日することをカードに書き、見ながら作業できるようにしたが、なかなか自分だけの力ではできないことが多かった。生活面ですべきことをできるようにしていきたい。
- 学習の準備をするようになった。
- 時間をゆったりと確保し、問題の数が少なければ課題をやるようになった。
- 友だちと協力して学習したり作業したりする時に、いらいらして乱暴な態度になることが多い。
- 授業中は教室で過ごすことと、できる課題はやることがさらなる課題である。
- 友だちにも恵まれ穏やかに過ごした。保護者との面談で、学習カード(明日の予定、宿題など)をきちんと書いて出すこと、宿題を提出することから徹底していくことを確認した。
- 少しずつ家庭学習が定着し、漢字テストに成果が表れてきている。引き続き応援する。
- 担任が、ひと声掛けるだけで、学習に取り組むようになっている。
- 他の児童の声がけや注意に過敏に反応し、口論になることが多く、落ち着いて受け入れることができるようになるのが課題である。

コラム ⑧ 現場からの実感
● 個別指導計画を作ること

　校長として「一人一人の障害に合った個別の支援が必要です。だから個別指導計画を作ってほしい」とすべての担任に伝えたのですが、なかなかうまく進まないことがありました。担任にしてみれば、どう書いていいか分からない、保護者に見せなければならないなら、ますます分からない、と戸惑ったのです。

　そこで、「はじめは担任に任せるのではなく校内委員会で書きましょう」と伝え、まず取り掛かりとして、3年生のA君の個別指導計画を校内委員会で進めてみました。目標は、なるべく簡単にし、本人ができそうなことにしたほうがよい、と巡回相談でのアドバイスももらい、それに沿って考えてみたり、出版物に載っている個別指導計画の文例も参考にしました。

　A君のできることは何か、困っていることは何か、実態を見つめていった結果、個別指導計画の中に、A君の乱暴な面をはっきり書かざるをえないということになりました。保護者によっては本当のことを伝えるとかえって気持ちを傷つけてしまったりして、うまくいかなくなるケースも体験していますので、その内容をオブラートに包んで伝えがちです。しかし、個別指導計画は、事実がはっきりしないと作成できません。保護者が受け止めてくださるか不安に思いながら、保護者との話し合いが始まりました。まず「はじめに見ていただくものは原案であること」「一緒に修正しながら個別指導計画は作ること」を伝えました。そして学校では、A君本人も困っていること、できることとできないことがあること、担任としては暴力は絶対になくしたいと考えていることを保護者に伝えました。予想に反して、保護者の反応は、好意的でした。

　「先生たちは、こんなにうちの子のことを考えていてくれたのですね」
と言ってくれました。個別指導計画は、私たち教師が保護者に、子どもを思う気持ちを伝える方法でもあることが分かりました。

　計画を立てる時には、本人のやる気に基づくことも大事です。最後にA君の考えも聞き完成させました。1年間の長期目標と1学期の短期目標が立てられ、具体的な方法を考え、取り組むことにしました。

　順調に見えた取り組みでしたが途中でA君の頑張りが途切れてしまいました。担任の訴えで、校内委員会で仕切りなおしの話し合いをもちました。A君には1学期は長いので、2週間単位で、振り返りと励ましをすることに変えてみました。振り返りのための相談メンバーは、本人、担任、コーディネーター、そして保護者です。細やかな振り返りが効を奏したのか2学期を終えた時には、友だちへの乱暴が減り、授業中の立ち歩きがなくなっていました。このようにA君を見守り共に育てる体制の要に、個別指導計画がありました。

　現在、個別指導計画は、担任が書き、校内委員会が相談日を設けて、書かれた指導計画の加筆や修正をアドバイスしています。時には専門家の知恵を借りながら、校内で支えていく体制を、これからもずっと続けていくつもりです。

（小学校　校長）

7／特別支援学級／特別支援学校

特別支援教育＝発達障害の教育？？？

　40頁冒頭で説明したように、我が国の障害児教育の「特別支援教育」への転換時に、最大の変更点となったのが「LD、ADHD、高機能自閉症」を、その対象にするということでした。そのため、特別支援教育の導入後しばらくは、通常学級における特別支援教育ばかりが話題になった感があります。「特別支援教育＝発達障害への教育」という印象すらもつ人も見受けられました。こうした印象をもたれるのには無理のない面もあります。なぜなら、通常学級担任の目の前にいる障害のある児童生徒の多くは発達障害のある児童生徒だからです。通常学級ではこれまで対応してこなかった「障害児教育への参加」という視点が、通常学級に与えられる中で、当然、発達障害の理解のみに関心が集中するという事態が起こったのです。

特別支援学校／特別支援学級への変更

　しかし、特別支援教育には「従来の特殊教育の対象の障害」も対象として含まれています。その対象である視覚障害、聴覚障害、知的障害、病弱、肢体不自由のある児童生徒が学んでいた、これまで盲・聾・養護学校と呼ばれていた特殊教育諸学校は、学校教育法の改正により「特別支援学校」という名称に変更されました。さらに、小学校、中学校に設けられている障害児クラスは「特殊学級」から「特別支援学級」へと名称が変更されました。

障害児教育と通常学級での教育の連続性

　特別支援学校、特別支援学級は、ただ単に名称が変更されただけではなく、これまでと違った位置づけももつことになりました。それは「通常学級との関連の深まり」です。特別支援学校は法律改正の中で「幼稚園、小学校、中学校、高等学校又は中等教育学校の要請に応じて、教育上、特別の支援を必要とする児童、生徒又は幼児の教育に関し必要な助言又は援助を行うよう努めるもの」とされました。つまり、通常学級への支援に積極的に参加し、そこで関係をもつ中で学校として連続的な存在になろうとしています。特別支援学校の「センター的機能」はその一環です。また、特別支援学級の担任の先生方は校内委員会のメンバーとして積極的に校内全体の児童生徒理解へのコメントを求められる機会が増えました。なぜなら、特別支援学級での指導方法には、通常学級の中で苦しむ発達障害のある児童生徒の対応に役立つ具体的な知見がたくさん含まれているからです。また、通級指導教室や通級制の特別支援学級は、特に、通常学級と関係の深い教室（学級）と言うことができるでしょう。

　こうした動きが意味するところは、今、通常学級での教育と障害児教育の視点には、境が少しずつなくなり、ボーダーレスに向かっているということです。これまでの障害児教育で培われた方法が通常学級で役に立ち、通常学級での工夫が特別支援学級に新しい視点をもたらすといった、真の意味での交流が始まったと言うこともできるでしょう。

　こうした理由から、通常学級の担任の先生方には、特別支援学校や特別支援学級での指導や考え方に、常に関心をもち続けていただくことをお勧めしたいのです。

コラム ❾ 現場からの実感
● 二 つ の 心 残 り

　私が、固定制の知的障害の特別支援学級の担任になって8年が過ぎようとしています。その前は、通常学級の担任を20数年経験していました。私には通常学級を担任していた頃の二つの忘れられない心残りな思い出があります。

　一つ目は、まだ、「特別支援教育」という言葉や「自閉症」「ADHD」等の言葉さえ一般的に知れわたっていない時に担任したA君です。今思えば、彼は「高機能自閉症」だったのでしょう。テストは、ほとんど90点から100点をとる児童でした。それなのに、そうじの時間になるとだらだらとしてやろうとしないし、無理にやらせようとすると床にねころがって泣いていやがります。体育の時になると体育着に着替えようとしない……単なる、なまけ心やわがままとしか見えず、指導に困ってしまいました。保護者の方とも何回も面談しました。A君の母親は「この子を理解してほしい」と何回も繰り返すのみでした。結果的に、私はA君やA君の母親を理解しようとせずに1年間を過ごしてしまいました。今思うと、A君も含めて学級を作りあげていかなければいけないのに、学級とA君を切り離していたように思います。

　二つ目は、教員になって初めて障害児学級が併設されている学校に転任してきた当時のことです。給食の時間に交流給食として二人の障害児学級の児童が私が担任するクラスに入ってきたことがあります。その児童は、表情もなく、全く話もしないのでどのように接したらよいかわからず、受け入れる学級の担任として、ただ席を用意しただけでした。当然、クラスの子どもたちも二人に話しかけず、お客さん扱いです。多分、挨拶もしなかったような気がします。ある日、その子たちが学ぶ学級の教室を覗いた時、二人の声をたてて楽しそうに笑っている姿や、明るく話をする姿を見て、びっくりしました。担任に「Bさんは、おしゃべりするんですね。C君は、笑うんですね」と聞いたことを思い出します。しかし、当時の私は、その後も何も対処せず（できず）、私と、私のクラスの子どもたちは、次の交流給食の時にも、以前と同じような様子で、BさんやC君へ接していました。

　私が、こうした思い出を残念なことと思うようになったのは、8年前に障害児学級の担任になってからです。この立場になって初めて気づいたのです。

　昨年度、本校は「ともに生きる　ともに学ぶ」をテーマに校内研究しました。そのために研究授業で、特別支援学級のK君やHさんのお母さんにお願いして、交流先の通常学級の6年生の児童に対して、話をしていただく機会を作りました。話を聞いた後の児童の感想には、「私たちが、当たり前に思っていること、していること、できることも、そうでない人たちがいること。でもその時に、優しく教えてあげたり、一緒にやってあげたりすることが大切だと分かった。今までは、優しく接しようと思っていたけど、放っておいたり、自分からは何もしなかったりしたから、これからは、声をかけていく」「K君やHさんも、うれしかったことなど家で話していることが分かった。今まで、話を聞いてくれない時に何で聞いてくれなかったんだろう、と思ったけど、これからは、もう少し話しかけてみようと思った。はじめは、どう接すればいいか、とまどってしまった。私からあいさつしていこうと考えが変わった」等書かれていました。何か手だてをすること、手を差し伸べるこ

とが、ハンディキャップを抱える子に関わる基本なのだ、優しさなのだということを児童たちに理解してもらえたようです。

　私は、この研究の中で特別支援学級と通常学級との教師の連携の具体的な場面にも触れました。それは、私の残念な思い出への反省が「どのような手だてをとればよいか分からない、気づかないではいけない」ということだったからです。こうしたことは交流先の学級担任と特別支援学級の担任との連携がスムーズに行われないとうまくいきません。そのために、専科、通常学級担任、特別支援学級担任がお互い話し合える学校環境作りも大切なのだと強く思います。

　すでに多くの時間を教員として過ごしてきた自分が、特別支援学級の担任になって一番に学んだことは、「学習が理解できないことや、不適切な行動をするのは、その子のせいではなく、自分（教師）がなんらかの手だてを工夫しないから」という謙虚な気持ちの大切さでした。当たり前のことなのかもしれませんが、もう一度心に留めたいと思っています。

（小学校教諭　特別支援学級担任）

〈参考文献〉上野一彦（1993）WISC-Rによる指導類型とその基本症状　LD（学習障害）研究と実践1

■ 第3章

個別的配慮のスタンダード

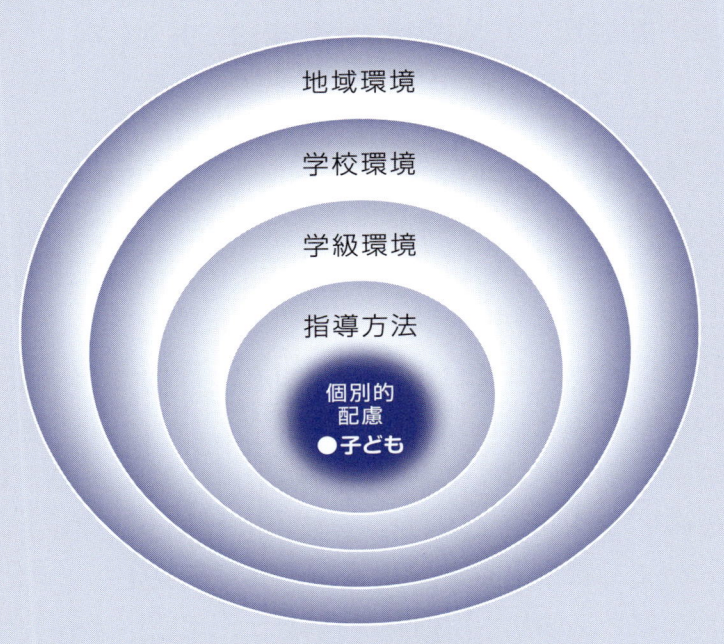

```
地域環境
 学校環境
  学級環境
   指導方法
    個別的
    配慮
    ●子ども
```

特別支援教育における「包み込むモデル」

　ここから先の章は、包み込む環境について、包み込むモデルの層ごとに解説を加えていきます。第3章では、「個別的配慮」の包み込む環境について記します。、この章から先の章は、包み込むモデルの内側から外側に向けて、各層を説明していくことになります。

　この「個別的配慮」の層についてのチェックリストの項目選択、解説作りは、簡単なものではありませんでした。なぜなら、「個別的配慮」というくらいですから、その内容は、当然、一人一人違ったものになります。それをスタンダードとしてチェックリスト化（一般化）するのは、ある種の矛盾です。そこで、再びユニバーサルデザインという発想によって、発達障害に限らず、こうした配慮ができれば、多くの児童生徒にとっても良き指導になると言える項目に絞り込むことにしました。もちろん、発達障害のある子には特別に意味があるということを前提にした上で、です。

　さらに、市内から多くの実践例をコラムとして集め「学習」「社会性」「注意」「言葉」「運動」「情緒」の六本柱ごとに置かせてもらうことにしました。これによって、本章の記述に血が通いました。

　学校という場には、本当にたくさんの成長のドラマがあることが実感できます。日々の小さな個別的配慮の積み重ねが、子どもの変化を生み、その変化が大人側にも感動をもたらして、お互いが元気になっていく。そんな姿が目に浮かぶようです。

1／つまずき全般

※ 本章の中見出し番号は、**個別的配慮のチェックリスト**に対応。〔例〕29（22）は、27 頁の小学校用項目 **29** と、29 頁の中学校用項目 **22** に対応しています。

29(22)．個別指導計画に基づいた指導が十分に行えましたか。
（個別指導計画が作成されている児童・生徒に対して）

「個別指導計画」は、発達障害のある児童生徒への個別的配慮の内容を明確にする書類ですから、その重要性は言うまでもないことです。個別指導計画の作り方は、主に第 2 章と第 6 章で説明しています。ここでは、個別指導計画が作成されている児童生徒に対して個別的配慮を実際に行うにあたっての留意点に絞って、書いておこうと思います。

個別指導計画について何より大切なことは、記載した目標、手だてをいかに日々の学習の中で実行していくかに尽きます。しかし、個別指導計画を実行することが実は「一番難しい」という声を現場のあちこちで聞きます。その中でも多いのが「個別指導計画の内容に無理があった」という声です。それは、担任が実態把握を正確にできなかったことが原因になって生じているのかもしれません。しかし、それよりも、むしろ「こんなこともやってあげたい」「こんなことも必要でないか」という具合に、子どものことを親身になって思うあまりに、欲張った内容になってしまった場合の方が多いように思えます。子どもの状況を正確に知れば知るほど、担任としてやってあげたいことがどんどん出てきてしまうのでしょう。しかし、やはり「できることしかできない」という当たり前の姿勢に戻ることも時に大切です。たくさんある、その子の課題の中で、確実にできることだけに絞っていくことは、消極的なことではなく、むしろ、個別指導計画を十分に実行するという極めて積極的な作業に不可欠なのです。同時に、個別指導計画の中身が明らかに状況とそぐわなかった場合には、すぐに「修正」を行うという姿勢も必要になります。そのままにしておくと、個別指導計画が有名無実なものとなり、1 年間の個別的な関わりが場当たり的なもので終わることになります。まずは「無理・無茶のない計画を立てる」姿勢が大切で、その後に「実態に合う修正」を行うことが個別指導計画に沿った個別的配慮のための必要条件となります。

コラム 10　現場での出会い
● 聴覚過敏の N 君

1 年生の 9 月、運動会の応援団の太鼓や声援の大きな音が嫌で耳をふさぎ、耐えられなくなって泣きだし、ずっと救護のテントの中にいた N 君。11 月には音楽会があり、ピアニカの練習が始まるとやはり我慢できず泣いて保健室に避難しました。自分ひとりでやればできるし、全員一斉に吹いているきれいな音なら我慢できるのです。しかし、練習で一人一人が勝手に練習している音がうるさくて我慢できないというのです。苦肉の策で、保護者に耳栓を買ってもらい、それをつけるようにしました。そうすると、すっかり安心したのか見違えるように落ち着きました。「う

るさい時はこれをするんだ」と見せてくれたりしました。

　2年生では、耳栓はお守りのように持ってはいましたが、使うことはあまりなかったようです。クラスの中で何か騒ぎが起きてうるさい時は「うるさい」と怒鳴ったりもします。担任は、我慢できない時は、廊下に出てもいいから、自分から大声を出さないよう指導したようです。少しずつ周囲のことが見えてきて、自分をコントロールできるようになってきました。

　そして3年生。クラス替えがあり、音楽は専科になるので心配しました。N君が歌の指揮の練習の時、音楽専科が「N君上手だね」とほめたせいもあって、交流給食会で歌う指揮の候補に手を挙げ、その役をやることになったのです。練習しているところを見せてもらったらうれしそうに指揮をしていて、1年生からの様子を知る私としては感激しました。歌も「たとえば君が、傷ついて、くじけそうになった時は必ず僕がそばにいて……」なんとも彼にピッタリの歌です。その様子を見ながら3年目の成長を感じました。その日の午後、久しぶりに保健室に来て、「今日の僕、どうだった?」と聞いて来たのです。もう、たくさん、たくさんほめました。うれしそうなN君の顔を見て、こっちもうれしくなりました。

（小学校　養護教諭）

2／学習のつまずき

> **30(23).** 教科内容について習得されている学年レベル、ミスの仕方について、把握する工夫がされていますか。

　LD等のある児童生徒の学力の実態把握を行うためには、次の二つの視点が必要になります。その一つは「習得レベルの把握」です。まずは、遅れのある教科学習がどの程度まで分かっていて、どこから分からなくなっているかを明らかにします。その際には、例えば「計算については、○学年相当のものまではできる」とか、「漢字は○学年相当のものになると書けないものが増えてくる」など、学年レベルで把握するのが通常学級では自然でよいと思います。もう一つの視点は「エラーパターンの発見」です。この視点で子どもを見る際には、習得している学年などに、あまりこだわらず「どのようなミスをしがちか」ということを中心に確認します。つまり、その児童生徒に特徴的なエラーがないかを探します。こうして見つかったエラーが「認知のかたより（第2章参照）」の特徴を反映していたり、専門機関から学校に送られた心理検査所見の内容と整合性をもっていたりすることは多いです。例えば、視覚認知の落ち込みが指摘されている子が、画数の多い漢字になると途端に誤字が多くなることがあります。また、記憶に落ち込みがある子が、筆算の足し算で、となりの位から10借りたことを忘れるミスを連発することがあります。エラーパターンとその子の認知のかたよりは密接

に関係しているのです。エラーパターンを発見することが、その後の教材の選択や指導の仕方に大変役に立ちます。

以上の二つの見方は正確な「実態把握」ができるかどうかにも関係しますので、その点を詳述している第6章でも触れることになります。

コラム 11 現場での出会い
● 先取り九九で生まれた笑顔

　2年生のA君は、眼のくりくりしたかわいい男の子です。聞いて理解することが苦手で、学級ではどうしてもみんなより一歩遅れてしまいます。だから、担任の話に対しては、そばから「なにするの?」と立て続けに質問してしまいます。そして動物が大好きなので授業と関係なく動物の絵をよく描いています。そうなると分からないことが増えてきて、結局、自分の席を離れて、友だちの筆箱をいじり、授業の邪魔をしてしまうのです。こうした学級での様子について保護者とも話し合い、校内に作った個別の学習支援室に週1時間だけ通って学習を補うことにしました。

　2年生の学習には九九があります。聞いて覚えること（聴覚記憶）が苦手なA君には九九学習の定番「唱えて覚える方法」ではうまくいかないことが容易に想像できました。そこで、つまずきが予想される九九を先取りして学習することにしました。スクールカウンセラーからの「〈書いて覚える方法〉もありますよ」とのアドバイスをヒントに教材を工夫しようということにもなりました。

　学習支援室に来たAくんは「クラスのみんなより先に九九が勉強できる」と張り切っています。さっそく好きな動物の絵を使って九九の意味を教えました。すると2の段の九九は2つずつ増えていくことを難なく理解し、こちらの方がびっくりです。さらに他の段についても一人でその原理に気づくことができました。学級の中でのA君の様子からすると予想外のうれしい反応です。じっくり個別に関わることでA君は「考える」ことが得意だということを私たちも気づいたのです。そして、なにより本人がほめられて大満足です。今は「ノートに書いて覚える方法」を学習支援室と学級の両方で勉強しています。苦手な暗記ですが順調に2の段と5の段が覚えられました。学級で課題となっていた行動もすっかり落ち着き始めました。学習のつまずきを減らすための個別的配慮は、同時にA君の笑顔と自信を生み出したようです。

（小学校　校長）

31(24), つまずきが起きはじめているところに戻って学習できる機会を用意していますか。

　当然のことながら、授業として扱われるカリキュラムは日々進んでいきます。多くの教科では、ある単元で理解できないこと、分からないことがあるとその後の理解にも、ずっと影響を残していきます。そのため、LD等のある児童生徒は、付け焼き刃的な補習では問題の解決に繋がらない程度まで、ある時点から多くの分からないことを積み上げてしまっていることは少なくありません。そうなると最初の原因、きっかけとなったところまで戻って学習する機会を作ることが唯一の支援となることが多いのです。しかし、こうした対応を担任だけが行うことは、時間的制限の中で極めて難しいと言わざるを得ません。そこで担任以外の助力の活用を検討することが必要になります。そうした助力の代表的なものは、通級制の学級、学習支援員、学習支援室などの活用になります。また、家庭学習での工夫も保護者と話し合うことが必要になるかもしれません。その場合には、家庭学習用の教材を渡したり、紹介したりすることが多いと思います。ただし、家庭学習は、本人と保護者にかなりの負担感を強いる作業でもあります。親子（家族）であるからこそ、お互いに、なかなか冷静に学習に取り組めないということが起きます。このことは、家庭に帰れば親でもある教員の場合には、最もよく理解できる心情ではないでしょうか。

　こうした現実的制約を見据えながら、少しずつでも、可能な範囲で学習のつまずきの原因に近いところへのアプローチを試みる工夫をしたいと思います。

> ### コラム 12　現場での出会い
> #### ● 漢字が苦手でも
>
> 　5年生のA君。ちょっとけんかが多い、スポーツが得意な男の子です。私の学級では毎日、国語の授業のはじめ5分間に『漢字5問テスト』をしていますので、前の日に、翌日のテスト範囲のドリルの番号を確認して宿題とします。ただ、A君は書き取り練習をしてきても、なかなか満点がとれません。とうとう宿題をやるのもばかばかしくなってしまったようです。そして、テストの時は、乱暴に書く→いやになる→いたずら書きか寝ているかというふうに行動が悪い方に変化していってしまいました。
>
> 　この状況に対して、担任として、この子になんとか学習をさせなければと思い、A君にはテストではあるけれどドリルを見てもいいから、正しい漢字をテスト用紙に書くように言いました。しかし、A君の主張は「みんなから、カンニングだと言われる」「みんなと違うことをやるのは、いやだ」というものでした。そこで「テストをしている時間になんにも学習しないよりはいいよ。先生からみんなには伝えるから」と約束し、クラスメイトの子どもたちに説明をしました。「みんな

顔が違うように、得意なことや苦手なことも違います。Aくんは、サッカーは得意だけれど、漢字が苦手です。一生懸命、家で宿題をやってきますが、なかなか覚えることができないんです。怠けているわけではありません。(丁寧に練習したノートを見せる)。A君のように漢字が頭に入っていかない子もいれば、大人でも書けないような難しい漢字が書けるけれど、1・2年生の簡単な計算ができない人もいるんです。A君は見て書いた方が勉強になるので先生の許可のもとでドリルを見て書きます。もちろん他の人も一生懸命やっているのにできないことがあったら相談してください」。私としてはこの説明がよかったのかどうか心配です。でも、さすが、高学年でした。すでにA君のこともよく分かっているといった様子で、黙って話を聞いてくれました。こうしてテストについての取り組みを促す一方で、A君自身が自分に合った学習方法で、少しずつでもいいから取り組むことができるように応援するとA君に伝えました。国語の教科書の漢字には、すべてふりがなをふっておきます。音読も毎日取り組めるよう、みんなより少ないページ分にしました。漢字の学習では、書き順を徹底させ、成り立ち、部首をしっかり書くノートを作って勉強しました。まだまだ、二人で試行錯誤ですが、A君は担任の気持ちに応えて一生懸命に取り組んでくれています。

(小学校　教諭)

32(25). 学級以外の指導の場(例：通級)を利用している場合、情報の共有がされていますか。

　項目31で触れたような個別的な学習を在籍学級以外の場で行う場合に、その教育的工夫が有効になるためには、「連携」のよさが必要となります。複数の場で個別的な対応を行っているケースでは、それぞれの場の担当者が、それぞれに指導の有効性に自信がもてずに自分の「非力」を感じているような様子を時々目にします。それだけ、発達障害の不適応の問題には、簡単には解決しない難しさがあるのです。しかし、それぞれが行っている教育活動の実態を知り合い、補い合うことで、相乗的に、2倍、3倍、4倍の教育効果を生むことが可能になります。これを実現するためには、保護者を含めた連絡体制（共有する連絡ノート、定期的な情報交換会、お互いの見学の機会設定など）を無理のない方法によって、それぞれが地道に繋がる具体的工夫が必要になります。

コラム⑬ 現場からの実感
●「連携」について思うこと

　私は通級制の情緒障害学級の担任をしています。通級制の学級の担任になったばかりの頃は、通常学級から常に期待され、要求される「連携」ということを堅苦しく捉えていたところがありました。正直、目の前の子どもの指導のことに精一杯で、専門性のない私が他にお伝えすることなどないと思っていました。ところが、しばらくたつと保護者の方が、通級学級担任としては新人の私より、ずっと勉強されており、色々と教えていただくことが多いことに気がつきました。自然と私の方から尋ねることが多くなり、保護者も連絡帳に日々の様子を熱心に記入してくださるようになり、指導以外の情報交換をたくさん行うようになっていました。また、本学級は複数の担任で指導をしているので、励ましやアドバイスをくれたり、私が見落としていた児童の反応を伝えてくれたりする同僚もいます。何でも伝え合い、話し合い、指導中はお互いの意図を読み合って、効果的に動くようにしています。これらも、すべて「連携」です。いつのまにか、自然に連携がスタートしていたのです。

　通常学級との「連携」も同じだと思えるようになりました。年々、発達障害についての認知度が上がり、通常学級の先生方もよく勉強されています。通級学級の担任として気負うことなく「一緒に見ていく」ことが、結局「連携」だと思います。最初は物おじした時もありましたが、今では定期的な面談や在籍校訪問だけではなく、気になることがあれば、「一緒に見ていく」立場として、こちらから担任に電話でクラスでの様子を聞いたり、こちらの様子をお伝えしたりするようになりました。

　通級制学級はまだまだ新しい分野であり、指導内容、方法、形態等について担当者に任される部分が多く、いつも悩みながら指導をしています、ただ、その分、可能性のある仕事でもあると感じています。そして、最近では色々な立場の人たちと「連携」することができる、とても幸せな場所にいると思えるようになりました。校内はもちろんですが、他校でも担任だけではなく、管理職、養護教諭、スクールカウンセラーの先生方が時間をつくってお話ししてくださったり、通級を尋ねてくださったりすることも多くなり、大変嬉しく思っています。

　これからは、私たち自らが様々な場と「つながっていく」ことはもちろんですが、子どもに関わる周囲のすべての人と人（教員、保護者、医療関係者、大学や地域の人たちなど）を「つなげる」ことや、一緒にやりとりしたり、学習する機会を作ったりすることで、子どもたちの新たな世界を「広げる」という意味での「連携」もできたらと思っています。

（小学校　教諭　通級学級担任）

3／社会性のつまずき

33(26)．その子なりに参加できる集団作り（例：学級、班、小グループ）をしていますか。

　友だちとうまく関われない、集団行動が上手にとれないなどの〈社会性のつまずき〉をもつ発達障害のある児童生徒は少なくありません。学校は社会性を身につけるための学習の場でもあり、こうした問題にも適切な対応が求められます。社会性を身につけるには「社会性は体験を通じてしか身につかない」という原則が大前提になります。つまり、社会性を身につけるためには、その子なりに参加できる「社会的場面」がないと始まらないということになります。そこで、社会性のつまずきのある子に対しては社会的場面作りの工夫が必要になります。例えば、社会的場面について、子ども同士で刺激し合って喧嘩になるようなことがないか、少し余裕があってフォローできる子が複数いる班に入れないか、課題がかみあう同士で行える学習場面を設定できないかなどを考えることになります。すべての面で一緒にやることは難しい子でも、場面を限定したり、一緒に活動するメンバーとの関係のなかでうまくやれることがあります。こうした日々の社会的場面での小さな「成功体験」の積み重ね、繰り返しから徐々に力がついてくるのが社会性というものなのです。まずは、状況を整えられないか検討してみることが、社会性の指導の第一歩になります。

コラム 14　現場での出会い
● 真っ白な体操着

　3年生のA君は、着席してみんなと一緒に授業を受けることが苦手です。理科の授業で、みんなが校庭で日陰の実験をやっている時は、水道の水をジャージャー出して遊ぶのが楽しいし、音楽の時は先生の隣に座って、一緒にピアノを弾く真似をしています。

　2学期が始まると同時に運動会の練習もスタート。表現種目は「エイサー」です。練習初日、3・4年生全員が体育館で並び、基本のステップから猛練習。A君は体操着に着替えないまま体育倉庫のボールで遊んでいます。次の練習日も一人離れて太鼓をコロコロと転がしたり、時々叩いてみて、どんな音がするのか試してみたり……。次の練習はトカゲ探しに終始。その次の練習も、やっぱり友だちとふざけ半分で踊っています。騒いでいたら担任のM先生が傍へ来ました。並んでいないことを叱るでもなく個人レッスン開始。M先生は踊りがとてもきれいで上手です。嬉しそうに真似をして踊りました。

　そうこうするうちに運動会1週間前。とても嬉しいことがありました。初めてA君が体操着を着てきたのです。（びっくりしてM先生に、どんな特効薬的な言葉をかけたのか尋ねました。答えは

〈日々の積み重ねです〉……どんな言葉よりも重くて深い答えでした)。そうすると列に入らないことが不自然になり、違和感なく本来のA君の位置に並ぶことができました。A君には高いハードルだった「着替え」を乗り越えたことが「列に並ぶ」というハードルをも低くしたようでした。みんなの汚れた体操着の中で、1人だけ輝くように真っ白な体操着を着て、A君は少し恥ずかしそうに踊っていました。

　運動会本番。エイサーの演技が終わる時、入場門のところで見守っていたM先生に「みんながんばったね」と言ったら、ニコリとして静かにうなずいていました。その視線の先には、A君の真っ白な体操着があったような気がしました。

(小学校　特別支援学級担任)

34(27). 集団に参加できるための本人に応じたスキル（例：言葉のかけ方、挨拶の仕方）を個別に教える機会を作っていますか。

　社会的場面で振る舞うための一つ一つのスキル（技能）を「ソーシャルスキル」といいます。例えば、朝起きて人と最初に会った時には「おはよう」と言います。この一連の行動がソーシャルスキルです。こうした無数のスキルが集まって人の社会性が作り上げられていくのです。そのように考えると、児童生徒の社会性を向上させるための指導の実態は、場面場面に合ったスキルを獲得させる働きかけということになります。社会性を向上させるためには、指導者側の働きかけが明確なスキルを含む提示内容になっているかどうかが大切になります。「ちゃんとしよう」「がんばってやろう」などの働きかけは、一見、アドバイス風に感じますが、社会性指導の視点からはスキルが入っていないために十分なものとは言えません。「人が話している時は口は閉じていよう」「目を見て挨拶しよう」などの働きかけがスキルの入ったものになります。社会性というものは、非常に漠然としたものなので、指導内容もどうしても漠然となりやすくなります。教員側の働きかけができるだけ具体的なものになっているかどうかが、社会性を指導する場面では特に求められることなのです。

コラム 15 現場での出会い
●トンボから5段タワーへ

「二人技はどうしますか?」という問いに「先生とやる」というT君。5年生の運動会に向けて、私とT君は作戦を立て始めました。初めてのことや突然の変更、運動、勝敗、グループ活動、やり直しが苦手な彼にとって、運動会は高いハードルでした。まず、不安に思うことを話し合い、その対策をまとめていきます。この時の作戦集は、5枚にも及びました（これは、移動教室や式典など、様々な行事の時にも作成し、通級の先生との連携にも役立てます）。なかでも、組み体操は危険が伴うため、念入りに話し合いました。トンボからサボテンへ、これが二人技最大のポイントでした。始めは肩に乗るのが怖くて、私の髪の毛を力一杯握りしめていましたが、本番まで練習を重ね、すべての二人技を、お母さんの見守る前で成功させたのです。でも、5年生の彼にできたのはここまででした。三人技以上は友だちの補助にまわることにしました。

あれから1年がたち6年生になったT君の作戦集は、たったの2枚に。「二人技は、先生は持ち上げられるか不安なので、男の先生とやりませんか?」と言うと「そうします」という返事。そして、三人技からは、全部友だちと一緒に参加しました。T君の頑張りの最高潮は、クラスみんなで作り上げる5段タワーでした。やり直しが苦手な彼にとって、本番直前までうまくいかなかったタワーの繰り返し練習は過酷なものであったに違いありません。やっぱり、練習中に何度か感情を抑えることができなくなったこともありました。それでも最後まで「やめる」とは言いませんでした。

彼の勝敗へのこだわりを、クラスメイトたちは「負けず嫌い」と肯定的に言います。彼に対して「それはだめ」とちゃんと注意し、「すごいね」とちゃんとほめます。私の担任としての振る舞いをよく見ていて「そんなことしたら怒っちゃうんじゃない?」と私にこっそり教えてくれます。私が初めて彼に出会った時に驚いたのは、子どもたちが彼を自然に受け入れていることでした。こんな環境の中で自分の苦手を少しずつ乗り越えていくT君。これからも、たくさんの関係の中で成長していってほしいと思います。

（小学校　教諭）

35(28), 小集団指導の参加機会について検討していますか。（例：通級）

項目33に示したような理由で、学級内に参加できる社会的集団があれば最も理想的です。しかし、実際には、なかなか、そうした状況が得られないこともあります。なんとか参加できる集団作りができても、そこにいるだけで、その中の体験が成功を伴うものには、なかなかならないということも起

こりがちです。学級内の社会的場面では様々な出来事がその瞬間、瞬間に起きてきます。そのような時には、やはり瞬間的に適切なスキルを発揮して対応しなければなりません。しかし、それは発達障害のある子には難しいのです。このような状況が日々続いている児童生徒に対しては、社会的場面での成功体験の確保しやすさという観点から、小集団指導に参加することを検討することが望まれます。指導者がついていて、ある程度、コントロールが可能な社会的場面の中で着実なスキル発揮と成功体験を積み上げていくことで、徐々に集団で必要なことが身についていきます。こうした観点で指導に当たっているのが通級制の情緒障害学級です。担任もしくは校内委員会が通級制の学級での教育的アプローチの情報についても知っておくようにすると、対象となっている児童生徒に、そうした指導が必要かどうかの判断がスムーズにできます。

コラム 16 現場での出会い
● いつも見てもらっている

　6年生のB君は、いつも自分をアピールしているかのように大きな声を出す子でした。そして、何かトラブルがあると一緒になって騒ぎ始め、それが、やがて大きなトラブルに発展することがしばしばあります。もちろん、本人自身がトラブルを起こすことも度々あります。気にいらないことや、自分の主張が通らないと、子どもだろうと大人だろうと関係なく、大声をあげ、物を投げたり、蹴飛ばしたりします。特に、休み明けはこうした激しい行動を起こしやすく、落ち着かない状況です。やはり、B君の背景にはいろいろあるようです。

　しかし、最近では、そんなB君がトラブルを起こしたり、大きな声を張り上げたりする姿が次第に少なくなっているのです。実はB君は、とても優しいところがあり、下級生の面倒見がよく、いろいろなことに気づく男の子でもあったのです。そんなB君の「良さ」を知った担任は、1年生と一緒になって遊んでいたことや、体育のソフトバレーボールの授業でチームの友だちに優しく声かけをしたことや、算数の授業で分からないことを質問して最後まであきらめず問題を解いたこと等…、とにかく小さなことでもほめることを始めたのです。それと同時に、トラブルになりそうな場面を見つけたら、B君が言いたいことを察知して、その相手に「ちょっと今のこと聞いていたけど…」とB君の代わりになって話をするのです。こうすると、B君の怒りは噴火する前に抑えられます。B君も冷静であれば、両者に問題があったことが理解でき、お互いの言動をふり返る中でB君から先に謝ることもできるようになってきました。また、叱り方にも工夫がありました。頭ごなしに叱ることは避け、諭したり、明らかに悪いことをしている時に、じっと見つめることで、本人に気づきを促したりしたのです。そんな時でも、担任と目が合ったB君は、にこっと嬉しそうな表情を見せます。いつも見てもらっている安心感が、B君の落ち着きにつながっていたのです。

（小学校　教諭）

4／注意のつまずき

> 36(29)．集中が途切れた時やじっとしていられない時に、どうするかなどの具体的な行動の仕方を本人と約束していますか。

　ADHDのある児童生徒への配慮事項の中でも、とても大切な視点となるのが「叱責量の調整」というテーマです。ADHDのある児童生徒には、注意持続の困難や、多動といった症状があります。こうした問題は本人のわがままなどから生じるわけではありません。これらが、彼らに困難をもたらしている「障害」なのです。しかし、こうした特徴は「叱責を受ける」ことにつながりがちです。この叱責の繰り返しが心理的不安や反発、荒れに結びつくこともあります。こうした悪循環から抜け出すためには、注意が続かなくなる、じっとしていられないなどの状況において、どのような行動を取るとよいかを、事前に指導者と児童生徒との間で取り決めておく必要があります。それによって、結果的に注意や叱責の対象になりやすい行動を減らすことができるとともに、注意持続ができなかったこと自体を問題の中心にせずに、事前に決めておいた行動を適切に取れたか、取れなかったかということを指導のターゲットにすることができます。こうした方法の中で、大変有名なものに「タイムアウト法」と呼ばれるものがあります。自分の行動、感情、衝動のコントロールが効かなくなりそうな時には、その場から少し離れて、自分の落ち着ける場で気持ちを整える方法です。落ち着いた時点でまた教室に参加します。米国では「タイムアウトルーム」などを設置している学校もあります。日本で導入する場合にはそれなりにアレンジが必要になるでしょう。学校、学級の状況や、子どもの特性に応じて、様々な形態で行うとよいと思います。
　ADHDのある児童生徒の指導に際しては、彼らの心のなかに「どうしたらいいのか」というやるせない気持ちが生じないようにすることが大切です。彼ら自身でコントロールできないことを指導対象とせず、本人がコントロール可能なことに絞って指導することがコツになります。

コラム 17 現場での出会い
●「変わる」ためにできることを全部やってみる

　Aさんは、低学年の時に、転校してきました。運動があまり好きではなく、自分の気持ちを言葉にするのが苦手です。でも、絵を描くことが大好きで、やさしい気持ちをもった女の子です。中学年になって友だちに自分の思いが伝わらず、些細な相手の言葉や態度からトラブルになることが多くなってきました。気持ちが高ぶってしまうと、体が固まってしまい、授業にも参加できな

いことが週に何回もありました。その度に、保健室で落ち着くまで休んでいました。そこで、保護者の方にも理解をしていただき、スクールカウンセラーの先生と週1時間話をする時間を設けました。お母さんにも、現状を詳しく伝え、高学年から通級制の学級に週1回通うようになりました。また、失敗しがちなことを減らすために、次のようなことも決めました。①教科書は持ち帰らず学校に置いたままにする。②ノートの書き写しの量を配慮する。③Aさんがすぐ書けるような特別の連絡帳を作るなどです。

　高学年になったAさんは、落ち着いたクラスの環境、周りの友だちの成長、多くのサポートの成果もあったようで、以前のような不適応を起こさず、毎日学校に来て授業を受けられるようになりました。担任も、学級でも朝の会で一言発表を続けたり、体力がついてきたので体育の運動をがんばるようにするなど、Aさんの活躍できる場を多く作りました。そうした積み重ねでAさん自身も少しずつ自信をつけているようです。以前に比べ、表情がすっかり明るくなり、Aさんは本当に変わりました。

（小学校　養護教諭）

37(30)．授業内容は聞くばかりでなく、具体的な活動も取り入れていますか。

　ADHDの注意集中の困難という特徴をよく分析すると「一つのことに取り組める時間が短い」ということが分かります。ずっと同じことをしているのが苦手なのです。一つのことをしていても、周辺で起きている違ったことを見つけると、すぐにそちらに気持ちが移ってしまいます。こうした行動だけ見ると、ADHDのある子は、時々「好奇心旺盛な子」というポジティブな評価がなされることもあるのです。しかし、授業という場面では、すぐにあちこちに気持ちが移るような行動は学習の妨げになることが多いです。授業内容にある程度の変化をもたせることが集中を助けます。それは学級内の多くの子にとっても同じ効果をもたらします。ある程度の「目先が変わる」活動を入れていく授業の工夫は、一般的に見ても理に適った組み立ての一つと言えます。また、ADHDのある子にとって、最も集中が続きやすい活動は、手先や身体を使うような具体的な「作業」を伴うものであることが多いです。こうしたことは幼児の遊びから、大人である我々の学習形態としても共有している部分と言えます。学習方法を上手にアレンジして作業化できる部分を増やして学習を組み立てていくとADHDのある子も意外なところで活躍のきっかけをつかむことがあります。

コラム 18 現場での出会い
●「落ち着かないんだよなぁ…」

　本校では、2年前から特別支援教育のための環境整備の一環として、教室環境を統一するという取り組みを始めました。「すべての教室の黒板前面はシンプルに」「棚は布で覆って黒板に集中できるように」などといった配慮です。

　6年生のA君は、学力面では優秀であるにも関わらず、自分の興味のあるものとないものへの取り組みの差が激しく、授業になかなか集中できません。一方で、ICT教材などの視覚的な教材を使用すると、周りが見えなくなるほど集中します。担任は彼の興味がわくように工夫をしていますが、ふっと授業中に他の教室へ行ったりすることもあり、落ち着きがありません。

　ある日、A君がぼそっと呟きました。「棚に布をかけたり、黒板の前になにもないと、逆に落ち着かないんだよなぁ……」と。実は彼は大人が自分を特別な目で見ていると感じていたそうです。そして、なんと、以前から自閉症や発達障害に関する本を自分で読んでいたそうです。その本の中に、自分にあてはまると思う部分があったとのこと。そこまで、自分の状況を理解し、考えたA君にとって、特別支援教育を意識した取り組みはとても違和感があったのかもしれません。当たり前のことですが、教師側の工夫が、様々な状況に置かれているすべての子どもにとってOKというわけではないということを改めて学ばされました。

　結果が数字になるゲームが大好きなA君は、行事で率先して低学年の児童に遊び方を教えていました。学校の中に、A君にとって「不自然でない」、活き活きと活動できる「特別な」場所を発見してあげることがまず大事だったのでしょう。

（小学校　養護教諭）

5／言葉のつまずき

38(31),　時々、質問などをして指示内容が理解できているか確認していますか。

　言葉のつまずきで苦しんできた発達障害のある児童生徒のなかには、「わからない」という言葉での意思表示すらしなくなっている子もいます。担任から見て、分かったような感じに見えても、実際には細かいことの聞き落としや、聞き漏らし、受け取りに失敗していることが多いのです。しかし、全体指示の中で自分だけ分からないという態度をとることがためらわれて、とりあえず、その場をやり過ごそうとしたりします。

大切な指示内容に関しては、確認の意味で「○○の時は、どうしたらいいか分かった?」などの質問をして内容理解の状況を確認する必要があります。全体の前で行うと本人の自信喪失につながる場合は全体への指示が終わった後に、そっと確認するなどの配慮をしたいと思います。こうした配慮は「気にかけてくれている」というメッセージを含みますから、自分から質問するという行動を引き出すきっかけになることがあります。自分で質問できるようになることを見据えて、そのモデルになるように「こういうところが大切なんだよ」と言って質問のポイントを示すような問いかけを工夫したいと思います。

39(32)，指示理解の弱い子に対して、個別に説明を加えるようにしていますか。

　指示理解の弱い子は、心理的苦痛をかかえていることが多くあります。「分からない」ということがしょっちゅう生じる子は、日々の学校生活の中では常に「不安」という感覚の中にいるのです。自分だけ勘違いして失敗した体験や、周りが皆知っているのに自分だけ知らないという体験は、自信をなくすようなつらい体験です。

　できるだけ、個別に説明を加えてあげる時間を作りましょう。一斉指示では理解できなくても、個別に聞くとよく分かるという発達障害のある子はとても多いのです。おそらく、1対1で説明を受けることで、注意を集中でき、指導者が本人の理解に合わせて話し方の速度や言葉の選択を調整できるからだろうと思います。

　こうした体験によって「1対1で聞けば理解できる」ということが理解されると、分からないと思った時には自分で聞きに行くという自助能力が発揮されるようになるのです。項目38と合わせて配慮したいと思います。

40(33)，言葉だけの説明で理解できない子には、絵や図などを使って補っていますか。

　発達障害のある子が言葉の指示理解などを苦手とする理由には、大きく二つあると考えられています。一つは口頭指示というものが聴覚情報であるからです。聴覚情報は「消えていく」という性質があります。この性質がゆっくり理解する子にとっては大きなハンディを生む原因となるのです。一つ

の事柄を理解している間に、次の情報が次々に現れては消えていくため、情報を取り込み損なうのです。そこで「視覚的な支援」が必要になります。教室での視覚的支援としては「板書する」「メモをする」などが多用される方法です。ここで、もう一つの苦手さに配慮する必要もあります。それは言語の内容理解の弱さです。板書やメモなどは視覚情報ですが、同時に言語（文字）情報でもあります。聴覚情報が苦手という特徴と、言語情報が苦手という両方の課題を抱えている子の場合には、板書やメモだけでは支援にならないこともあるのです。そこで言語的要素が少なく、しかも視覚情報であるものを利用することになります。それが、絵であったり、図であったりします。例えば、体育でのルールの説明時に、簡単な絵などを示しながら行う工夫が挙げられます。特に高機能自閉症などのある児童生徒は、言語内容から具体的なイメージを作ることが苦手な子が多いと言われています。そのため、絵を使ってイメージづくりを助けるようにすると、効果的です。

コラム 19 現場からの実感
● 紙しばい

　『特別支援教育』という取り組みが、まだ体制としてはっきりしていなかった頃のことです。私は新1年生の担任になりました。私が受け持つことになったクラスには、今でいう発達障害にあたる児童のSさんがいました。Sさんは片耳の聞こえにも問題がありました。ですから、特別な支援なくしては学校生活を送ることができません。入学式の前日、私はどのような形で学級開きをしようか考えていました。通常なら、入学式後の子どもたちに、学校とはこういうところだよ、楽しいことがたくさんあるよ、勉強も遊びも給食も…と語りかけたり、「みなさんが入学した学校は何という名前の小学校でしょう？」などの簡単なクイズやゲームなどをすることにしています。しかし、今回はそれができません。ゆっくりはっきり話しても、Sさんには分からないかもしれません。クラス全員の子とSさん……どうしたら分けへだてなく、みんなに分かるお話ができるのか…。どうしたら学校って、楽しそうって感じてもらえるか…。「そうだ！絵だ！小学校の楽しさを、紙しばいにして伝えよう！絵ならSさんも、きっと分かりやすいはず！」。四つ切り画用紙に何枚も何枚も小学校ならではの絵を描き、『小学校の紙しばい』は完成しました。入学式当日、私は教室で1年生になったばかりの子どもたちの前で『小学校の紙しばい』をしました。Sさんも、他の子どもたちも、目をきらきらさせながら見つめてくれました。
　久しぶりに当時の教え子に会うと、「先生、紙しばいしたよねー」と、今でも入学式の日に見た紙しばいのことを憶えていてくれていることは驚きです。
　このことを、今の特別支援教育の言い方にすれば『視覚的支援』ということになるのでしょうか。特別扱いでない特別支援教育は、配慮を要する児童にも、そうでない児童にも分かりやすく有効なのだということを身をもって体験しました。私たち教師が日常的に無意識にやっていることには、特別支援教育の要素がたくさんあります。さらに、それを意図的に行うことで、より有効なものになるのだろうと思います。LD、ADHD、高機能自閉症等、特別支援教育が必要な児童に

もそうでない児童にも一人一人個性があり必要な支援も違っています。その子に合った接し方を察知し、対応していくと、子どもも担任も〈お互いに〉楽になれるのでしょう。「どうしてこうなんだ!」でなく、「この方法ならよさそう…」という考え方、発想の転換と工夫が彼らに接するコツかもしれません。

（小学校　通常学級担任）

41(34).　説明することの苦手な子に対して、時々時間をかけてゆっくり聞いてあげることをしていますか。

　項目39や40で説明したように、言葉の苦手な子にとって、話の展開の速度という要素は指示内容を理解するために極めて重要になります。言語理解のゆっくりした子は、言語表現についてもゆっくりであることが多いです。話し方が一つ一つの言葉を探しながらの表現になりがちです。こうした特徴のある児童生徒に対する時には、聞き手の指導者が「待つ」という心構えでいないと対話が成立しません。つい、指導者が先回りして言葉を補ってしまったり、推測をして内容を確認する言葉を先にしてしまい、本人は、うなずくか首をふるだけで終わってしまう対話も起きてきがちです。授業の中では、言葉の速度がゆっくりな子がしっかり表現しきるまでの時間をとることが難しいということはあると思います。そして、全体の中で、そうすることがかえって本人に苦しい思いをさせることもありえます。しかし、言語表現の苦手な子にとって、しっかり伝えきったという体験は、さらなる表現への意欲を支えます。「時々、時間をかけていいんだよ」というメッセージを出せる、安心で安全な時間や場面を作ってあげることは考えてみたいことの一つです。

コラム 20　現場での出会い
● 伝えるべきこと

　「先生! Kちゃんが怒って外に行っちゃった」。職員室にクラスの子が飛び込んできました。Kちゃんは、入学前から「ことばの理解に課題があり、そのために予測できないような行動が起きることがあるので気をつけてほしい」と保護者からの連絡があったお子さんです。例えばスーパーで買い物をしていて、お母さんに「ここを動かないのよ」と言われると、その後一歩も動けなくなったり、お父さんが「おおい、お茶をくれ」と、言うのを聞いて、自分も「お茶をくれ」と言います。子どもはそのように言ってはいけないということを説明しても、なかなか通じなかったことなどが伝えら

れていました。「なぞなぞ」が分からないことや、比喩や皮肉が通じないこともあったそうです。

小学校に入学してからも「そんな勝手なことばかりして！幼稚園に戻りなさい」という担任の言葉を聞いて、次の日「幼稚園に行く」と言い、制服を出してくれと大騒ぎしたこともありました。

中学年になると、友だちと話をしていても話題が変わったことに気がつかず一人で話し続けたり、聞き落としがあって誤解したことで度々トラブルになりました。そういうことがある度に時間をかけて、本人が納得のいくように話し合いました。保護者にも連絡を取り、対応を共有するようにしたことが功を奏して、少しずつ落ち着いていくように見えました。

高学年になったKちゃんは、周りとのトラブルはなくなりましたが、関わりもなくなりました。いつも一人でいることが多く、独り言を言っているような姿を見ることが多くなりました。ある日、その独り言を聞いてびっくりしました。なんと「誰も僕のことは分かってくれないよ。小さい時からずっとそうだったんだから」と言っているのです。私たちは、こんなに長い間Kちゃんが辛い思いをしているのに全く気づかず、ただ目立たなくなったということだけで、良かったとしていたのではないか……もっと伝えるべきことがあったのではないかという深い反省が残りました。

その後Kちゃんは転校して行ってしまいました。自分の特徴を理解し、周囲にも理解してもらい、Kちゃんらしく伸び伸びと生活を過ごしていてほしいと願わずにはいられません。今年、成人式を迎えたはずです。

（小学校　教諭）

6／運動のつまずき

42(35). 手先の不器用さ、運動の苦手さから学習参加の拒否などが起こらないように気をつけていますか。

発達障害のある子には、運動面の苦手さが伴いやすいことはよく知られています。運動には、大きく二つの種類があると考えると整理しやすくなります。一つは身体全体を使って行う「粗大運動」で、もう一つは手先を使う小さな動きである「微細運動」です。前者は体育などの場面で発揮することが求められる運動です。体育が苦手と感じている発達障害のある児童生徒は、粗大運動面でのぎこちなさがあることがあります。こうした特徴から、運動やスポーツに対する苦手意識と拒否感を膨らませがちです。また、微細運動は日々の学習場面で頻繁に生じる運動です。一般には微細運動が苦手な場合を「手先の不器用さ」と表現しています。手先の不器用さの大きな問題は、心理的な負担感を生じさせることです。周りの子が楽にやっている作業が、発達障害のある児童生徒には大変な苦痛に感じられたりします。はさみ、ひも結び、定規、コンパス、リコーダー、裁縫道具、工具、その

他様々られな授業内で当たり前に使う道具が本人にとっては脅威と感じることがあるようです。左利きの子の場合、自分に合った左利きの道具がない時に、苦手意識を感じたり、作業が遅くなったりして、いらいらすることがあるのと同様です。そうした感覚が生じると、特定の教科や単元に対して、強い拒否感をもったりします。そうした子には、拒否感を感じる作業は何なのかを時々聞いてみて、配慮の可能性がないか検討すべきでしょう。

コラム 21 現場での出会い
● すぐに器用になる特効薬はないけれど

　O君は、なんでも自分の力で完璧にやりたい！という気持ちの強い男の子です。文字はゆっくりゆっくり丁寧に、はさみで切るのもゆっくりゆっくり慎重に。でもなかなかうまくいきません。友だちの上手な作品を見ると、悔しい気持ちになります。思い通りにできない不安から、「やだ！無理！しない！」が口癖です。

　なわとびの学習が始まりました。協調運動が特に苦手なO君には難しい動きです。予想通りO君の跳び方は、腕をぐるんと回して1回跳ぶ、一度止まってから、またぐるんと回して1回跳ぶという状態でした。見ていた私は、少し跳んだらまた「しない！」って言うのかなと心配していました。

　しばらくすると、O君がにこにこしながらやってきて「先生、見てみて〜。僕うまいでしょ。ひっかからないよ」と言いました。言われた私もびっくりです。いつもはすぐに周りの子と比べてしまうのに、一人だけスローモーションのような跳びかたなのに、それでもO君は自分が上手に跳べていると思っていたのです。びっくりしたけれどチャンスです。O君が苦手と感じる前に、どんどんほめてどんどん跳ばせることにしました。休み時間には校庭でなわとびの練習です。放課後は毎日家に持って帰り、お母さんと一緒に跳びました。少しずつ、止まらずに同じ場所で跳べるようになってきました。

　今までのO君は、一人だけ特別に教えてもらうことや、アドバイスしてもらうことが好きではありませんでした。だってO君はなんでも自分の力でやりたいんです。でも今回は違いました。「どうしたらもっととべる？」先生にも、お母さんにも聞きました。友だちの跳びかたもよく見て、真似をしてみました。そんなO君にみんなが協力してくれました。

　1番ではなくても、完全ではなくても、一生懸命笑顔で跳んでいるO君。すぐに器用になる特効薬はないけれど、応援するね。もう少し頑張ろうね。

（小学校　教諭）

7／情緒のつまずき

43(36)．　一日の中でほめられる場面作りをしていますか。

　発達障害という特徴の構造的な問題とも言えることの一つは、項目36で触れたように、〈叱責を受けやすい障害〉であることです。例えば、我々は聴覚障害の子に対して、聞こえないということを叱ることは絶対にありません。しかし、例えば、ADHDの子に対しては「集中しなさい！」「じっとしていなさい！」と叱りつけることがあります。教育的な声かけと、叱責の境を明確にすることは難しいことですが、少なくとも、本人の中に「叱責された」という感覚が残れば、自尊心が低下したり心理的な影響を残すことになります。それが、後に生活指導上の問題と結びついたり、反社会的な行動の背景になったりすることもあります。指導者側は、発達障害のある児童生徒に対して「叱責量を調整する」あるいは「注意はするが叱責しない」という配慮に取り組む必要があります。しかし、発達障害のある子の行動の中には、教育的な叱責の必要があるものも当然あります。そうした時には明確に注意を伝える必要があります。その一方で、違った場面では叱られるのと同じ量の「ほめられる」体験もさせたいのです。

　また、発達障害のある子に生じがちな「失敗を繰り返す」という状況も、萎縮、緊張、自信喪失といった状態を生みやすくなります。この心理状態に対しても「ほめられる」体験は、自分が受け入れられたという感覚、自分への信頼（自信）、そして、自分のもつ可能性への気づきを生み出す万能薬的な効果があります。

コラム 22 現場での出会い
● 意欲とやる気を生んだ「がんばるマン表」

　２年生のＡ君は、授業中に他のことに気を取られてしまい、集中力にかけることがあります。また、周りの状況を判断する力が他の子より弱いため、友だちとトラブルを起こすことが多くありました。担任の先生はベテランの先生でしたが、彼の行動に最初は戸惑い、時折、強く叱責してしまうこともありました。

　保護者と面談しつつ、巡回相談や発達検査を行った結果、彼の行動は発達のかたよりによるバランスの悪さからくることが分かり、担任によるＡ君への支援が始まりました。

　まず、彼に対しては、言葉だけでの指示を最小限にして、文字などの視覚的なものも使うようにしました。同時に、よいところをほめ、周りの子もＡ君を認めてあげることができるような言葉がけをしました。

　つぎに、保護者と相談しながら「がんばるマン表」を作成し、１週間ごとに生活目標と学習目標を設定しました。目標の項目は、本人にとって分かりやすく達成感が味わえるようなものを複

数個、決めておきました。その中から、今週はどの目標にしたらよいかを担任とＡ君で決めます。Ａ君自らが頑張ろうとする気持ちをもたせるようにしたかったからです。始めは、今週の目標が何だったのかさえ忘れてしまうことがありましたが、次第に目標を意識して生活するようになっていきました。目標のハードルを高くせず、スモールステップにしたことも、彼の自信につながったように思います。

担任から見てＡ君が一番変わったと思うことは、度重なる叱責を受けていた時には見られなかった意欲や自信が現れ、自分を前向きに肯定するようになったことです。今後も、Ａ君を温かく見守る雰囲気と、彼自身がもち始めたやる気が、Ａ君を大きく成長させることを期待しています。

（小学校　養護教諭）

44(37)．　得意なことが発揮できる活動を時々入れていますか。

　発達障害のある子がもつ心理的ダメージは「分からない」「できない」という感覚からくる〈自信喪失 → 劣等感 → 自己イメージの貧困化〉というプロセスから生じます。つまり、彼らに対する最大の心理的ケアは「成功体験を確保」するという配慮になります。苦手なことや、本人の特性から生じる困難に対して、細かい配慮による成功体験を確保するプロセスは「治療教育」と言われるものそのものです。しかし、通常学級で、こうした配慮を行うことは時間や教材をはじめとする物理的な制約のなかで容易ではありません。そこで、「成功体験」を比較的容易に確保するために「得意なことを発揮できる」場面を設定する支援を行います。発達障害のある児童生徒に対する指導は、どうしても、本人が苦手なことや、担任としてがんばってほしいことが課題の中心に置かれます。こうした指導者側の意図は本質的に正しいことですが、同時にそうした設定は、本人の中に失敗への不安や、苦痛を生じさせる作業でもあります。「自信」をもって行えることや、達成感を得られやすい状況設定を時々入れることで、結果的には、その他の自分の苦手なことにも取り組む動機やエネルギーの基を生み出すことになります。

コラム 23 現場での出会い
●ハムスター

　学習が苦手なＦ君。特に国語が嫌いで、文章を書くことにとても抵抗がある子です。言動も乱暴で、授業にも集中できない日が続いていました。そんなＦ君でしたが、教室で飼っているハム

スターの世話をする時には、優しい表情でさわったり、ゲージを掃除したりと一生懸命です。そこで、生活科の時間を利用して「教室のハムスターを1年生に紹介しよう」という学習をすることにしました。紹介するためには、まず、ハムスターについてよく知らなくてはなりません。図書室に行って、本を見て調べたり、ハムスターについて詳しい先生に聞きに行ったり、F君もはりきって調べていました。調べたことは原稿にします。いつもは作文の時間を一番嫌がっていたF君でしたが、この時ばかりは進んで原稿を書きました。書き方が分からない時には、「先生、どうやって書くの」と聞きに来ました。F君にとっては大変な作業のはずですが、投げ出すことなくがんばりました。原稿が書きあがれば、発表の練習です。クラスの友だちと発表の場所を分担し、大きな声ではっきりと読めるように何度も練習をしました。それから1年生に分かりやすいように絵を描いたり、写真を撮ったりもしました。本番は大成功！1年生の前で誇らしげに発表しているF君の姿は、輝いていました。興味をもっていることはがんばれる。大切なことを教えてくれたF君でした。

（小学校　教諭）

45(38)．本人の成長している点について、時々本人に伝える機会を作っていますか。

　人は自分の成長に喜びを感じる動物です。そうしたことは幼児の日々の成長の様子を見ていると気づきます。今までできなかったことができるようになると彼らは素直に喜びます。成長を志向するという性質は人本来に備わった特徴なのです。発達障害のある児童生徒も、日々の努力の中で必ず成長・変化を遂げています。しかし、日々、人より「できない」という体験の渦の中にいる発達障害のある子にとって「自分の成長を感じる」ということそのものが困難になっている場合があります。こうした変化・成長は意識的にフィードバックしてあげることが必要になるのです。「変化・成長を伝える」という指導者側の様子は項目43で触れた「ほめる」という行為そのものと重なります。つまり、項目43、項目44、項目45で触れた内容は、お互いに連動しあって達成されるものなのです。

コラム 24　現場での出会い
● 関係

　S君はみんなと一緒に話を聞くこと、一緒に活動することが苦手です。みんなが計算問題を解いている時に一人筆箱で遊んでいたり、友だちが発表している時に大きな声を出してしまったり

することもあります。すぐにカッとなってしまうこともあり、体が大きく力も強いS君のことをちょっと怖いなと思っている友だちもいます。

漢字の練習が始まりました。私はまず全体に指示を出し、そして、次にS君のそばでやるべきことを説明します。1対1で声をかけると、S君はすぐにやるべきことを理解して進んで活動することができます。私がそばにいると、張り切って問題を解くことができます。でも質問に答えるために他の子のところへ行くと、とたんにはさみ遊びが始まります。S君は、ずっと自分だけを見ていてほしいのかもしれません。でも私はずっとS君のそばにいて、教えてあげることはできません。

ある日、隣のクラスの介助の先生が、1時間だけS君に算数の授業をしてくれることになりました。引き算の授業です。S君は1時間たっぷり自分だけを見てもらい、たっぷりほめてもらえたことで、繰り下がりの計算がとても好きになりました。そしてクラスに戻ると、進んでプリントを解いたり、自信満々に手を挙げてみんなの前で発表したりすることができました。たった1時間の授業を通して、S君には勉強する意欲も、勉強する力もあることが分かりました。そして本当はみんなと一緒に活動して、たくさん発表したいと思っていることも分かりました。

算数の新しい単元が始まりました。やっぱり私がそばにいないと、S君はなかなか進んで活動できません。でも少しずつ、近くの友だちがやることを説明したり、がんばれと声をかけてくれたりするようになりました。友だちの声かけに応えることはまだまだ難しいですが、"先生とぼく"だけだった関係が"先生とぼくと友だち"の関係に広がっていけるように願っています。

（小学校　教諭）

46(39)．学校生活の中で苦にしていることなどについての訴えを聞く機会を作っていますか。

　発達障害のある児童生徒にとって、学校が苦痛な場になっていることがあります。その時に、大切なことは、指導者がその子の苦痛の内容について知っているかどうかです。そのための唯一の手段が、本人の訴えに耳を傾けることになります。本人が苦痛と感じていることを知ることで、はじめて配慮すべき新たな視点が得られるのです。そして、そのような配慮が実際に成立すると、本人にとっても、じっと我慢するだけでなく、しっかり伝えることによって、状況が変化しうることを知ることになります。こうした体験に本人の自助努力の芽を育てることにもなります。苦にしていることについての訴えに耳を傾けてみると、その内容が「どうしようもない（配慮する方法がない）」という事態である場合もあります。しかし、そうした内容であっても、しっかり聞いてもらうことによる（分かってもらったと感じる）心理的ケアの効果は極めて大きいです。また、話をしているうちに自分が何に困っているのかが、本人の中で明確になっていくこともあります。つまり、自分で解決策の糸口をつかむきっかけになるのです。それが、さらに自助能力を高める機会となります。本人が感じている苦痛にしっかり耳を傾

けてあげるという担任の対応は、心理的なケアに留まらない、教育的な意義さえもっていると考えてよいのです。

コラム25 現場での出会い
● 思春期の難しさ

　中学校進学に際して、A君の保護者は固定制の特別支援学級の通学も考えていましたが、本人の強い希望があって通常学級に入学しました。小学校からの申し送りによると、小学校の時に多動を抑制する薬を服用していたようですが、それでも教室にいられないことが多かったようです。

　入学当初は緊張もあったせいか、それほど目立ちませんでした。しかし、1年生の後半から授業中の立ち歩きなど落ち着かないことが増えてきました。特に実技教科などでは、道具など気になるものは何でも触ったり、物を取りに行く途中に友だちをつついたりする行動が目立ってきました。1年生の3学期に通級制の情緒障害学級につなげましたが、自分がその学級に在籍することを知られたくない様子で、通級先の学校で、給食室に給食を取りに行く時は、右左をキョロキョロ見回し、まるで忍者のように動くという報告を受けました。とうとう、2年生に入って登校をしぶり出し、しだいに欠席がちとなり、学校外の中学生や高校生らとのつきあいが増え、非行傾向が強くなっていきました。

　当然、何かを起こすたびに担任から本人への指導をし、保護者との面接も設定し、特別支援教育の巡回相談や外部機関につなげるなどしつつ、学年主任、生活指導主任、特別支援教育コーディネーター、管理職も交えた学校体制で、この子の対応を続けました。しかし、本人は学習にもついていけないこともあって、自己否定的で物事に対してあきらめる傾向が強く、この状況を変えることが難しい状態が続くうちに、あっという間に卒業を迎えてしまいました。

　中学校では、特別支援教育の対象として考えるべき生徒が、その心理的負担から徐々に生じる行動面の荒れなどで、生活指導を中心とした対応に切り替えざるを得ないケースがあります。こうした生徒と出会うたびに支援の難しさを感じます。誰でも自分を受け入れてほしい、認めてほしいという気持ちがあり、できることが増えれば達成感も充足感も得ることができるはずです。もっと早くこの子の苦しみに気づき、ゆっくりでいいから力を伸ばしてあげられていたら、もっとたくさんの場所で受け入れられて、存在価値を認めてもらえていたら、こんなさびしいことにはならなかったのではと、残念な気持ちがどうしても湧きます。

　子どもは誰でも、人に認められた瞬間には生き生きとします。そして、その体験が次の成長を支えていくのだろうと思います。発達障害などの特徴があって、どうしても失敗体験が多くなる子どもには、特に意識的にそうした場面や体験を用意してあげることは必要不可欠なことなのだと、思春期を迎えて、悩み苦しむ多くの生徒たちとの出会いの中で強く感じます。

（中学校　教諭）

47(40).　学校が好きになれることを一緒に探したり、提示したりしていますか。

　学校という場が発達障害のある子どもたちにとって、どのように感じられる場なのかを、時々考えてみましょう。学校という場で体験したことすべてが、その人の生涯に、じんわりと影響していくという事実を、我々大人はすでに体験的に理解しています。そうした体験をもつ我々大人にとっては、学校という場で子どもたちがニコニコとして過ごせるよう工夫をし続けることは、使命と言えるのかもしれません。その達成に向けての努力が実り「学校が好き！」という子であふれ、そこに関係する大人も含めて、充実感とともに全員ニコニコしていられる学校になることが、我々の最終ゴールのイメージであり、特別支援教育の存在意義であろうと思います。

コラム26　現場での出会い
●コミュニケーション

　Z君は中学校入学直後から、表情や言葉でうまく表現ができず、思うように伝わらない、伝えられないことが多く、もどかしさを感じているようでした。

　担任との会話も、言葉が聞き取りにくいこともあって、うまくいきません。しかし、少し様子を見ていると、そのうち、昼休みに一緒に新聞を見るといった形でコミュニケーションがとれるようになってきました。ある時、授業で教員が全体での注意をした時に、自分に言われたと思いこんだり、自分ではちゃんとやっているのに、人からは、やっていないと言われたと、カッときて、物に当たったりして、その場から飛び出してしまうことが続きました。その時期、話を聞く機会を作ると、小学生の時から、自分は人に分かってもらえず、ひどい目に遭ってきたということをまるで自分の気持ちを爆発させるかのように体を震わせながら、一気にまくし立てました。自分の思っていることが、相手に伝わらないのは、とても辛いことなのでしょう。子ども同士のコミュニケーションの中では、彼の特徴を理解することも、配慮することもできず、きっと時には残酷な仕打ちになったこともあったのでしょう。

　こうしたことを受けて、担任として、本人、保護者との面談の中で、次の提案をしました。①相手に自分の気持ちを伝えるための一歩として、まず、自分がよいと思う時は「はい」、嫌な時や断る時は、「いいえ」を口に出して言おう、②朝の出欠確認で名前を呼ばれたら、とにかく返事をしよう、③授業場所からは離れないように。どうしても自分の気持ちがおさえられない時は、決められた空き教室を避難場所にしよう、の3点です。こうしたコミュニケーションの第一歩とも思える約束を継続するなかで、徐々に彼の様子に落ち着きがみられるようになっていきました。

　入学から1年がたち、新しいクラスに進級しました。その年の後半になって、部活動の部長に

なり、本人の気持ちに変化がみられるようになりました。仕事を任されることでだんだん積極的になってきたのです。厳しくも優しい眼差しの顧問の先生との出会いは、Ｚ君の気持ちに変化をもたらせたようです。コミュニケーションにつまずいている生徒にとって「相性が合う」ということも、とても重要な要素の一つであると思います。

（中学校　教諭）

■ 第 4 章

指導方法のスタンダード

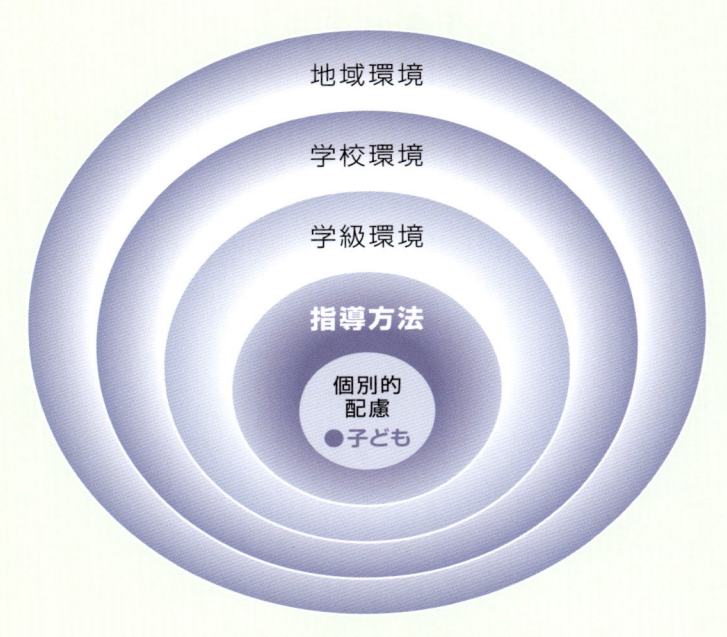

```
地域環境
 学校環境
  学級環境
   指導方法
    個別的
    配慮
    ●子ども
```

特別支援教育における「包み込むモデル」

　第4章では「指導方法」の包み込む環境について、第3章と同様にチェックリスト項目ごとに解説を加えていきます。「授業」の充実は、すべての教員にとって命といえる最重要課題でしょう。また、通常学級における特別支援教育とは「いかに、特別な支援を要する児童生徒を含む学級の中で、良き授業を実践していくか」ということに他ならないでしょう。

　そこで本章では、授業の中で、発達障害のある子の支援をどのように工夫できるか、その具体的な実践を紹介することを大きな目的にしました。日々、この課題について研究し、工夫し、実践している先生方から、たくさんの実践事例が集まりましたので、それを項目に分けて配置しました。

　授業は、同じ時間に教室のすべての子どもが一様に受けるものです。よくできる子にも、なかなかできない子にも、その学びは平等に保障されなければなりません。本章を読み進めていただくことで、先生方の日々の教材研究・授業研究の中に、ユニバーサルデザインに基づく新しい発想や着想が生まれるようであれば、編者としてこれ以上の喜びはありません。

　本章の最後には、1コマの授業を構成する実践モデルをまとめてみました。構造化された指導案に基づき、構造化した授業を行う。その中にユニバーサルデザインをさりげなく散りばめていった実践がここにあります。

1／時間の構造化

※ 本章の中見出し番号は、**指導方法のチェックリスト**に対応。〔例〕15（9）は、27頁の小学校用項目15と、29頁の中学校用項目9に対応しています。

15（9）． 授業の初めに内容の進め方について全体的な見通しを提示していますか。

関連するキーワード

時間の構造化 ／ 視覚化 ／ 新奇場面への対処の弱さ ／ 曖昧な状況への弱さ ／ 見通しと配分

特別支援教育の視点

　この方法は「時間の構造化」（構造化の説明は48頁参照）と呼ばれ、特に自閉症への治療教育では、常識的な方法になっています。障害児のクラスでも多用される方法です。第2章で触れたように、自閉症のある子は、見えないものへの対処が苦手です。また、先が見えない状況、曖昧な状況に弱いのです。さらに、新しいことや新しい局面に弱いという特徴もあります。これらへの対処法を我々がもっている必要があるわけです。それが、授業のはじめにその時間に行う予定をすべて提示するという方法なのです。1日の見通しは「時間割」によって知ることができます。その上で、各授業でもその日に行う事項を示し、見通しをもたせます。その場合、一覧の形で「目に見える（視覚化）」ようにすることが大切です。例えば、いつも黒板の同じ場所に板書するなどの方法を取ります。しかし、限られた授業時間中に、板書したりその説明の時間を取ることが厳しいと感じる場合もあるでしょう。そうした場合には、事前に一覧を紙に書いて作っておいて、黒板に貼るだけにするなどの工夫をしましょう。実際に、授業内容はある程度パターン化されていることが多いため（項目28参照）、いつも出てくる内容については、マグネットシートなどを使って、貼ったり、取ったりする程度にすると省力化もできます。例えば、算数・数学の場合には、「説明」「例題を解く」「練習問題」「板書を写す」などのくくりにしておいて、これを組み立てて、見通しをもたせるようにすると簡単です。

ユニバーサルデザインの観点

　筆者が大学で行う講義では、最初の数分を全体の内容とスケジュールを示す時間として使っています。具体的には、プロジェクターで見せるパワーポイントの1枚目は大まかな時間の割り振りと、講義内容の見出しを示しています。この方法は、大学生にも好評です。講義の第1回目からこの方法を続けていって、途中で講義内容として「時間の構造化」の話を伝えると、自身が体験しているだけあって、説得力があるようです。うなずきながら、聞いてくれる学生もいます。大人になって、研修会・講演を受ける機会は意外に多いです。その時に、その講演の全体の見通しと配分が分かっている時と、分かっていない時とでは、話を吸収する構えや余裕がかなり違ってきます。「時間の構造化」はどんな人にも役に立つ方法です。

■ 事例1　1時間の見通しをもった学習の流れ（体育）

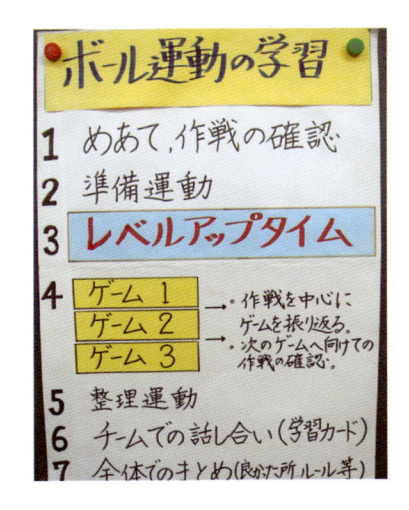

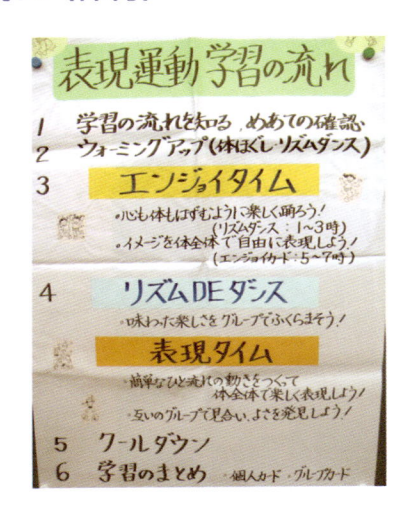

　体育の授業では、チームごとに活動することが多くあります。毎時間同じような授業の流れにすることで、教師が指示を出す前に、次に何をするのか考えて行動することができるようになります。しかし、それでも「次に何をすればいいのか分からない」と感じる児童生徒がいることも事実です。

　そこで、学習の流れを表に箇条書きにして掲示しておくことによって、子どもたちは次に何をすればよいのか見通しをもって安心して学習に取り組むことができます。また、時間を見ながら計画性をもって取り組むこともできます。

■ 事例2　教室以外でも、授業の流れやポイントを伝える工夫

　子どもたちは1時間の授業の流れややることが分かると、見通しがもてて、安心して課題に取り組むことができます。教室では、時間割で1日の流れを表示したり、黒板等で1時間の授業の流れややるべきことを確認したりしていますが、校庭や体育館では掲示する場所も少なく、表示しにくいです。

　そこで手軽に持ち運べて、どこにでも吊るすことができるハンガーに、1時間の流れや技のポイントを表示したカードを掲示することにしました。鉄棒などにハンガーを掛けて、確認しながら練習ができるため、とても便利です。

第4章　指導方法のスタンダード　　95

■ **事例3　遠足の行程を事前に知らせる工夫**

　毎年、3年生は遠足で高尾山に出かけます。学校を離れて、自然を満喫できる楽しい1日です。でも、Fさんは、ちょっと不安をもっているようです。新しい場所に出かける時や普段と違う生活になると、自信がないのです。

　4月の初めに、担任の先生が高尾山に下見に行き、その時に撮った写真を廊下に掲示して、道の様子や、休憩場所、お楽しみポイントなどの説明をつけてくれました。緑がとっても、きれいです。危ない場所もあるようですが、歩き方のポイントが書かれています。Fさんは、いつのまにか不安が消えてウキウキしています。

■ **事例4　「見て分かる予定表」～移動教室等のしおり～**

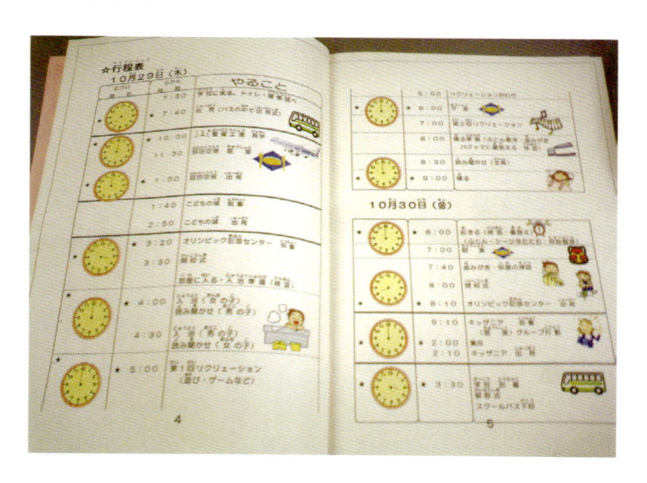

　移動教室の下見に行った時に撮った写真を載せて、どんな場所に行くのか、何をするのかが分かりやすくレイアウトされている予定表を作ります。校外宿泊学習・移動教室等の予定が一目で分かり、安心して次の行動ができます。写真と同じ場所を探すことも楽しみです。説明の時間も、写真を見ながらですから、集中して話を聞くことができます。主な予定の項目には★印がついていて、その横に時計の図があり、事前に自分で針を記入します。そうすることで、予定を頭の中に刻み込むこともできます。

16(10). 授業の流れの中で、今、何が行われているかが分かる工夫をしていますか。

関連するキーワード

時間の構造化 ／ 全体の流れの中での現時点の確認 ／「ついていけない」ことが起きる構造

特別支援教育の視点

　項目15で説明したように「全体への見通し」をもたせる方法は「時間の構造化」と言います。実はこの方法は「見通し」だけでは完成しません。さらに、全体の中で、今、自分は何をしているのか、全体の時間の中のどの位置にいるのかを理解できる工夫が加味されて「時間の構造化」が完成します。例えば、項目15のように板書された時間配分について、終了したものから消していくようにすると、今、行っている最新の状況が常に一番上にあることになります。マグネットシートの場合は剥がしていくという作業になります。また、時間の最初からどのようなプロセスでここまで辿り着いているかという情報を残しておきたい場合には、一覧の横に、少し目立つ色や大きさの黒板用のマグネットをつけて、内容が進むにつれて、それを一覧の文頭に目印として移していくということもできます。つまり、「時間と内容の経過の理解」が達成できるような工夫を入れていきます。

ユニバーサルデザインの観点

　授業全体の中で、自分がどの部分をやっているのかが分からなくなることは、どの子にも頻繁に起きます。「授業についていけなくなる」という現象の初期には、内容の理解の前に「どこをやっているか分からなくなった」というような授業時間内での「迷子」がきっかけとなるつまずきは案外多いのではないでしょうか。〈どこをやっているのか分からないから授業内容を聞き落とす → 授業内容が分からないから、その後、ずっとついていけない〉という構造です。内容に「ついていけない」ということが起きる前に、まず、授業の流れに「ついていく」ことができる工夫をしてみたいと思います。

■ **事例5** 「今何するとき」カード 〜現在進行している課題の理解〜

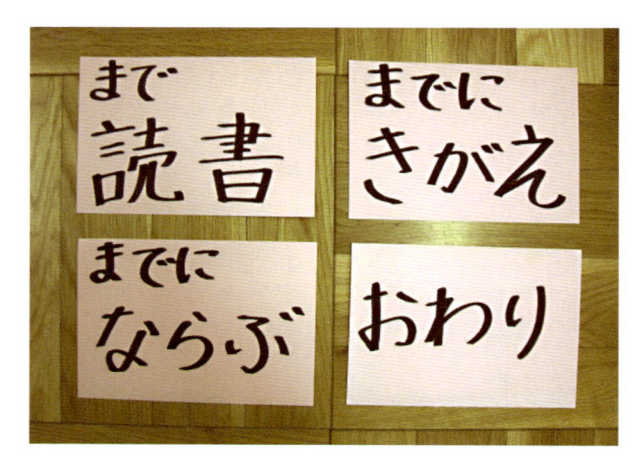

　「○時○分までに〜をしましょう」「○時○分になったら〜をしましょう」と指示をする時、視覚的にも分かりやすいように、針が動くようになっている時計の絵と、掲示内容が書かれたカードを黒板に掲示します。何度も口頭で繰り返し指示を出していた時に比べ、このカードを使うことによって子どもたちが本物の時計と見比べながら「あと3分だな。いそがなくちゃ」と自分から確かめて行動するようになりました。時計の下には透明ポケットがついていて、そこに指示の内容を書いたカードが入れられるようにもなっています。よく使う指示はカードにしておくと入れ替えるだけでよいので便利です。

■ **事例6**　1日の流れが、視覚的に分かりやすい時間割

　黒板に時間割が掲示されていても、「今、何時間目ですか？」と聞いてくる児童がいます。1日の予定が書かれていても、今がその中でどの時間にあたるのかが分からなくなるようです。この時間割表は、1日の流れが示せるだけでなく、終わった授業を裏返すことによって、いまは1日の中でどの時間にいるのかが視覚的に理解しやすくなっています。授業後に時間割係がくるくると裏返すと、おしまいの○がでてくる楽しみもあります。

■ 事例7　1時間の流れが、視覚的に分かりやすいボード

　教師がしっかり準備して臨んだ授業でも、途中で児童の集中力が切れてしまったりして、なかなか教師の予定通りに進まず、どちらもストレスを抱えてしまうことがあります。
　そこで、授業の最初に、1時間の流れをミニ黒板に示すようにしました。教師も、計画的に授業を進められるようになりましたし、児童も見通しがもてるので、安心して授業に臨むようになりました。横に赤丸がついているのは今の活動の印です。
　さらに、時計を隣において、時計に赤いテープなどを貼って、針の位置で残り時間が確認できるようにして、視覚的に区切りを示します。こうして見にくい時間というものが時計の中に、はっきり見えるようになり、児童の集中力もアップしました。

■ 事例8　制作過程を明確にして、学習課題に取り組ませる工夫

　図工では一つの作品を制作する場合、何段階かの制作過程があります。その日に行う課題を名簿の項目に書いておき、児童が課題をやり終えたら教師に見せ、教師のOKサインがもらえたら、名簿の項目に○をつける仕組みにしています。この方法で行うと、教師が児童の進度状況を把握して支援できるとともに、児童も今日の課題の進度状況が分かり、意欲的に取り組めます。
　授業後に、課題について教師が質や量が適当だったか振り返ることもでき、次へのめあてをもたせやすいメリットもあります。

第4章　指導方法のスタンダード　　99

17(11). 時間割の変更などについては できるだけ早く伝える工夫がされていますか。

関連するキーワード

変更への対処の弱さ ／ 行事の時期のトラブル ／ 情緒の不安定さ ／ 予定の伝達 ／ 臨機応変

特別支援教育の視点

　高機能自閉症（アスペルガー症候群・広汎性発達障害も同様）のある子に起きるトラブルの一つとして、頻繁に報告されるのが「変更を告げられてパニックになった」「予定の変更ができずに、かたくなに予定にこだわる」などの「変更に対する弱さ」から起きるトラブルがあります。高機能自閉症の子の融通の利かなさ、こだわりのメカニズムに、新奇なことへの弱さ、曖昧なことの理解のできなさが加わって、本人の中に不安と納得のいかなさが蓄積して爆発するのです。このようなトラブルは、学校内では特に「行事」の練習・準備の時期などに多発します。授業内容が変更になったり、次から次に新しい課題が提示されたりすると、本人の情緒の不安定さが極限までに達するのです。各校をまわる巡回相談でも、こうした時期の相談は緊急性の高いものが増える傾向があります。行事自体が問題なのではなく、それに伴う状況の変化が本人に理解できる形で伝わっていないことが問題の背景にある場合が多いのです。変更は、できるだけない方が彼らにとってはありがたいのですが、行事が迫った時期にはやむをえない変更も多いのだろうと思います。その場合、できるだけ「早く伝える」か「予定変更がありえる」という「予告」を明確に伝えておいて、事前に本人に心の準備をさせておくことが必要になります。

ユニバーサルデザインの観点

　予定変更の状況では、どうしてもバタバタすることになりがちですが、早めの伝達によって、それが避けられるようになります。早めに伝えられることで、子どもは変更に伴う様々な準備も無理なく進められるからです。また、教師側も早めに変更を伝えることができると、変更の伝達とともに、それをイメージして、どのような行動が必要となるかを子どもに問う余裕が生まれます。つまり、変更への対処を自主的に育む教育的機会とすることが可能になります。大人になればなるほど、臨機応変と呼ばれる能力が求められるようになります。臨機応変とは、変更を受け入れられるということだけでなく、その事態にどう対処するかを含む力ですから、変化に伴い「どうすべきか」を反射的に考える習慣をつけることは、とても有意義です。

■ 事例9　変更記入が可能な行事予定表

運動会、学習発表会、卒業式など大きな行事に向けて行われる練習期間には、普段と違う特別な時間割が組まれます。練習場所も変わります。それに加えて、途中での変更も起こりえます。そのような場面ではトラブルも起こりやすいものです。

そこで、職員室の前の廊下に、その都度、行事用の特別時間割を貼り出すことにしました。変更の場合は、担任が口頭で連絡するだけでなく、廊下に掲示した時間割に変更が記入され、子どもたちが自分で確認できるようにします。高学年を中心に、毎朝、子どもたちが確認する姿が見られるようになりました。

（変更は、マジックで書き込まれています。）

■ 事例10　見通しをもって生活しよう！

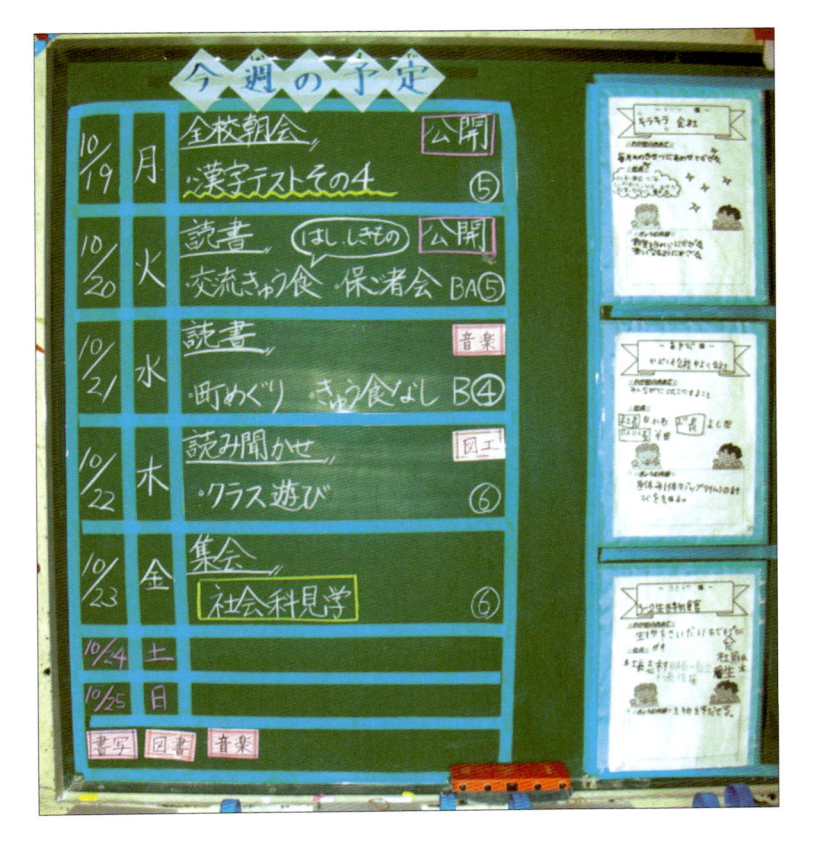

黒板の一端に「今週の予定」欄を設けました。

児童が1週間の学校生活の予定を知り、見通しをもって係活動などが行えるように配慮しています。学校全体の大きな予定ではなく、子どもたちの実生活の視点での予定を書き入れるように心がけています。

さらに、1週間先まで常に明示していることで、予定の変更があった場合に、前もって予告できることも、大きなメリットです。

第4章　指導方法のスタンダード

18，（タイマーなどを活用して）作業など時間の区切りが分かるように工夫していますか。

関連するキーワード

時間の構造化 ／ 時間の区切り ／ 切り替えへの対処の弱さ ／ 時間感覚

特別支援教育の視点

　これは項目15, 16で述べた「時間の構造化」に関係してきます。「時間配分を目に見えるようにする」「自分が今どの時間にいるのかを理解する」という要素から出来上がっている「時間の構造化」を達成するために「時間の区切りを明確にする」必要もあります。「区切りを明確に示す」には、タイマーなどの活用が有効です。機械による区切りは曖昧さがなく客観的なので、子どもが納得しやすいからです。こうした工夫は、発達障害の特徴の一つとしていわれる「切り替えへの対処の弱さ」への対応に有効です。最初から、「タイマーが鳴ったら、おしまい」という約束をしておくことができるからです。「区切りのよいところで止めなさい」とか「そろそろやめなさい」などの曖昧な区切りですと、なかなか終われないということが起きがちになります。

　また、「タイムタイマー」と呼ばれる、単に時間計測だけでなく、残り時間が掲示されるタイマーもあります。これを使うと終わりまでの気持ちの整理や、準備などができるため、切り替えが苦手な発達障害の児童・生徒にとっては強力な支援の道具となります。

ユニバーサルデザインの観点

　時間を区切って学習課題に取り組むと、集中力を高める効果があります。また、学習内容を時間内に終わらせる観点からも、時間を区切ることは授業中に多くなると思います。その時に「５分間で」などの指示を出しながら３分間で終了したり、断りもなく少し時間を延ばしたりするなど、指示内容と違ったことを繰り返していると、児童・生徒の中にも時間の区切りは形式的なもの、あまりあてにならないものという気分が生まれてきます。時間の感覚を育てていくという意味でも、区切りを明確にすることは意義あることです。

タイムタイマー

■ 事例11　見通しがもて、安心して活動できる工夫

　授業の終了時間が分からないと、児童は活動がいつまで続くのか先が見えずに、集中力が欠けたり、時間を計画的に使えなかったりします。特に、休み時間の終了時間は意識しないと、チャイムが鳴ってもすぐに遊びを止められないことがあります。終了時間を活動の前に知り、意識することで、時間の流れが分かり、安心して活動できるようになると考え、低学年用算数教材の大きな時計（黒板に貼るタイプ）を、常に黒板に貼っておき、授業の開始時や休み時間の開始時に、終わりの時間を示しました。毎回繰り返していると、段々互いに声掛けし合って、休み時間の終了を全員着席した状態で迎えられるようになりました。

■ 事例12　低学年の子どもたちが給食の時間を意識しながら食べることのできる工夫

　低学年は給食の準備や食事に時間がかかります。毎日、給食を食べ始める時刻と終わりの時刻が変わることは、児童にとって負担になります。そこで給食の時間を構造化することにしました。まだ時計が読めないので、赤と緑と青の針に何をする時間かを意味づけし、実際の時計の長針と照らし合わせられるようにしました。開始「いただきます」から10分後（2目盛後）に赤い針、その5分後（1目盛後）に緑の針、その5分後（1目盛後）に青の針をセットします。はじめの10分間はしゃべらず食べる「もぐもぐタイム」。実際の時計が赤い針と同じ位置になったら、友だちと会話をしながらデザートを食べる「デザートタイム」。実際の時計が緑の針になったら、おかわりの「ジャンケンタイム」。青の針になったら「ごちそうさま」です。給食の時間が充実した時間になって、おいしそう、楽しそうです。

コラム 27 現場からの実感
● 児童理解

　5年生のO君と会ったのは、今から10年前でした。5年生にしては小柄な幼い印象の男の子で、いつも難しい顔つきで鉄道の本を読んでいました。ある日O君はさっきまで楽しそうに話していた友だちに、「3年生の時はよくも言ってくれたな」とつかみかからんばかりに怒り出したのです。またある日は、「予定と違うじゃないか！俺は絶対にやらない」と言って教室を飛び出し、家に帰ってしまいました。また、ある日は、「〈校長〉は、〈校長〉でいいじゃないか。どうして先生を付けるんだ」と、真剣に訴えるのです。そう、もうお気づきでしょう。しかし、10年前の私は「そのこと」を理解していませんでした。ただそこまでの教員としての経験から「今までの対応では駄目だ、もっとこの子を理解しなければ」と、それだけを考えていました。色々、調べていきますと、インターネット上の「親の会」のホームページに行き着きました。そして、その中に書かれていた項目がほとんど彼に当てはまることに気づいたのです。そして、今までの彼の言動のすべてが意味のあることとして理解できました。「嫌なことをいつまでも強烈に覚えている彼は、本当に辛かったのだろう、予定が変わることを予め知らせておけば、パニックにならなかったろうに……」と、胸が痛む思いがしました。

　反省ばかりしていられません。O君のために、まず実行したことは、クラス全員に向けて次週の予定表を金曜日に出すことです。誰にでも分かりやすくなるように、内容をある程度パターン化して書きました。国語なら新出漢字・音読・読み取り、算数なら復習計算・分数の足し算などです。次週の予定を出すことで、私自身も見通しを立てやすくなり、計画的に教材準備ができました。

　次に実行したことは、パニックになった時の対処を二人で決めたことです。イライラした時は、①「先生！」と言って手を挙げる（手を挙げることで堂々と出て行かれる）②「○分まで行きます」と言う（時間を決めることで見通しが立つ、行く時は私の腕時計を持たせました。でも、初めは決めた時間には戻れませんでしたが）③行き先を決める（屋上に上がる踊り場が落ち着く）などでした。二人で決めたことでしたが、彼にとっては自分で決めたという思いが強く働いたようで、とても有効でした。

　6年生になったある日、友だちと話しているO君が「そういうこと言われると俺はイライラするからやめてくれよ」と相手に言いながら、「どうして自分はこんなふうになっちゃうんだろう」と呟く様子に出くわしました。私としては、その言葉をほおっておくことができず「それが、O君だから、それがO君の特徴だから」と私が言うと、「そうなんだよな……」と納得した様子でした。今思えば、正に自己理解の瞬間だったのでしょう。

　O君との思い出はつきません。後日、高校進学した彼と町で会い、「どこに行っているの？」と聞くと、「はい、○○駅です」と駅名で答えました。「そうか、高校の名前を聞くには、〈何高校に行っているの？〉と聞かなければいけなかったんだなあ」と、私よりもずっと大きくなった後ろ姿を見送りながら思いました。

（小学校　教諭）

2／情報伝達の工夫

> **19（12）．** 指示・伝達事項は聴覚的（言語）にだけでなく、
> 視覚的（板書など）に提示するようにしていますか。

関連するキーワード

認知のかたより／視覚認知／聴覚認知／記憶／多感覚刺激／視覚化

特別支援教育の視点

　LDのある児童・生徒には、認知能力に「かたより」がみられることが知られています（第2章参照）。認知能力のかたよりとは、部分的に年齢相応の能力が発揮できないということです。学習上のつまずきが生じる部分としては、視覚認知（目から入ってくる事柄の情報処理）、聴覚認知（耳から入ってくる事柄の情報処理）、記憶（入ってきた情報を保持しておくこと）などがあります。例えば、視覚認知にかたよりのある児童・生徒には、漢字の習得の困難がみられたりします。これは視覚的なシンボルである漢字の形状の把握が困難だからです。また、聴覚認知にかたよりのある児童・生徒には、指示の聞き落としや聞き漏らしなどが多発することがあります。このように、外界からの情報を脳で処理する一連のプロセスの中で、部分的に困難が生じるのが「認知のかたより」なのです。これを専門的に把握するにはWISC-IVなどを代表とする認知能力検査が使われています。まずは、LDのある児童・生徒は、どのような認知のかたよりがあるのかを把握する必要があります。

　こうした特徴のある児童・生徒に対しては情報が色々な感覚から入るように工夫する「多感覚刺激」という方法が有効です。聴覚だけでなく視覚も、視覚だけでなく聴覚も使えるように情報を提示します。触ってみる（触覚）などを活用することも大切でしょう。ただし、こうした方法は、手間と時間が大変かかります。そこで、特に意識するのは情報の「視覚化」を行う視点になります。視覚化は聴覚情報の理解に困難のある子への支援にもなります。また、聴覚情報と違って「消えていかない」という特徴があるため、記憶に課題のある子にも支援になります。視覚認知に課題のある子には、視覚情報とともに聴覚情報も同時提示していきます。授業は、聴覚情報を中心に伝達されていきます。ここに、視覚化できる可能性があるものを分かりやすく視覚化すると、認知のかたよりをもつ児童・生徒にはこのうえもない支援になるわけです。

ユニバーサルデザインの観点

　前述したように授業は聴覚情報を中心に組み立てられています。さらに、聴覚情報には「消えていく」という特徴があります。これが視覚化されると「消えていかない」「確認できる」ものに変換されたということになりますから、認知的なかたよりのない、どの児童・生徒にとっても、情報の複合的な提示となり、学習効果を高めることになります。講演会などを受講した際に、プロジェクターを使って

のパワーポイントなどのプレゼンテーションソフトを使用した講演と、言語のみでの講演を受けた時の違いについて思い浮かべるとそのニュアンスが伝わりやすいでしょうか。また、最近のテレビ番組では、出演者の発言が文字になってテロップで画面に入るという手法がニュースでもバラエティ番組でも使われることが増えました。最初は聴覚障害のある人への配慮だったものが、視聴者全体に対して、情報を際立たせたり、インパクトを与えるための手法になりつつあります。まさにユニバーサルデザインです。

■ 事例13　スケッチブックやカードを活用して、視覚に訴える指示を出す

　教室では、子どもたちが様々な学習活動をしています。話し合いや、調べ学習、楽器練習など、多彩です。そうした活動の途中で、子どもたちに新しい指示を出したい時、教師が大きな声を張り上げても、夢中で活動している子どもたちには、なかなか指示が伝わりません。そんな時は、スケッチブックに短い言葉で指示を書き、子どもたちに見せます。言葉に簡単な絵を添えると、さらに教師の指示が具体的な行動としてイメージしやすくなります。
　また、遠足などで校外に集団で出かける時も、指示出しスケッチブックを使えば、電車や施設内で他の方々の迷惑にならないように指示を出すことができます。

■ 事例14　心の動きを、イラストや数字で視覚化する

　国語や道徳で、登場人物の心の動きを確認する時、「楽しいな」「うれしいな」「こわいよう」といった言葉と一緒に、顔の表情を表すカードを提示します。絵を添えることで、より具体的に登場人物の気持ちをイメージすることができます。
　心の動きの視覚化は、保健室でも活用できます。痛みには個人差があり、曖昧な部分があるものです。本人なりにどう感じているのかをつかむために、「いたみレベル」のチェック表を用意しました。学年を問わず、簡単に子どもの状態を把握できます。話せない、話したくない児童には指でさして選んでもらうこともできるので、児童と向き合うきっかけにもなります。

■ **事例15**　朝会講話は、5分以内、視覚的に簡潔に

　月曜日の朝会講話は、校長としての大事な授業です。つい、あれもこれもと、とりとめのない長い話になりがちです。やさしい子どもたちは、それでも一生懸命聞いてくれますが、心に残ることは少ないようです。
　私は、「伝える内容は一つ」「時間は5分以内」「視覚的な教材を使う」ことを心がけています。そのために、事前に原稿を作って題をつけます。題がつかない話は伝えたい内容が薄いものです。そして、簡単なものでも、カレンダーの裏に書いた言葉でもいいので何か見せて話します。それだけで、子どもたちの集中度は格段にアップします。

■ **事例16**　ICTを活用して、視覚的に分かりやすい提示

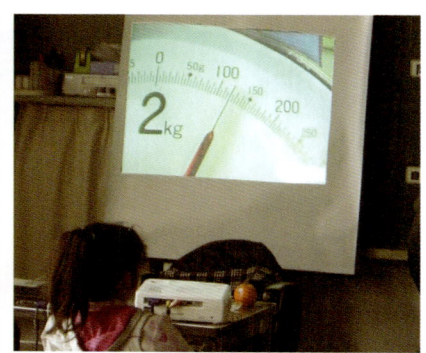

　先生は教材を全員に見せているつもりでも、見えにくさを感じている子どもは多いものです。
　左は、国語のデジタル教材を使った漢字の練習です。映し出される画面は明るく、大きく表示されるので、子どもたちには集中しやすいようです。デジタル教材はいつでも何度でも繰り返せるので、基礎学力の習得に活用できます。
　中央と右の写真は、重さの授業ではかりを使っています。はかりは目盛りが見えにくいので、ハンディカメラを利用して大きく映し出しています。見やすく拡大したい時には有効な方法です。
　注：ICT: information and communication technology の略。情報通信技術。従来のITよりも情報の共有化をめざす。

■ 事例17　記録写真を見て、作文を書く

　遠足の後の作文や、活動の報告文を書く時は、まず、出来事を思い出すところから始まります。その時に有効なのが、写真です。行程にそってデジタルカメラで記録しておき、学校に帰ってからプリントして掲示します。それを見ながら思い出すと、順序よく文章を書くことができます。子どもたちが、そうした写真を利用して作文を書いてもいいし、自分の記憶に頼って書いてもいいように、教室に掲示しておきます。

　報告文などで取材をする時にも、写真は有効な手段です。児童が観点を決めて自分で撮影すると、そこで考えたことや不思議に思ったことなどが思い出され、内容が充実します。

■ 事例18　「彫刻刀の安全なにぎり方」の図

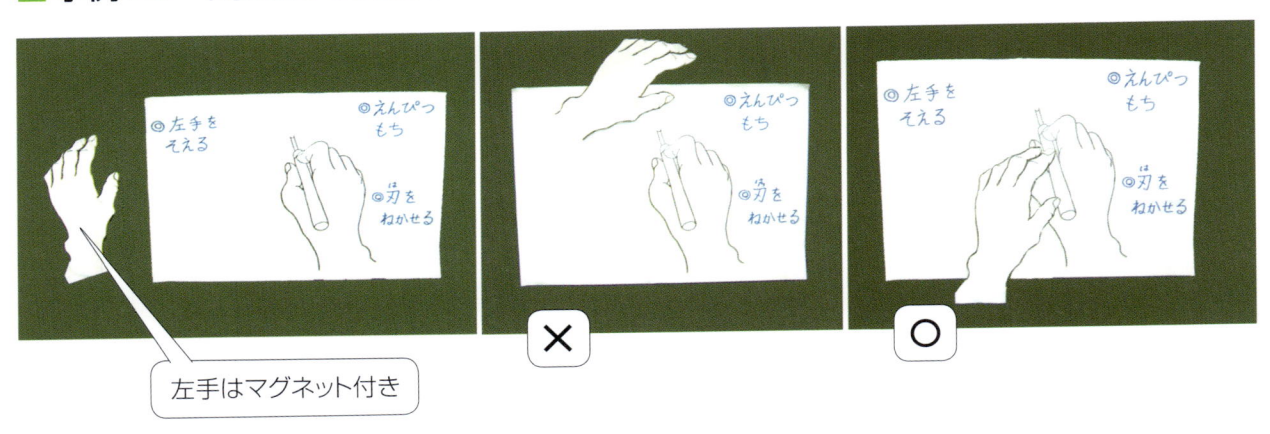

　図工の時間。子どもたちは作品製作に一生懸命取り組んでいます。しかし、図工で使う道具は一歩間違えれば危険なものがいっぱいあります。事前に「この道具はこうやって使うんだよ」と指導をしても、子どもたちは覚えていられません。作業中は使い方の質問をする時間も惜しいですね。そんな時はどうしたらよいのでしょう。

　この「彫刻刀の安全なにぎり方」の図は、彫刻刀を持つ右手、それを支える左手を図で表したものです。黒板に掲示した状態で、左手の位置を動かすことができるので、安全な彫刻刀のにぎり方や危険な彫刻刀のにぎり方を「視覚的」に理解することができます。

第4章　指導方法のスタンダード　109

■ 事例19 （中学校） 関数のグラフがあっているかどうかの確認シート

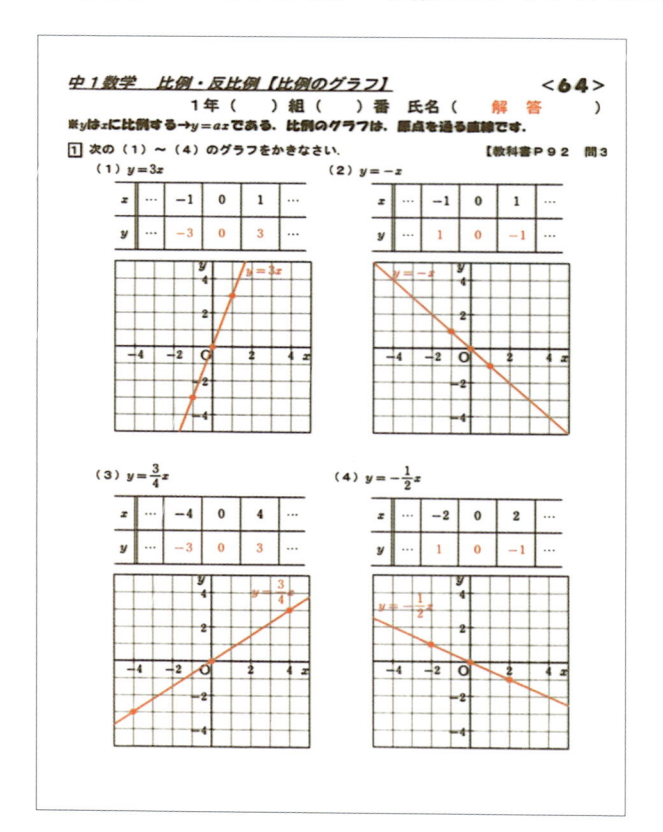

　関数の比例・反比例のグラフは理解したつもりでも、はじめのうちは２点を結んだだけで「できた」と思っていることがあります。また、丁寧に線を引かないと、先のほうで少しずつずれてきているのに気がつかないことがあります。そこで、OHPの透明シートに正しい答えを印刷したものを用意します。それを重ね合わせることで、自分の書いたグラフが正しいかどうか一目瞭然に分かります。

　対称な図形を描く、などに応用もできます。小学校の先生が、角度が正しく書けているかを確認するため補助具を使っている様子をヒントにしました。

■ 事例20 （中学校） 基礎基本を定着させるための確認プリント（一言添え）

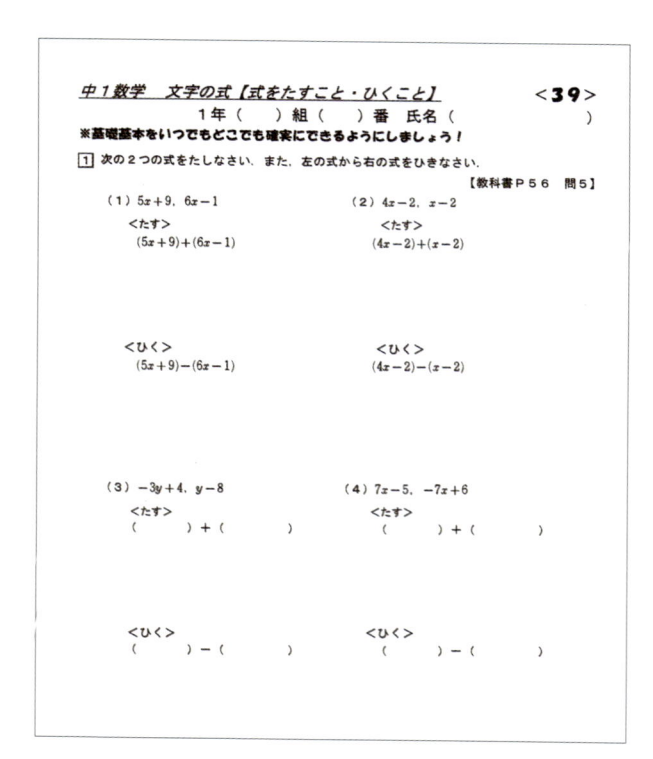

　この数学の手作りプリントには、次のような配慮点があります。

① 基礎的な内容に重点を置き、教科書の参照ページが示してあります。

② 問題文のほかに、ケアレスミスを減らすような「一言」が添えてあります。

　例：かっこを外す時の注意点の提示

$$(-3y+4)+(y-8)$$
$$<　たす　>$$

③ 段階的に＜　＞の一言を減らして、自ら意識してミスをなくしていけるようにします。

④ 記入欄は比較的広く取ってあるので、書きやすく、間違いも直しやすいです。

■ 事例21　（中学校）　分かりにくいものはICTをフル活用して視覚的に示す

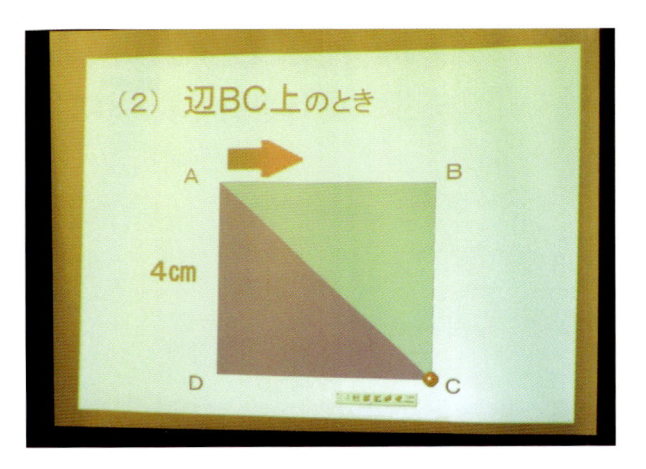

　「関数の利用」の単元で、図形の辺上に動点をとり、その動点の動きによって変化する面積を式やグラフに表す問題があります。点の動きや面積の変化を頭の中で想像して答えを導き出すことは、図形分野が苦手な生徒にとっては非常に困難です。そこで、はじめに磁石を動点に見立て、動く様子を確認します。次に、それにともなって変化する面積の様子（パワーポイントで作成したもの）を、ICTを利用して説明します。イメージをつかみにくい生徒でも、視覚的に確認することができ、面積の増加・減少の様子が一目瞭然です。多くの生徒がスムーズに答えを導き出すことができ、効果的です。　　注：ICT: information and communication technology の略。情報通信技術。従来のITよりも情報の共有化をめざす。

■ 事例22　（中学校）　丁寧な板書（数学）

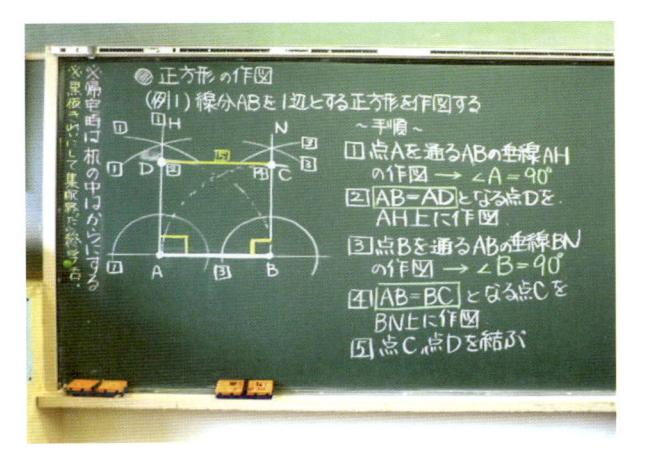

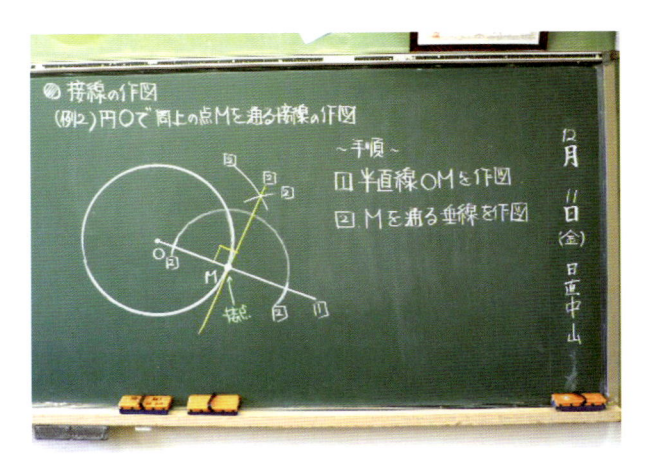

　板書を丁寧に書くことを心がけています。先生が黒板に丁寧に書くと、生徒もノートを丁寧に書こうという気持ちが生まれます。それでも、聞きながら書くということが苦手な生徒はノートを丁寧に書くことを諦めてしまうことがあります。そこで、説明とノートに書く時間を区別しています。そのことで、聞く時と、写す時それぞれに集中できます。とりあえず写すことだけでも目標にできて、それが達成感につながる生徒もいます。また、板書には、色使いのルールを設けておいて、生徒はそれに従って重要度を判断しながら書き写します。また、図形の補助線などは、後から見た時に書き方を思い出せるような工夫をしています。

第4章　指導方法のスタンダード

20(13). 抽象的な表現、あいまいな表現をできるだけ避け、具体的な表現に置き換える工夫をしていますか。

関連するキーワード

想像力の障害 ／ 抽象的事柄の理解の弱さ ／ 論理的思考のベース

特別支援教育の視点

　高機能自閉症のある児童・生徒は「想像力の障害」があります。それによって「抽象的事柄の理解の弱さ」が生じます。つまり、抽象的なものはできるだけ避けてあげることが支援になるわけです。抽象化の反対は具象化です。つまり、具体的に指示することが求められるというわけです。大人は子どもに対して、子どもの能力を超えて、無意識に意外に多くの抽象的な指示を出していて、それが伝わっていないのに叱責したりしていることがあるのではないでしょうか。「きちんと」「ちゃんと」「しっかり」などの言葉は大人から子どもに発せられることの多い言葉の例ですが、内実はお互いに何をもって「ちゃんと」しているかは理解していない、共有していないことが多いのです。こうしたコミュニケーションは、抽象化思考に弱さがある高機能自閉症のある児童・生徒にとっては全く理解不能になります。明確なイメージのない、何気ないこのような指示が子どもたちを混乱させていることを肝に銘じる必要があります。

ユニバーサルデザインの観点

　おそらく、すべての教育者は、具体的な指示を心がけています。抽象的なものを理解する際にも具体化は必要になるからです。論理的思考法の代表である帰納法、演繹法であっても、具象→抽象、抽象→具象の行き来を行うことで、抽象的なもの、普遍的なものについての思索・理解を深めていきます。どのようなことでも抽象的な説明しかできないのであれば、多くの理解を得ることはかないません。つまり、具体化して説明できる力は、あらゆる教育活動の中心となるスキルということになります。的確に具体化できた指示、教育内容は必ず、良き指導法と呼ばれることになるわけです。

■ 事例23　しっかりあいさつとは…

　あいさつの重要性は言うまでもありません。しかし、児童への徹底は意外に難しいのです。
　そこで本校では、毎月の目標にあいさつの具体的な方法を示し、取り組んでいます。
　「元気な声で」「相手の目を見て」「お客様に」「えしゃくしよう」「笑顔で」などの具体的な目標を掲げることで、「しっかりあいさつしよう！」のイメージがつかみやすいようです。
　代表委員会のメンバーが校門で、今月の取り組みをみんなにアピール中です。

■ 事例24　習字の基本

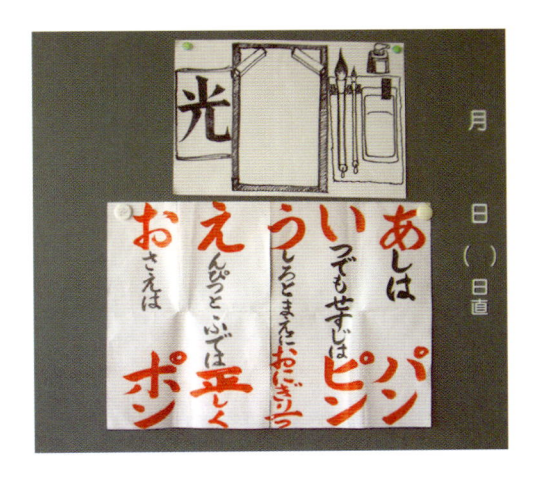

　3年生になると、習字の学習が始まります。子どもたちは興味津々。道具もたくさんあり、墨で早く字を書きたい…と落ち着きません。こんな状態で授業を始めると、大変なことに…。やっぱり、あちこち墨だらけです。
　そこで、道具の置き方や使い方や姿勢は、掲示物や実物を使って具体的に丁寧に指導します。「姿勢のあいうえお」というように、ネーミングをすると、定着しやすくなります。

■ **事例25** 避難訓練の合言葉は「おかしも」

　月１回の避難訓練は、子どもたちの命を守る大切な授業です。しかし、いくら大切だといっても、子どもたちの中には、しゃべったり、ふざけたり、走ったりする場面も見られます。

　そこで、避難訓練の合言葉「**おかしも**」です。「お：おさない」「か：かけない」「し：しゃべらない」「も：もどらない」。「おかしも」は覚えやすく、具体的にどうするかが分かります。１年生でもすぐに徹底できます。また、不審者対応の「いかのおすし（いかない、のらない、おおごえ、すぐ逃げる、しらせる）」の合言葉も子どもたちはすぐに覚えました。普段めったにない、特殊な緊急状態の時の対応方法を覚えるには、こうしたやり方が効果的です。

■ **事例26** 話し方・書き方のスタイルを示す

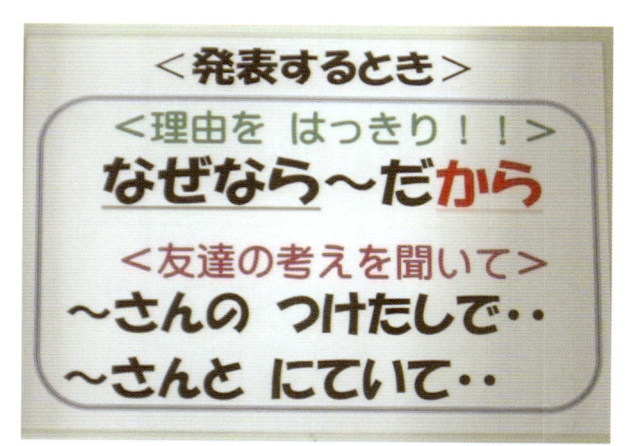

　思考力を育てるためには、自分の考えを整理する必要があります。しかし、多くの情報を整理したり、それを表現したりすることは、子どもたちにとって難しい作業です。

　そこで、まとめていく順番を、「まず・次に・それから」「１番目は、２番目は、３番目は」「答えは○です。そのわけは…」「その意見に賛成です。その理由は…」などと、話し方や書き方のスタイルを教えます。すると、そのスタイルにそって子どもたちは表現するので、情報が整理しやすくなり、考える力が伸びます。

■ 事例27　学び方のスタイルを示す

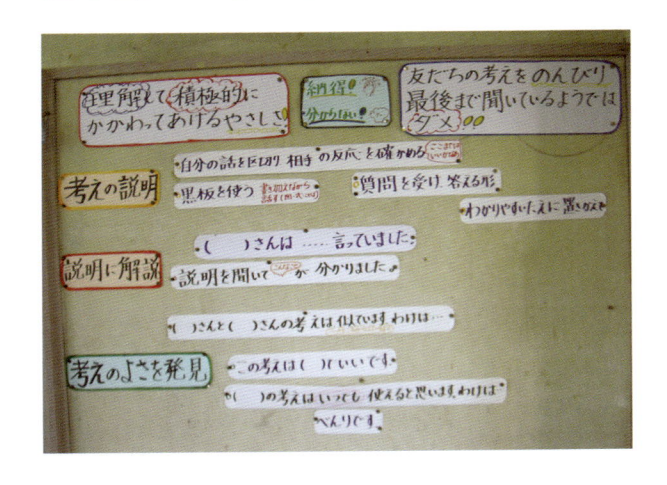

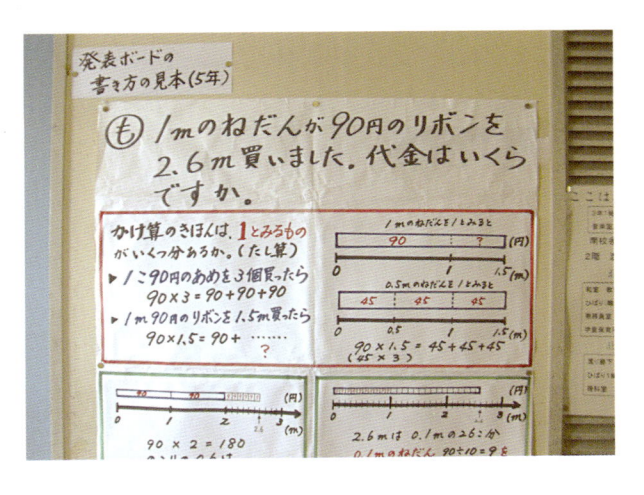

　集団で学ぶことの良さの一つは、それぞれの考えを出しあったり、高めあったりする中で、コミュニケーション能力が磨かれることです。ただ、そうした活動が苦手という児童はかなりいます。
　そこで、「自分の考えを説明する方法」「その考えに共感したり、付け足したりする方法」など、発言の具体的な方法をまとめ、教室に掲示しておきます。はじめは、同じパターンの発言になってしまいがちでしたが慣れてくると、自分なりに工夫した表現ができるようになります。また、発表の際に使うボードの書き方の見本を作って掲示しておくのも、子どもたちの発表を助けます。

■ 事例28　今日の始まりメニュー

　音楽の授業の最初に、どういう形態で始めるかを音楽室の入り口に表示しておきます。音楽では、学習内容により、導入のスタイルが異なります。しかし、子どもたちはそのやり方での活動を大体予想し、見通しをもって音楽室に入ることができるのです。
　例えば、「今日は『かばんを並べて歩く』か。じゃあ、わらべうたを最初にやるんだな」、「今日は『いすなしですわる』だから、歌った後は和太鼓をするのか」などのように、導入のパターンから指導内容が推測できるため、子どもたちに学習の流れを明確に伝えることができます。

第4章　指導方法のスタンダード

21（14）．大事なことはメモさせる、メモを渡すなど、記憶に負担がかからない方法を工夫していますか。

関連するキーワード

認知のかたより ／ 記憶の落ち込み ／ メモの活用／コンピュータにできないこと

特別支援教育の視点

　項目 19 で「認知のかたより」を説明しました。その特徴の一つとしての「記憶の落ち込み」が確認される LD のある児童・生徒は少なくありません。記憶に落ち込みという認知のかたよりがあると、例えば、九九が覚えられない、英語の単語が覚えられない、筆順が覚えられないなど学習内容に広範なつまずきが生じます。つまり「暗記物」への対応が困難になります。暗記にたよることの多い日本の学習体系は記憶性の LD のある子には特に不利になるようです。こうした子どもたちには「覚える」という負荷をできるだけ減らした方法を提示してあげることが必要になります。「記憶する」ことへの要求を避けて「記録する」という方法を提示してあげることが肝要です。具体的には「メモ」のフル活用が効果的です。

ユニバーサルデザインの観点

　未来の社会では、仕事上、「記憶が強い」という能力の評価は今ほど重視されなくなっていくかもしれません。なぜなら、知識の集積や呼び出しなどはコンピュータが得意とすることであるため、人が行っていたかなりの部分を代替するようになる可能性があるからです。そうした社会では、記憶する能力より、記録したり分析したりする能力の方が貴重になっていきます。要点を整理したり、必要な部分だけメモしたりしておくことは、コンピュータには今のところできない能力だからです。小学校の連絡帳への記入から始まるこのスキルの習得は、メモを重視する学習体験によって随分と違ってくるように思います。

■ 事例29　連絡帳の記入の習慣化

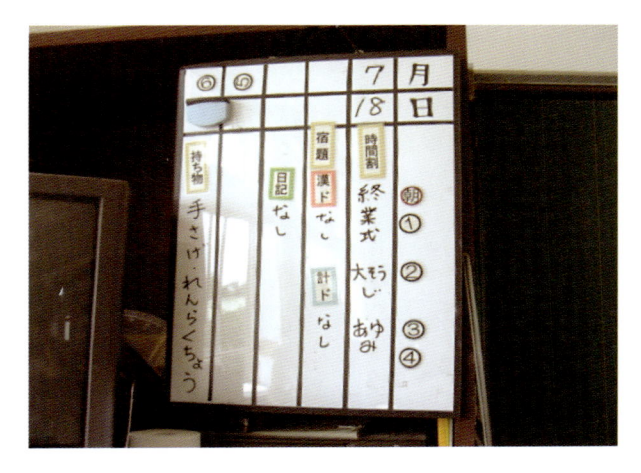

書き写すことでストレスをためるK君

　毎日、明日の予定を連絡帳に書く習慣をつけています。しかし、書くことが苦手なK君は、黒板に書かれた内容をうまく書き写すことができず、いつも時間ばかりかかってイライラしています。
　そこで、子どもの持っている連絡帳と同じスタイルの（ケイ線がある）ミニ黒板を使用しました。すると、K君も書きやすくなったようで、写す時間も短縮しました。

■ 事例30　いつでも確認、作業手順！

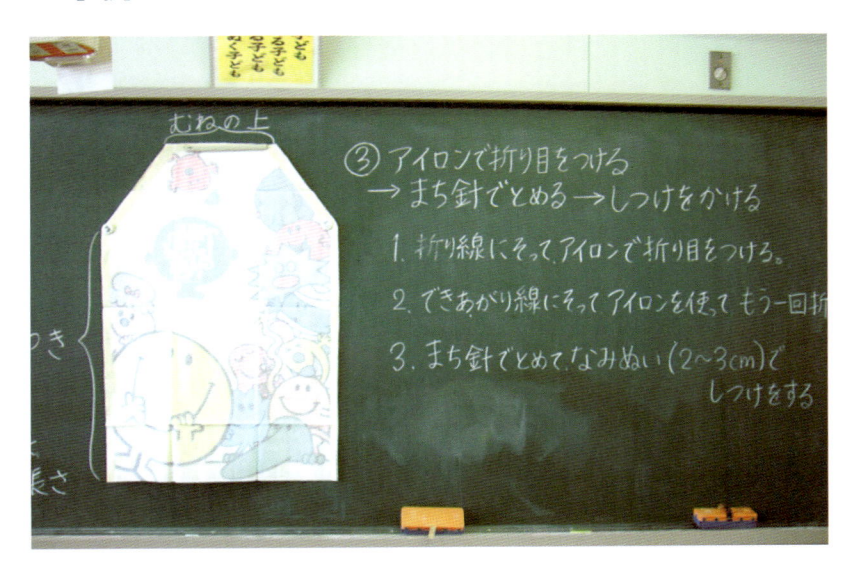

　家庭科のエプロンの作成など、授業のほとんどが作業時間となり、進度も子どもによって変わってきます。個別指導を行いますが、やり方に関する質問に応じて、何度も説明することがあります。
　そこで、作業の説明の時、作業手順や注意点などを説明すると同時に、必ず黒板に分かりやすく書いておきます。これで、子どもたちの「覚えておく」という負担をなくします。作業をしながら、子どもたちが黒板で確認できるような書き方をするのがコツです。

■ **事例31** （中学校） 関心意欲を高めるために「漢字にルビ」

　社会科では、歴史にしても公民にしても「用語」と称して漢字が多いです。そこで、板書する時に、漢字にはできるだけルビを振って書きます。これによって、読み方そのものが分からなくて、社会科から遠ざかってしまう生徒が減ります。そして、ノートを取る意欲も高まります。

　その上で、社会科を単なる暗記科目と思ってしまわないように、授業の進め方については、生徒に問いかけ、ヒント、答え、なぜ？…という具合に考えさせながら進めます。さらに、説明にストーリー性をもたせることで、個々の出来事の繋がりを意識させます。また、秘話なども話し、逆説的に問題を考えさせることもします。このようにすると、結果的に、単なる暗記よりも、ずっと記憶に残りやすくなります。

■ **事例32** 学習計画カード

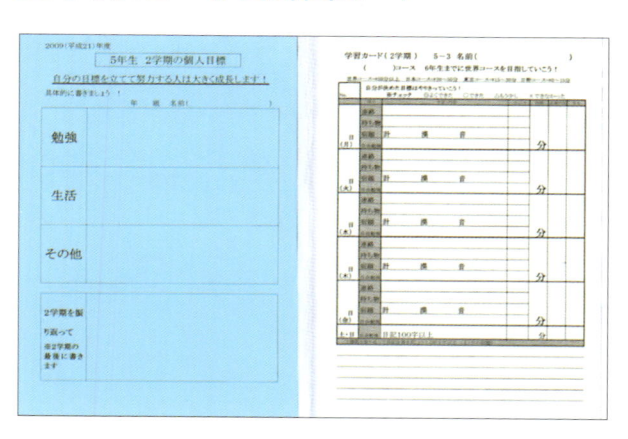

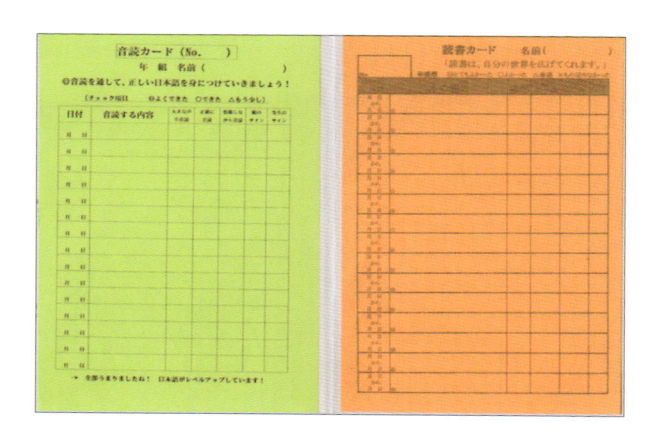

　高学年の子どもたちには、自分の学習の目標を自分で決めて、自主的に取り組んでもらいたいものです。毎日の予定をシステム化し、自分が決めた目標に挑戦することで、子どもたち自身の自覚と意欲を育てる工夫をしてみました。

　学習カードを用意し、1ページ目には毎学期の目標（学習面・生活面・その他）、2ページ目には毎日の予定（時間割・持ち物・宿題・日記）、3ページ目には音読表（保護者のチェック表）、4ページ目には読書記録表（本の感想・ページ数累計記録）をつけました。これによって、日々の予定の確認と記録の蓄積が可能になります。毎朝記入して提出し、下校までに返すようにしています。

■ 事例33　家庭学習で書くことを習慣化

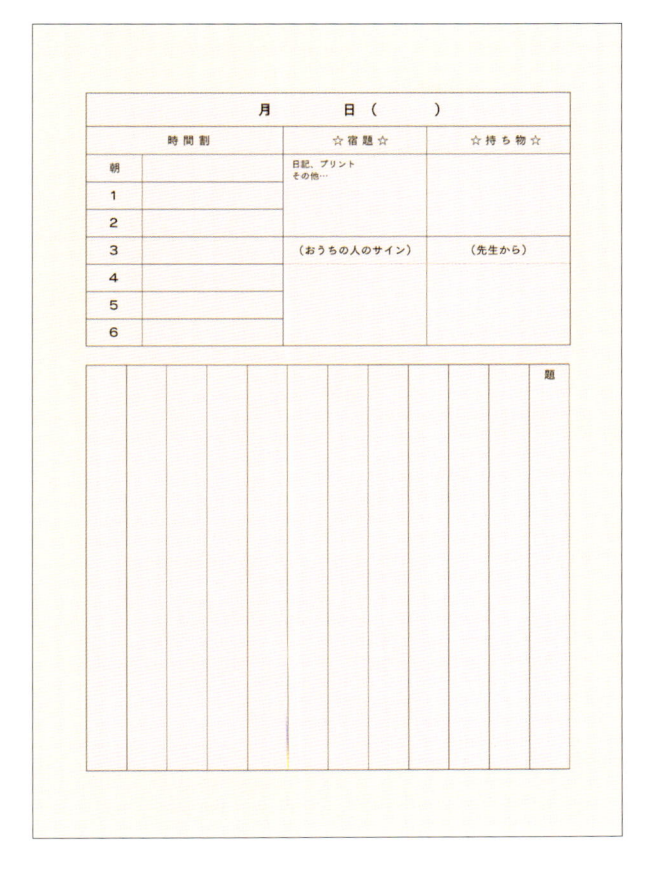

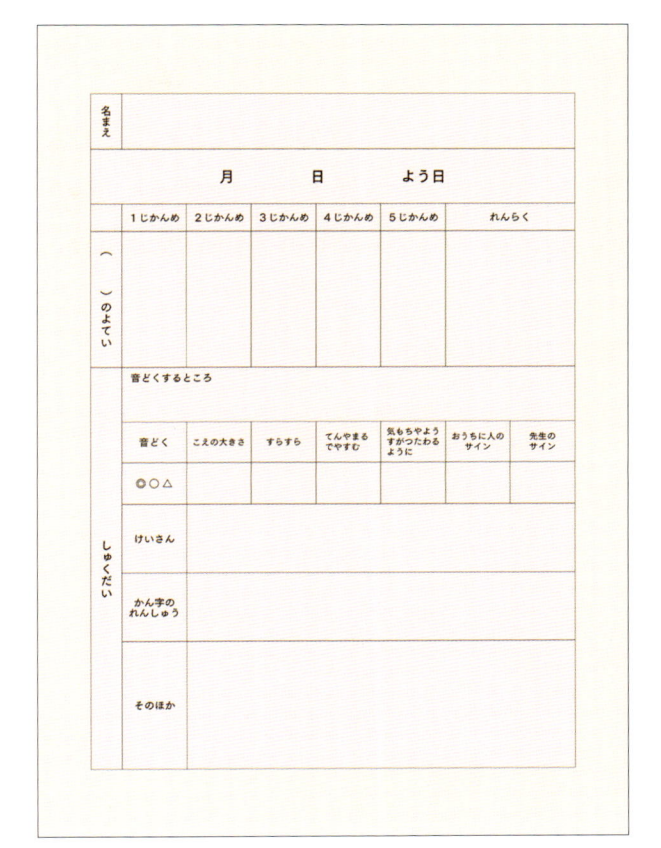

　「先生。宿題忘れてしまいました」「あれだけ持ってきてと言ったでしょ」。こんな場面を何度も経験してはいないでしょうか。1枚の用紙に、明日の時間割や持ち物、宿題等の連絡とともに、保護者による音読のチェック・サイン欄、用紙の裏には漢字練習のマス目や日記帳などを印刷しています。保護者が毎日音読をチェック・サインする際に、どのような宿題が出されたのか、明日の予定や持ち物は何なのかにも目を通してもらうことができ、児童の忘れ物防止にもつながります。また、毎日コンスタントに読み、書き、計算の学習を積み重ねることができ、基礎的な学習をどの子も身につけることができます。連絡帳の構造化です。

第4章　指導方法のスタンダード

3／参加の促進

22(15)． 分からないことがあった児童・生徒が、
　　　　教員からの助言を受けやすくする工夫をしていますか。

関連するキーワード

社会（的）自立のベース ／ ハンディキャップの軽減 ／ 学問する姿勢

特別支援教育の視点

　発達障害のある児童・生徒にとって、学校の中は「分からない」があふれている場所です。
　これが起こらないようにするのは難しいことです。ただし、分からないことがあった時に「どうしたらいいか」ということを教えることはできます。そして、これがとても大切なことなのです。なぜなら、それが将来の社会自立という大テーマに向けてのトレーニングになるからです。
　彼らの「わからなさ」「できなさ」は彼らに特有の障害（認知のかたより、多動、対人意識等）から生じます。子どもたちに対して、障害そのものを変える要求をすることはできません。それは、例えば、眼鏡をかけねばならないほど視力が弱い人に「一生懸命、目をトレーニングして視力が出るようにしなさい」と言っているようなものです。しかし一方で、彼らの障害からくる「ハンディキャップ」の方は減らすことができるのです。ハンディキャップとは、障害そのもののことではありません。厳密には「社会的不利」と訳される事柄なのです。つまり、障害があって、その後、ハンディキャップが生じるのです。ハンディキャップは操作することができます。先の例で言うと、視力の弱い人は、その人の視力に合った眼鏡をかけます。その人は視力が弱いという障害がありますが、そこからくるハンディキャップ（見えない・読めない等）はほとんど感じずに毎日暮らしていけるのです。同様に、発達障害のある児童・生徒に対して、我々にできることは「ハンディキャップの軽減の仕方」を教えてあげることです。先程の例に沿えば、視力に合った眼鏡さがしや眼鏡の紹介をしてあげることです。「分からない」というハンディキャップが減る（「分かる」という状態になる）ための努力ができる環境の用意と、「分かる」ために、どのような工夫・方法を取ればよいかを体得させてあげることで「ハンディキャップを軽減する」実体験を学校生活の中で積み上げていけます。「分からない」というハンディキャップに果敢に挑むための場を用意してあげることが、彼らの将来の自立に不可欠な姿勢を身につけるための練習になっているのです。

ユニバーサルデザインの観点

　分からないことが分かるようにする努力から、勉強や学問が始まります。何が「分からない」かを特定し、そして、その「分からない」ことへのアクションを起こすことが、学問探求の姿勢そのものと言えます。大哲学者ソクラテスは「無知の知」を言いました。こうしたアクションを起こしやすい環境は、勉強すること、学問することの土台作りそのものです。学校は、そのためにあると言えるでしょう。

■ 事例34　計算すいすいhelpカード

　短冊状に切ったマグネットシートに「help」と書いたものを4～5枚黒板に貼っておきます。計算練習が始まって手助けのほしい児童は、そこから自由にカードを取り、自分の机の目立つ所に置いておきます。すると、課題をやり終えた児童が静かにhelpカードのある友だちの所へ。計算の速い児童は、やり方を教えたりヒントをあげたりする、という次の課題に取り組みます。カードがあることで理解の遅い児童に「手助けしてもらえる」という安心感が生まれ、表情が和らぎます。ひと目で助けの必要な子が分かるので、計算中に声を出して尋ねずにすみます。

■ 事例35　机間指導で個別に声をかける

　おとなしい児童の中には、質問したくてもできない子、不安を口にできない子など、SOSを出したいと思っている児童がいます。
　個別の活動の場面は、机間指導で支援をするチャンスです。特に、日ごろから気になる児童は、必ず様子をキャッチし対応しています。
　学級の価値観としても、「教室は失敗するところ」「質問することはやる気の表れ」「分からないと言える子は伸びる子」ということを意識づけています。

第4章　指導方法のスタンダード

■ **事例36** （中学校） チェックリスト記入のための工夫

器械体操のチェックリスト

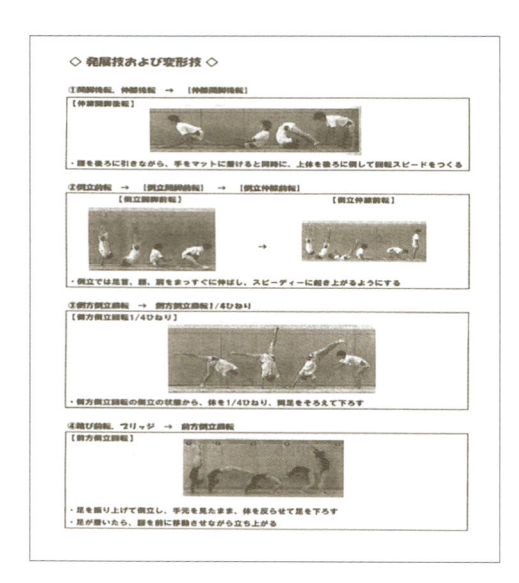

自分の課題、取り組むべき事柄を明確にする工夫です。
① 表面：**マット運動の種目と、それぞれの技のポイント** 毎時間、個人目標を設定し、自分の課題を確認してから、演技を工夫して練習していけるように促します。
② 裏面：**発展技、及び変形技の紹介** 文章だけでなく、動きの見本となる連続写真を載せ、いつでも確認できるようになっています。

■ **事例37** 教室に既習事項の表示

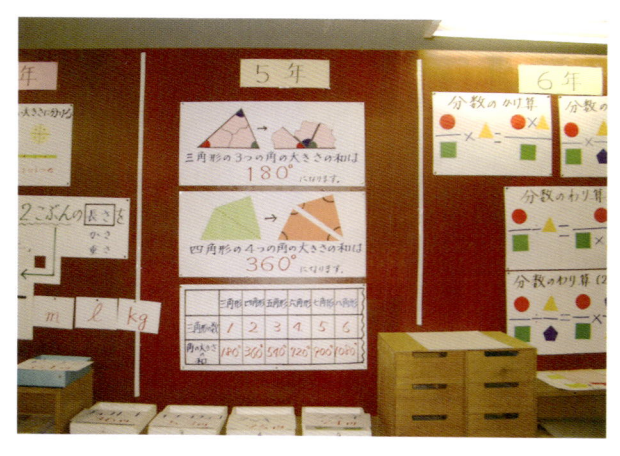

　算数の問題を解いている時に、「習ったことなのに思い出せなくて解けない」子が時々います。そんな時、教室に今までの既習事項が貼り出されていれば安心して目の前の問題に取り組むことができます。（写真は、少人数指導の教室の際です）
　ただし、視覚刺激をできるだけ排除するために、教室の前面には貼り出さず、背面や側面にのみ貼り出します。実際に授業で使ったものも貼るで、その授業のことを思い出すこともできます。ときには、全員机の向きを変えて既習事項の確認をしたり、問題解決に取り組んだりすることもできます。わからないことが起きたときに、自分で確認できるようにする工夫です。

■ 事例38　特別な教具などを活用して、誰もが課題に取り組めるように

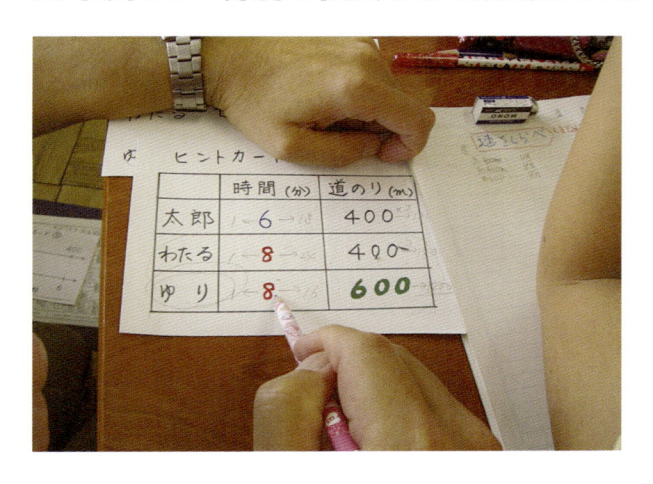

　4年生のAくんは、かけ算九九が苦手です。面積の求め方は分かるのに、九九が思い出せず答えを出すことができません。「計算さえできれば、答えが出せるのに…」そんな気持ちでいっぱいのAくん。だんだん問題を解くこともいやになってしまいました。

　そこで、担任と相談をしてスペシャルカードを用意しました。手元に置ける小さな九九表（右上写真）です。思い出せない九九は、手元にある九九表を見れば一発で分かります。さらに、各段をマーカーで色分けしてラインをひいているので、スムーズに思い出せない九九を見つけることができます。

　5年生のA君、音読以前に字を読んで声に出すこともできない状態でした。そこで担任の先生は、「句点で区切る追い読み」を高学年の授業でも一部取り入れました。

　この方法ならば、耳で聞いた言葉をおうむ返しに繰り返していても、その文章を読んだつもりになることができます。また、文章をすらすら読むことができる児童にとっては、文章を言葉の固まりでつかむことができるので、内容の把握がしやすくなります。

　すぐ前に先生の声があることで誰もが安心して声を出すことができています。

　3/2m、5/6リットルなど、算数の学習では、分数でリボンの長さやペンキの量を表すことが多くあります。しかし、分数で表した量では実際の長さや重さ、かさなどがイメージしにくいです。

　そこで、分数で量が表されている問題が出てきたときにはまず、実際の長さや量などを量り取らせてイメージをつかませてから問題を解くようにしています。そうすることにより理解がスムーズになるとともに、誤答にも気づきやすくなります。

■ **事例39** 教科書の読み取りをしやすいように、補助道具を使う

　文字がぎっしりと並んだ教科書。目で追いながら読むのは、実はとても難しいことなのです。たくさんの文字が並んでいるため、今、どの字を読んでいるのか分からなくなったり、読んでいる行が追いかけられなくなり、となりの行へ視線が移動してしまったり……と、困ってしまう子がいます。
　そこで、そんな困難を取り除く道具を作りました。カラークリアファイルを行に合わせて切り抜くだけで完成です。1行、2行、3行と切り抜く幅を変えたり、その子にあった読みやすい色にするなど、個に応じたものを作ることができます。

■ **事例40** （中学校）　木工で型紙を使い、測ったり、釘を打つ場所が分かる

　CDラック（木工キット）の作成ですが、定規を使い一定の場所に線を引き、棚板の位置を定めたり、適当な場所に釘を打つ必要があります。そこで、型紙（厚紙）を補助具として何枚か用意しておきます。型紙は横に使うと棚の高さになっており、縦に使うと棚の釘を打つ位置に穴が開いています（左右の釘を打つ位置の違いは型紙を裏にすることで解決できます。シールの色を合わせることで区別します）。これにより、①棚の位置を間違えることなく、線を引けます。②釘を打つ位置に正しく印を付けることができます。また、定規を使って自力でできる生徒も、正しく測れたかを確認できます。

■ **事例41** （中学校） ICT（映像再生機能ソフト「スポーツミラー」）の活用

　実技分野において、説明や見本の提示だけでは、演技の修正が難しいことがあります。そこでスポーツミラーを活用し自身の動きを確認することで、正しい動きの理解が深まり、技術の向上につなげることができます。例えば、設定タイマーを10秒遅らせると、演技をした10秒後に映像が映し出されるので、演技後すぐに動きを確認して、修正をすることができます。また、録画機能を使うと繰り返して動きを確認することができ、さらにその録画された映像をスロー再生したり、映像を分割して表示したりすることで、一つの動きに対しての課題が一層明確になります。模範演技も取り入れることができ、幅広く活用できます。

23（16）．どの児童・生徒も発表できる機会をもてるよう工夫がされていますか。

関連するキーワード

理解度への配慮／自信のなさへの配慮／発表の枠組み／主体性／活き活き感／自己有能感

特別支援教育の視点

　発達障害のある児童・生徒の中に、授業中に手を挙げて、発表することがほとんどなくなっていく子がいます。この理由は、先生からの発問の意図が分からないということがあったり、これまで、無邪気に手を挙げて発表する度に、間違ってしまう失敗体験の蓄積があったりするのかもしれません。つまり、発達障害のある児童・生徒の「授業中の発表機会の確保」については、①理解度と、②自信のなさへの配慮の２点がポイントになります。

　その配慮としては、例えば、正誤の判断がない発問をして発表させることや、どの問題について発表するかを事前に決めておき、自分の担当する問題だけ解く時間を十分に確保したり、問題を解くまでの支援をしたりするなどの方法が考えられます。子どもの状況に合わせた工夫をしてみてほしいと思います。

　また、発達障害のある児童・生徒の場合には、逆に、強迫的に何でも発表したがるなどが問題になることもあります。こうした子に対しては、今度は発表することの枠組みを理解させることが必要になります。どのようなルールで、どのような頻度で発表できるかなどを説明し、その行動を定着させることも、社会の中の存在としての意識を高めるトレーニングになります。

ユニバーサルデザインの観点

　発表の機会が常に与えられていると、授業に対する参加意識が主体的になりやすく、「活き活き感」が増していくことは間違いない事実です。再び、筆者の体験で恐縮ですが、大学の大講義のように自分の意見を求められたり、発表したりする機会のない形態の授業では、どうも授業をしている側の人間（教員）が、学生から見て、まるで、テレビの中にいる人のように感じるようです。そうなると、こちらから見られているにも関わらず、私語をするなど、まるで自分の家の居間にいるかのような態度が出てきてしまうようです。これが、ゼミなどの少人数で、発言の機会のあるスタイルになると、同じ学生でも、全く違った様子になるのです。自分の意見を発表することは、主体性、ライブ感などに直接影響するわけです。

　一斉指導というスタイルの教育は、その短所のみを言われることも多いのですが、一方「発表する」場面を作ることができるという利点があります。その機会が「自己有能感」と「達成感」を育みます。「達成感」の積み重ねは、学校生活に対する「充実感」を作り出していくでしょう。

■ 事例42　ペア学習を取り入れて、全員が発表の機会をもつ

　自分の考えを全員の前で発表するのには勇気がいります。手の挙がった児童だけ指していると、発言者が限られてしまいます。
　そこで、二人ひと組で、自分の考えを発表し合える場面をもつようにしました。低学年でも、書いたものを見せながら発表したり、それに対して意見を述べたりできるようになりました。
　話すこと・聞くことの勉強にもなり、だんだん工夫して伝える様子も見られるようになっています。

■ 事例43　ICTを活用し、発表する内容を映しながら発表する

　自分の考えを大勢の前で発表するのは、大人でも難しいことです。そして、話し手がもたもたしていると、聞き手にうまく伝わらず、両方ともすっきりしないことがあります。
　そこで、発表内容をICTを活用して黒板に映しながら発表するようにしました。そうすると、発表するほうもゆとりが出て、聞くほうも分かりやすくなります。言葉で理解できなくても、視覚で伝わるからです。
　この方法を行ってから、子どもたちはすっかり発表が好きになりました。

■ **事例44** グループ学習を取り入れて、全員で役割をもって活動する

　グループ活動は人数も少なく、全体よりも発言がしやすくなります。しかし、話すべき内容が漠然としていると話が進みません。
　そこで、テーマを決めて発言したり、グループで役割を決めて活動し、役割に沿って発表したりするなど工夫することで、全員が発言できるようになります。

■ **事例45** 体験的に活動したつぶやきや発見や驚きの言葉を取り上げる

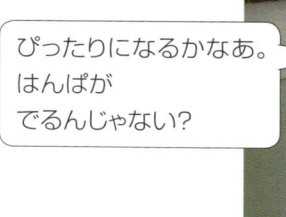

　ぴったりになるかなあ。
　はんぱが
　でるんじゃない？

　こぼさないようにね。
　量が変わっちゃうから。

　何倍いくらいに
　なるかなあ。

　体験活動は、どの児童も生き生きと取り組み、活動の中で、よいつぶやきや発見、驚きの声が上がります。その声をとらえて、発言に結びつけることができるようにしています。
　気づいた発言は、すかさず取り上げてほめたり、全体のまとめに吹き出しで使ったりします。そうした教師の動きが子どもたちにも伝わり、発見や驚きを大事にする雰囲気が出来上がりました。

■ 事例46　座席表で児童の実態を把握し、意図的に発表させる

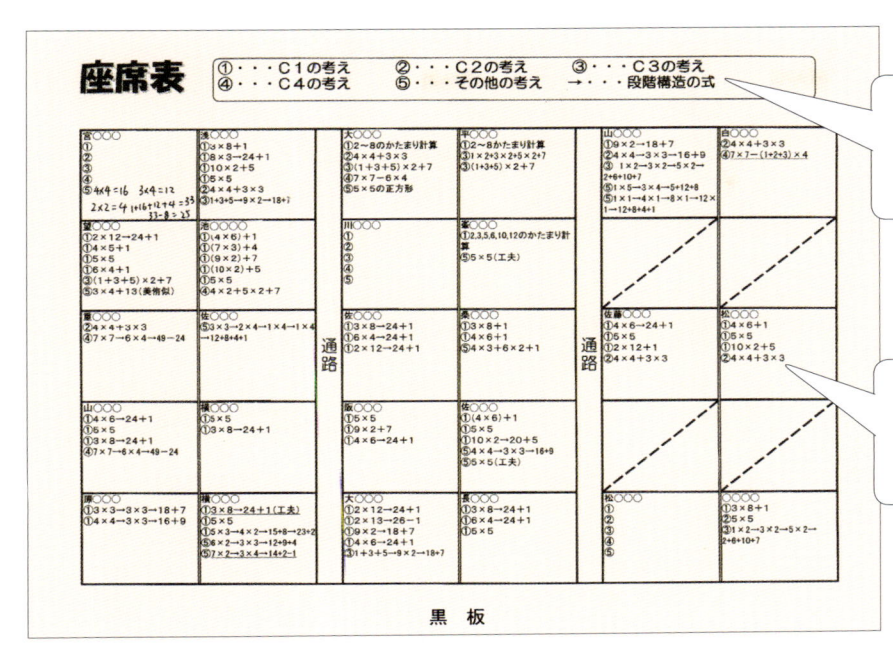

> 予想される考えを出しておき、座席表には番号で記入すると効果的です。

> 発表した児童は、記入しておき、発言が重ならないようにします。

　書く活動の場面では、教師は机間指導を行い、児童の活動の様子を把握したり支援を行ったりします。その際、児童の考えや理解度を把握するために、座席表を使って気づいたことの記録やメモを取ります。その資料を基に、次の展開に関する発言を児童ができるように、発問を考えたりできます。

■ 事例47　発言意欲の向上

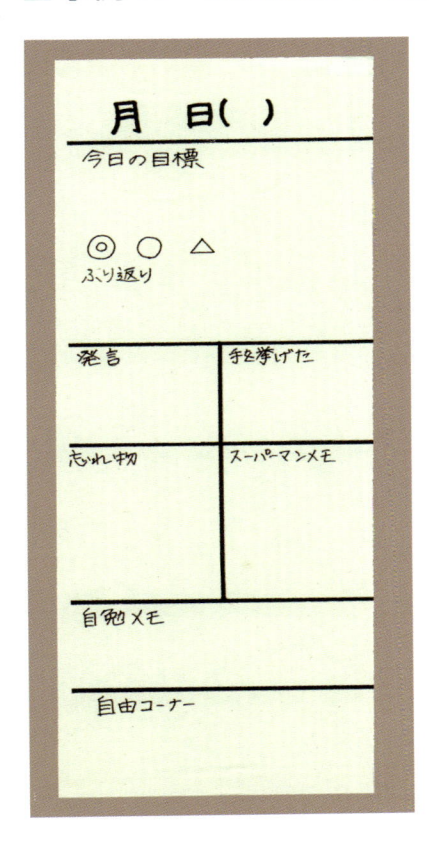

　机の上に「がんばりカード」を毎日貼ります。そのカードには「きょうの目標」「発言できた回数」「手を挙げた回数」「友だちのよかったところ」などを記入していきます。

　授業中、1回手を挙げるごとにカードに印をつけていき、自分が1日で何回発言できたか確認できるようになっています。また、発言できなかったけれど、がんばって手を挙げた時にも記入ができるようになっています。「今日は何回手を挙げよう」と、1日の目標を立やすくもなります。毎日、提出をするので教師からのコメントも書くことができ、次の日への意欲にもつながります。

第4章　指導方法のスタンダード

24（17）． 一つの課題が終わったら、次にするべきことが常に用意されていますか。

関連するキーワード

空白の時間 ／ 不適応行動の遠因 ／ 空白の過ごし方のルール／ 注意集中のメカニズム

特別支援教育の視点

　ADHDのように注意持続に困難のある子は「空白の時間」が苦手です。常に何か実際に行動していないと気が済まないところがあるようです。授業中でも、学習の課題と課題との境目にある「何もしないで待っている」といった空白の時間があると、とたんに何か他のことを始めてしまう傾向があります。それが、手いたずらであったりすることが多いのですが、他の子へのちょっかいであったり、立ち歩きであったりと、学級の中で不適応行動になる場合もあり、それは教師からの制止や叱責につながっていきます。ADHDの児童・生徒を担任する場合には、不適応行動が起きる時に、空白の時間がその原因になっていないかどうかを点検する必要があります。教師側の努力としては、課題が終わっても次の課題が常に用意されていることが望ましいのですが、現実には、どこまでやっても、空白の時間をゼロにすることは難しいと思います。場合によっては、その子が好きな活動で、学級内において不適応行動にならないもの（例：別の紙に絵を描いている）を決めておいて、それをしているならば良しとするなどの約束・ルールを設定するという方法もあります。

ユニバーサルデザインの観点

　空白があると、どのような子もいったん気持ちが途切れます。いったん、違った方向にいった意識を取り戻すには、意識的な努力を必要とします。つまり、人の注意集中のメカニズムからいえば非常に効率の悪い学習の仕方になります。その課題に注意を向け続けられるように、関連する課題が継続的に提示できる用意をしておくことが、脳のしくみからいって妥当な配慮となります。

■ **事例48　速くできたら君も先生！**

　家庭科や体育などの取り組みでは、できるまでに個人差があります。裁縫の得意なEさん。自分の課題が終わると、友だちのお助けに走ります。Eさんに教えてもらったO君も、自分の作品が出来上がりました。O君もお助けに走ります。人に教えることは、自分の復習にもなり、何もしない時間もなくせます。高学年では、自分のことだけでなく、自主的に友だちを助けるようにしています。写真は、組体操の練習で5年生の練習中、6年生は補助やアドバイスに活躍しています。待っていることが苦手な子も、仕事が与えられることでやる気満々です。

■ **事例49　自分なりの表現方法で、課題を解決する学習スタイル**

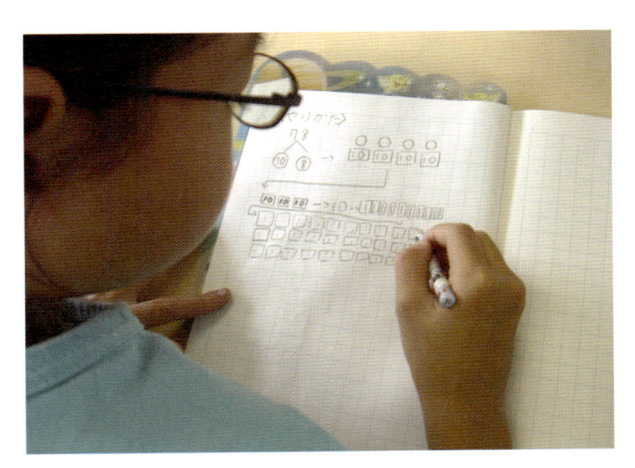

　課題に取り組む時、誰もが同じ方法で、同じ量を行えば、必ず作業時間に差が出ます。
　そこで、普段から、自分の解決方法や表現方法を工夫することに価値をおく指導をします。答えを出すことだけが目的ではなく、そこへ行きつくまでの学習の過程（プロセス）を大切にした授業です。一つの方法で解決できたら、他の方法を考えます。すぐ出来てしまう児童には、統合したり、発展したりする力も要求します。自分で問題を作ったり、ノートへの記述も工夫させます。こうした学習では、空白の時間はありません。

第4章　指導方法のスタンダード

■ **事例50** 漢字貯金

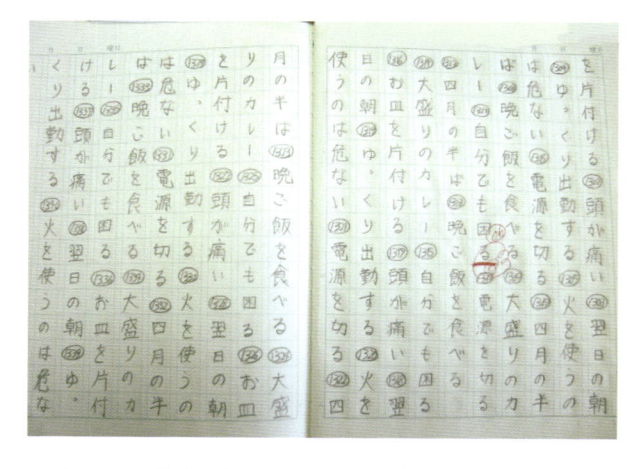

　毎回の漢字練習で、それぞれが練習した行数を記録させてみました。

　自分が漢字練習をした回数が、目に見えて貯まっていくことで、A君も大喜び！

　今までは言われた回数しかやらなかったのに、回数が貯金のように貯まっていく!!

　友だちと貯めた数を競い合ったり、「次は何回を目指そう！」と、目標を立てたりして、時間がある限り取り組んでいます。

■ **事例51** 余りの時間をどう過ごしたらよいか

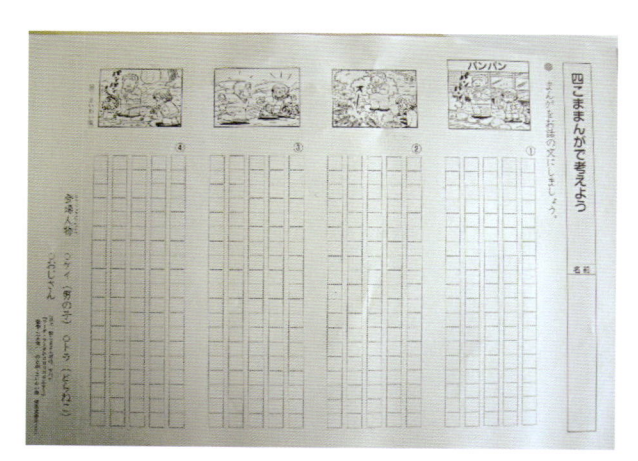

　いつも速く課題をこなしてしまうC君。待っている時間を使って、先生が用意したプリントで復習をしています。「4コマまんがで考えよう」では、自分で絵をつなぐストーリーを考え、後で友だちと見せ合いっこをして楽しみます。余った時間を活用して、4コマまんがの文章作りの他にも、古文の暗唱カードを使って自分の力を伸ばしています。

■ **事例52　余った時間がラッキータイム！**

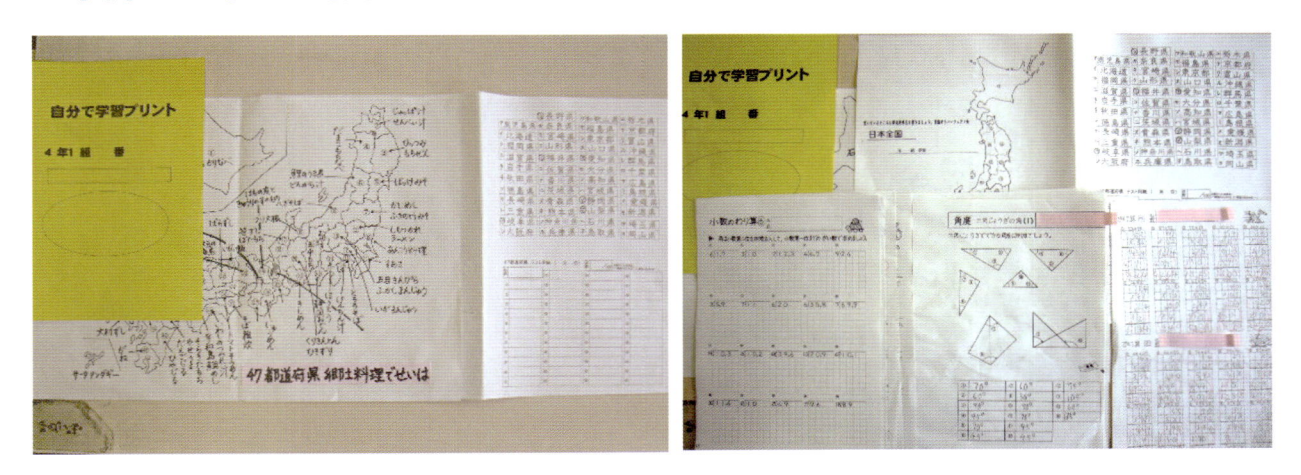

　決められた課題が済んだら、何をやってよいか戸惑うD君。そこで登場！自分で学習プリント！！今自分に必要な課題を決めて、プリントに挑戦します。算数・国語はもちろん、社会の東京都の区市町村名や都道府県名の地図もあります。答えのプリントも持っているから自分で確認しながら取り組むこともできます。

　余った時間は僕のラッキータイム！！テスト前の予習もできます。

25(18). 集中の持続が可能なように、課題の内容や取り組み方に少しずつ変化をもたせていますか。

関連するキーワード

取り組み方のバリエーション／変化／テンポ

特別支援教育の視点

　ADHDのある子の特徴は、一つのことを深く掘り下げて色々考えるより、色々なことを「浅く、広く」考えることを得意としています。一つのことに取り組む時間が短い分、色々なことに取り組むことが得意という言い方もできます。そうなると、課題には変化が必要ということになります。授業内容の一貫性という意味では、あまり、内容に大きな変化を作るのは問題もあると思います。そこで同じ内容でも、聞く、書く、作業する、発言する、話し合うなど、課題に取り組む方法について、色々とバリエーションをもたせて、一つの取り組み方を延々と続けることがないように工夫することをお勧めします。これらの違いだけでも注意集中に課題のある子どもには、大きな変化と感じられるので、その結果、課題への集中が高まります。また、バリエーションを多くすることも必要ですが、数種類のバリエーションだけでも、それを短い時間でテンポよく回転させることで注意持続に課題のある児童・生徒には十分な支援になりえます。

ユニバーサルデザインの観点

　同じ、単調な作業が集中を途切れさせることは、心理学の実験でも、日常生活での経験としてもよく知られた事実です。ところが、教師という立場になると、どうしても取り組ませ方や、テーマのもっていき方が単調になりやすくなります。自分の癖というものもあるからでしょう。教材を工夫する作業では、このバリエーションをつける点に、労力がつぎ込まれる必要があります。課題の内容や、伝えるべき内容、すなわち「なにを」という点は、学習指導要領によって進められますが、「いかに」という点は、各教員の工夫に任せられています。したがって、教師の個性と児童・生徒の個性の掛け算で、教室の中にたくさんの取り組み方のバリエーションが生まれます。テンポと変化のある授業展開が理想に思えます。

■ **事例53** 45分に多様な活動を組み合わせる

　低学年では、一つの活動への集中は、せいぜい15分です。長くなると、教師が一生懸命教えても上の空ということになりかねません。そこで、45分間の授業に、いくつかの場面を設定します。全員で先生の話を聞く場面。ペアになって作業や活動する場面。互いに考えを発表し合う場面。ノートにまとめを書く場面。教科書を読む場面など。場面が変化するたびに集中力がもどります。その時々でテンポよく作業を切り替えることが大事です。授業のねらいに沿って、こうした場面を組み合わせるためには、場面に応じた学び方を日頃から身につけさせておくことがポイントです。

■ **事例54** 多様な表現方法から、自分で選ぶ

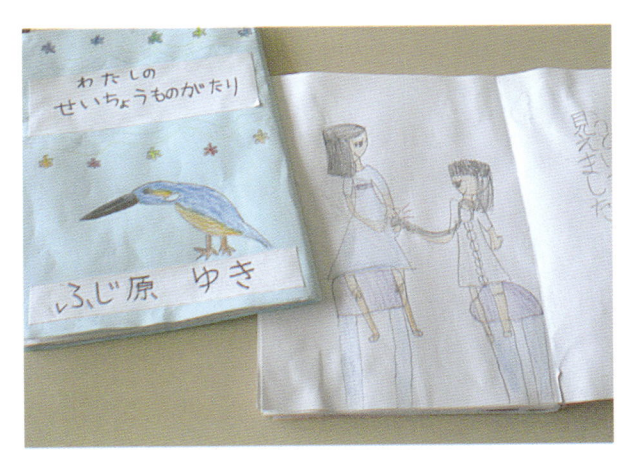

　2年生は生活科の学習で、誕生から現在までの自分の成長の記録を作ります。周りの人への取材を通して、自分に関する情報がたくさん集まります。しかし、その内容を表現することはなかなか大変です。
　そこで、その取材した内容を、「かるた」「すごろく」「まきもの」「紙しばい」「絵本」などと表現方法を示し、自分で選択できるようにします。自分の得意な方法で表現できるので意欲が高まり、楽しそうに作業ができます。出来上がった作品はどれも、味のあるものばかりです。

第4章　指導方法のスタンダード

■ **事例55　45分間、児童の意欲や思考が持続する課題提示の工夫**

　授業が始まった時に意欲がもてないと、学び方は受け身になります。そうなると、話を聞いているようでも、身を乗り出してというようにはなりません。

　そこで、具体物を用意して、「おもしろそうだ」「やってみたい」「知りたい」と感じさせる課題の提示を心がけています。授業をイメージしながら教材を準備するのは教師側にとっても愉しいものです。その上で、自分の考えを書いたり発表したりする活動につなげます。課題を解決できた時には、教師にも子どもにも達成感があります。

■ **事例56　体験的な活動から学ぶ**

　聞いた話はすぐに忘れがちですが、体験したことは強く心に残るものです。動きながら子どもたちは実に多くのことを感じ、考えています。この体験的活動を充実した学びにするために、「課題をもって活動させること」、「活動した後は書いてまとめること」、「そのまとめを交流し合うこと」を意図的に行っています。

　教室ではなかなか力を発揮しない子どもが、素晴らしい発見をしたり、活躍したりする場面もたくさん見られます。

■ 事例57　（中学校）　リズミカルな授業（英語）

　英語の授業は楽しく、飽きさせない工夫が特に必要です。そのために、例えば「ペア・ワーク」といって、2人組になってお互い読み合いや聴き合いをしたり、3人組で質問をし合います。お互いに刺激になるばかりでなく、楽しい雰囲気が醸し出されます。次に、「リズム読み」です。パワーポイントでスクリーンにセンテンスごとに色分けした英文を映し、それをみんなでジャズチャンツのリズムに合わせて読みます。少しずつ長くなるので、長い英文も、リズムに合わせていつの間にか読めるようになっていきます。「1分間リーディング」などメニューも豊富に用意することで、興味を引き出します。時間配分もタイマーを使ってメリハリを出しています。こうすると、一斉授業がグループ活動のように感じられることで、集中力が高まります。

■ 事例58　（中学校）　輪になって歌う

　クラス全体がアンサンブルするためにはお互いの息を感じることが大切です。普段の授業では壁や黒板に向かって歌っていますが、パート練習の時によくやるように、輪になって歌う形式を全体でも行います。お互いの顔を見て手をつなぐと、かすかな手の揺れや力の加わり方で、微妙な音楽の息を共通のものとして感じ、ブレンドされた合唱の響きで歌うことができます。歌の苦手な生徒も安心感を持ち、一緒に歌う喜びを体感できます。1年生の時から続けていると、一体感による効果を生徒自身が実感していますから、3年生の男女混声でも違和感なくできます。（写真は中学3年生です）

4／内容の構造化

26(19). （ワークシートなどを活用して）学習の進め方、段取りがわかりやすくなるような工夫がされていますか。

関連するキーワード

学習内容の構造化／ワークシート／フレームワーク／発想法

特別支援教育の視点

　ここまでに繰り返してきたように、発達障害のある児童・生徒の対応には「構造化」がキーワードの一つとなります。「目に見えないものを見えるようにすること」「ごちゃごちゃしたものを規則性に沿って組み立てる」などを中心とするこの方法の効果は絶大です。

　ここまで「構造化」については「場の構造化」や「時間の構造化」に触れました。この項目は「学習内容の構造化」と言うべきものです。

　授業内容には、いくつか複数の情報が提示されるのが普通です。こうした情報から大事なものを見つけたり、関連を理解したりする作業が、子どもたちには求められます。こうした課題解決に辿り着くまでのプロセスを、ワークシート等の導きに沿って進めていくことが、「枠組み」を示すという点で構造化ということになります。ワークシート以外でも、段取りを示す、論理的に理解できるようにするための工夫はすべて「学習内容の構造化」と言って差し支えないでしょう。こうした支援は、イメージすることが苦手、抽象化思考が苦手、情報処理・整理が苦手などのある発達障害の子の困難をカバーするのです。

ユニバーサルデザインの観点

　世の中には多くの学習法がありますが、よく眺めてみますと、そのやり方の目標は、いわゆる「構造化」をどう進めていくかに集約されるように思えます。ノートの取り方の工夫然り、学習教材然りです。学問は、得られた情報をいかに構造化して理解していくかに支えられています。情報を整理していくフレームワークを教員が用意してあげることは、そうした作業の疑似体験を可能にします。また、社会人が使う「発想法」のツールの多くも、構造化の方法を操作化したものばかりです。例えば、有名なものではKJ法、最近のものではマインドマップなどがあります。

　ところで、たぶん「構造化」という言葉からの連想のようですが、そうした枠組みは児童・生徒の自由な発想や、考えを枠の中に押し込む短所があるという勘違いが起きがちです。実際は、枠組みがあるから、その中の発想がむしろ自由自在で豊かなものになることを種々の発想法が証明しているのです。もし、実際にそうした弊害が起きるのであれば、それは「構造化」とは「似て非なるもの」のはずです。

また、このようなやり方の導入に対して、こうしたものに頼らずにはできない子になるのではないかという心配もあるようです。最終的に必要がなくなるように、段階的に枠組みを減らしていってよいのです。ただ、多くの場合、慣れてくればいらないと感じ、自ら使わないでやっていくようになることの方が多いようです。

■ 事例59　（中学校）　道具・工具・機械一覧表

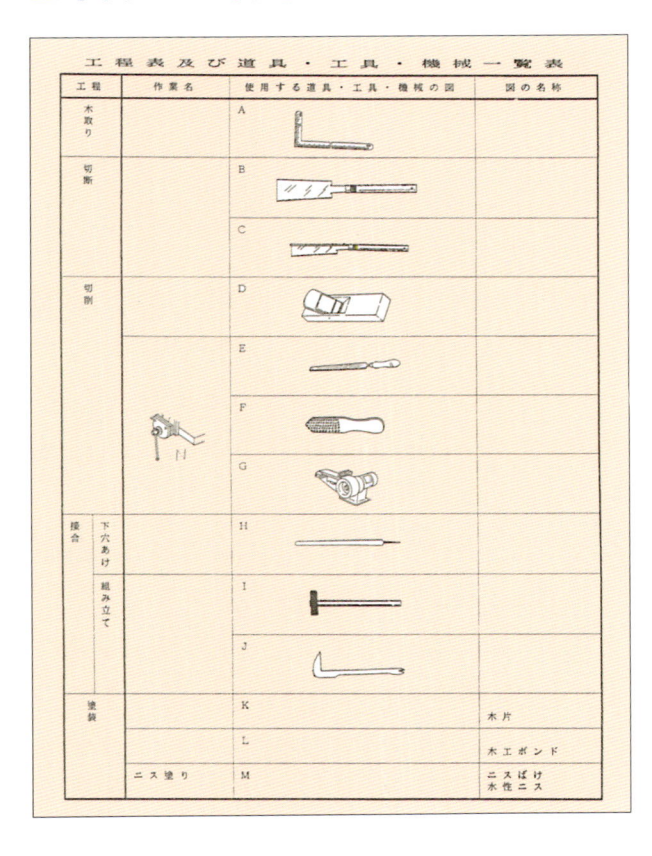

　もの作り（木工加工）をする上で、作りの流れをつかみやすいように、使う道具・工具・機械を作業順に並べて一覧表にし、配布します。

　作業名と道具・工具・機械の名称は、教師が説明すると同時に記入できるワークシート形式にしました。これによって、道具の名称、使用目的が明確になり、普段、聞き慣れない名称も漫然と聞き流してしまうことがなくなりました。

■ **事例60** まとまりごとに整理して書こう（ワークシート活用）

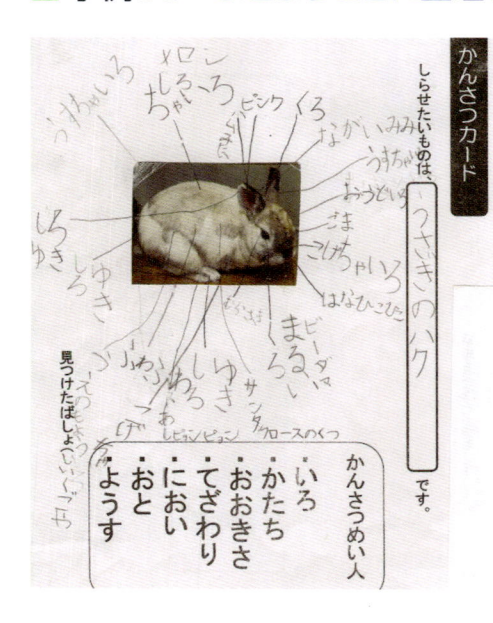

観察カード→短冊カード

　子どもたちの文章を読むと、一文が長く、終わりまでにいくつもの内容が盛り込まれてしまっていることが多くあります。読んでいるうちに、主語と述語がぐちゃぐちゃになってしまうこともあります。
　そこで、ワークシートを使い、1枚のワークシートに書く内容は一つときめ、文章を整理して書けるように支援しました。観点を決めることで、文をたくさん書こうとする子どもたちの意欲を損なうことなく、書く内容が整理された分かりやすい文章になりました。

■ **事例61** 実験の流れに沿った学習ワークシート

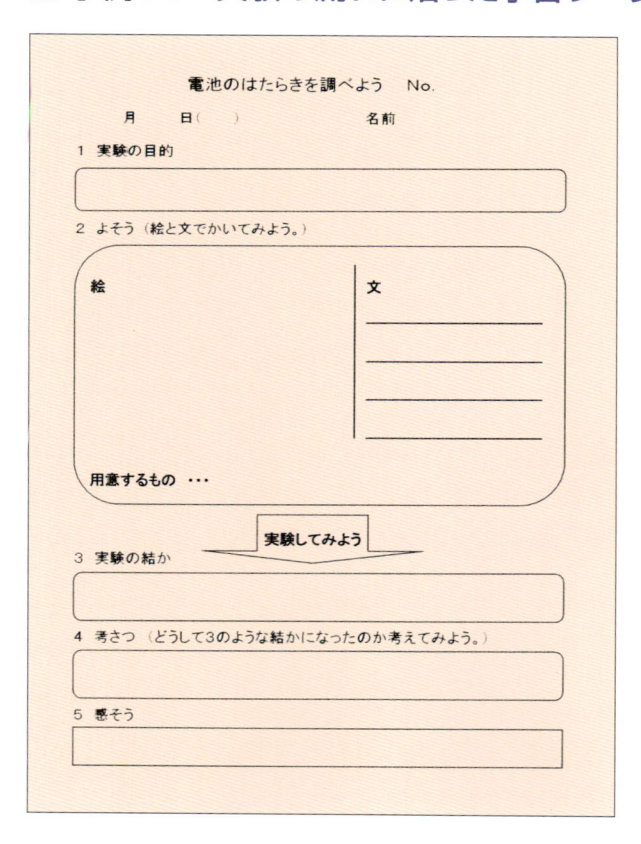

　理科の授業では、実験・仮説・結果・考察の流れをつかむことが大切。それなのに、ノートを見るとぐちゃぐちゃになってしまい、どこに何を書いたらよいのかが分かっていない子も…。
　そこで、学習の流れに沿って、1時間の課題を明確にすることにしました。
　そうすると、観察する視点やまとめがしっかりとできて、学習が整理できるようになりました。ワークシートを活用することで、子どもたちの学習の定着がより深まりました。

■ 事例62　学習のポイントを教室に掲示

　学習は、一度学んだことを復習し身につけていくもの。学んだことの要点を簡潔にポイントとして教室に掲示しておくことで「あれっ？ こんなときはどうするんだったかな？」「なるほど、ポイントはここか」と子どもが迷ったり、悩んだりした時の手助けになります。
　教室の側面や後方の壁は、今まで子どもたちが学んできたことの積み重ねでいっぱいになりました。観察カードの書き方、作文を書く時の初め、中、終わりの構成、算数の解決方法などを掲示しています。

■ 事例63　誰でも、丁寧に漢字を書けるようになる手作りプリント

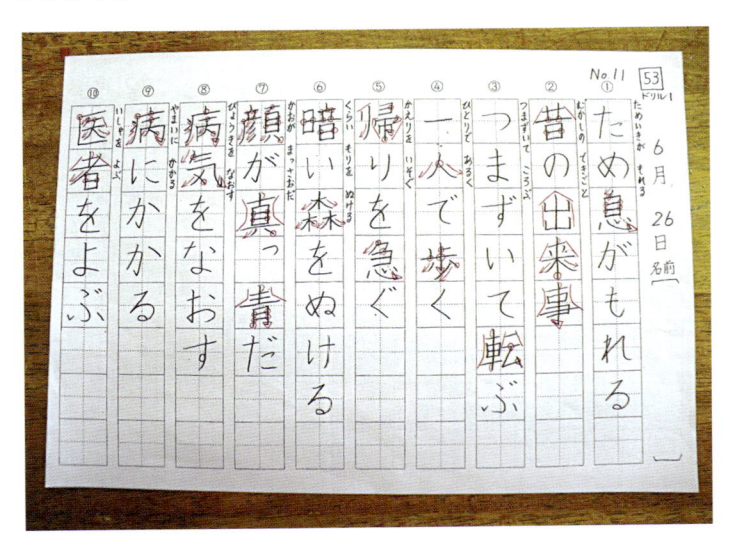

　子どもたちにとって、漢字のとめ、はね、はらい、横棒の数など、細かなところを覚えるのは難しいもの。ドリルで1回学んだだけでは、覚えられません。
　そこで、文字のバランスやとめ、はね、はらいをしっかり覚えられるように、手作りのプリントを作成しました。教師の手本と同じように、子どもたちが、漢字の部分部分に矢印や記号を赤で記入することで、字の形や間違えやすい点に注意しながら、正確な漢字を書くことができるようになってきています。

第4章　指導方法のスタンダード　　141

■ **事例64** （中学校） 作文指導の工夫

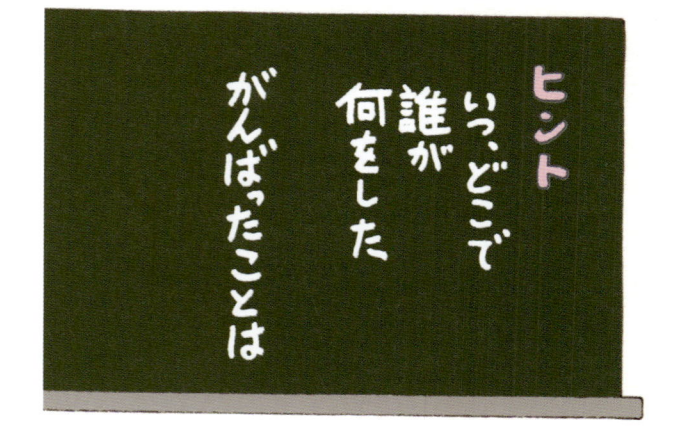

何もかけない生徒

　行事の後など、生徒に作文を書かせることがあります。その時に作文用紙を渡すだけでなく、書く内容のヒントになる項目を黒板に書き出します。例えば、いつ、どこで、誰が、何をした、がんばったことは、うれしかったことは、悔しかったことは、結果はどうだったか、来年度に向けて、などです（行事に合わせて、項目を変えます）。項目が目に見えると、考えやすくなり、話の流れも整理された作文が仕上がります。何を書けばよいか分からずに手が止まっている生徒にも、「○番の項目は書いた？」と問いかけることで、指導がしやすくなります。

■ **事例65** 板書を構造化する

　「今日はこんな学習をしたんだね」と、1時間の授業が一目で分かるような板書は子どもたちの学習を振り返る場面でとても効果的です。そして、授業中も、今やっていることは何なのか、板書を見ればすぐに分かるのが理想的です。

　黒板に書く位置、タイミング、色チョークの使い分け、カードなどの使い方も工夫すれば、子どもたちは何が大事なポイントなのかすぐに分かります。教師の板書のしかたを構造化していくことで、子どもの1時間の授業をより充実したものへと変えることができるのです。

27(20)． 課題についてできる限り学習内容の細分化（スモールステップ化）を行っていますか。

関連するキーワード

スモールステップ ／ 苦手意識 ／ オーソドックスな指導体系とは ／ バリエーションの要素

特別支援教育の視点

「スモールステップ」という言葉も、特別支援教育での考え方の中では代表的なキーワードの一つです。目標に届くまでの階段の一段一段の高さを低くして、一歩ずつ昇っていけるようにする配慮です。段数は多くなりますが、一つ上のレベルに確実に上がっていくことができます。授業中の課題に対して、すべてを十分に理解できないで終わる発達障害のある児童・生徒がいるのは事実です。しかし、授業の中で本人ができることを確実に積み上げていくことは必要です。その時に、同じ課題でも段の高さをおさえて段数を増やし、無理なく昇っていけるように学べる場を用意してあげたいと思います。課題に対して強い苦手意識をもっていたり、自信をなくしていたりする子には、学習課題そのものを拒否することも起きえます。その際に課題をスモールステップ化することは、苦手な食べ物がある子に対して食材を細かくして意識させないで食べさせる方法に似ています。スモールステップ化は、取り組みの促し、達成感の確保にも有効なのです。

ユニバーサルデザインの観点

オーソドックスな指導体系と言われるものは、先程の階段を例にとれば、この高さならば、大多数の子が昇ることができるだろうと推測して設定されています。しかし、発達障害のある子はもちろんですが、それ以外の子にとっても、領域や、得意不得意によって、時々、高すぎると感じる段の高さになっている課題があります。そこでスモールステップ化が行われれば、どの子にも取り組める課題となります。物足りない子は1段抜かしで昇ればよいわけですから、何の問題もありません。教師一人一人がもつ指導方法のバリエーションといわれるものの中には、一つの課題に対して何段のスモールステップを用意しているかということも含まれているように思います。

■ 事例66　誰でも100点算数プリント

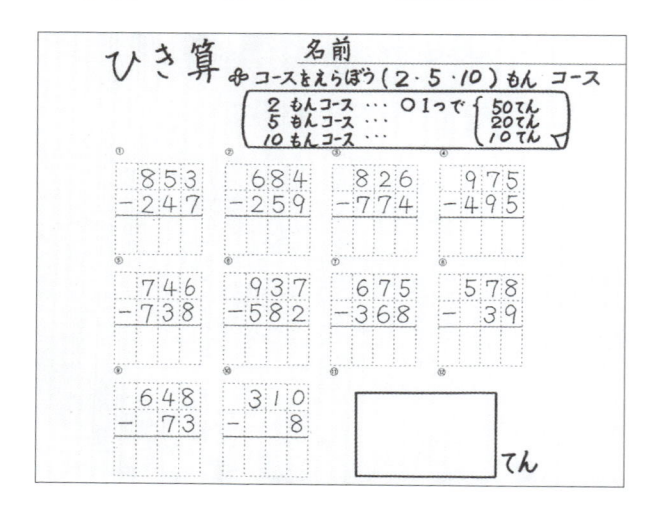

児童の計算能力に合わせた学習プリントです。これで計算するスピードが遅い児童も、100点を目指して落ち着いて学習に取り組めるよう工夫しました。
　① 問題に取り組む前に、児童が自分で「2問・5問・10問」のいずれかのコースを選ぶ。
　② 問題に取り組んでいる途中でコースを変えてもよい。
　③ 2問コースは1問50点、5問コースは1問20点、10問コースは1問10点とする。
　　自分の選んだコースが全問あっていれば、100点が取れるようにします。

■ 事例67　（中学校）　暗唱に挑戦!

例えば、古典で「枕草子」の暗唱を行う時、なかなか覚えることができない生徒にとっては、とても辛いものです。そこで、頑張りカードをつくり、基本的な段階から取り組めるようにしておきます。一発で暗唱ができてもよいのですが、一つ一つ段階を踏んでステップアップすることで、何度も「できた」という実感をもたせ、成功体験につなげられます。どんな教科でもこのようなカードは活用できそうです。

■ 事例68　（中学校）　書写の学習カード

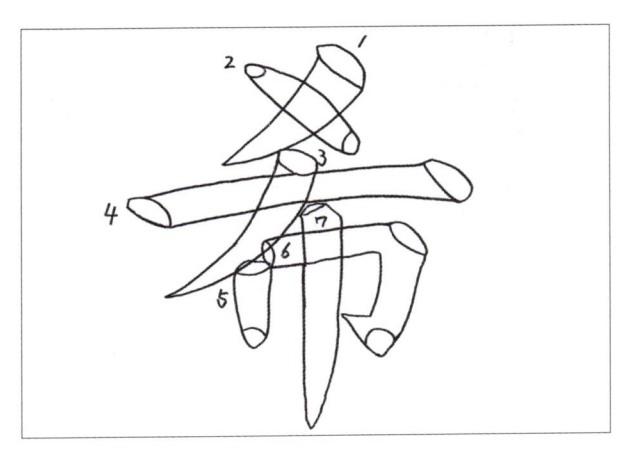

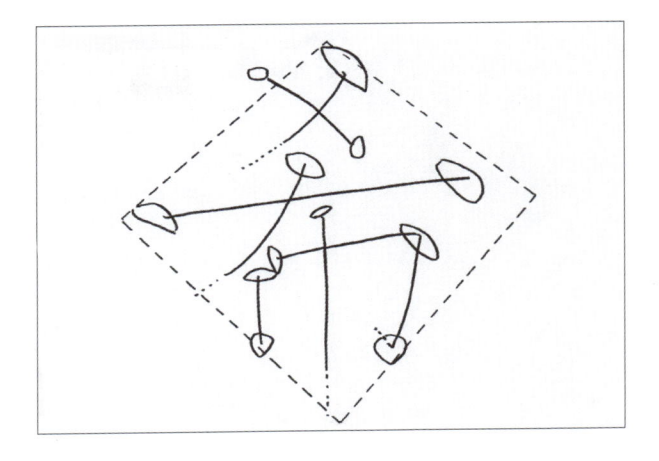

　書写の時間、教師は児童の字が上達するにはどのようにすればよいか、色々悩み考えます。そこでいきなり手本（課題文字）を示し、書くように指示するのではなく、形や筆順、線の太さや方向などを詳しく書いた練習用紙を用意し、児童が意欲的に書写の学習に取り組めるよう学習カードを工夫しました。まず①文字の枠組みと筆順を示した紙をなぞって練習（写真左）。②書く際のポイント部分のみを簡易に示した紙をなぞって練習（写真右）。③手本（課題文字）をよく見ながら半紙に練習。④半紙に清書という流れで進めていきます。普段書き慣れていない毛筆でも、学習内容をスモールステップ化することにより、意欲的に学習できます。

■ 事例69　鉄棒学習の前に「元気もりもりアスレチックカード」をやろう

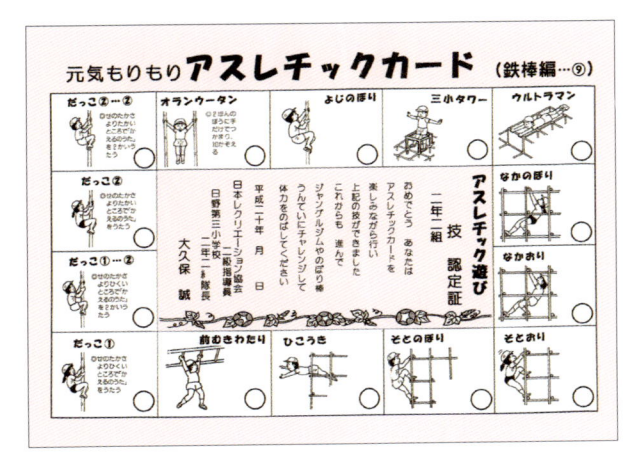

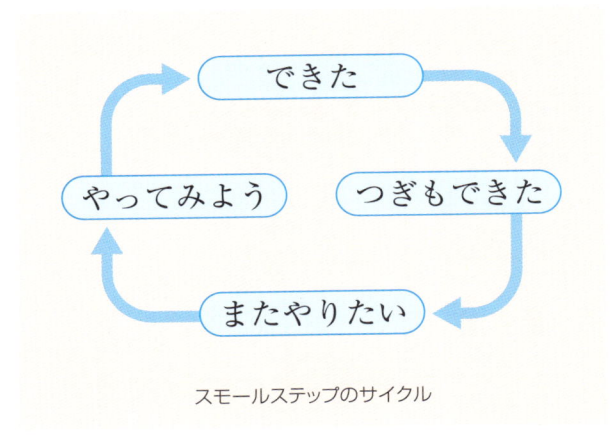

スモールステップのサイクル

　鉄棒の学習はスモールステップで行っていくことにより、難度の高い技に取り組むことができます。なぜなら「やってみよう→できた→次もできた→またやりたい」のよいサイクルを作り出すことができるからです。しかし最初は、鉄棒に上がるのさえ苦手な児童がいます。そこで鉄棒学習の前に、「元気もりもりアスレチックカード」として登り棒やジャングルジム遊び、うんてい遊びを取り入れながら学習していきます。技ができた時には、○に色を塗ります。このカードの次に鉄棒カードにチャレンジさせます。取り組む期間は、実態に合わせて「3週間」などと決めて、できた分だけ認定証として児童に渡します。学習カードが賞状になっていることも利点です。　〈参考文献〉教育技術MOOK「鉄棒遊び・鉄棒運動」

■ 事例70　50マス計算も10マス計算から

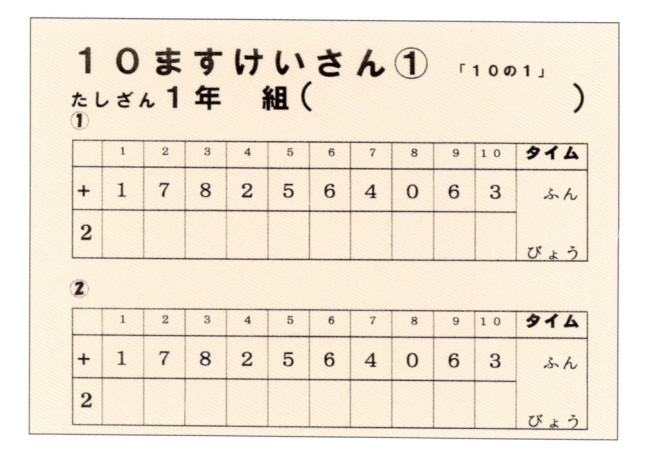

　低学年の時期、たし算・引き算・かけ算はとても重要な学習内容です。解き方を学んだ後、速く正確に答えを出せる練習が必要です。そこで計算練習の一つの方法として、50マス計算を行っています。しかし1年生にとっては、50マスの量に戸惑う児童もいるので、10マス計算を最初に行います。何回か行い最後にそのカードのベストタイムを書かせます。同じ問題なのでタイムが速くなり、児童も喜んで取り組み、計算能力の向上につながっています。繰り返し行った後、次に20マス計算・30マス計算、最後に50マス計算に進みます。

■ 事例71　君も「リコちゃんカード」でリコーダー名人

リコーダーに先生がシールを貼ってくれている。

　笛が苦手な子もいます。そこで、どの子も笛が得意になる「リコちゃんカード」を考えました。がんばりカード（左）1枚に5曲の課題を示しておきます。もちろんとても簡単な曲です。課題曲の1枚が合格するたびに笛の裏に色つきピカピカテープを貼ることができます。だから、1枚終わるたびに子どもは大喜びです。夏には、『うみ』や『たなばたさま』。冬には、『あわてんぼうのサンタクロース』や『お正月』の曲なども入れて楽しく取り組ませています。

コラム 28 現場での出会い
● けんばんハーモニカ

　鍵盤ハーモニカは、とても分かりやすい楽器です。息を吹き込んで、ならしたい音の鍵盤を指でおさえれば、ちゃんとその音が出ます。でも、楽譜を見ても、どの鍵盤をおさえれば分からないＲちゃんにとっては、とてもこわい楽器です

　楽譜にはふりがなをふりましょう。そして、鍵盤ハーモニカの鍵盤そのものにも、ここは『ド』の音、ここは『レ』『ミ』…とふりがなをつけましょう。これでばっちり。どんな曲だってひけちゃうぞ…ってなればいいですが。「あーあ。みんなでひいてる時にへんな音が出ちゃったらどうしよう。楽譜と鍵盤を一緒に見ながらひくなんて無理……」まだ、まだ、Ｒちゃんにとって鍵盤ハーモニカはやっぱり、こわい楽器です。

　じゃあ、まず曲をきいてみましょう。最初と最後に同じメロディーがでてくるね。では、楽譜の最初から４本目の線までと、最後から５本目の線までを黄色でぬりましょう。まんなかは、前の４つが水色で、残りがピンク色です。それから今日は、ひくところがたくさんあるから、３人組を作って、３人で色別に分担してひきましょう。たくさんひける人は、ほかの人の分担のところを一緒にひいてもいいですよ。Ｒちゃんの分担は２回目の黄色。「最初の黄色は聴いていていいんだ。それに、こんなちょっとでいいなら、もしかしてひけるかも」。グループの練習が始まりました。

　「もうすぐ私の番だ。黄色のところ、最初と同じ音……」。長い曲も３人の力を合わせて、すてきな１曲になります。心細かった自分のところも、たくさんひける人が一緒にひいてくれました。黄色の部分が全部ひけるようになった（もちろん最初の黄色も）Ｒちゃんは、水色のところもピンク色のところもひいてみたくなりました。鍵盤ハーモニカは、とても、たのしい楽器です。

（小学校　養護教諭）

■ 事例72　水泳カード・なわとびカード

級	内容	合格印
11級	ロープの下をくぐる。	
10級	水中で目をあけ、石ひろいをする。	
9級	壁につかまり伏し浮きを10秒間する。	
8級	けのびで2～3mすすむ。	
7級	5mおよぐ。	
6級	10mおよぐ。	
5級	15mおよぐ。	
4級	20mおよぐ。	
3級	25mおよぐ。	
2級	クロール（正しい泳法）で25m泳ぐ。	
1級	平泳ぎ（正しい泳法）で25m泳ぐ。	
A1級	クロールで50m泳ぐ。（ターンができる。）	
A2級	平泳ぎで50m泳ぐ。（ターンができる。）	
B1級	クロールで25mを25秒以内で泳ぐ。	
B2級	平泳ぎで25mを30秒以内で泳ぐ。	
C1級	クロールで100m泳ぐ。	
C2級	平泳ぎで100m泳ぐ。	
D1級	クロールで50mを50秒以内で泳ぐ。	
D2級	平泳ぎで50mを60秒以内で泳ぐ。	
D3級	背泳ぎで25m泳ぐ。	

　本校では、体力づくりのために、1学期は水泳、2学期は持久走、3学期はなわとびにを入れています。しかし、それぞれの達成状況にはばらつきがあります。

　そこで、全校児童が意欲をもって取り組めるように、それぞれのカードを作成しました。

　自分で達成の状況を把握し、次の目標を定められるように工夫をしています。教師も、カードを確認して、励ましたり、アドバイスしたりと活用しています。

■ 事例73　（中学校）　どの生徒も泳げる水泳指導

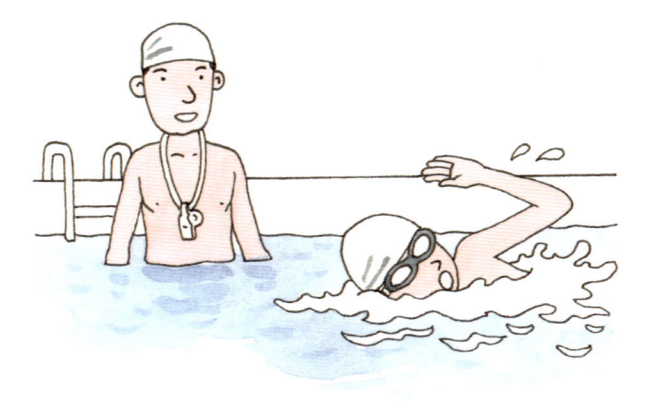

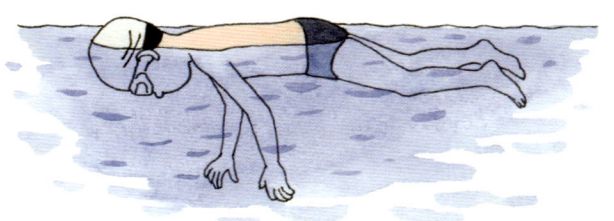

教員もプールの中で、指導、補助、救助、見本等を行います。

　水泳で一番大切な「けのび」を繰り返して行います。①力を抜く、②息は苦しくなったら少し吐く、③長く浮く、この繰り返しを行います。各種目の重要項目を教えて練習を繰り返します。半月後ぐらいに1kmの平泳ぎに挑戦させます。①どんなにゆっくりでもよい、②うまくなくてもよいことを強調して伝えます。基本ルールを明確にし、徹底することで、苦手な生徒も見違えるように上達します。自分の限界を乗り越えて、泳ぎきった生徒全員が、達成感を喜び、結果に満足します。生徒の水泳に対する意識も変わり、最後の授業では、いざという時の着衣水泳も真剣に取り組むようになっています。

■ **事例74** なぞなぞをやっているつもりで、音読の練習と読解の学習

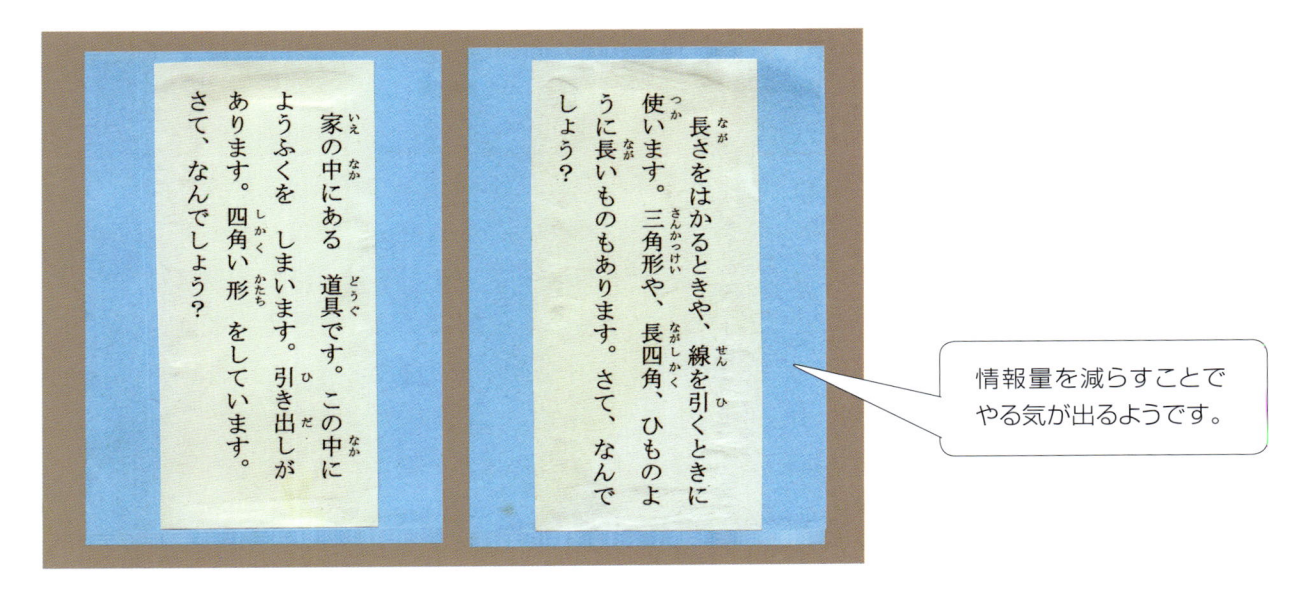

> 情報量を減らすことでやる気が出るようです。

　読みが苦手なB君。長い文は特に苦手です。
　そこで、はがきより少し小さめの画用紙に問題文を貼ってみました。文章を短く、漢字にはすべて振り仮名がふってあります。1枚に1問なので、見ただけで嫌になることはありません。
　「ようふくの　しわを　のばすときに　つかいます。　さわると　あついので、　やけどを　します。さて、なんでしょう」
　これは、身の回りの物についてのなぞなぞですが、都道府県名を当てるなど、無限大に作ることができます。

コラム㉙ 現場での出会い
● 技 能 習 得 へ の 道

　特別支援学級の担任をしていた時に出会ったTくんの個別指導計画に「スムーズな着替え」という課題がありました。初めは何をどうすべきか全く分からず何度も同じことを繰り返せばできるようになるだろうと思っていました。しかし、ある先生から「ズボンを履く動作には何が必要?」と言われ、子どもの様子を観察すると「指で摘む、前後が分かる、片足で立つ」など多くの課題が見えてきました。障害のある子どもの指導に悩んでいた私は、専門である体育の技能習得と全く同じ考えだと気づき、課題解決には必ず段階があり、段階に応じた適切な課題を設定し、スモールステップで課題解決を目指す指導を心がけるようになりました。その後、通常学級の教員としても障害の有無に関わらず、個別の課題をしっかりと提示できる授業を実践してきました。授業では「技能習得への道」と称した技能段階表を学習カードにして、自己の課題に気づき、解決していく単元計画で活用しています。

　B君は運動がとても苦手です。ハードル走の授業時に見ていると、列に並んでは、靴のひもを直すなどして、そっと列の後ろに並び直すことを何度もしています。B君のつまずきの原因は苦手意識でした。そこでミニハードルを使ったコースを用意しました。すると、B君はハードル走に取り組み始め、自己の課題を設定して取り組めるようになりました。

　Cさんは「技能習得への道」を参考に、第1ハードルまでスピードを落とさない課題を解決しようと努力していましたが、どうしても恐怖心が出てしまうようです。そこで、ハードルの上部をゴムひもに替えて恐怖心を取り除くようにしました。すると思い切った踏み切りができるようになり、ハードリングフォームもきれいになっていき、次の技能段階までもクリアできました。

　障害の有無に関わらず、すべての児童生徒に無理のない適切な課題段階やステップを提示し、取り組むことがとても大切だということを特別支援学級と通常学級の両方を体験したことで、実感したのです。

（中学校　教諭）

28(21). 授業がスムーズになるように毎回の進め方にある程度パターンを導入していますか。

関連するキーワード

変化への対処の弱さ ／ パターンへの強さ ／ 変化との共存

特別支援教育の視点

　高機能自閉症のある子の特徴には「変化に弱い」ということがあります。このことは、逆に「パターンに強い」という言い方もできます。パターン化された作業や日常の活動などの場合には、彼らは他の誰よりもきちんとこなせることがあります。逆に、あまり頻繁に目新しいやり方が導入されると、混乱とストレスを感じることが多いようです。「なじみ」のあることが彼らを落ち着かせるので、授業の組み立ての中では、普段からやり慣れている方法を保つ配慮が有効になります。

　この説明は、一見、項目25に示した注意持続のための「変化」というキーワードと矛盾するように感じるかもしれません。しかし、項目25で示した変化の必要性は、新しいものをどんどん行うという意味でなく、同じ作業の繰り返しを避けた方がよいという提案ですので、この項目と共存が可能です。なじみのある、いくつかの作業をテンポよく、変化させていくようにすればよいわけです。

ユニバーサルデザインの観点

　現実に、日々の授業は多くのパターンを導入して行われています。授業開始の合図の仕方、ノートの取り方・使い方、大事な事項の伝え方（例：チョークの色）など、探せばいくらでもあります。つまり、パターン化を導入することで、本題に関係ないことには、あまり労力を使わないですむようにしているのです。日常生活の中でも、例えば、歯の磨き方から始まり、衣服の畳み方等、多くの事柄を「効率化」という観点で「パターン化」しています。「形態」というパターンの枠の中に、「内容」としていかに新鮮なものを入れていくのかを考えるのが授業の組み立ての本質なのかもしれません。

■ 事例75　授業のパターン化

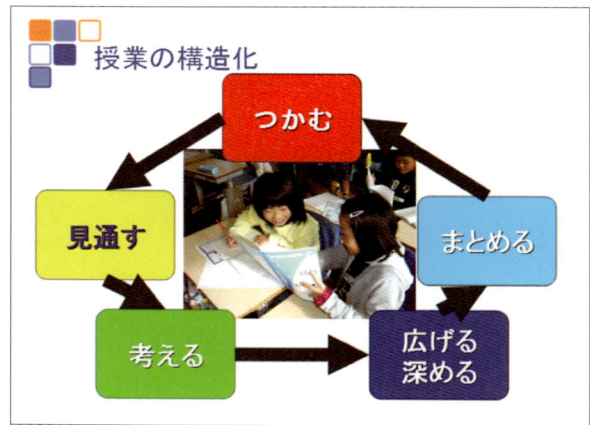

単元の内容が変わると、授業の見通しをもてなくなる子どもたちも少なくありません。単元の内容が変わっても、算数では〈課題把握→自力解決→発表及び集団解決→まとめ〉、英語活動では〈song time → chants time → game time → story time〉などと、授業のパターンを決めてあげることで、子どもたちは学習の内容や単元が変わってもやることは変わらないと安心して授業にスムーズに取り組むことができます。

■ 事例76　生活科・理科授業のパターン化

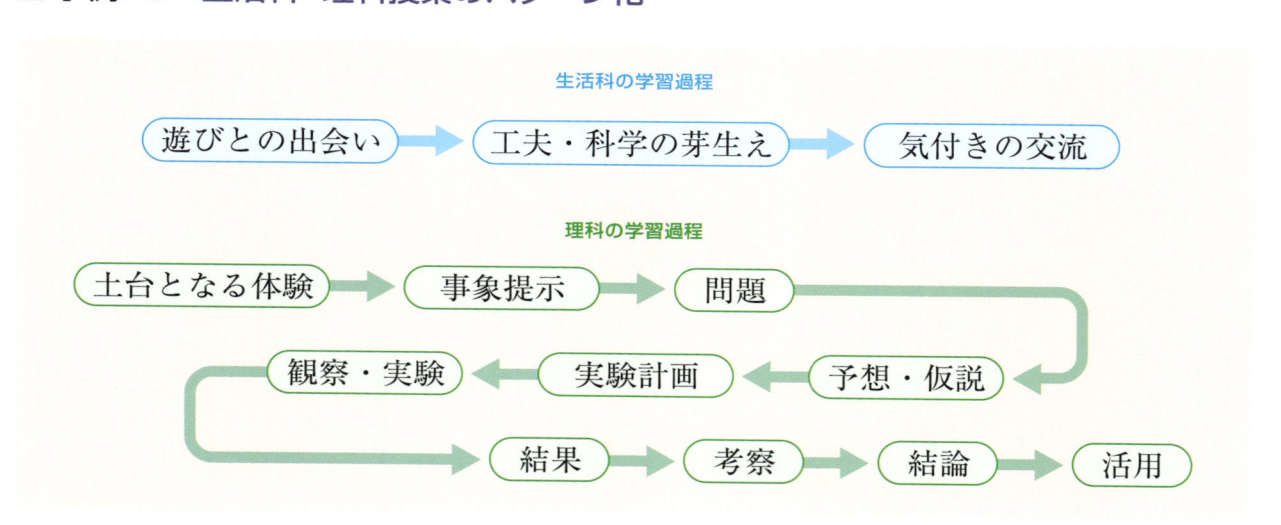

子どもたち一人一人が自ら課題をもち、それを自らの力で解決した時に、学ぶ楽しさの実感と自ら学ぶ意欲を向上させます。そこで、校内研究として、生活科と理科において、図のように学習過程を明確にし、それを実践でパターン化していくことで授業改善を行ってきました。

目指したテーマの「自然から学び、科学的に考え、共に知を更新する」姿が子どもたちに見られるようになったと実感できました。

■ **事例77　課題解決学習のスタイルで確かな学びを確保**

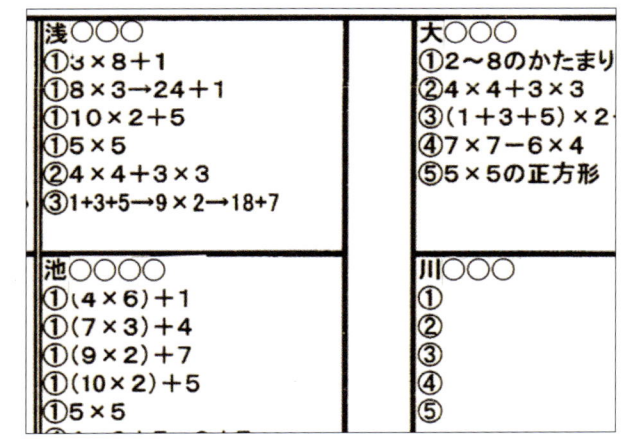

つかむ・見通す→自力解決→発表→まとめ

　良い授業は子どもたちの新鮮な発見から作られていくものです。こうした創造的な気づきのためにも、パターン化という枠組みが役に立ちます。算数の授業を1コマを2時間扱いとして〈つかむ・見通す→自力解決→発表→まとめ〉のパターンで進め、〈自力解決〉の時間を45分たっぷり確保します。そこで出てきた多様な考えを、次の授業の材料にします。それによって、どの児童をどの順番で発表させていくかも構想しておけるため、教師自身も見通しをもって授業に臨め、子どもたちへの発問もスムーズにできます。子どもたちも自分の意見に自信をもって発表することができます。普段の授業であまり目立たない児童にも、良いタイミングで指名できるので、授業にしっかりと参加させることができます。

■ **事例78　ノートを構造化する**

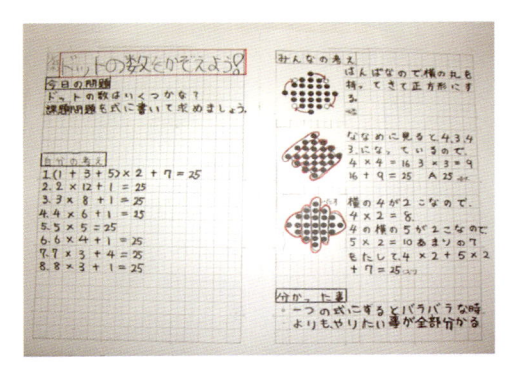

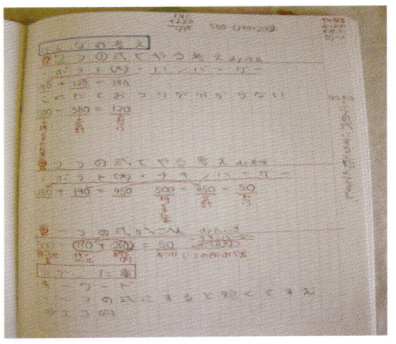

　教師にとって、ノート指導はとても大変なこと。そして、黒板に板書してあるものをただノートに写すだけでも子どもたちにとっては一苦労です。そこで、ノートの書き方もパターン化（すなわち構造化）することで、子どもたちは、書くべきものが明確になり、きれいなノートを作ることができました。ノートの使い方や、書くべき位置を決めるなどのルールを作るのです。

　「この前やったあのページを見るとヒントがあるかもよ」など、教師が発言した時にも、以前なら、どこに書いているのか探すのも一苦労でした。しかし、ノート見開き1ページにして1時間分の授業で使い、同じ箇所にタイトルをつけるパターンにしておくと、すぐに見つけることができます。ノートをとる意味が体験的に伝わるので、ノートをどんどん丁寧にとるという良いサイクルができあがりました。

■事例79　指導案を構造化する

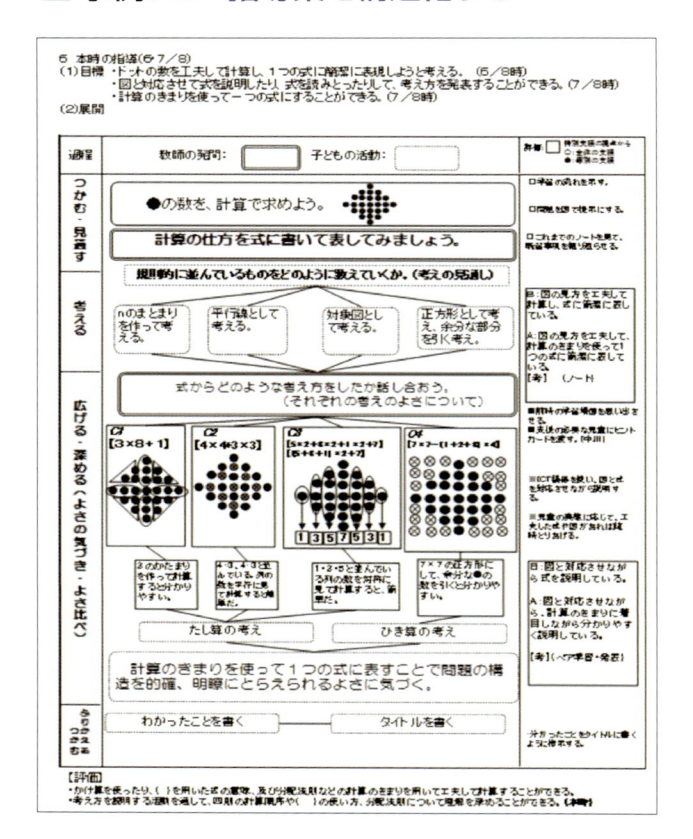

研究授業などで、何回も修正を重ねて練り上げる学習指導案。教師の発問や子どもの活動など、書くことはたくさんありますから、その中で児童の予想される反応や児童の思考過程の深まりなどを分かりやすく書くことが課題の一つです。そこで、児童の予想される反応や子どもの思考の変化を一目で分かるように工夫したのが構造化した指導案です。子どもたちがどのような既習事項をもとに考えを深め、どのように集約して1時間の授業が終わるのかなどを図を駆使してシンプルな指導案にまとめます。

児童の予想される反応を具体的に示すことで、教師も見通しをもって授業に臨めます。構造化した授業をするためには構造化された指導案を作ることが一番の近道です。

5／授業の中でのユニバーサルデザインの実践方法

　ここまで、ユニバーサルデザインの視点をもった指導の方法について、項目ごとに、その実践例を提示してきました。一つ一つ、すぐに実践できそうなすばらしい試みばかりだったと思います。こうした工夫の断片は、それだけでは決して力をもつことがありません。「授業」という一つの一貫した流れに乗せて、初めてそれが有効なものとなるのです。学校での営みの中の幹となるのが「授業」であることに異存がある方はいないだろうと思います。その中で活用できて初めて、本書に存在意義が生まれると言えるかもしれません。

　ここでは、ユニバーサルデザインをふんだんに散りばめた授業展開の実践例に触れたいと思います。そのために、授業の指導案の作り方のプロセスとポイント、指導案の例、そして、実際の指導の様子を紹介していきます。特に、指導案については従来型の文章だけのものでなく、関連図などを採用した視覚的で、構造化された書き方を紹介していることにも、ぜひ注目していただきたいと思います。「構造化された授業」とは、言い方を変えると「論理的に組み立てられた授業」であるということです。論理的なものは構造が明確であるので、このように図示することが可能になるのです。「授業を構造化する」ということを、お題目だけで終わらせないためには「指導案を構造化する」というチャレンジから始めていただくとよいようです。

（1）構造化された指導案を作る

　「段取り七分　仕事三分」と言います。分かりやすい授業を行うためには、「七分」の計画・準備が重要です。そこで、指導案作成のプロセスを明確にし、指導案の構造化を行う方法を以下に示します。

〈授業案作成のプロセス〉

① どういう力を児童生徒につけるのか？	〈ねらいの明確化〉
② 授業をどのように構成するか？	〈学習過程の設定〉
③ どのようにして課題をつかませ、解決意欲をもたせるか？	〈導入の工夫〉
④ どんな結果になるかの予想と解決方法の検討？	〈解決の見通し〉
⑤ 児童生徒はどのような反応をするか？	〈予想される児童らの反応の検討〉
⑥ どのようにして児童生徒の考えを交流し、高めるか？	〈集団での高めあいの工夫〉
⑦ 自分の言葉で今日の授業のまとめをさせるには？	〈まとめの工夫〉
⑧ 授業を通し児童生徒にどのような変容をさせたか？	〈本時の評価〉

〈実際の指導案とポイント〉

以下、構造化した指導案のモデルと留意点を示します。

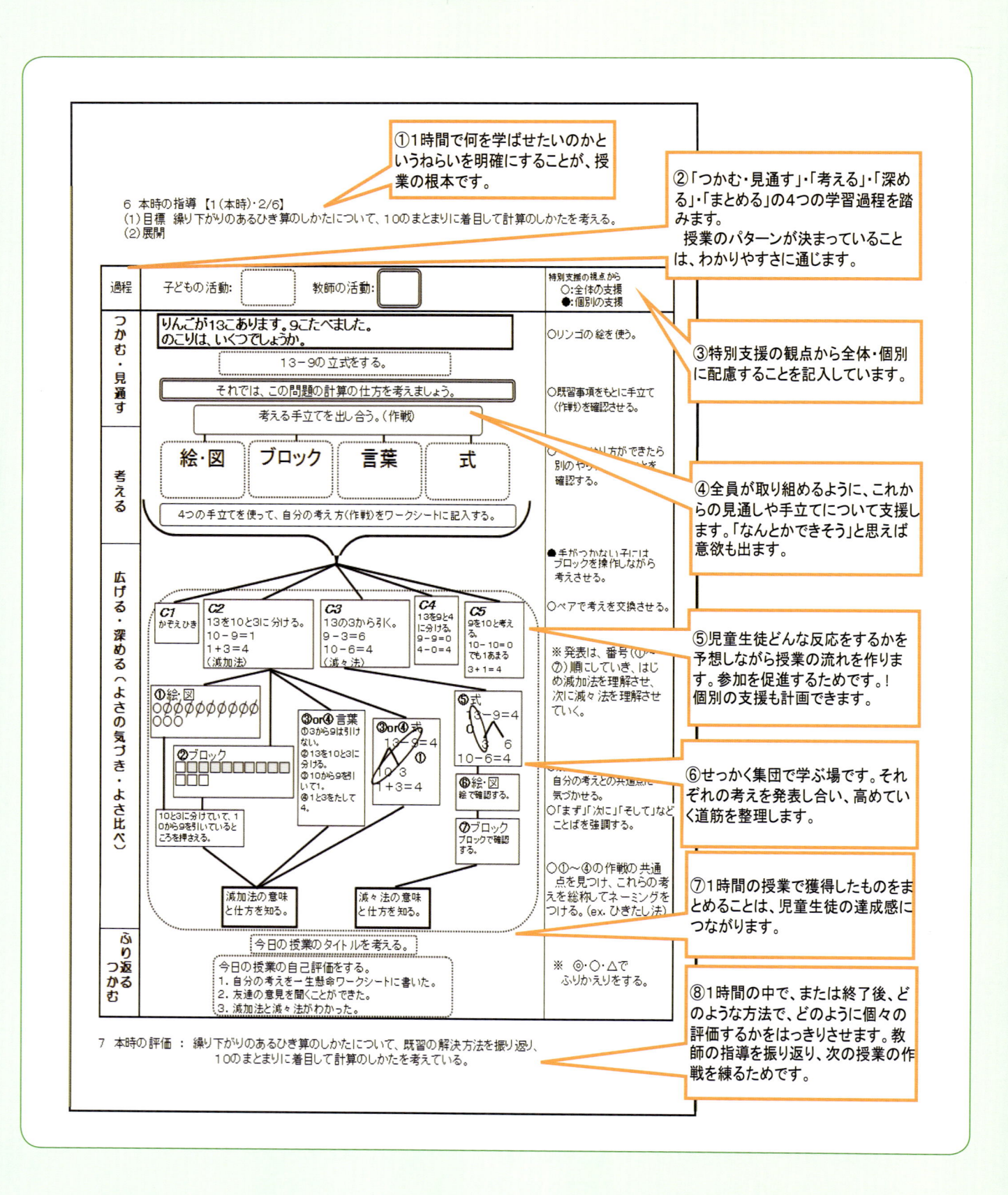

6 本時の指導 【1（本時）・2/6】
(1) 目標 繰り下がりのあるひき算のしかたについて、10のまとまりに着目して計算のしかたを考える。
(2) 展開

過程	子どもの活動： 教師の活動：	特別支援の視点から ○：全体の支援 ●：個別の支援
つかむ・見通す	りんごが13こあります。9こたべました。のこりは、いくつでしょうか。 13－9の立式をする。 それでは、この問題の計算の仕方を考えましょう。 考える手立てを出し合う。（作戦） 絵・図　ブロック　言葉　式	○リンゴの絵を使う。 ○既習事項をもとに手立て（作戦）を確認させる。 ○別のやり方ができたら別のやり方も考え確認する。
考える	4つの手立てを使って、自分の考え方（作戦）をワークシートに記入する。	●手がつかない子にはブロックを操作しながら考えさせる。 ○ペアで考えを交換させる。
広げる・深める（よさの気づき・よさ比べ）	C1 かぞえひき／C2 13を10と3に分ける。10－9＝1　1＋3＝4（減加法）／C3 13の3から引く。9－3＝6　10－6＝4（減々法）／C4 13を9と4に分ける。9－9＝0　4－0＝4／C5 9を10と考える。10－10＝0でも1あまる　3＋1＝4 ①絵・図／②ブロック／③or④言葉／③or④式／⑤式／⑥絵・図／⑦ブロック 減加法の意味と仕方を知る。　減々法の意味と仕方を知る。	※発表は、番号（①～⑦）順にしていき、はじめ減加法を理解させ、次に減々法を理解させていく。 ○自分の考えとの共通点に気づかせる。 ○「まず」「次に」「そして」などことばを強調する。 ○①～④の作戦の共通点を見つけ、これらの考えを総称してネーミングをつける。（ex. ひきたし法）
ふり返る・つかむ	今日の授業のタイトルを考える。 今日の授業の自己評価をする。 1. 自分の考えを一生懸命ワークシートに書いた。 2. 友達の意見を聞くことができた。 3. 減加法と減々法がわかった。	※ ◎・○・△でふりかえりをする。

7 本時の評価 ： 繰り下がりのあるひき算のしかたについて、既習の解決方法を振り返り、10のまとまりに着目して計算のしかたを考えている。

①1時間で何を学ばせたいのかというねらいを明確にすることが、授業の根本です。

②「つかむ・見通す」「考える」「深める」「まとめる」の4つの学習過程を踏みます。
授業のパターンが決まっていることは、わかりやすさに通じます。

③特別支援の観点から全体・個別に配慮することを記入しています。

④全員が取り組めるように、これからの見通しや手立てについて支援します。「なんとかできそう」と思えば意欲も出ます。

⑤児童生徒どんな反応をするかを予想しながら授業の流れを作ります。参加を促進するためです。！個別の支援も計画できます。

⑥せっかく集団で学ぶ場です。それぞれの考えを発表し合い、高めていく道筋を整理します。

⑦1時間の授業で獲得したものをまとめることは、児童生徒の達成感につながります。

⑧1時間の中で、または終了後、どのような方法で、どのように個々の評価するかをはっきりさせます。教師の指導を振り返り、次の授業の作戦を練るためです。

(2) 支援計画を作る

本章で説明した「情報伝達の工夫」「参加の促進」「内容の構造化」に対して、授業内で行える具体的な支援内容を以下にまとめてみました。

情報伝達の工夫

- ●指示・伝達は聴覚的（言語）にだけでなく、視覚的（板書など）に提示するようにしていますか。（項目19）
  - ・ICTの活用
  - ・板書
  - ・掲示物
  - ・発表ボード

- ●抽象的表現・あいまいな表現はできるだけ避け、具体的な表現に置き換える工夫をしていますか。（項目20）
  - ・学び方のポイント

- ●大事なことはメモさせる、メモを渡すなど、記憶に負担がかからない方法を工夫していますか。（項目21）
  - ・ノート指導
  - ・学習カード

参加の促進

- ●わからないことがあった時、教師から助言をうけやすくする工夫をしていますか。（項目22）
  - ・ハンドサイン
  - ・座席表
  - ・机間指導
  - ・ヒントカード

- ●どの児童・生徒も発表できる機会がもてるように工夫されていますか。（項目23）
  - ・ペアー学習
  - ・ICTの活用
  - ・つぶやきを取り上げる
  - ・書いたものを発表する

- ●一つの課題が終わったら、次にすべきことが常に用意されていますか。（項目24）
  - ・多様な解決法
  - ・自分で問題を作る
  - ・ワークシート
  - ・作業シート

- ●集中の持続が可能なように、課題の内容や取り組み方に少しずつ変化をもたせていますか。（項目25）
  - ・学習形態
  - ・体験的活動
  - ・聞く・話す・読む・書く活動
  - ・多様な表現方法

内容の構造化

- ●（ワークシートなどを活用して）学習の進め方、段取りがわかりやすくなるような工夫がされていますか。（項目26）
  - ・ワークシート
  - ・教室掲示
  - ・見通し
  - ・既習事項の確認

- ●課題についてできる限り学習内容の細分化（スモールステップ化）を行っていますか。（項目27）
  - ・級別カード
  - ・練習カード

- ●授業がスムーズになるように毎回の進め方にある程度パターンを導入していますか（項目28）
  - ・学習過程

❶❷❸←印は、学習の流れの中でどの部分の支援かを示しています。

（3）授業の実際
① 小学校 低学年・算数科

◎目標：繰り下がりのあるひき算のしかたについて、10のまとまりに着目して計算のしかたを覚える。

◎展開：以下の構造化された指導案を参照

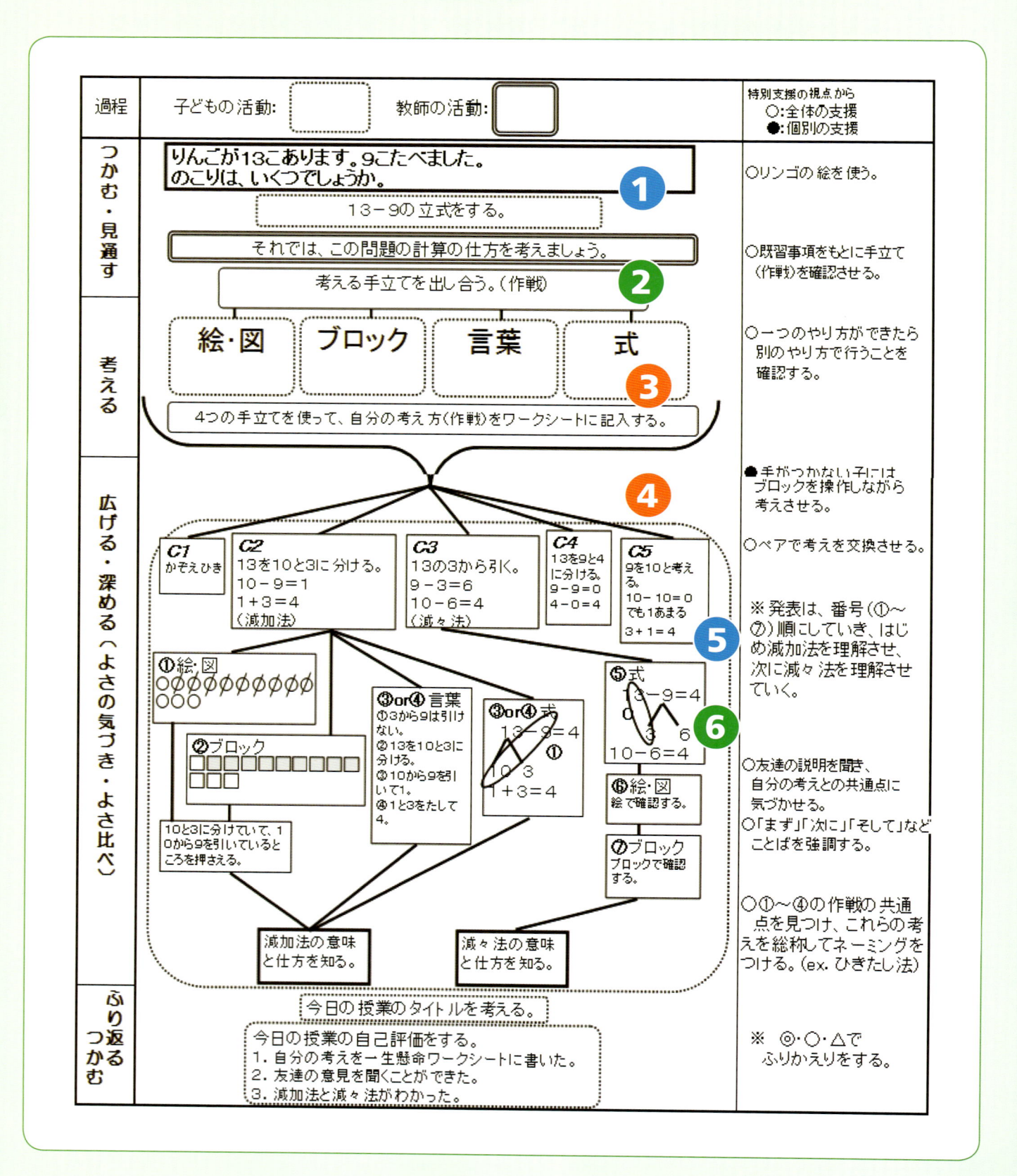

過程	子どもの活動： 教師の活動：	特別支援の視点から ○：全体の支援 ●：個別の支援
つかむ・見通す	りんごが13こあります。9こたべました。のこりは、いくつでしょうか。　① 13－9の立式をする。 それでは、この問題の計算の仕方を考えましょう。 考える手立てを出し合う。（作戦）　②	○リンゴの絵を使う。 ○既習事項をもとに手立て（作戦）を確認させる。
考える	絵・図　ブロック　言葉　式　③ 4つの手立てを使って、自分の考え方（作戦）をワークシートに記入する。	○一つのやり方ができたら別のやり方で行うことを確認する。
広げる・深める（よさの気づき・よさ比べ）	④ C1 かぞえひき C2 13を10と3に分ける。10－9=1　1+3=4（減加法） C3 13の3から引く。9－3=6　10－6=4（減々法） C4 13を9と4に分ける。9－9=0　4－0=4 C5 9を10と考える。10－10=0 でも1あまる 3+1=4　⑤ ①絵・図 ○○○○○○○○○○○○○ ②ブロック □□□□□□□□□□ □□□ 10と3に分けていて、10から9を引いているところを押さえる。 ③or④ 言葉 ①3から9は引けない。②13を10と3に分ける。③10から9を引いて1。④1と3をたして4。 ③or④ 式 13－9=4　①　10 3　1+3=4 ⑤式 13－9=4　0 3 6　10－6=4　⑥ ⑥絵・図 絵で確認する。 ⑦ブロック ブロックで確認する。 減加法の意味と仕方を知る。　減々法の意味と仕方を知る。	●手がつかない子にはブロックを操作しながら考えさせる。 ○ペアで考えを交換させる。 ※発表は、番号（①～⑦）順にしていき、はじめ減加法を理解させ、次に減々法を理解させていく。 ○友達の説明を聞き、自分の考えとの共通点に気づかせる。 ○「まず」「次に」「そして」などことばを強調する。 ○①～④の作戦の共通点を見つけ、これらの考えを総称してネーミングをつける。（ex. ひきたし法）
ふり返る・つかむ	今日の授業のタイトルを考える。 今日の授業の自己評価をする。 1. 自分の考えを一生懸命ワークシートに書いた。 2. 友達の意見を聞くことができた。 3. 減加法と減々法がわかった。	※◎・○・△でふりかえりをする。

◎支援の様子：以下を参照

1 ●視覚に訴える導入の工夫
情報伝達

低学年では実物や半具体物を提示することで、課題をつかみやすくなります。

2 ●解決方法の見通しを示す
内容の構造化

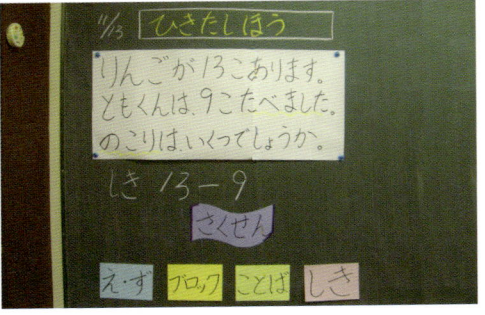

課題を解決するための手立てを示すことで、自力解決の手助けになります。

3 ●多様な解決方法
参加の促進

ブロック図で考える 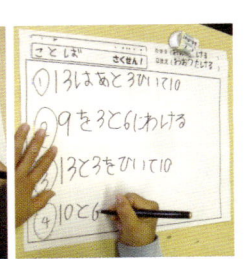　言葉で考える

一つのやり方でできたら別のやり方を探すことで、空白の時間を排除できます。

4 ●発表の機会
参加の促進

自分の考えをペアで発表し合うことで、全員が発表の機会を持てます。（写真は2年生の実践より）

5 ●発表ボードを使った発表
情報伝達

自分の考えをボードに書いて発表することで、伝わりやすくなります。

6 ●発表に使う言葉の定義
内容の構造化

「まず・次に・そして」の流れをパターン化することで、スムーズに発表できます。
（写真は2年生の実践より）

指導方法

第4章　指導方法のスタンダード

② 小学校 中学年・算数科

◎目標：
- ドットの数を工夫して計算し、1つの式に簡潔に表現しようと考える。
- 図と対応させて式を説明したり、式を読みとったりして、考え方を発表することができる。
- 計算のきまりを使って1つの式にすることができる。

◎展開：以下の構造化された指導案を参照

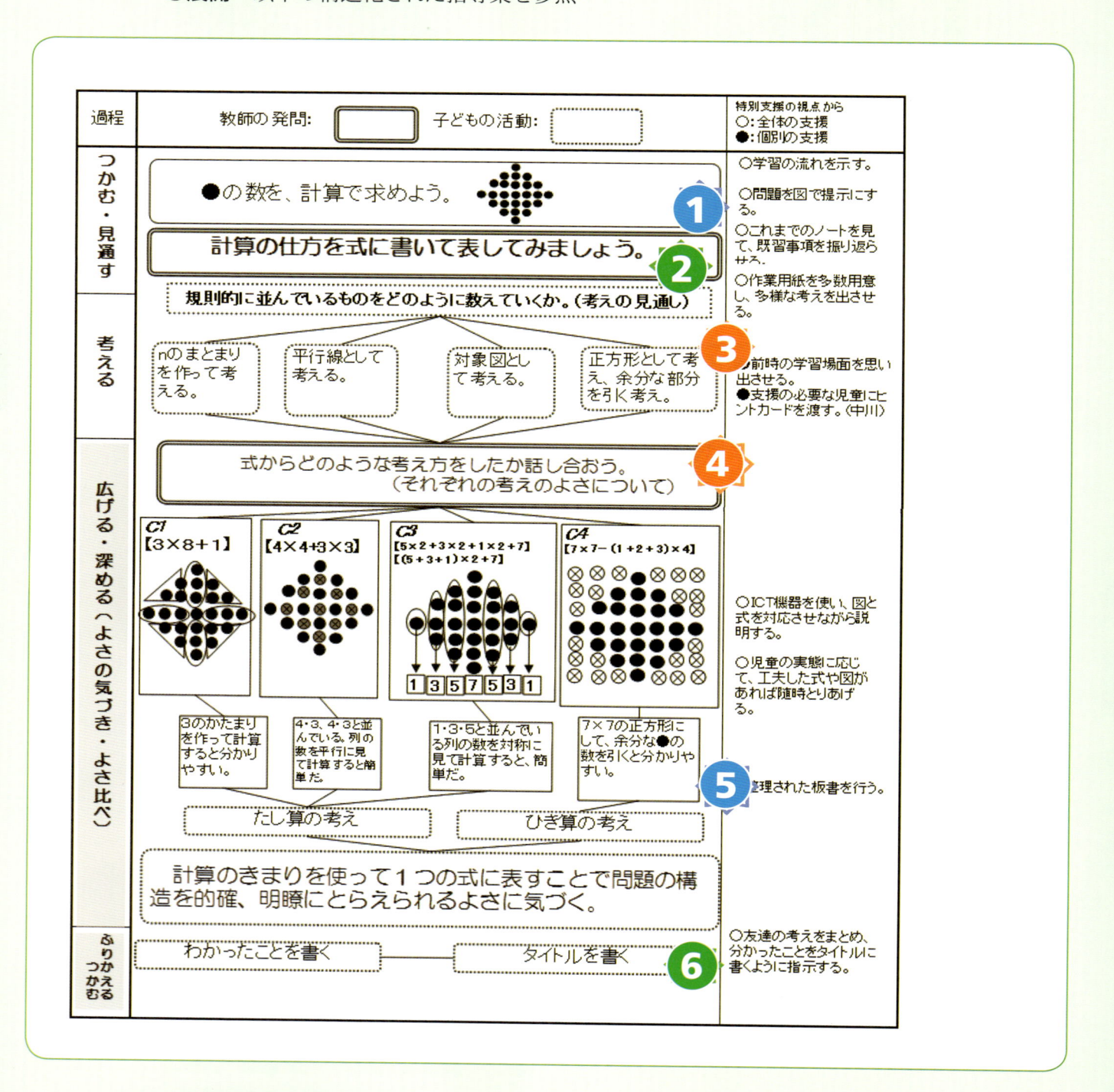

過程	教師の発問： 子どもの活動：	特別支援の視点から ○：全体の支援 ●：個別の支援
つかむ・見通す	●の数を、計算で求めよう。① 計算の仕方を式に書いて表してみましょう。②	○学習の流れを示す。 ○問題を図で提示する。 ○これまでのノートを見て、既習事項を振り返らせる。
考える	規則的に並んでいるものをどのように数えていくか。(考えの見通し) ・nのまとまりを作って考える。 ・平行線として考える。 ・対象図として考える。 ・正方形として考え、余分な部分を引く考え。③	○作業用紙を多数用意し、多様な考えを出させる。 ○前時の学習場面を思い出させる。 ●支援の必要な児童にヒントカードを渡す。(中川)
広げる・深める（よさの気づき・よさ比べ）	式からどのような考え方をしたか話し合おう。(それぞれの考えのよさについて)④ C1【3×8+1】 C2【4×4+3×3】 C3【5×2+3×2+1×2+7】【(5+3+1)×2+7】 C4【7×7−(1+2+3)×4】 ・3のかたまりを作って計算すると分かりやすい。 ・4・3、4・3と並んでいる。列の数を平行に見て計算すると簡単だ。 ・1・3・5と並んでいる列の数を対称に見て計算すると、簡単だ。 ・7×7の正方形にして、余分な●の数を引くと分かりやすい。 たし算の考え／ひき算の考え 計算のきまりを使って1つの式に表すことで問題の構造を的確、明瞭にとらえられるよさに気づく。	○ICT機器を使い、図と式を対応させながら説明する。 ○児童の実態に応じて、工夫した式や図があれば随時とりあげる。 ○整理された板書を行う。⑤
ふりかえる・つかむ	わかったことを書く　タイトルを書く⑥	○友達の考えをまとめ、分かったことをタイトルに書くように指示する。

◎支援の様子：次頁を参照

1 ●視覚に訴える導教材の工夫

情報伝達の工夫

作業を伴う解決は、意欲が高まります。視覚に訴える教材があると、試してみたくなるものです。

2 ●ワークシートで道筋を示す

内容の構造化

ワークシートを活用することで、学習の道筋を定着させることができます。

3 ●多様な解答

参加の促進

多様な考えができる教材は、空白の時間を生みません。作業用紙もたくさん用意します。

4 ●学習形態の変化

参加の促進

つかむ・見通す（全体）→考える（個）→広げる（ペアー）→高める（全体）→まとめ（個）という学習形態の変化により、集中が途切れません。

5 ●視覚的に整理された黒板

情報伝達の工夫

整理された黒板は、考えをまとめたり高めたりするのに役立ちます。

6 ●ノートのパターン化

内容の構造化

友達の考え / 課題・見通し / 自分の考え / まとめ

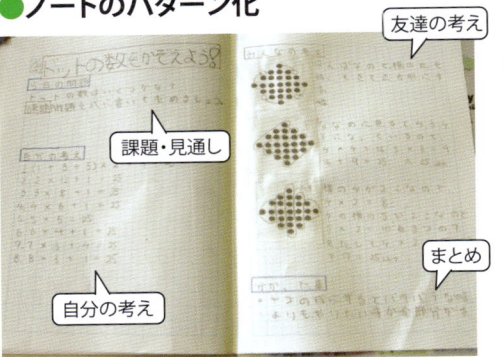

ノートの使い方を学習過程にそってパターン化することで、思考が深まります。

第4章　指導方法のスタンダード

③ 小学校 高学年・算数科

◎**目標**：速さは時間と道のりに関係した量であり、単位量あたりの考えを用いて比べることができることを理解する。

◎**展開**：以下の構造化された指導案を参照

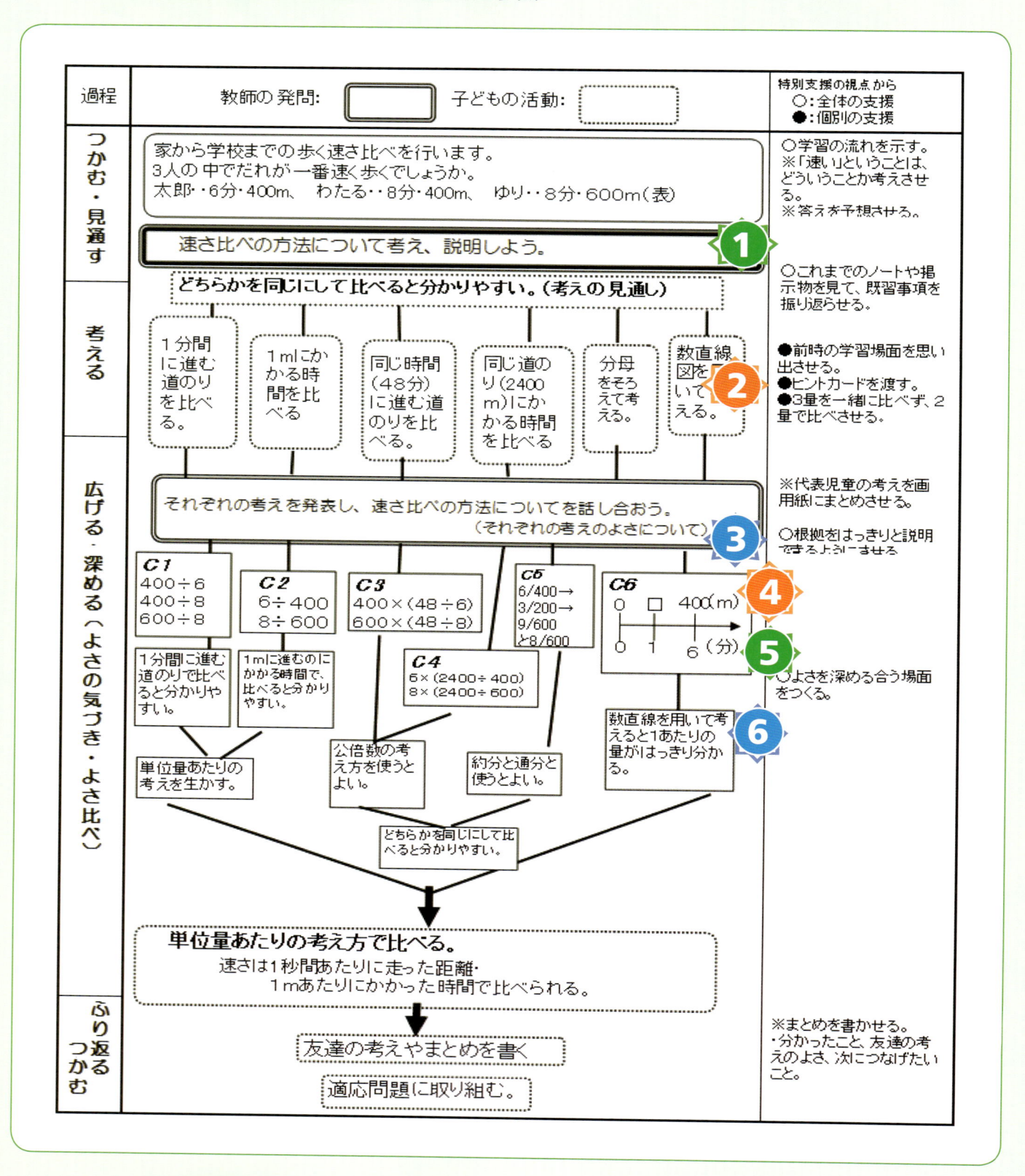

過程	教師の発問： 　子どもの活動：	特別支援の視点から ○：全体の支援 ●：個別の支援
つかむ・見通す	家から学校までの歩く速さ比べを行います。 3人の中でだれが一番速く歩くでしょうか。 太郎‥6分・400m、 わたる‥8分・400m、 ゆり‥8分・600m（表） **速さ比べの方法について考え、説明しよう。** ① どちらかを同じにして比べると分かりやすい。（考えの見通し）	○学習の流れを示す。 ※「速い」ということは、どういうことか考えさせる。 ※答えを予想させる。 ○これまでのノートや掲示物を見て、既習事項を振り返らせる。
考える	・1分間に進む道のりを比べる。 ・1mにかかる時間を比べる ・同じ時間（48分）に進む道のりを比べる。 ・同じ道のり（2400m）にかかる時間を比べる ・分母をそろえて考える。 ・数直線図をいてえる。 ②	●前時の学習場面を思い出させる。 ●ヒントカードを渡す。 ●3量を一緒に比べず、2量で比べさせる。
広げる・深める（よさの気づき・よさ比べ）	それぞれの考えを発表し、速さ比べの方法について話し合おう。 （それぞれの考えのよさについて） ③ **C1** 400÷6 / 400÷8 / 600÷8 → 1分間に進む道のりで比べると分かりやすい。→ 単位量あたりの考えを生かす。 **C2** 6÷400 / 8÷600 → 1mに進むのにかかる時間で、比べると分かりやすい。 **C3** 400×(48÷6) / 600×(48÷8)　**C4** 6×(2400÷400) / 8×(2400÷600) → 公倍数の考え方を使うとよい。 **C5** 6/400→3/200→9/600 と8/600 → 約分と通分を使うとよい。 **C6** 数直線図 0 □ 400(m) / 0 1 6(分) ④⑤ → 数直線を用いて考えると1あたりの量がはっきり分かる。 ⑥ どちらかを同じにして比べると分かりやすい。	※代表児童の考えを画用紙にまとめさせる。 ○根拠をはっきりと説明できるようにさせる。 ○よさを深める合う場面をつくる。
ふり返る つかむ	**単位量あたりの考え方で比べる。** 速さは1秒間あたりに走った距離・ 1mあたりにかかった時間で比べられる。 友達の考えやまとめを書く 適応問題に取り組む。	※まとめを書かせる。 ・分かったこと、友達の考えのよさ、次につなげたいこと。

◎**支援の様子**：次頁を参照

1 ●前時の解決方法を掲示

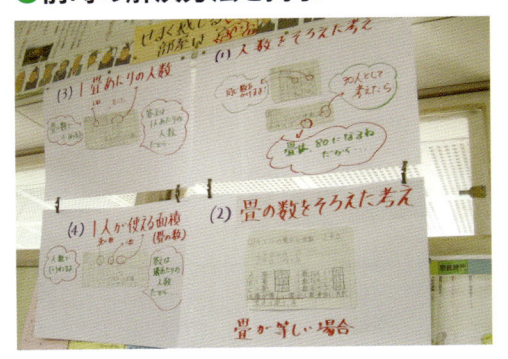

内容の構造化

前時の発表ボードを教室掲示すると、既習事項を使って考える手立てとなります。

2 ●ヒントカード

参加の促進

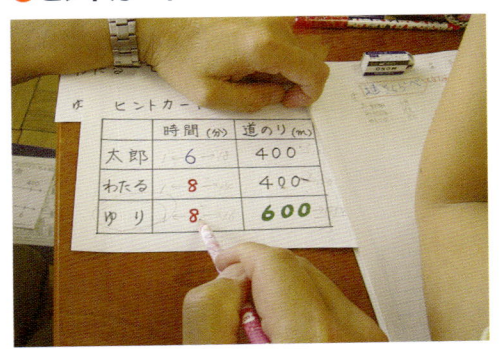

説明のしかたや聞き方のポイントを具体的に示し、掲示することで、学び方が定着する。

3 ●具体的な表現の掲示

情報伝達の工夫

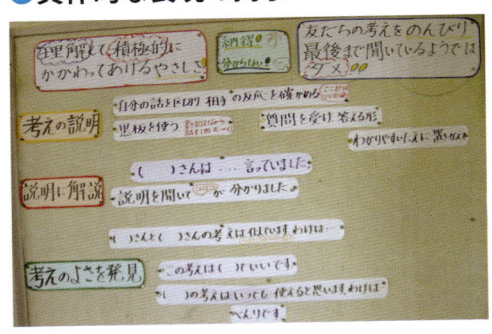

作業を伴う解決は、意欲が高まります。視覚に訴える教材があると、試してみたくなるものです。

4 ●助け合う発表

参加の促進

互いにフォローしあいながら発表すれば、勇気を出して発表する気持ちになります。

5 ●易→難の順にスモールステップで発表

内容の構造化

いろいろな考えを発表させる時は、易しい内容から難しい内容へと発表すると、理解がしやすくなります。スモールステップです。

6 ●発言をふきだしに表示

情報伝達の工夫

黒画用紙の吹き出しを用意しておき、子供の発言をチョーク記入し、掲示すると、授業の流れがはっきりします。

指導方法

第4章　指導方法のスタンダード　163

④ 中学校・数学科

◎目標：
- 自分で比例のグラフを書いた結果、それが正しかったかどうかを確かめることができる。
- 比例のグラフの特徴を理解することができる。
- 比例のグラフから、グラフの式を求めることができる。

◎展開：以下の構造化された指導案を参照

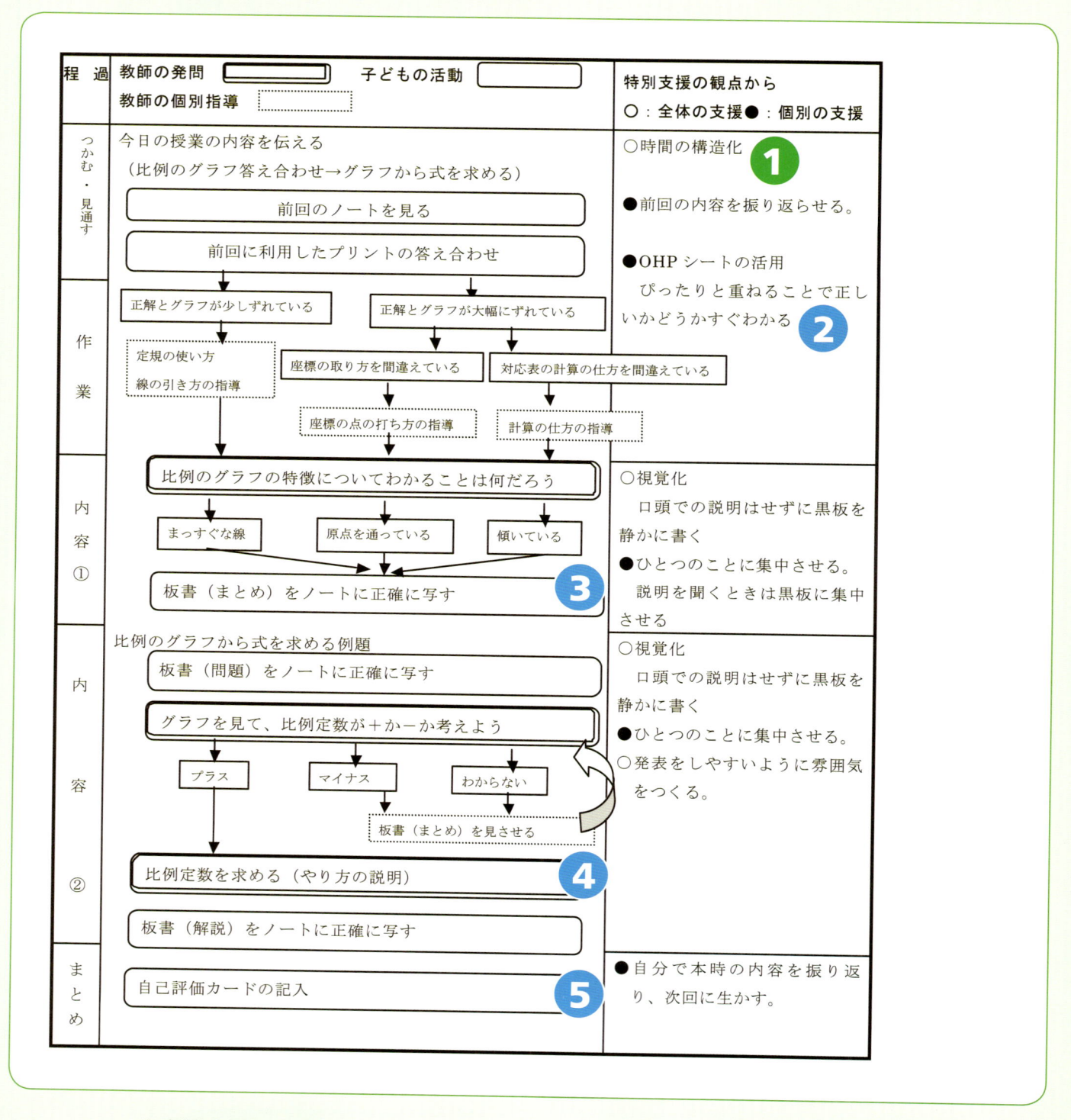

過程	教師の発問　　子どもの活動 教師の個別指導	特別支援の観点から ○：全体の支援　●：個別の支援
つかむ・見通す	今日の授業の内容を伝える （比例のグラフ答え合わせ→グラフから式を求める） 　→前回のノートを見る 　→前回に利用したプリントの答え合わせ	○時間の構造化　**①** ●前回の内容を振り返らせる。 ●OHPシートの活用 　ぴったりと重ねることで正しいかどうかすぐわかる　**②**
作業	正解とグラフが少しずれている　／　正解とグラフが大幅にずれている 定規の使い方／線の引き方の指導 座標の取り方を間違えている／対応表の計算の仕方を間違えている 座標の点の打ち方の指導／計算の仕方の指導	
内容①	比例のグラフの特徴についてわかることは何だろう まっすぐな線／原点を通っている／傾いている 板書（まとめ）をノートに正確に写す　**③**	○視覚化 　口頭での説明はせずに黒板を静かに書く ●ひとつのことに集中させる。 　説明を聞くときは黒板に集中させる
内容②	比例のグラフから式を求める例題 板書（問題）をノートに正確に写す グラフを見て、比例定数が＋か－か考えよう プラス／マイナス／わからない 　→板書（まとめ）を見させる 比例定数を求める（やり方の説明）　**④** 板書（解説）をノートに正確に写す	○視覚化 　口頭での説明はせずに黒板を静かに書く ●ひとつのことに集中させる。 ○発表をしやすいように雰囲気をつくる。
まとめ	自己評価カードの記入　**⑤**	●自分で本時の内容を振り返り、次回に生かす。

◎**支援の様子**：次頁を参照

1 ●授業の流れ

時間の構造化

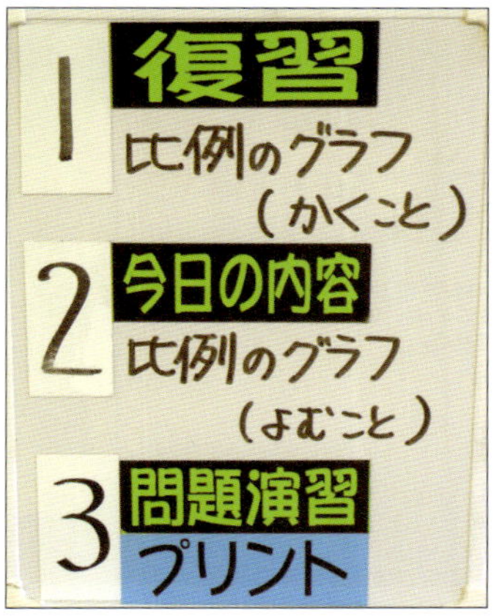

授業の流れを黒板の端に示します。

2 ●正解の確認

情報伝達の工夫

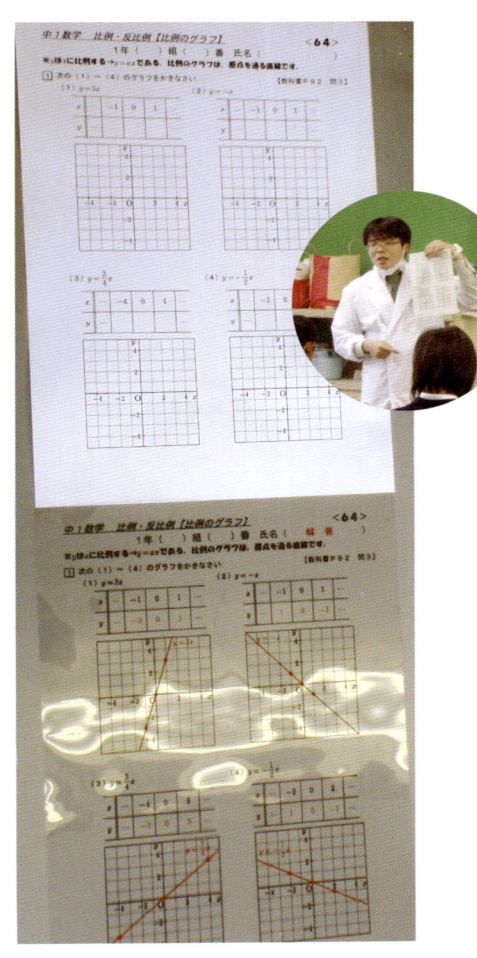

ＯＨＰシートを問題用紙に重ね、正解かどうかを判断します。

3 ●板書の時間

情報伝達の工夫

黒板をノートに写すときは、説明をせず、ノート作りに集中させます。

4 ●説明を聞くことへの集中

情報伝達の工夫

説明を聞くときは、ノートを書くのをやめて、話に集中させます。

5 ●自己評価カードへの記入

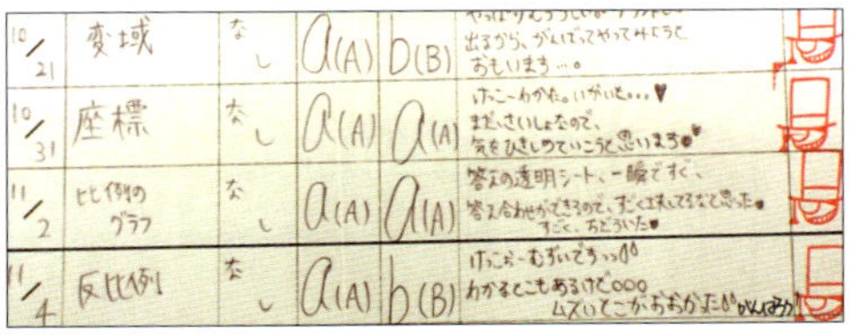

情報伝達の工夫

自己評価カードに内容と感想を書き、記録します。教師からのコメントも書き、個に応じた対応も行います。

第4章 指導方法のスタンダード

⑤ 小学校 低学年・国語科

◎**目標**：観察カードをもとに、たんざくカードに色、形、大きさの特徴を表すことができる。

◎**展開**：以下の構造化された指導案を参照

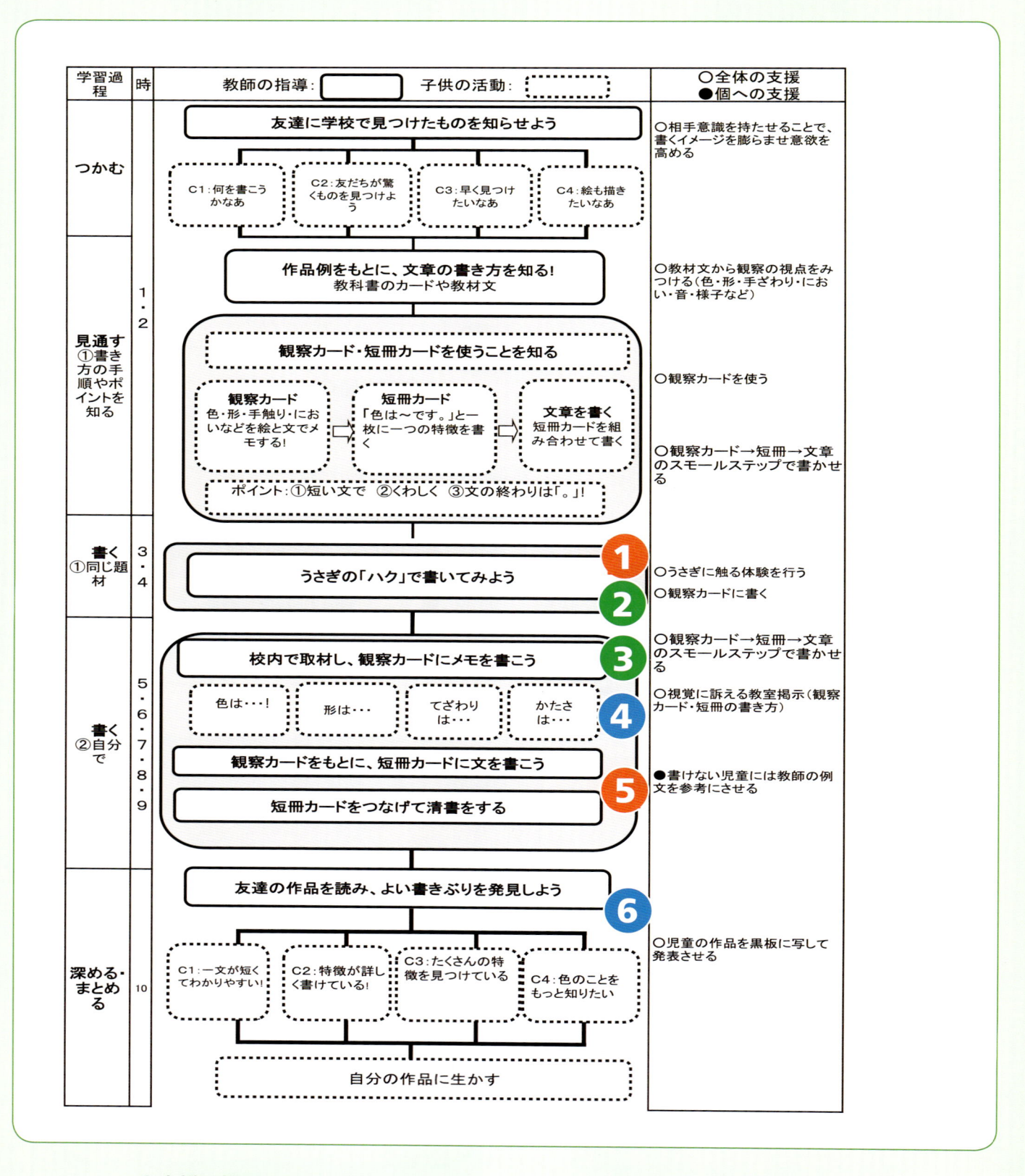

学習過程	時	教師の指導：　　　　　子供の活動：┄┄┄	○全体の支援 ●個への支援
つかむ		友達に学校で見つけたものを知らせよう ・C1：何を書こうかなあ　・C2：友だちが驚くものを見つけよう　・C3：早く見つけたいなあ　・C4：絵も描きたいなあ	○相手意識を持たせることで、書くイメージを膨らませ意欲を高める
見通す ①書き方の手順やポイントを知る	1・2	作品例をもとに、文章の書き方を知る！ 教科書のカードや教材文 観察カード・短冊カードを使うことを知る ・観察カード：色・形・手触り・においなどを絵と文でメモする！ ・短冊カード：「色は～です。」と一枚に一つの特徴を書く ・文章を書く：短冊カードを組み合わせて書く ポイント：①短い文で　②くわしく　③文の終わりは「。」！	○教材文から観察の視点をみつける（色・形・手ざわり・におい・音・様子など） ○観察カードを使う ○観察カード→短冊→文章のスモールステップで書かせる
書く①同じ題材	3・4	うさぎの「ハク」で書いてみよう　①②	○うさぎに触る体験を行う ○観察カードに書く
書く②自分で	5・6・7・8・9	校内で取材し、観察カードにメモを書こう　③ ・色は…！　・形は…　・てざわりは…　・かたさは…　④ 観察カードをもとに、短冊カードに文を書こう 短冊カードをつなげて清書をする　⑤	○観察カード→短冊→文章のスモールステップで書かせる ○視覚に訴える教室掲示（観察カード・短冊の書き方） ●書けない児童には教師の例文を参考にさせる
深める・まとめる	10	友達の作品を読み、よい書きぶりを発見しよう　⑥ ・C1：一文が短くてわかりやすい！　・C2：特徴が詳しく書けている！　・C3：たくさんの特徴を見つけている　・C4：色のことをもっと知りたい 自分の作品に生かす	○児童の作品を黒板に写して発表させる

◎**支援の様子**：次頁を参照

1 体験活動で学習に変化 （参加の促進）

実際にうさぎに触る体験は、多くの気づきや驚きにつながり、観察カードに書きやすくなります。

2 観察カードを使う （内容の構造化）

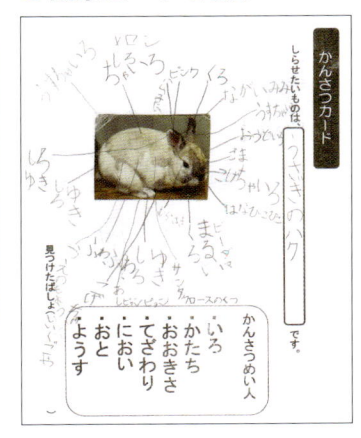

色・形・大きさなどのポイントを示すことで、観察する手がかりとなります。

3 スモールステップ教材 （内容の構造化）

観察カードを見ながら、短冊に文を書きます。何枚かの短冊を集めて文章にしていくスモールステップで誰でも書くことができます。

4 視覚に訴える導入の工夫 （情報伝達）

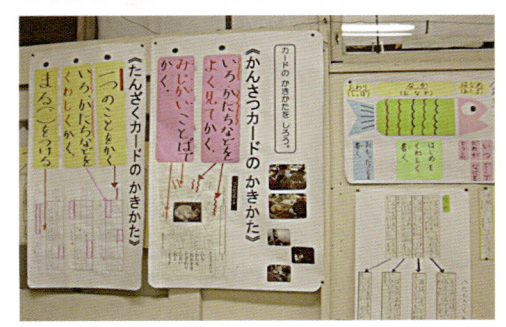

低学年では実物や半具体物を提示することで、課題をつかみやすくなります。

5 個別の助言 （参加の促進）

きめ細かに机間指導することで、どの子も授業の内容を理解し、参加することができます。

6 作文を大きく写して発表 （情報伝達）

自分の作文を大きく映して発表すると、聞く子どもにもわかりやすくなります。また、話す側も安心して発表できます。

第4章　指導方法のスタンダード

⑥ 小学校 中学年・国語科

◎**目標**：構成メモをもとに、食材をおいしく食べる工夫をワークシートにまとめている。

◎**展開**：以下の構造化された指導案を参照

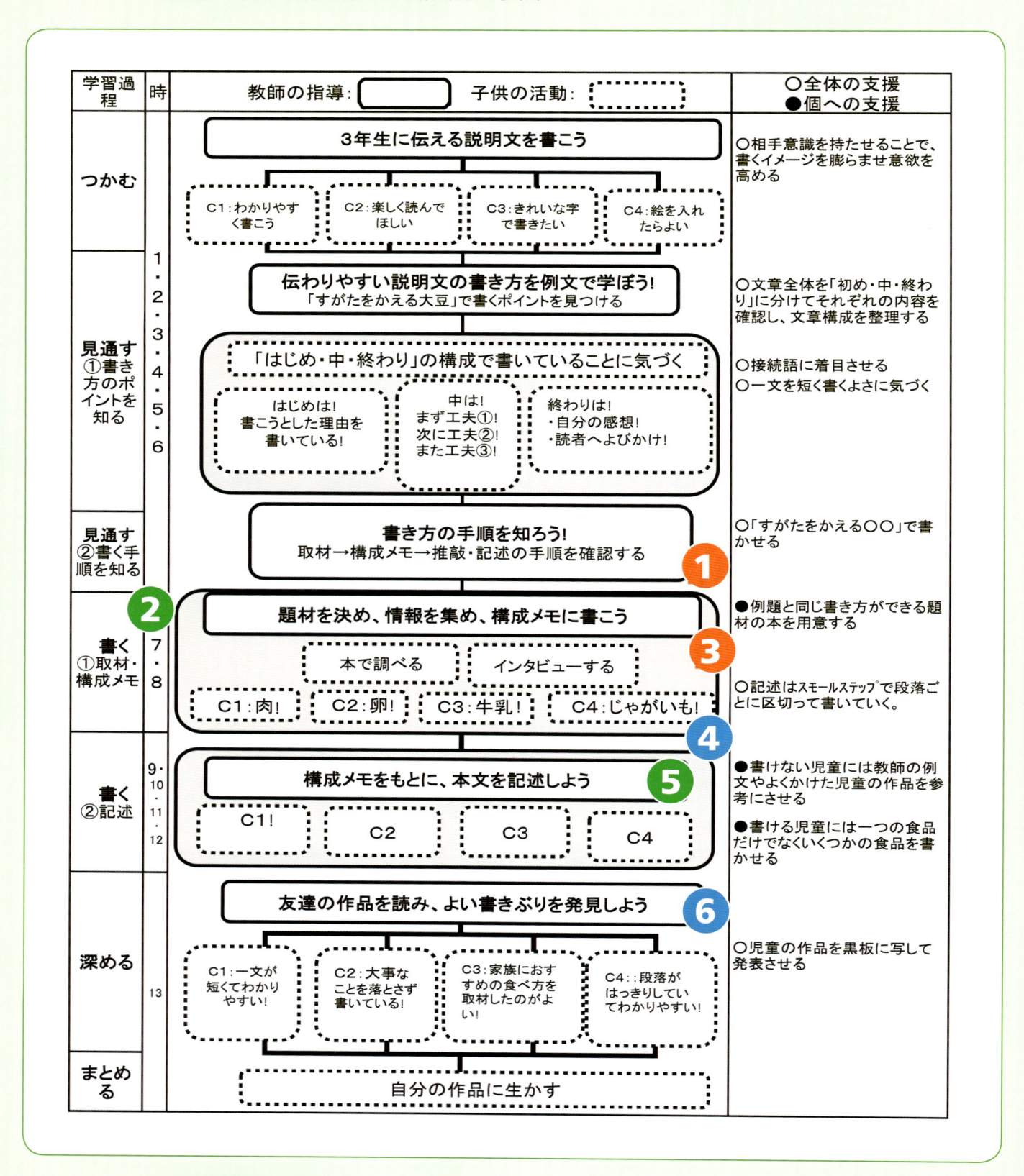

学習過程	時	教師の指導：□　　子供の活動：┆┆	○全体の支援 ●個への支援
つかむ	1・2・3・4・5・6	**3年生に伝える説明文を書こう** C1:わかりやすく書こう／C2:楽しく読んでほしい／C3:きれいな字で書きたい／C4:絵を入れたらよい	○相手意識を持たせることで、書くイメージを膨らませ意欲を高める
見通す ①書き方のポイントを知る		**伝わりやすい説明文の書き方を例文で学ぼう！** 「すがたをかえる大豆」で書くポイントを見つける **「はじめ・中・終わり」の構成で書いていることに気づく** はじめは！書こうとした理由を書いている！／中は！まず工夫①！次に工夫②！また工夫③！／終わりは！・自分の感想！・読者へよびかけ！	○文章全体を「初め・中・終わり」に分けてそれぞれの内容を確認し、文章構成を整理する ○接続語に着目させる ○一文を短く書くよさに気づく
見通す ②書く手順を知る		**書き方の手順を知ろう！** 取材→構成メモ→推敲・記述の手順を確認する　**①**	○「すがたをかえる〇〇」で書かせる
書く ①取材・構成メモ	7・8	**②** **題材を決め、情報を集め、構成メモに書こう**　**③** 本で調べる／インタビューする C1:肉！／C2:卵！／C3:牛乳！／C4:じゃがいも！	●例題と同じ書き方ができる題材の本を用意する ○記述はスモールステップで段落ごとに区切って書いていく。
書く ②記述	9・10・11・12	**④** **構成メモをもとに、本文を記述しよう**　**⑤** C1！／C2／C3／C4	●書けない児童には教師の例文やよくかけた児童の作品を参考にさせる ●書ける児童には一つの食品だけでなくいくつかの食品を書かせる
深める	13	**友達の作品を読み、よい書きぶりを発見しよう**　**⑥** C1:一文が短くてわかりやすい！／C2:大事なことを落とさず書いている！／C3:家族におすすめの食べ方を取材したのがよい！／C4:段落がはっきりしていてわかりやすい！	○児童の作品を黒板に写して発表させる
まとめる		自分の作品に生かす	

◎**支援の様子**：次頁を参照

1 参加の促進
●記録用カードの活用
取材メモ・段落カード（絵を描く部分あり）を用意すると、書きやすい方法で記述することができます。

2 内容の構造化
●作文のパターン化
取材・段落記述・構成・推敲・全文記述のパターンで書いていくことで、見通しを持った学習ができます。

3 参加の促進
●個別の助言
前時までの全員の記述に目を通して評価し、助言を効果的に行います。声量に気をつけます。

4 情報伝達の工夫
●視覚に訴える導入の工夫
実物や半具体物を提示することで、課題をつかみやすくなります。

5 内容の構造化
●スモールステップ教材
取材メモをもとに、段落ごとのカードを作り、構成して長い説明文を書くことができます。

6 情報伝達の工夫
●作文を大きく写して発表
作文を画面に大きく写して発表すると、聞く子供の集中度が増します。

⑦ 小学校 中学年・体育科

◎目標：
- 技　能：台上前転を楽しむための力をつける。
- 態　度：安全に気をつけて友達と励まし合って学習できる。
- 学び方：めあて達成に向け、学習資料や補助具を活用したり、自分の能力に合った練習の場を選択する。

◎展開：以下の構造化された指導案を参照

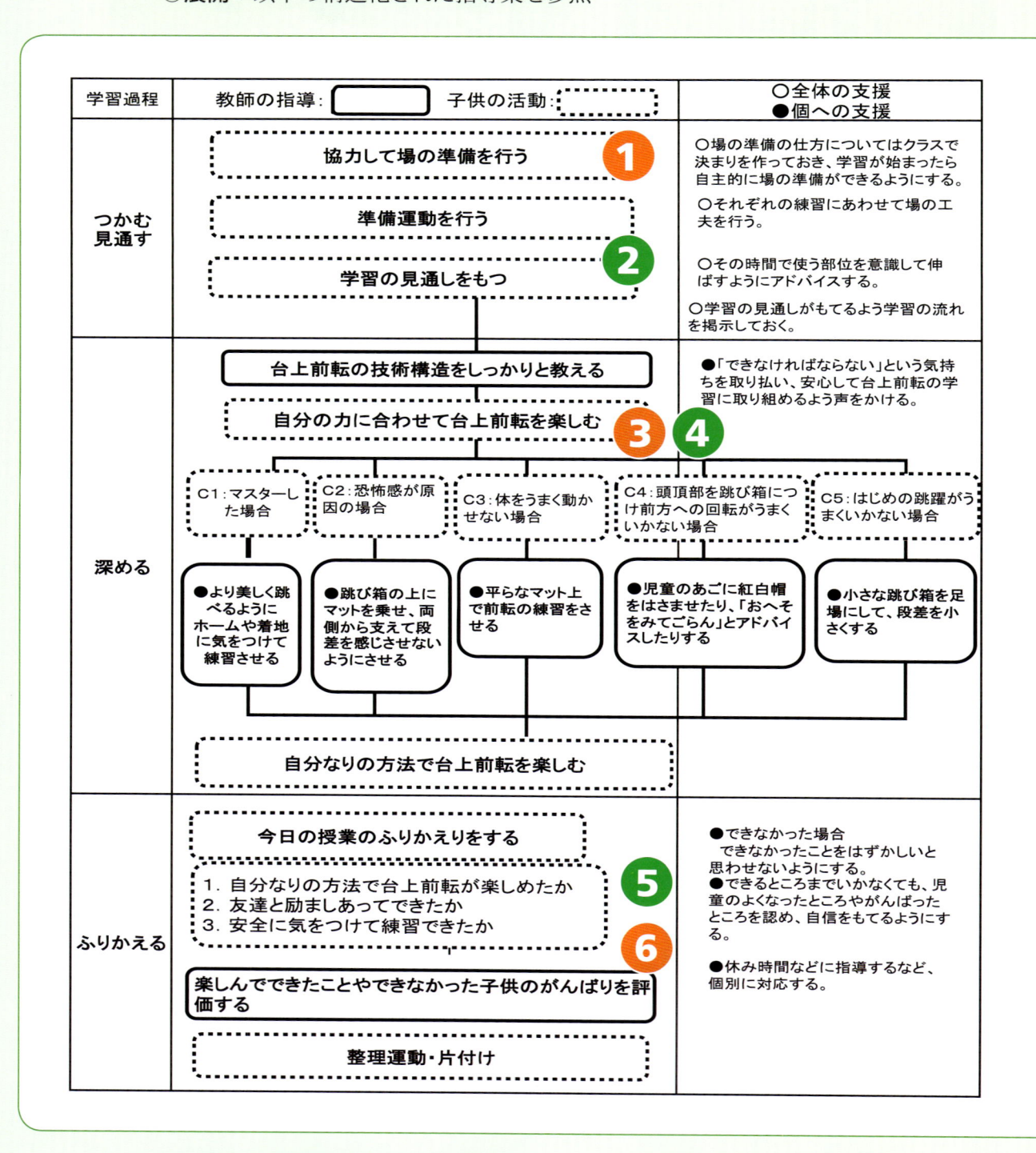

学習過程	教師の指導： 　　　　子供の活動：	○全体の支援　●個への支援
つかむ　見通す	協力して場の準備を行う　❶ 準備運動を行う 学習の見通しをもつ　❷	○場の準備の仕方についてはクラスで決まりを作っておき、学習が始まったら自主的に場の準備ができるようにする。 ○それぞれの練習にあわせて場の工夫を行う。 ○その時間で使う部位を意識して伸ばすようにアドバイスする。 ○学習の見通しがもてるよう学習の流れを掲示しておく。
深める	台上前転の技術構造をしっかりと教える 自分の力に合わせて台上前転を楽しむ　❸❹ C1:マスターした場合 / C2:恐怖感が原因の場合 / C3:体をうまく動かせない場合 / C4:頭頂部を跳び箱につけ前方への回転がうまくいかない場合 / C5:はじめの跳躍がうまくいかない場合 ●より美しく跳べるようにホームや着地に気をつけて練習させる ●跳び箱の上にマットを乗せ、両側から支えて段差を感じさせないようにさせる ●平らなマット上で前転の練習をさせる ●児童のあごに紅白帽をはさませたり、「おへそをみてごらん」とアドバイスしたりする ●小さな跳び箱を足場にして、段差を小さくする 自分なりの方法で台上前転を楽しむ	●「できなければならない」という気持ちを取り払い、安心して台上前転の学習に取り組めるよう声をかける。
ふりかえる	今日の授業のふりかえりをする　❺ 1. 自分なりの方法で台上前転が楽しめたか 2. 友達と励ましあってできたか 3. 安全に気をつけて練習できたか　❻ 楽しんでできたことやできなかった子供のがんばりを評価する 整理運動・片付け	●できなかった場合　できなかったことをはずかしいと思わせないようにする。 ●できるところまでいかなくても、児童のよくなったところやがんばったところを認め、自信をもてるようにする。 ●休み時間などに指導するなど、個別に対応する。

◎支援の様子：次頁を参照

1 ●協力場面の設定で導入

参加の促進

はじめに決まったやり方で場の準備をすることを通して参加意欲を高めます。

2 ●1時間の流れを示す

時間の構造化

1 協力して準備
2 準備運動
3 台上前転のコツ
4 練習
　自分に合う方法で
5 ふりかえり

授業の流れを示すことで、見通しをもたせます。

3 ●多様な解決方法

参加の促進

色々な練習場面を用意し、それぞれの練習に合わせた場の工夫をします。

●個別の助言

個別のアドバイスをしたりすることで児童のつまずきや恐怖感を減らし参加意欲を高めます。

4 ●スモールステップ

内容の構造化

スモールステップで練習を行っていくことで、意欲や達成感をもたせやすくなります。

5 ●振り返り場面の設定

内容の構造化

本時で学習したことを振り返り次の見通しをもつようにします。

6 ●評価・よさの確認

参加の促進

よくなったところやがんばったことを認め評価することで互いの理解を深め、意欲を高めるようにします。

第4章 指導方法のスタンダード　171

⑧ 小学校 高学年・体育科

◎目標：
- 態度：友だちと励まし合いながら意欲的に学習に取り組む。
- 思考・判断：自分のチームの特徴を生かして作戦を立てる。
- 技能：ボールを味方にパスしたりカバーし合ったりして相手コートへボールを返すことができる。

◎展開：以下の構造化された指導案を参照

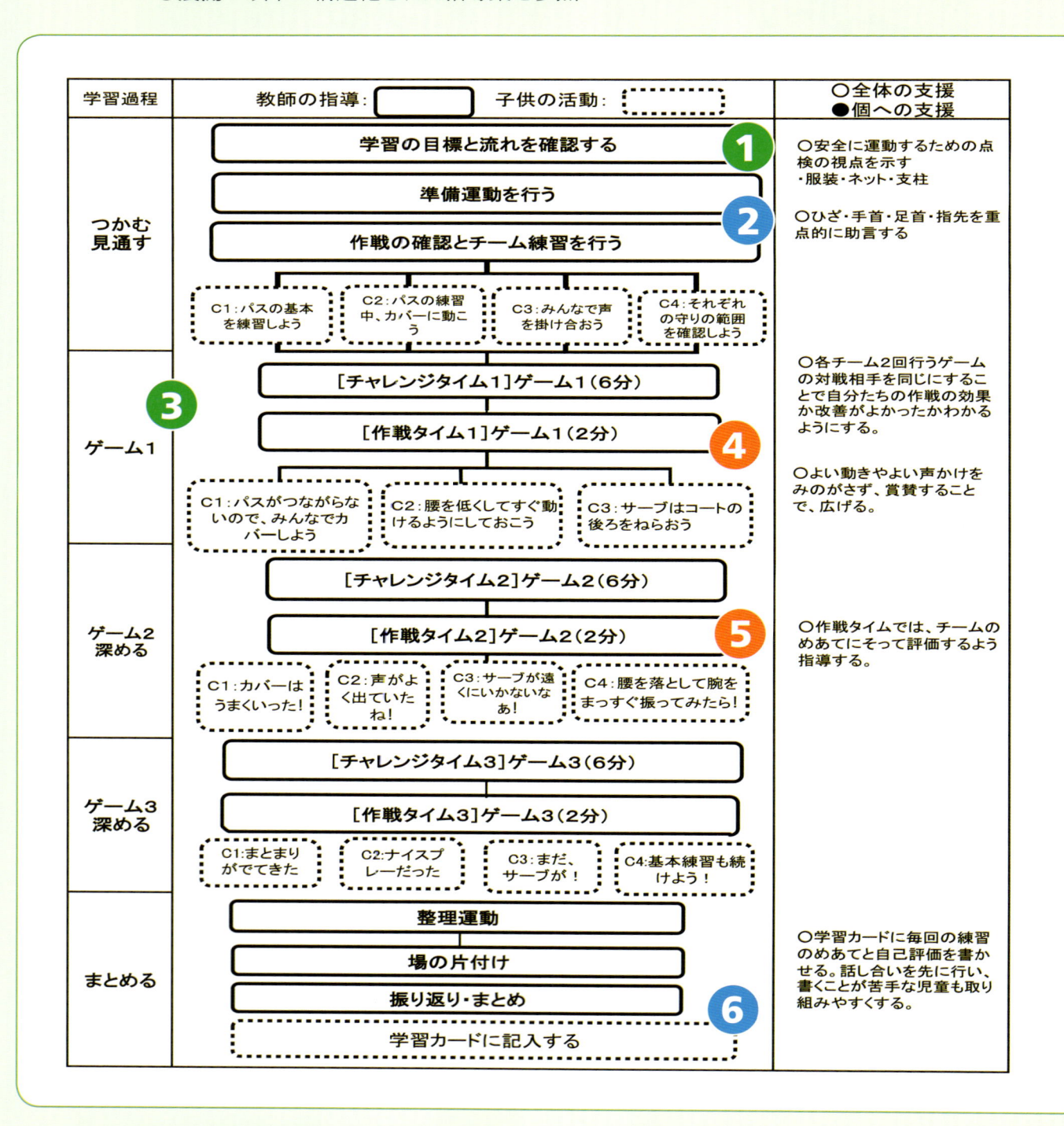

学習過程	教師の指導： ／ 子供の活動：	○全体の支援 ●個への支援
つかむ 見通す	学習の目標と流れを確認する ❶ 準備運動を行う ❷ 作戦の確認とチーム練習を行う C1:パスの基本を練習しよう／C2:パスの練習中、カバーに動こう／C3:みんなで声を掛け合おう／C4:それぞれの守りの範囲を確認しよう	○安全に運動するための点検の視点を示す ・服装・ネット・支柱 ○ひざ・手首・足首・指先を重点的に助言する
❸ ゲーム1	[チャレンジタイム1]ゲーム1（6分） [作戦タイム1]ゲーム1（2分） ❹ C1:パスがつながらないので、みんなでカバーしよう／C2:腰を低くしてすぐ動けるようにしておこう／C3:サーブはコートの後ろをねらおう	○各チーム2回行うゲームの対戦相手を同じにすることで自分たちの作戦の効果か改善がよかったかわかるようにする。 ○よい動きやよい声かけをみのがさず、賞賛することで、広げる。
ゲーム2 深める	[チャレンジタイム2]ゲーム2（6分） [作戦タイム2]ゲーム2（2分） ❺ C1:カバーはうまくいった！／C2:声がよく出ていたね！／C3:サーブが遠くにいかないなあ！／C4:腰を落として腕をまっすぐ振ってみたら！	○作戦タイムでは、チームのめあてにそって評価するよう指導する。
ゲーム3 深める	[チャレンジタイム3]ゲーム3（6分） [作戦タイム3]ゲーム3（2分） C1:まとまりがでてきた／C2:ナイスプレーだった／C3:まだ、サーブが！／C4:基本練習も続けよう！	
まとめる	整理運動 場の片付け 振り返り・まとめ ❻ 学習カードに記入する	○学習カードに毎回の練習のめあてと自己評価を書かせる。話し合いを先に行い、書くことが苦手な児童も取り組みやすくする。

◎**支援の様子**：次頁を参照

1 内容の構造化

●スモールステップの学習過程

```
学習過程
1. 知る（習得）
 ・技能の基本を知る
 ・ルールを知る
2. 高める1（習得・活用）
 ・ゲームタイム
 ・レベルアップタイム
 ・チャレンジタイム
3. 高める2（活用・探究）
 ・チャレンジタイムゲーム
 ・作戦タイム
                    ×3回
```

2 情報伝達の工夫

●視覚に訴える掲示物の工夫

ソフトバレーボールの技術の基本が絵を使って掲示されている。

3 内容の構造化

●授業のパターン化

準備運動―作戦確認―練習
ゲーム（6分）―作戦タイム（2分）
整理運動―ふりかえり　のパターンで学習

4 参加の促進

●個別の助言

ねらいにそった教師の意図的な声かけは、グループの結束や意欲に影響します。

5 参加の促進

●相互評価の工夫

作戦タイムでは、チームのめあてにそって、活発に話し合います。

6 情報伝達の工夫

●学習カードへの記録

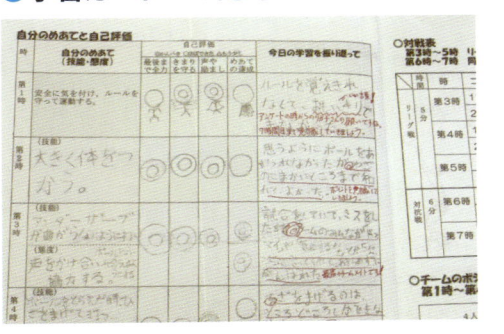

学習カードに毎回の練習のめあて、自己評価、学習を振り返って書きます。練習の積み重ねを意識させます。

第4章　指導方法のスタンダード　173

コラム30　現場での出会い
● 跳び箱

　「おお～!」。授業を参観していた先生たちの驚きの声と賞賛の拍手が体育館に響き渡りました。その日は、跳び箱運動の研究授業の日でした。みんなの注目を浴びたのは中学年のS君です。彼には自閉症の特徴があり、物事に対するこだわりの強い子です。体格的には太り気味で、跳び箱運動に限らず体育授業全般に対して「やりたくない」「やらない」という気持ちを強くもっていました。そんなS君ですが、その日は多くの先生たちの前で見事に跳び箱を跳び越す姿を見せてくれたのです。

　S君が跳び箱を跳び越すことができるようになった背景には、担任の先生のS君にあった二つの指導がありました。

　一つ目は、跳び箱運動に対するS君の心の垣根を取り払う働きかけです。S君のようなタイプの児童は、恐怖心や抵抗感、これまでの運動経験や体格や筋力といった、心理的・身体的な要素が学習の妨げとなってつまずいてしまうことがあるようです。特に跳び箱運動は失敗すると怪我（けが）をする可能性があるため、恐怖心や抵抗感があると思うように体が動かなくなってしまいます。これは、高いところでは足がすくむという現象と似ています。このような心理的マイナス要因がS君には大きな影響を与えていたようです。そこで担任の先生は「できなくてもいいんだよ」という言葉をかけることによって、S君のできなければならないというプレッシャーを取り除いてあげました。そして、無理に跳ばせようとせず、跳び箱の上にしっかり乗ることを目標として、それができた時にはS君をほめてあげました。

　二つ目は、担任の先生がS君の跳び箱を跳び越すことができない原因をS君自身の動きの中から見出したことです。S君が跳び箱を跳び越せない理由は、跳び箱に手を着いた後に視線が下がってしまっていたことと、手でジャンプするという感覚をつかみきれていないことでした。そこで、S君が跳ぶ時には先生がその正面に立ち、跳び箱に手を着いたら先生の顔を見てごらんとアドバイスをしました。また、跳び箱から降りる時には両手で跳び箱の上をかくようにさせて、手でジャンプする感覚をつかませようとしました。

　このような心理的マイナス要因の低減と個人に応じた具体的な指導があって、S君は「やってみよう」という気持ちになり、見事、跳び箱を跳び越すことができたのです。それ以外にも友だちの励ましや教え合いといったグループ学習がうまく成立していたことも忘れてならない要素です。

　S君は跳び箱が跳び越せたことがきっかけとなり、他の教科でも積極性がみられるようになったそうです。個に応じた指導が適切な支援につながるということを学ばせてもらいました。

（小学校　教諭）

■ 第 5 章

学級環境のスタンダード

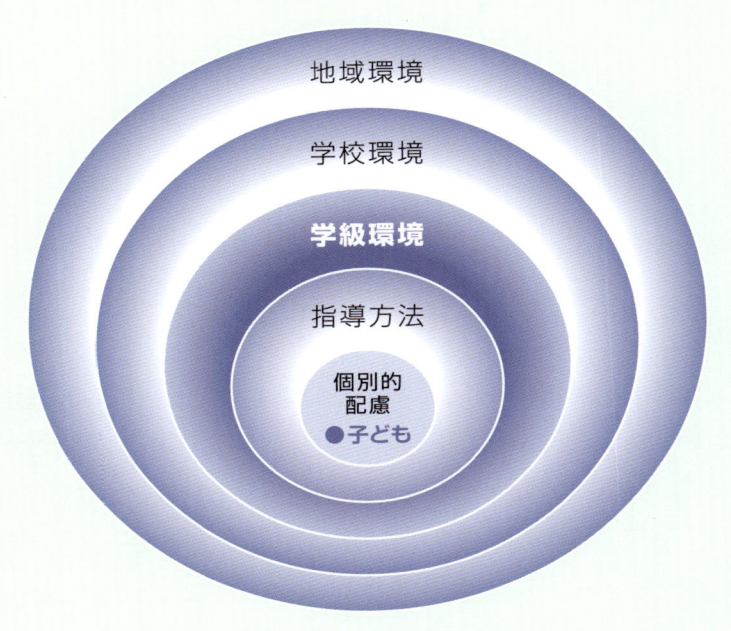

```
地域環境
学校環境
学級環境
指導方法
個別的配慮
●子ども
```

特別支援教育における「包み込むモデル」

　第5章では「学級環境」について考えます。特にこの章は、具体的な方法を例示することが大変重要です。第4章と同様に、ここでもできるだけ多くの実践事例を収めることに心を割きました。

　完成した本章を改めて眺めると、これだけの工夫が教室に満ちているという事実に驚かされます。教育現場には、教師からの子どもへの思いやりが、さりげなく、当たり前のようにに置かれているのです。おそらく、日本中の学校の教室には、日常に溶け込んで、意識すらされないまま、日々子どもたちを支える工夫がたくさんあふれていることだろうと思います。

　子どもが毎日過ごす学級環境の様子が、どのような言葉よりも雄弁に、教師の優しさ、人の優しさを子どもたちに伝えるのだろうと思います。

1／場の構造化

※ 本章の中見出し番号は、**学級環境のチェックリスト**に対応。〔例〕1 は、27 頁の小学校用項目1 と、3（1）は、小学校用項目3 と、29 頁の中学校用項目1 に対応しています。

1，教室の物については、一つ一つ置く位置が決まっていますか。

関連するキーワード

こだわり／変化への対処の弱さ／構造化／整理整頓／公共物に対する姿勢／社会的ルール

特別支援教育の視点

　項目28でも説明したように、高機能自閉症の子どもには「変化」に大変弱い特性があります。そのため、教室の物品がいつも流動的に動く状況は、とても落ち着かない場となります。特に自分に関係するものがあったり、なかったりすると不安を覚え、強いストレスを感じる原因となります。教室の中で習慣的に使うもの、使用頻度の高いもの、特別な支援を要する子にとって必要なものは置く場所を決め、あちこちに移動しないように配慮するとよいのです。この配慮によって、余計な心配、不安感からくる「パニック」などを防ぎ、学習、作業に集中して取り組める時間を増やすことができます。また、共同で使うものは、他の誰かが使っている時には、当然なくなります。置き場所がいつも決まっている場合には、その物品がなければ「誰かが使っているんだな」というふうに頭で考えることができるため、自分の想像と違っていた時にその理由を考え、気持ちを落ち着かせることもできます。一方で、原因がいくつも考えられる場合には、落ち着いて理由を探すという行動がなかなか定着せずに、困ってパニックぎみの行動が繰り返されることになりがちです。共同で使うものは、必ず置き場所を決めておくようにしましょう。

ユニバーサルデザインの観点

　物品の位置を決めることは整理整頓の基本となります。整理整頓は学習や作業の能率に大きく関わっていきます。有限な時間の中で様々な学習や作業をする教室では、ものを探す時間は大きなロスとなるものです。

　また、学級全体で共同で使うものを置くべきところに戻すなどの行動を、公共物を使用する時の基本的ルールとして徹底することで、社会的ルールに対する意識づけや、他の人への思いやり、気配りについて理解する絶好の機会となります。

2, 教材の場所や置き方などが一目で分かるように整理されていますか。

関連するキーワード

構造化／視覚化／作業の効率／口頭指示を減らす／整理整頓

特別支援教育の視点

　教材の置き場所を固定するためには、「どこに」「どのように」置くかがテーマになります。自閉症児の教育の中で発展してきた「構造化」というアイデアは「見れば分かる」ということを重視してきました。そのために、用途別に色分けをする、入れるカゴを用意する、ラベルを貼る、写真を貼るなどの方法を多用して、置き場が自然と秩序をもって整理されるような工夫をしてきました。そうした工夫をすると、彼らは口頭での指示をしなくても自分の力で必要なものを持ってきて学習することができます。また、片づけの時などにも、置き場ルールや規則に沿ってきれいに片づけることができます。こうしたことは小さなことですが、日々の学習の効率に大きく影響します。余計なエネルギーをかける必要がなくなるからです。自閉症の特徴がある子は「大体」「適当に」というニュアンスの理解が苦手なのです。我々が思う以上に曖昧な状況に直面した時の戸惑いや、その状況理解に使うエネルギーは膨大な量となります。学習に必要なものについては分かりやすく、使いやすい秩序＝一目で分かる置き方をする工夫は彼らにとって必要な支援なのです。

ユニバーサルデザインの観点

　元々、「構造化」は口頭の指示によるのでなく、「見れば分かる」「見ればすべき行動が理解できる」ためのセッティングとして発展しました。つまり、指導者がいちいち言葉にして説明しなくても、児童生徒は自らの適切な行動を選択し、自然な形で行動を完了することができる工夫を「構造化」と名づけたわけです。そのため、構造化のアイデアは指導上「口うるさくなりがち」なことからの脱却に効果的な方法なのです。例えば、口うるさくなりがちなことの一つに「片づけ」があります。そうした時に片づける場所が分かりやすく、一目で分かるものであれば、児童生徒は無意識に整理整頓を行います。例えば、体育倉庫の中の棚のボール置き場がボールの種類ごとに場所が決まっている場合には、ちょうど、各棚の高さが各ボールの大きさに調整されていれば、あまり意識しなくてもボールは種類ごとにあるべき所に自然に収まります。また、学習時に必要となるものが複数ある場合には、お互いに近くに配置されていた方がより効率が上がるでしょう。こうした整理は大人になってからの仕事上のスキルとしても役に立ちます。「努力」を口にする前に「工夫」の仕方を指導すると、児童生徒に対する説得力が増します。

■ **事例80**　ぞうきんフック・ツッパリ棒ですっきりお片づけ

　教室をきれいにするための雑巾が、いつの間にか床に落ちていたり、生乾きで異臭を放っていたりして、教室を汚く見せてしまっていることはありませんか？そこで一人一個洗濯ばさみを用意し（洗濯ばさみには名札がついているので自分のものが一目瞭然）、教室の一箇所にまとめて吊すことにしました。これにより、雑巾の落とし物は激減。さらに下雑巾と上雑巾を分けて吊すと衛生的です。

　別の教室では、教室の片隅や廊下などに突っ張り棒を張れる場所を見つけ、クラスの人数分の洗濯ばさみを吊るしました。雑巾は全員が自分の番号のついた洗濯ばさみから取り、使った後は必ず自分の場所に戻すように指導しています。雑巾の落とし物が減り、衛生的でもあります。

■ **事例81**　整理整頓・掃除用具入れ

かける場所と道具に「ほうき１」と名前が表示されている。

　乱雑に片づけられた箒の先はいつの間にか折れ曲がり、きれいにごみを集めることができなくなってしまいます。そこで、掃除用具入れにそれぞれの道具をしまう箇所を明示しました。ラベルをつけておくと、すっきりと整頓できます。結果的に、道具の劣化も防げます。みんなで使う物をきれいに片づけることで、物を大切にしようとする心も児童の中に育ってきました。

■ 事例82　給食配膳台駐車場

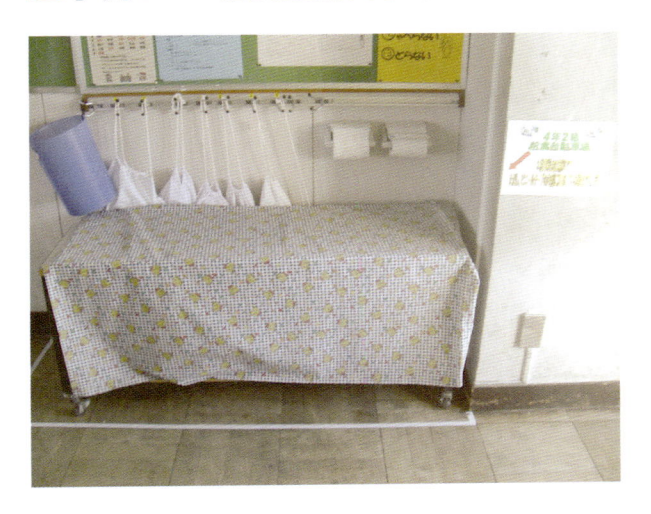

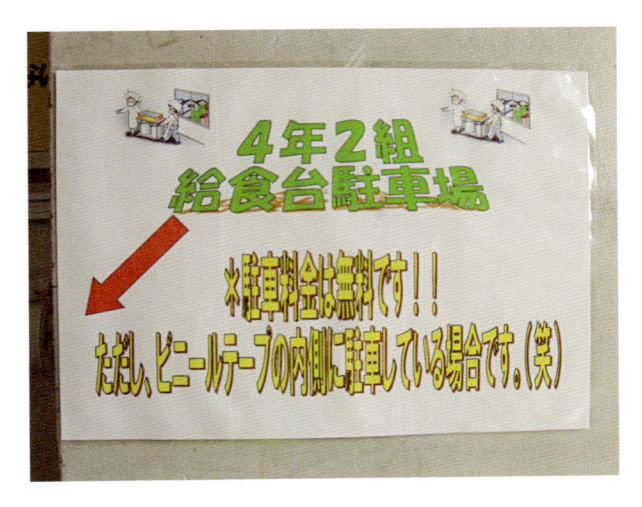

　給食の時間に登場する給食配膳台。給食が終わった後、元の場所に片づけられないことがありました。そこで、配膳台の大きさに合わせてビニールテープをはり、配膳台駐車場を作りました。配膳台駐車場のルールを説明し、写真のように掲示しました。すると、「元の場所に戻しましょう」と担任が言う前に、子どもたち同士できちんと元の場所に片づける習慣ができあがりました。

■ 事例83　いつでも机整とんマーク

　「通してよ」「せまいよ」「もっと前に行けよ」…。教室の机が乱れだすと、色々なトラブルが発生します。また、机間巡視もしにくくなります。そのため、教室の床に、机を整頓するための印をつける先生方が多くいると思いますが、その印にさらなる工夫を加えました。まず、机の後ろ脚にあわせて印をつけます。こうすると子どもたちは座ったままで整頓ができます。また、「班隊形」は赤マーク、話し合いの「コの字隊形」は青マークと、印の色を変えると活動がスムーズになります。

学級環境

第5章　学級環境のスタンダード　　179

■ **事例84　ボール置き仕切り台**

　休み時間終了時のボール置き場や昇降口は混雑するものです。靴箱の上を利用して、写真のように仕切り台を作り、ボール置き場にしました。学級別になっているので学級のボールがすぐ分かります。とにかく片づけが簡単で、しかもきれいに片づくので、子どもたちに注意をすることがなくなり、次の活動にスムーズに移れます。

■ **事例85　一目で分かる片づけ方の工夫**

　一目で分かる跳び箱そろえです。1台ごとに記号がふってあるので子どもたちが片づけたり準備したりするのがスムーズです。組み合わせを間違えると危険にもつながるので、一目で分かる工夫は欠かせません。ボールの片づけは色分けしています。黄色いボール入れ、青いボール入れというように、かごの前に写真を貼っておき、かごのボールが全部なくなっても分かるようにしてあります。

■ **事例86** クラスで、物の置き場所を決めておく

　クラス皆で使っているえんぴつ削りやセロテープ、穴あけパンチなど、「使ったら元あったところに返しなさい」と言っても、置き場所が決まっていないと曖昧になって、どこに戻していいか分からなくなることがあります。

　そこで、えんぴつ削りの定位置に専用の箱を置いたり、セロテープや穴あけパンチなどを入れる寸法がぴったりのケースを置くことにしました。サイズが合っているので、何を置くのかも明確です。置き場所がはっきりしていると、担任も「きちんと片づけなさい!」と叱らずにすみます。

■ **事例87** 分かりやすい片づけ方

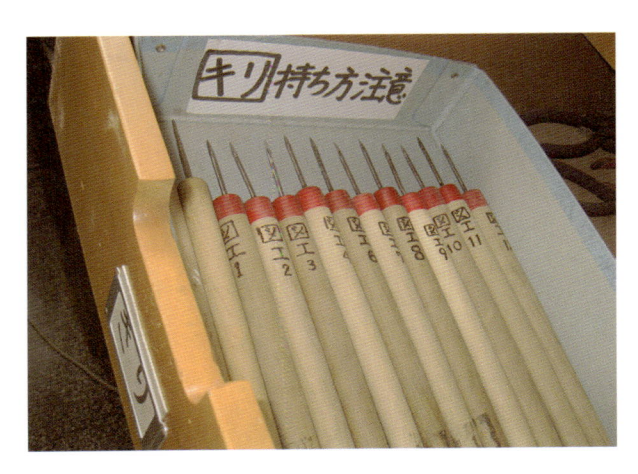

　15色のカラーペンが数セットある場合、皆で使うとセットが乱雑になることがあります。ペンのキャップの頭に、セットごとの色別シールを貼っておくと、どのセットに返せばよいかが一目で分かります。同様の発想で、水筒や雨傘、体育の短縄など、同じ色同士でまとめて置けようにすると、自分が必要なものを探す時に分かりやすいです。

第5章　学級環境のスタンダード　　181

■ **事例88　いつでも誰でも分かる特別教室**

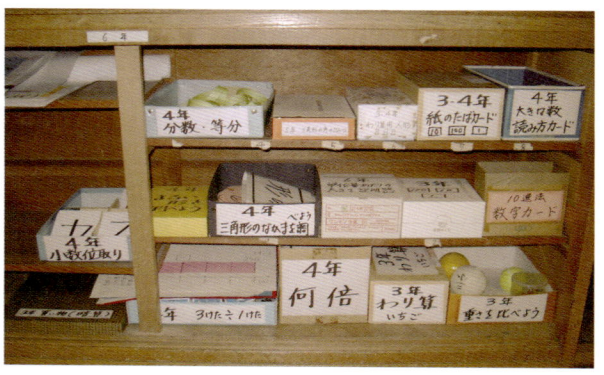

　図工室、理科室、算数ルームなどの特別教室には、色々な教材や道具があり、中には危険なものもあります。マッチなどはなくしてはならないものです。ないことがすぐ分かるように、置き場所を決めておく必要があります。いつも決まった場所に置いてあること、表示がきちんとされていることで、子どもが自分で準備や片づけができます。その時には、表示がしやすく、種類別に整頓もしやすい箱やカゴを利用します。誰が見ても一目でどこに何があるか分かるように整頓することは、特別教室では特に大切です。

■ **事例89　（中学校）　片づけ簡単表示～誰が片づけても同じように整頓できる工夫**

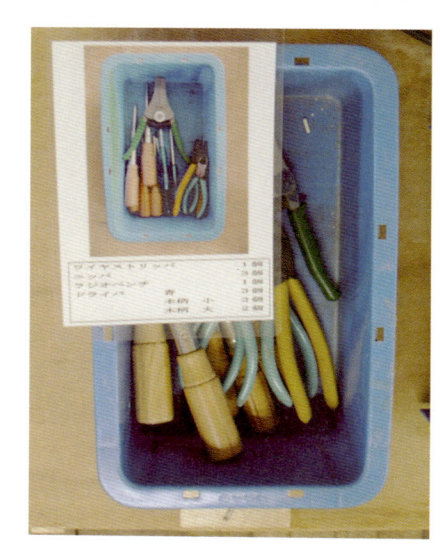

　技術の工作実習では、工具の準備・片づけを班ごとに行います。片づけの仕方などは、何度説明しても、なかなか徹底されず、最後の整頓を教師がすることになるのが常です。そこで、誰でも同じように片づけができるよう、工具箱に工具の数や写真を貼り付けました。これで、片づけ後に、工具がそろっていない班はなくなり、数・整頓ともに完全になりました。

■ 事例90　（中学校）　特別教室の鍵返却BOX

　合唱祭の練習は、放課後の時間を前半・後半に区切り、ピアノのある特別教室（5か所）を各クラスに割り当てています。しかし、練習開始時に職員室に鍵がなかったりすることもありました。そこで、合唱祭の練習期間中は、本来の返却場所とは別に『鍵返却BOX』を設置しました。特別教室（5か所）の鍵が借り出されているか、鍵が戻っているかは、ここだけ見れば、一目で分かるようにしています。これにより、無駄に練習時間を削られることもなく、スムーズに合唱練習に取り組むことができるようになりました。

■ 事例91　カラー分けやネーミング分けで分かりやすく

　空いている児童用ロッカーとかごを利用して、文房具や雨の日に使う遊び道具、テープ類、裏が使える紙などを収納しています。その際には、どこになにがあるかの表示が大切です。カラーやシールをフルに活用します。これによって、学習活動の時すぐ使うことができ、片づけも簡単です。教師に物のある場所を聞かなくても、自分たちで活動ができます。さらに、落とし物が少なくなりました。

■ **事例92　どこに出す？**

　毎日、教室で集める提出物は乱雑になりがちです。登校したらすぐ教室内にあるケースの中に入れることにしています。ケースには何を入れるか側面に表示をしておきます。

　ドリルやワークを集めることはよくあります。「机の上に出して！」という指示だと、結局、ゴチャゴチャになってどこに出したらいいのか分かりません。集めて、後で見たい先生にとっても大変です。そこでカラートレイが登場しました。赤は漢字、青は算数、と色分けしておくと分かります。ただし、あまり種類が増えると子どもが覚えられず、うまくいきません。

■ **事例93　仕切り板やミニケースで机の中の整理整頓**

　机の中から必要なときに必要なものが取り出せる引き出しは、学習の能率を高めます。そこで小学校では道具箱を引き出し代わりに使っています。しかし道具箱の中をうまく整理整頓できない子どもは多く、道具があふれて箱が机に入らない子どももいます。そこで、仕切り付きの特製道具箱を作ることにしました。ボール紙で仕切りを作り、小さな箱も利用しました。入れる場所には名前を書きました。この一つの道具箱の工夫が、いま他の子どもたちにも広がっています。

　右の写真は、図工室の引き出しです。仕切りのついた引き出しの中で、種類別に小さな釘箱を用意してきちんと分けてあります。こうすれば、個々の釘箱を取り出しても使えるようになります。

■ **事例94　ひと目で分かるいつでもせいとん（ひきだし・ロッカー）**

　絵と文で分かりやすく表示して、入学したばかりの1年生に整理整頓を教えます。机の中のしまい方、ロッカーの使い方など、見ながら仕度ができます。

　イラストより写真がいい子どももいます。実物の写真を貼って見本にすることもあります。

■ **事例95　履物をそろえて始まる学校生活。見本があるよ!**

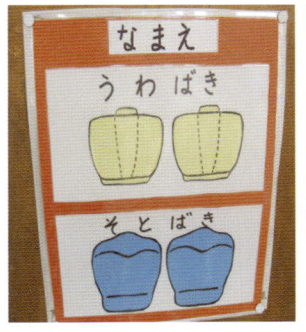

　靴の入れ方について、写真や絵で見本を示して昇降口に貼っておきます。同じように教室の縄跳びも清掃用具も見本を示して、分かりやすくしています。昇降口がきれいに整っていると気持ちがいいです。縄跳びの片づけ方も決めています。袋に入れてそろえています。

　掃除用具も、ロッカーの壁に吊し方の見本写真を貼って、整理整頓しやすくしています。

第5章　学級環境のスタンダード

■ **事例96　物が見つからない。シートを敷いて靴の置き場を指定します**

　遠足に出かけた1年生。靴を脱いで遊具の上で遊びます。「靴の置き場を覚えておいて！」。先生が何度も言い聞かせています。「はーい！」。元気に返事をして遊び始めた子どもたち。楽しい時間が終わって集合の笛。しかし、それからが大変。靴がなかなか見つかりません。なかでも、いつも物が見つからないA君。今日は、せっかく楽しく遊んだのに最後に叱られてしまいました。そこで今回は、担任が工夫しました。シートを広げて靴置き場を作ります。靴がバラバラにならないようにするための名前付きの洗濯バサミの目印も効果的。靴がなくならないだけでなく、集合時、誰がまだ来ていないか、残った靴で分かります。

■ **事例97　燃えるごみと燃えないごみがすぐ分かる**

　教室にある2種類のごみ箱、どちらが燃えるごみで、どちらが燃えないごみなのか、見た目では分かりにくい場合があります。
　そこで、一目で分かるように「燃えるごみ」と「燃えないごみ」の色分けをしたラベルをつけました。また、担任の交代や学級編成替えで児童が混乱しないように、学校全体のごみ箱をすべて市指定のごみ袋の色分けと同じにしました。これによって、家庭と学校のどちらでも色分けが一致しているので、子どもたちとってより分かりやすくなりました。また、「燃えるごみ」には紙・ティッシュ・ほこりなど、「燃えないごみ」にはビニール・プラスチックなど、具体的なごみの種類を書きました。

■ **事例98　これ輪　いい輪**

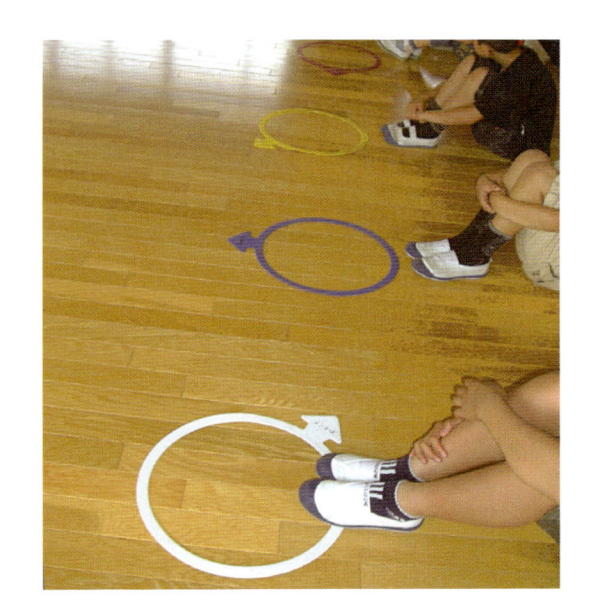

　あるクラスでは毎朝1分間スピーチをしています。みんなの前に出ると緊張するのか、いつも落ち着かず、フラフラしてしまうAくん。どうしても、その場に静止して立っていることができません。そこで考えたのが「どこでもわっか」です。「この輪の中にいるように」と指示するだけで、動き回ることがなくなります。持ち運びもとっても便利。色分けをしたものをいくつか作れば、校舎外に出た時に並ぶ目印にもなります。ドンじゃんけんやケンパーなどゲームにも使えます。

■ **事例99　健康診断　「はい。そこに立ってください」〜静かに受けよう〜**

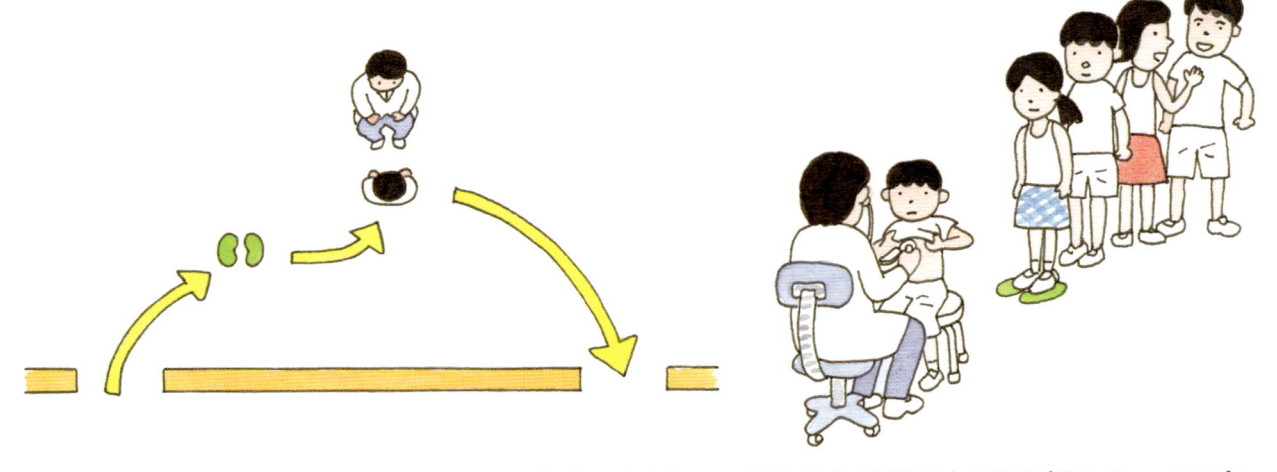

　健康診断は、子どもが不安に思ったり、興奮したりして、落ち着きが低下する取り組みの一つです。「そこに立ってね」と言っても、特に低学年ではなかなかすぐには立ち位置が分からないものです。そこで考えたのが、子どもの足型を書いた紙です。

　この紙を床に貼っておけば、「その足型に自分の足を合わせてね」と言うだけで、どこに立てばよいのかすぐに分かります。さらに、1列に並んでほしい時などには、この足型を先頭が立つ位置に置いておけば、先頭の子がどこに立てばよいのか分かり、後ろの子どもたちも混乱せずに並ぶことができます。

第5章　学級環境のスタンダード

3(1)， 座席の位置は個々の特徴に合わせたものになっていますか。

関連するキーワード

授業の集中 ／ 授業内容の理解度 ／ モデリング ／ 自己理解 ／ 自立の促進

特別支援教育の視点

　発達障害のある児童生徒にとって、長い時間過ごす座席の位置は極めて大切です。第一に影響するのは「授業への集中」です。ADHDの最大の特徴は、「易刺激性」と呼ばれ、刺激が飛び込んできた時に、それを無視して作業や課題に集中することへの弱さです。授業と関係ない刺激が入りにくい座席位置にしてあげることが必要になります。このことは、後述する「刺激量の調整」に深く関係します。また、雑多な刺激が入らないように配慮すると同時に、授業に関する情報だけは十分に入るようにすることが大切になります。例えば、集中を苦手とする児童生徒を一番前の座席にすることがあります。しかし、一番前の席は黒板を見渡す時に、意外に見にくいと感じる児童生徒は少なくないようです。こうした状況は「余計な刺激を減らし、必要な刺激を最大限にする」という目標に対して十分な役割を果たしていません。その場合、一番前が必ずしもその子にとって最善かどうかを再考する必要があります。

　二番目の視点は「授業内容の理解」です。前方の座席にする利点には、教員の声かけがしやすいということがあります。また、LDのある子にとっては、声かけの量は授業の理解度に大きく影響します。一方で、LDのある子は学習について極度に自信を失っていることもあり、自分への声かけの量が増えることを心理的に歓迎しない場合もあるようです。このように適切な座席位置を決めるのはなかなか難しいのです。

　第三の視点は「モデルの存在」です。発達障害のある子が一斉指示の理解が苦手ということはよくあります。そんな子が、周りの子の行動をモデルにして行動することは多いです。そうした場合、一番前の座席だとクラス全体の様子が視野に入らないので、モデル不在という状況になります。そんな時には、2列目の席の方が、より適応がよいということも起きてきます。また、モデリングという視点では近くによき手本となるクラスメイトがいることで、行動が変わることもあるようです。

　発達障害のある子についてはこの「授業への集中」「授業内容の理解」「モデルの存在」などの視点を考慮しつつ、教師からの支援の受けやすさなども加味して調整していくことが必要になります。

ユニバーサルデザインの観点

　座席位置は学級という有機体そのものに強く関与します。個々がそれぞれの位置に収まることによって、クラスという場が出来上がります。つまり、全体の座席位置はクラス全体の人格のようなものと言えます。クラス全体の人格は当然、一人一人の人格に強く影響します。そうした観点から担任は、

座席位置については一人一人の特性を考慮して、十分に検討するようにしたいと思います。特性に合った座席位置を経験することで、児童生徒たちが、自分の特徴、授業の集中、理解等と学習環境との間に関係があることを徐々に気づいていきます。つまり、自身のよき学習環境作りの条件を知ることができるのです。（筆者のように大学で講義をしていると、指定制でもないのに学生の毎週の座席位置は大体決まってくることに気づきます。自分が最も落ち着いて講義に臨める位置ということが無意識に染みついているのでしょう）

　また、中学校では座席位置の決定は生徒にとって一大事です。周囲のクラスメイトとの関係が、しばらくの間、自分が置かれる環境を左右するからです。自分たちで決めたいという思いを当然もちます。そして、ほとんどの学級で席決めは生徒自身で行う方法をとっています。しかし、生徒はどうしてもミクロな視点になりがちです。担任としては、そんな時にも、クラスの人格作りをするという全体に目を配る視点をもつと同時に、その視点を生徒に十分に説明して、クラス全体の人格作りを自分たちの手で行うという意識をもつように導くことも必要だと思います。「全体を考える」という視点に立った上で、さらに、それぞれが自分の弱点や特徴を十分に考え、自分に合った座席位置を決められると、社会と自分とのバランスのよい関係を考える練習になるわけです。そのこと自体に「自立を促す」効果もあるようです。

■ **事例100**　お任せしました、グループのカタチ

「僕はここがいい。なんだか落ち着く。いい？」

「わたしは、誰とでも仲良くできるけど、○ちゃんは、△さんの隣のほうが落ち着けるかな。」

　授業中にグループ活動をする際には、グループごとに机をつけて話し合いができる形にします。そのときに、グループのメンバーの一人一人が、どの位置に座るかはグループごとに任せます。どの位置に誰が座るかで、グループ活動の作業効率や、学習の能率に大きく違いが出てきます。座席を決めることが、学習の目的や、自分や他のメンバーの特徴などを考える機会にもなります。

■ **事例101**　自分の席を自分で決める方法

　自分が最も落ち着いて授業を受けられるのはどこか、自分で選ぶ方法をとることがあります。その際いつも同じ友だちではなく、少しは変化を経験してほしいので、「お見合い方式」をとります。これは、なんとなく自分が落ち着く位置を自分で決めることができて、しかも違う友だちと隣になる可能性がある方法です。

　半分の子が（男女で分ける場合もある）廊下に出て待ちます。あらかじめ前半の子の座れる場所を指定して選んでもらいます。決めたら、廊下と教室にいる子が交代します。後半の子どもが教室に入り席を決めます。決めたら廊下に出ていた子が入り、隣の席の子と対面します。

2／刺激量の調整

4, 教室内の掲示物によって気がそれたりしないように配慮がされていますか。

関連するキーワード

易刺激性／外部からの刺激の制限／無意識の情報処理

特別支援教育の視点

　ADHDの子どもには「集中力がない」「注意力がない」「じっとしていられない」などの特徴があると言われています。実際に彼らの様子を見ていると、たしかにその通りです。しかし、そうした状態は必ずしも彼ら自身の問題だけでないことは多いのです。彼らを一人にしておくと、じっとして一つのことに集中し続けられることがあります。例えば、好きなことだと何時間でも集中できる子がいます。ADHDについて「じっとしていられない子」「集中できない子」という理解しかもち合わせていないと、これらの行動は理解できなくなります。正確に彼らの特徴を記述すると「外からの刺激に容易に反応しやすい」と言うことができます。つまり、集中の持続困難や不注意、多動という特徴は、外部の刺激との関連で生じていると言えるのです。刺激の少ない環境にいる時には、反応する材料に乏しいため、彼らは集中すべきことに意識を向け続けやすくなります。教室の内部で継続的な刺激となるのは、特に、掲示物などです。筆者が見学した米国のADHD専門の学校では、ADHDの子どもたちの状態別に教室が分かれていました。それらの教室ごとの最も大きな違いは、掲示物の量を調整しているところにありました。

ユニバーサルデザインの観点

　掲示物の元々の役割は、意識し続けてほしいポイントや興味をもってほしいものを継続的に示し続けることにあります。そのため、ADHDの特徴をもたない子にとっても、掲示物は緩やかな「刺激」となり続けるわけです。多くの児童生徒はADHDの子どもと比べればはるかにそうした刺激をコントロールできます。一方で、外部からの情報に対する人間の処理能力は我々が普段意識している以上に大きなものです。気が散る程でないにしても、常に目に入ってくる刺激に脳は反応し続けているのです。例えば、野球場やサッカー場などには広告が周囲の壁に貼りめぐらされています。実際は野球やサッカーに集中しているにも関わらず、そうした広告は知らず知らずのうちに我々の脳の中に刻まれていきます。そこに、企業は広告を掲示する意義を見出しているのです。脳をフル回転させて授業に取り組まなければならない時にも、掲示物からの刺激は入ってきます。掲示物を厳選したり、掲示位置を工夫したりすることは、学習環境作りとして非常に大切な視点となるのです。

5, 教室の前面の壁の掲示物は必要最小限なものに絞られていますか。

関連するキーワード

被転導性／何もない所の凝視は不可能

特別支援教育の視点

　項目4について、注意が必要なのは、教室の中でも特に前面の壁部分です。授業中に最も視線がいくのが教室の前面です。教室の前面は基本的に黒板がある場所です。授業中は黒板のみを見てほしいのが指導者側の思いです。しかし、ADHDのある子は「被転導性（散漫性）」という特徴をもちます。これは簡単に言えば「気の散りやすさ」です。一つのことに注目している間に、そばに何か別の物があるとすぐにそちらに目がいってしまいます。黒板を見てほしいのに、黒板の側（前面の壁）に別の刺激があれば、容易にそちらに目が向くのがADHDの子の特徴なのです。前面横の掲示物はわずかながらも、授業中の黒板への集中力に影響しているのではないかと、時々吟味してみる必要があります。

ユニバーサルデザインの観点

　視線が向かう先に注目してほしいものだけを置くことは、何かを人に見せる時の鉄則です。例えば、映画館は前方のスクリーン以外には全く刺激となるものはありません。人は何もないところを凝視し続けることはできません。逆に何かあれば、それを眺めてしまう習性があるのです。前面の壁はあくまで黒板重視の状態となっていることが、授業に集中してほしい場合の大事な視点です。

6, 教室の棚等には目隠しをするなど、余計な刺激にならないような配慮がなされていますか。

関連するキーワード

変化のある刺激 ／ 継続的な刺激 ／ 見せない収納の効果 ／ 雰囲気作り

特別支援教育の視点

　刺激量の調整については、ここまで掲示物を中心に述べてきました。同じ理由で、教室の「棚」にはできればカーテンなどの「目隠し」があるとよいです。棚は様々な教材や本などが出し入れされます。つまり、掲示物と比べて、さらに「変化」という要素が加わる刺激となるのです。「変化」は刺激の効果を高めます。我々は変化がないものに対しては退屈さを感じます。変化が常時起こる刺激は刺激としての効果を高め、継続します。テレビやゲームが長時間、子どもに関心を引き続ける現象の背景にはこうした要素があるようです。このように、棚の中身は、意識、無意識の両面で子どもにとって、掲示物より継続的な刺激となりえます。棚からの刺激を減らすには、中を見えなくする工夫しかないのです。教室内の棚の中身を整理する活動の他に、棚としての機能を落とさない程度に、カーテンを引くなどの方法を検討してみてください。

ユニバーサルデザインの観点

　再び映画館の例で言えば、映画館の中には上映時間以外は幕を閉めておいて、始まる時に開けるという方法をとる劇場があります。そうした構造になっている劇場は、幕が開いてもそこにあるのはスクリーンだけなのですが、幕の開け閉めによって前方への注意のメリハリが飛躍的に向上するように感じます。つまり、幕があるとそこへの注意は非常に低減するのです。何もないものと感じられるようにするための道具として、カーテンに代表される目隠しの方法は大変優れているのです。

　実際に、棚に目隠しをすると教室全体の雰囲気が急に変わると感じることがあるかもしれません。住宅などでも「見せない収納」がおしゃれな部屋作りの基本として紹介されています。雑然としていない、落ち着いた雰囲気のある教室環境を作るために、収納品の目隠しという方法を試してみてほしいと思います。

■ **事例102**　黒板周りをすっきりさせて、集中力を高めよう！

　どの子も落ち着いて学習するために、最も目につきやすい教室の前面にある掲示物は必要最小限にします。給食当番や今週の目標などは黒板脇に貼りますが、授業中は、授業と関係ないものなので、手作りのカーテンで隠してしまいます。授業中、子どもたちの目線の方向は教室の前面にある黒板です。授業中は黒板を見てほしいと思っても、黒板の周りにたくさんの掲示物があったら…。黒板以外にすっきり何もなければ、意識が他のものに移ってしまうことはありません。子どもたちの集中力も自然とアップするでしょう。

■ **事例103**　すっきりさせて、集中力を高めよう！

　学級内に掲示物がないのは寂しいけれど、多すぎるのも落ち着かない原因です。整理整頓し、視界にほどよい掲示物や整頓された荷物だけが目に入るようにしています。
　音楽袋や、荷物を家や学校に運ぶ袋は、いつも乱雑になりがちです。窓下の出窓の下にフックをつけて吊したらきれいに見えて、教室の床に落ちていることが少なくなりました。写真のように下は本、上は手提げにすることもできます。手提げの後ろの棚の中には別の物が入っていますが、手提げがカーテンの役割を果たしてくれています。

■ 事例104　目隠しカーテンで、視界もすっきり　心もすっきり

　算数の授業中。本が大好きなB君は、黒板の隣の教師用の棚にある本が気になって仕方がありません。「どんな本なのかな。何が書いてあるんだろう」と一人考えているうちに、先生の指示を聞き逃してしまうことが度々ありました。そこで、棚にカーテンをつけて中身を見えなくすると、「なんだか、すっきりしたよ」と、集中して学習に取り組めるようになりました。教室にある棚には、みんなで使う共有の道具など様々な物がたくさんあります。教材や教具が積み重なっていることもあり、その中には児童の興味をひく物が少なくありません。棚の中を整理整頓し、さらに中身が見えないように棚にカーテンをつけることで、学習に関係のない余計な刺激を減らし、注意を集中させることができます。さらなる工夫としては、何が、その棚にあるか、必要に応じて表示しておけば、常に見えている必要はなくなります。

■ **事例105** 小さい枠内で示す、電子黒板やミニ黒板で、集中力アップ！

　電子黒板やICT機器を使うと集中がよくなることがあります。黒板いっぱいではなく、区切られた枠内を見ればよいように注意の対象が限定されるからでしょう。そうした理由で、教室で特に注目させたいものは、黒板より見るべきところが小さい電子黒板を使うことが多くなりました。52インチのプロジェクター機能が付いたテレビもよく使います。

　同じ原理でミニ黒板を使うことでも、「ここだけを見なさい」と注目させることができます。

■ **事例106** クリップマグネットですっきり掲示！

　授業中に子どもの考えを紙に書かせ黒板に掲示する時、マグネットを使うことが多いと思います。でも、このマグネットが気になってしまう子どももいるようです。

　そこで、クリップマグネットを準備します。作り方は簡単です。マグネットシートを100mm×300mmのサイズに切り分けて、それにゼムクリップを2個挟むだけです。これで見えている前面にマグネットが出ることがなくなり、とてもすっきりします。

7, 教室内、教室外からの刺激となるような騒音（例：水槽、机、廊下）が入らないように配慮されていますか。

関連するキーワード

聴覚刺激 ／ 聴覚過敏 ／ マナーの理解 ／ 静穏な環境で学習する経験

特別支援教育の視点

　掲示物や棚が子どもたちの「視覚刺激」にならないように、配慮が必要です。さらに、教室内に存在する「音」、つまり「聴覚刺激」をいかにコントロールして刺激の少ない環境を準備できるかも、刺激に反応しやすい児童生徒への配慮となるのです。また、高機能自閉症のある児童生徒はこの聴覚刺激に対する過敏性をもつことが珍しくありません。音を我々よりもずっと強い刺激に感じることがあるのです。

　学級環境においては、視覚刺激に比べて聴覚刺激はコントロールしにくい刺激と言えます。なぜなら、視覚刺激と違って、教室外から飛び込んでくることも少なくないからです。そうした意味では、音刺激については学級環境という視点からの整理だけでなく、学校環境という視点からの整理を試みる必要もあります。担任はまず、教室内で音を発生させているものに注意をしたいと思います。例えば、カリキュラム上の理由や、生物への関心を育くむために、教室内に水槽を置く場合もあります。水槽のポンプ音は、その周辺では意外に強い刺激となっていることがあります。水槽の近くの子が先生の指示を聞き落とすことが増えるようであれば、かなり問題です。ポンプの選択、古くなっている機器の交換は配慮したい事柄になります。

ユニバーサルデザインの観点

　教室内の音刺激の原因として最も大きい要素は、一人一人が出す音です。私語はもちろん、学習作業に伴う音、机と椅子から生じる音などです。一人一人が、自分がこうした音の発生源であり、音を出すことは周囲の迷惑になることを理解することが将来のマナーや礼儀といったものを育てるベースとなります。音が、どのくらい他の人にとって学習の邪魔になるかを理解できるようになるためには、静穏な環境の中で学習する経験を積む必要があります。1日の内に、全く音を出さないで静かに学習する時間を毎日もうける方法も効果があります。学習時間には音を発生させるのを控えることが当たり前という雰囲気を作るために、静かな環境についての感覚を育てることが望まれます。

■ 事例107　机間指導の教師の声も、ひそやかに

　机間指導で一人一人の児童に対して、個別に声をかける時には声の大きさに注意が必要です。全体の作業への集中が切れることがあるからです。教育的な声かけが、全体にとって「雑音」にならないようにしたいものです。また、一斉指導の中ではなかなか理解できない児童に対して、個別に声をかける機会は多々あります。しかし苦手意識が強く、また自己肯定感も低い児童にとって、個別に声をかけることが児童本人の自尊心を傷つけることもあります。その時にも、できるだけ小さな声でアドバイスすることも大切です。周囲との差を感じさせない配慮が大切です。

■ 事例108　声のものさしで声の大きさ意識はばっちり！

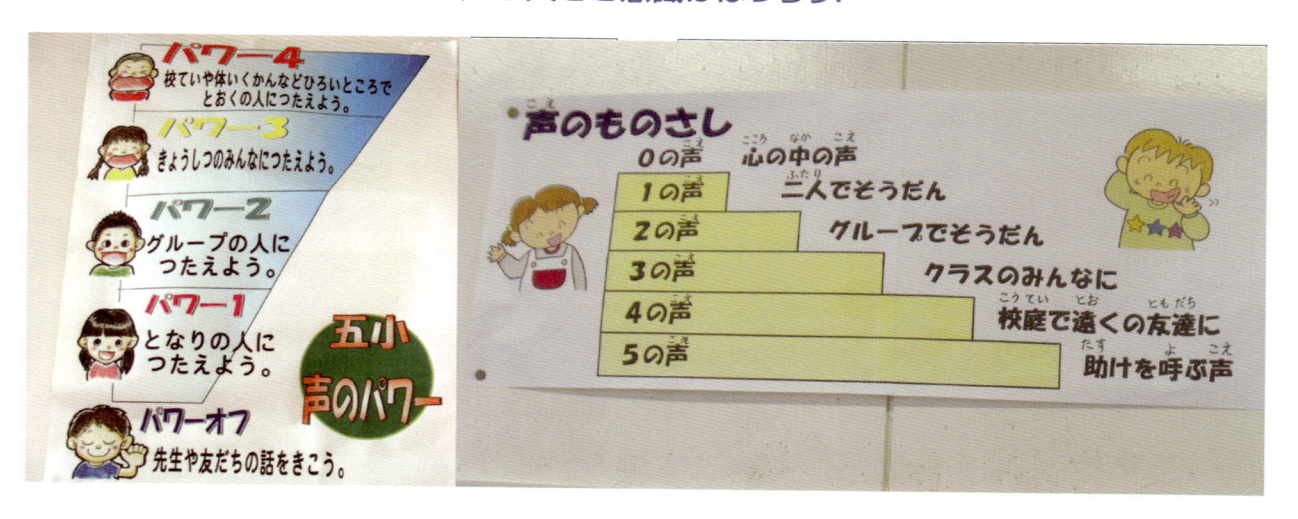

「静かにしようね」「もっと大きな声で！」等の声かけではイメージがつかみにくく、戸惑う児童もいるようです。そこで声の大きさを6段階に分け、視覚的にも理解しやすいように"ものさし"で表しました。
　「今はグループで相談だから、2の声でね」
　「クラスのみんなに聞こえるように3の声で」
というように、より具体的に指示を出すことができます。また、児童の中でも「今は声ゼロの時間だよ」とお互いに声をかけ合っている姿が見られるようになりました。

■ **事例109**　鈴の音で合図

　英語の授業をオールイングリッシュ（すべて英語）でやる時、児童がガヤガヤしてしまう場合に「Be quiet！」「Shut up！」と言っても雑音にしか聞こえません。「シーッ」とやっても無理なこともあります。
　そこで英語の授業では、「鈴をチリンチリンと鳴らしたら先生の方に注目する」という約束にしました。すると騒がしくても鈴の音を合図に「今は先生の方を見る時間だな」「お話をやめよう」という気持ちになって短い時間で静かになってくれます。
　また児童がそれぞれで活動している時（英語のやりとりをお互いにしている、ゲームをしている等）は、鈴の音でも教室中には響かないため、児童の耳に届きにくいという欠点がありました。そこで、活動が終わる少し前に英語の歌を流して「英語の歌が終わったら元の場所に戻る」という約束をしました。すると、児童は歌が流れたことによって、「そろそろこのゲームが終わるんだな」と認識し、英語の歌を歌いながら元の場所に戻ってくるようになりました。

■ **事例110**　校内放送はさわやかに

　朝、休み時間、給食の時間、掃除の時間などの校内放送は1日の中で何度も耳にします。委員会の児童が流す放送は、だいたい音楽と共に声が聞こえてきます。その音楽がずいぶん大きな音量で流されることが多くありませんか？　刺激に弱い子は大音量の音楽が流れてきたとたんに体が反応して、落ち着かなくなってしまいます。放送室からの音量を少し小さめに設定し、声が入る時は音楽の音量をかなり落とすルールを徹底して放送が聞きやすくなり、過剰な刺激にもならなくなりました。

■ 事例111　騒音防止のテニスボール椅子

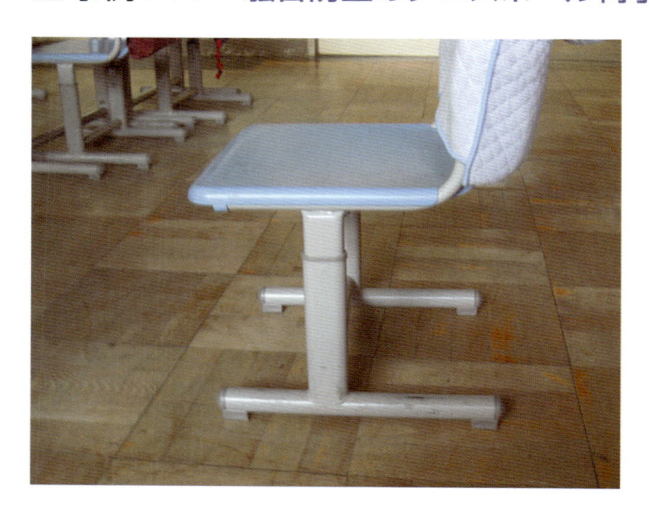

　机や椅子をひきずる音などが、苦痛な騒音になる人もいます。そこで、机と椅子の足にテニスボールをつけて騒音を減らしました。余分な音を減らして静かな環境を作ります。

　最近は初めから音が出にくいように作られた椅子もあります。この椅子は、足の下にゴム製のクッションが付いています。

コラム 31 現場からの実感
● 教 師 の 声 も ス ト レ ス ？ ？

　2年1組には特別に手をかけたい複数の子どもがいます。新学期になり、校長として様子を見に行きました。教室に行くと予想通りA君はみんなと違うことをしています。授業が始まっても自分の世界にいるようです。しかし、担任からの指示が通る落ち着いた教室全体は、A君のことはそのままにして、静かに次の学習に入っています。刺激に弱いBさんもC君もちゃんと学習に集中できています。

　この教室の「落ち着き」の理由を挙げれば、いくつかあるのでしょう。その中でも、担任の「声」がポイントの一つであることは、しばらくこの教室の中にいるだけでよく分かります。

　この担任の声の大きさは、むしろ小さいくらいです。静かな落ち着いた話し声です。話す速さも2年生が理解できる速さを意識しています。余計なことは言いません。言葉を必要最小限に削っています。指示することも1回に一つと決めているようです。

　これとは逆のことが起きている教室に行きあうことは少なくありません。教師の声は大きく早口で叫ぶような感じ、そして、教室全体の子どもの声も騒々しく落ち着かないと感じる教室です。教師の声が、むしろ刺激やストレスになっているのです。

　また、「それでは、考えましょう」と指示したにもかかわらず、延々と教師の説明が続くのもよくある困った例です。どのような言葉を使えば伝わりやすいかが、指示の前に整理されていないのでしょう。「えーっと」「あのー」といった言葉もなるべく省いて、文と文の間に一呼吸おくよう心がけたいです。記憶の弱い子は、たくさんの指示が出ると混乱します。一つ指示しては作業し、次に進むというスモールステップを心がけたいものです。

　再び、A君の教室です。授業がうまく始まり、全体の作業の進み具合を見届けた担任は、A君のそばにそっと寄って、他には聞こえない声でA君にも作業するように促しました。するとA君、少しずつ学習に取りかかり始めました。

　A君がいつも「先生、大好きだよ!」と言っている理由の一つが分かった気がしました。

（小学校　校長）

8(2)．ちょっかいを出す、話しかけるなどの刺激し合う子をお互いに離れるような座席位置にしていますか。

関連するキーワード

人刺激 ／ 反応しないであげることの意義 ／ 相互の座席位置の配慮 ／ クラス内の相互関係の理解

特別支援教育の視点

　視覚刺激、聴覚刺激の両方の要素があって、教室内で最大の刺激となるのが「人刺激」です。呼びかけ、声かけ、挑発、からかいなどが、発達障害のある子にとって非常に強い刺激となり、教室での学習を成り立たなくさせることもあります。「気にしないようにしなさい」「無視しなさい」といった通常の指導ではなかなかコントロールできないことが往々にしてあるのです。このような時には、発達障害のある児童生徒にとって、強力な人刺激となる児童生徒を「目に入らない」「おしゃべりをできない」位置にするなどの物理的な配慮が必要になります。

　また、逆に、ADHD等の特徴のある児童生徒自身が他の子の刺激になってしまうこともあります。多動や多弁という特徴は人刺激としてクラス全体に影響するからです。こうした行動は周囲の反応によって、さらに増幅されることがあります。その場合には、発達障害のある児童生徒自身に対して、そうした行動が周囲にどのように刺激しているのかを徐々に理解できるように導きながら、同時に周囲の児童生徒に対しても、そうした行動に反応しないように指導することも必要になります。つまり「相手にしない」ことが、逆に、その子の弱さを補う支援になるのだということが理解できるように導けるとよいでしょう。

ユニバーサルデザインの観点

　一人一人であれば授業に集中できる子も、自分にとって気になる子、楽しい子が近くにいると、相乗効果で悪い方の行動をとってしまうことがあります。人と人とが関係を作るとそこには必ず第三の力が働いて、それぞれの意識とは違った方向に進むことがあるからです。心理学では力動関係とか、同調行動ともいいます。個人の行動の変化を生み出す過程では多くの場合、集団全体の行動に目を配る必要もあります。相互関係の絡み合いをよく見極め、適切な環境を作ることで、叱責などの方法以外に、事前に事態をコントロールする工夫をしたいと思います。

■ **事例112　座席の位置は重要です！**

（吹き出し）先生に近いし、後ろの人が気にならないから、ここが好きだよ

　教室の座席は重要です。その子の落ち着ける場所を探すことが必要になります。
　私は、刺激に反応してしまう子の場合、教室の四隅に座席を置くことが多いです。四方を他児に囲まれるよりは三方のみ他児に囲まれる方が、刺激量を減らすことができるからです。また、体が動いても周囲に体が当たらなくてすむことも多いです。特に、前方の端だと担任からも声をかけやすく、パニックになる前に手立てをうちやすくなります。周囲の児童にとっても、その子が少しくらいソワソワしても、四隅だと視界に入りにくいので影響を受けることを減らすこともできるようです。

■ **事例113　場所を変えてホッと一息。仕切りをしてしっかり集中**

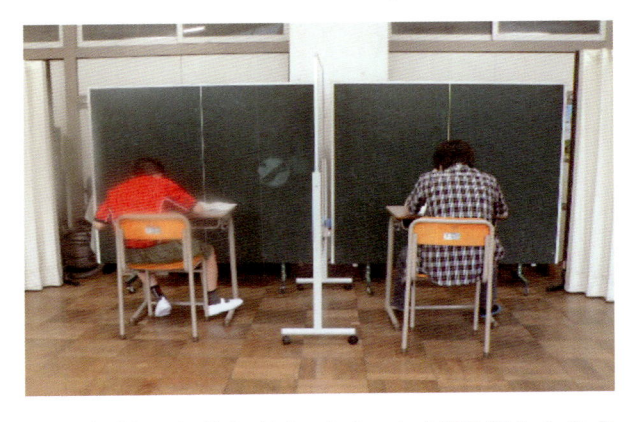

　ちょっとしたことがきっかけで、興奮してしまうBくん。気持ちを落ち着かせるのに時間がかかります。そこで、教室の隅の方に衝立を2枚合わせて一人になれる居場所を作りました。中には、Bくんが好きなドラえもんグッズが置いてあります。ただし、ずっといられるわけではありません。ストップウォッチで時間を決めて、あくまでも「落ち着くまでの場所」です。他の児童には、「先生の部屋」と伝え、入らないように指導します。気持ちの切り替えができて、ホッと一息です。
　写真は中学校での様子です。自習中に、外の様子や友達の動きに気をとられ、ポカンと外を眺めたり手遊びをしたりして集中できない生徒もいるため、仕切り板を利用し個別学習コーナーを作りました。自分の学習場所として集中できるコーナーです。

3／ルールの明確化

9(3). クラス内のルールはシンプルで誰もが実行できるものに設定されていますか。

関連するキーワード

想像力の障害／具体化／スモールステップ／反社会的行動／帰属意識

特別支援教育の視点

　高機能自閉症やアスペルガー症候群の診断を受けている児童生徒は「想像力の障害」があると言われています。つまり、具体的なもの、目に見えるものの理解はできても、そうでないものの理解が苦手なのです。例えば、人の気持ち、暗黙の了解、場の空気などは想像力を使わなければ理解できない代表的な事柄です。「ルール」は、こうしたことの集合体で出来上がっています。そのため、高機能自閉症やアスペルガー症候群のある児童生徒に対して、ルールを理解させ守らせるための配慮は、ルールをできるだけシンプルにしておくことが必要になります。複雑になり、抽象度が上がっていくと彼らの理解を超えます。例えば、「場の空気を読んで行動する」とか「ちゃんとした行動をとる」とか「迷惑をかけない」という言い方は伝わりにくいものになります。「○○の状況では××する」とか「相手が嫌と言う行動はしない」などの言い方で、できるだけ具体化、単純化するようにします。また、年齢や学年として、さらに高度なルールを守らせたい場合には、ルールを守るまでのプロセスを明確にして、一つ一つのシンプルなルールを守っていけば、最終的には複雑なルールを守れるという形でルールを組み立てていきます。つまりスモールステップ化です。

ユニバーサルデザインの観点

　学級の中のルールとは、お互いに気持ちよく過ごすために設定されるものです。そのため、全員が守れるものにするという前提が必要になります。どんなに頑張っても、そのルールを守る力がない子にとっては、ルールが出来上がった瞬間にその社会では反社会的行動をする人物ということになってしまいます。全員がルールを守っているという状況がまず確保されることが、クラスの一員という意識を高めますし、クラスの帰属意識を高めます。帰属意識が低いからルールが守れないのでなく、全員が守れるルールがないから帰属意識が低いままになっているということもあるのです。

■ **事例114** 最初が肝心。ルールの徹底は、視覚的に、体験的に

　１年生は、学校生活に慣れるために、様々なルールを習います。しかし、楽しいことや興味をひくことがたくさんある学校では、子どもたちは気もそぞろで、先生の話をしっかり聞くのはなかなか難しいようです。先生は、早く集団生活のルールを身につけさせたい、最初が肝心と、つい口うるさく何度も注意を繰り返しがちです。
　ルールの徹底には、２つのポイントが不可欠です。まず、視覚的にルールを示します。短い言葉、絵、記号などが効果的です。次に、体験を通して、体で覚えることです。そうしたことをテンポよく繰り返します。時々、時間を作ってルールを守る意味をゆっくり伝えることも大切です。

■ **事例115** 机の上に出すもの、置き場をすっきりさせます

　机の上の整理整頓は学習効率に影響します。道具の整理の苦手なＡさんは、授業中、机の上に使わないものがたくさん載っています。使っている道具の置き場も決まっていません。そのため、作業がやりにくそうです。そこで担任の先生は、授業の初めに、机の上に出すものを黒板に掲示することにしました。そして、置く位置も図で示しました。おかげで、机の上がすっきりしたＡさん。作業効率もあがり、物がなくなったりしなくなり、ミスが減って楽しそうに学習に取り組んでいます。教科書・ノート・筆箱などの絵のパーツを用意し、裏にマグネットをつけて自由に動かせるようにすると、さらに便利です。

第５章　学級環境のスタンダード

■ **事例116**　一目で分かるみんなの約束

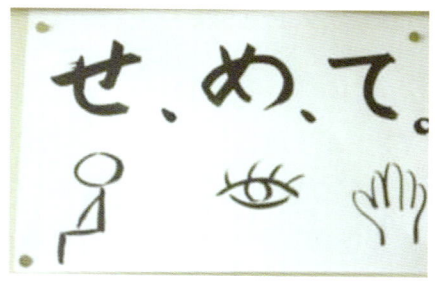

　みんなに守らせたい約束をこのように表示すれば、説明はいらないくらいです。確認も自分ですぐにできます。「約束だよ」と絵を示しながらさりげない指導もできて、不要な叱責を減らすことができます。

■ **事例117**　登校したらやること

　朝登校した時に、やるべきことがなかなかできない子どもがいます。
　そこで担任の先生は、朝することを掲示して、子どもが確認しながら作業ができるようにしました。作業をするのが苦手な子も、掲示を見ながらできるようになりました。

☆がっこうにきたら☆
・らんどせるの
　なかみをつくえに
　しまう。
・なふだをつける。
・れんらくちょうを
　だす。
・といれにいく。
・じゅぎょうの
　じゅんびをする。

■ 事例118　のんちゃん眠いの／「はしとおるくん」を見習おう

　「廊下を走らない」は学校の永遠の課題かも…。まっすぐな廊下ではなおさらです。そこで、花台を廊下の中央に配置し、その上にオランウータンのぬいぐるみを置いてみました。名前は「のんちゃん」です。「のんちゃんはねむいのです。おこさないで!!」と書いて貼っておいただけで、子どもたちはその廊下を走らなくなりました。75㎝の高さが児童の視界によく入り、ぶつかる心配もなく効果的です。時々おっとりしたぬいぐるみに話しかけたり触ったりする子もいます。子どもたちにとっては、癒しの効果もあるようです。

　また、登下校時は校庭の真ん中は歩かず端にあるアスファルトの通路を通ることになっています。雨の時などに校庭を横切ると校庭の状態が悪くなる原因になるからです。しかし、どうしても真ん中を突っ切ってしまう子どもが多く、困りました。そこで、雨の日は「はしとおるくん」と「アスファルトくん」が傘をさして登場します。これを目印に子どもたちにルールを守ってもらう作戦です。

■ 事例119　やくそく表

　子どもと一緒に頑張ることを決めて〈やくそく表〉に書き入れます。約束が守れてポイントが貯まったらできるごほうびも一緒に考えます。朝、自分で決めた頑張ることを確認し、1日意識して行動できるようにします。
　1日の最後に自分の行動を振り返り、評価します。赤いにこにこシールが目標です。ルールを守る意味を実感することになり、笑顔と自信が出てきます。

■ 事例120　せんしゅ　せんせい！

> **せんしゅ　せんせい！**
> ぼくたちは、ルールを　まもって
> せいせいどうどうと　しあいを　します。
> まけても、ないたり　おこったりしません。
> かっても、いばりません。
> どんなことが　あっても、さいごまで
> 　　　がんばることを　ちかいます。

　体育でゲームをする前に提示します。みんなで声をそろえて大きな声で言います。ゲームの目標は勝ち負けではなく、上手下手でもなく、みんなで協力して力を出すことが大切であることを確認します。子どもの中には勝ち負けにこだわってしまい、途中でやめたり、怒りを爆発させたりする子どもがいます。一人でなく、みんなで宣誓をするので、どの子にも取り組みやすく楽しんで行うことができます。

■ 事例121　見れば分かるマナー

　テレビなどの影響もあるのでしょうか、言葉遣いが悪く、人を傷つける言葉を平気で口にする子どもがいます。そこでよい言葉遣いの大事さを道徳や日常の指導で教えながら、言葉の例を教室に表示して目につくようにしています。子どもたちが自ら「今のはギザギザ言葉だよ」と教え合ったりしています。

■ **事例122　見れば分かるルール**

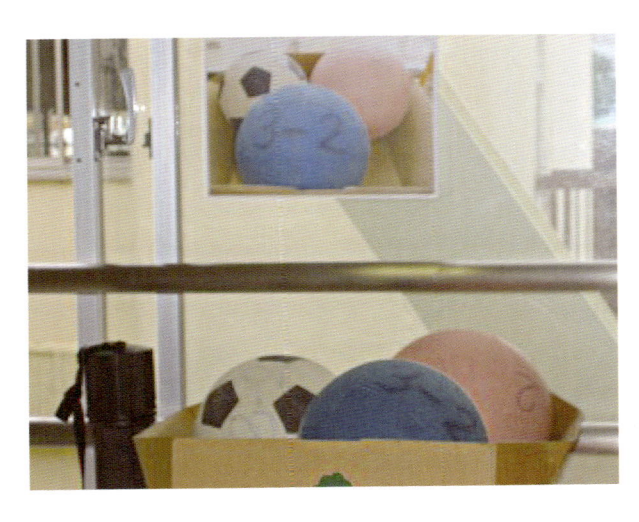

　写真は、必要最小限のしるしでルールの定着を図った例です。
　廊下の右側歩行を意識させるためにつけたしるし（よく見かけますね）、そして教室表示は絵と文字で表しました。算数ルームには三角定規と分度器の絵が、音楽室は鍵盤の絵です。
　「本はこのようにしまいましょう」「ボールはここです」「掃除用具はこう入れよう」というように、上に写真の見本を示して片づけやすいように工夫しています。

10(4). クラス内での役割（例：当番、係）について行動の手順・仕方などが分からなくなった時、実際に参照できる工夫（例：手順表、マニュアル）がされていますか。

関連するキーワード

見よう見まねの苦手さ ／ 言語化 ／ 認められる体験 ／ 社会的称賛 ／ 自己有能感

特別支援教育の視点

　クラスでの役割を果たせないことが課題になる発達障害のある児童生徒がいます。そうした問題の背景に、役割を果たす意識の低さがあることは多いです。しかし、役割をこなすための支援不足がある場合も少なくありません。項目9で説明したように発達障害のある子は、目に見えないもの、暗黙知などに決定的な弱さをもちますので、係の役割の目的や、それらをこなすための手順を明確に示す必要があります。多くの児童生徒には「見よう見まね」で覚えてしまう当番や係の仕事が、彼らには身につきにくいことがあるのです。言語化されたマニュアルがあるかどうかが、役割を果たせるかどうかの分かれ目になることもあります。クラスの中で役割が果たせるかどうかは構成メンバーとして認められるかどうかの境目になることがある大事な事柄です。分からなくなった時に参照したり、そのまま実行すれば役割を達成できるマニュアルのようなものがあると、その子の学級内での存在を支えることにもなりうるのです。

ユニバーサルデザインの観点

　役割を遂行するのが社会のメンバーとして認められる方法の一つだとすれば、役割が果たせた時には「自己有能感」を強く感じることができます。社会的な称賛が自己有能感を高めるのは、大人も子どもも同じなのです。どの子もきちんとクラスの中の役割を果たせること、果たしやすくなっていることは、見えない自信をクラス全体にもたらすでしょう。また、一人一人が役割を果たすという意識が高まると、「協力しあう関係」の土台となります。役割が明確になっていることがチームワークの基本だからです。誰もがお互いに信頼してつながれるためにも、役割を果たしやすいセッティングには十分に配慮したいと思います。

■ 事例123　日直の仕事内容がはっきり分かり、仕事の進行状態も一目瞭然

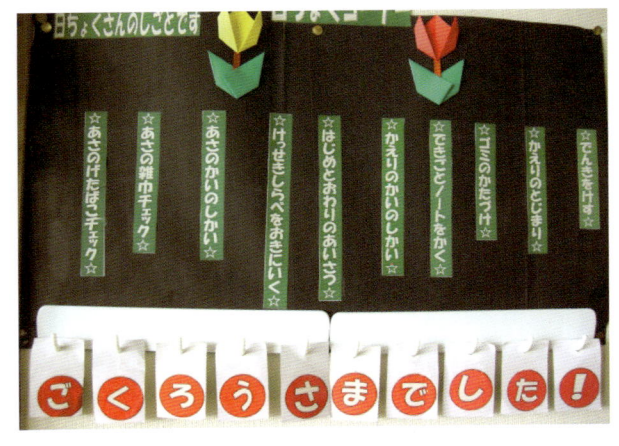

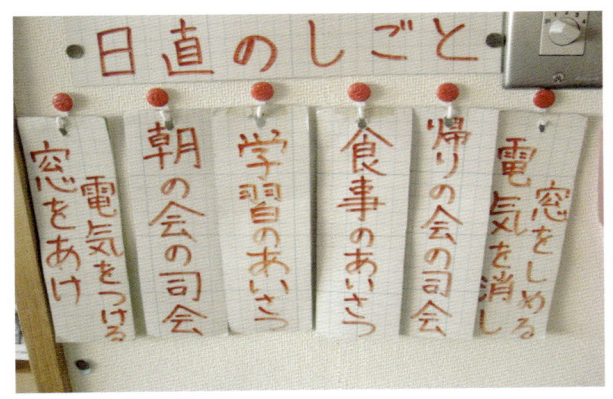

　日直は全員が経験する仕事です。責任をもって仕事を成し遂げる経験をさせようと、教師は意図的に、様々な仕事を設定します。しかし、子どもによっては、仕事内容が意識化されなかったり、確認できなかったりするために、十分な成果を上げられない場合があります。仕事を忘れがちな子は、いつもはやっていない日直の仕事は特にミスしやすいのです。そうすると、先生からも友だちからも注意を受けやすくなってしまいます。そこで今回は、担任が工夫し、日直コーナーにカード式のチェック表を取り付けました。朝は「にっちょくのしごと！」のカードですが、仕事を終えるたびにひっくり返し、帰りには「ごくろうさまでした！」の文字に変わります。みんなが係をしっかり行うと可愛らしい絵が完成するという方法も楽しいです。クラス全員で確認でき、仕事忘れがなくなります。これが仕事を終わらせた満足感につながります。

■ **事例124　当番別　仕事チェックコーナー**

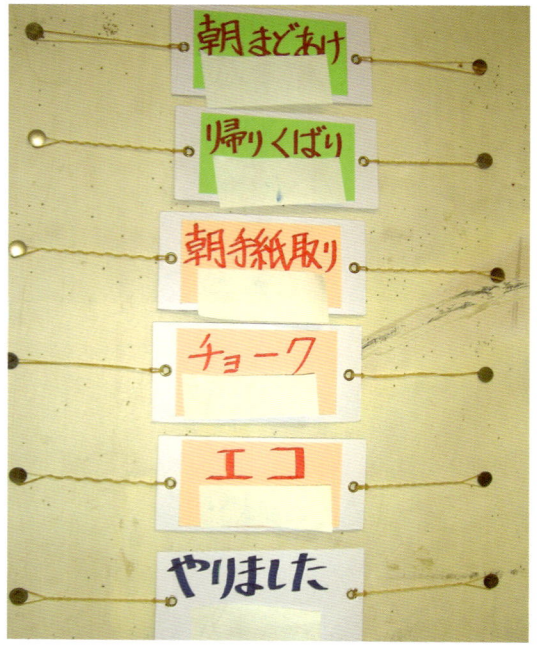

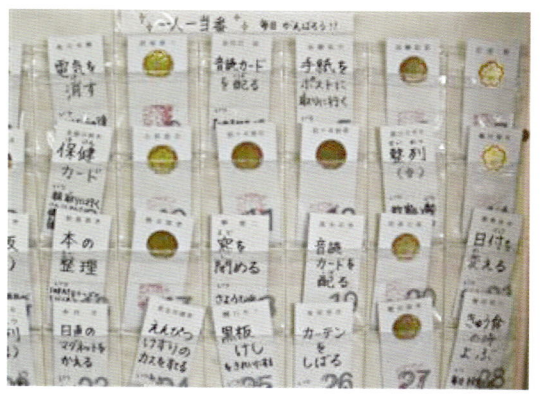

教室の廊下側の壁にカードを掲示し、表には当番名、裏には「やりました」と書かれています。係の子どもは、仕事をやり終えたら、裏に返します。カードはめくりやすいように両脇を輪ゴムで止めています。また、裏返すと金色シールが出てくる工夫もできます。こうすると、子どもたちは全部金色シールにしようと声をかけたり、協力して仕事を終えようと意欲を燃やします。

また、一人一人の写真に当番の名前を記入したものを後ろの黒板に掲示する教室もあります。仕事が終わると、子どもたちは自分で写真を下段に移動させていきます。毎日の終わりに日直が上段に移動させます。個人に任された責任感と達成感の両方を味わうことができます。

■ **事例125**
一人一役当番表。協力も大事に!

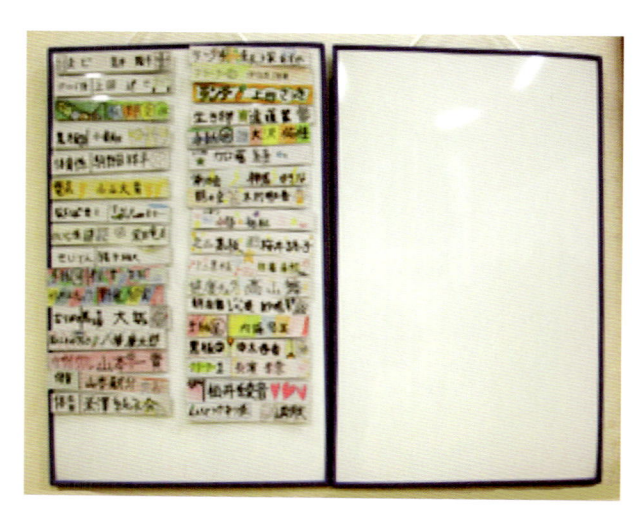

一人一人が責任をもって一つの仕事をしてほしいという思いから、私のクラスでは、36人全員が一人一つずつクラスの仕事をもっています。仕事は基本的に毎日行います。「仕事の名称」「仕事内容」「担当者名」「いつやるか」が明記してある表を貼っておきます。仕事名と担当者名が書いてある名札を、左のホワイトボードに貼ってあります。仕事を済ませたら、自分の名札を右のホワイトボードに移します。これで、誰が仕事を済ませたか、誰が済ませていないのかが一目瞭然です。友だち同士で声かけをすることもできます。

■ 事例126　分担・当番　早分かり

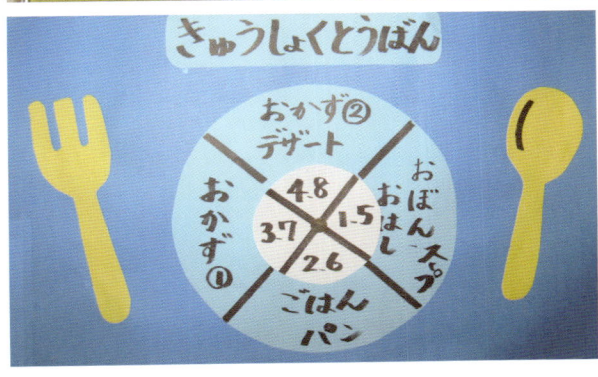

　毎日の学校生活に班や個人の仕事分担は欠かせません。子どもの分担が分からなくならないように各教室で様々な工夫があります。高学年では清掃分担表を週1回、自分たちで回す方法を採用している教室が多いです。さらに工夫して、分担場所の掃除の仕方も書いてある分担表を作ったら、仕事の共通理解ができ、仕事に集中して取り組むようになりました。

　給食当番の仕事も、毎週仕事をする人が変わり、低学年の子にとっては混乱を招きやすいものです。そこで、それぞれの児童に番号を与え、その番号と仕事内容の下にかかっている番号を見れば、自分がどう動けばよいのか分かるように掲示しました。この表を見ることで、当番のメンバーが変わっても仕事が把握しやすくなりました。また、グループ表示の表の児童氏名の近くに番号シールを貼ることで、自分の番号が分かりやすくなるようにしました。この番号は、白衣の番号と同じなので、どの白衣が誰のものかが明白になり、白衣の紛失もなくなりました。

第5章　学級環境のスタンダード　213

■ **事例127** 朝の会・帰りの会を円滑に進行できるようになることを目指す

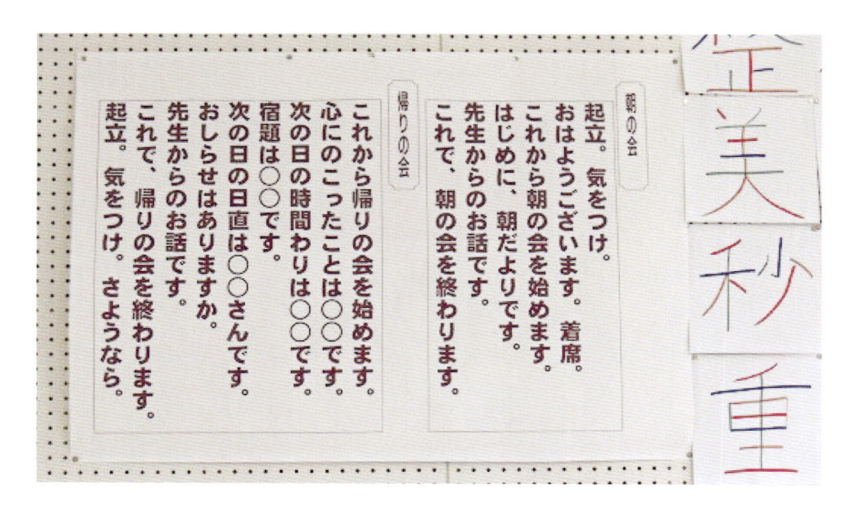

　子どもにとって学級全員の前に立ち、発言することは、緊張感をともない、うまくできないことがあります。また、朝の会や帰りの会で司会進行をすることは、臨機応変に対応することが求められるため、発表することが苦手な子どもにとっては苦痛に感じることもあります。子どもの「何を言えばよいのか分からない。」のつぶやきをヒントに、教室の後方上部の壁面に、司会の子どもから読める大きさに原稿を拡大して掲示してみました。この工夫によって、聞き手である学級の子どもに向かって誰でも話をすることができるようになりました。

■ **事例128** 掃除の仕方マニュアルあれこれ

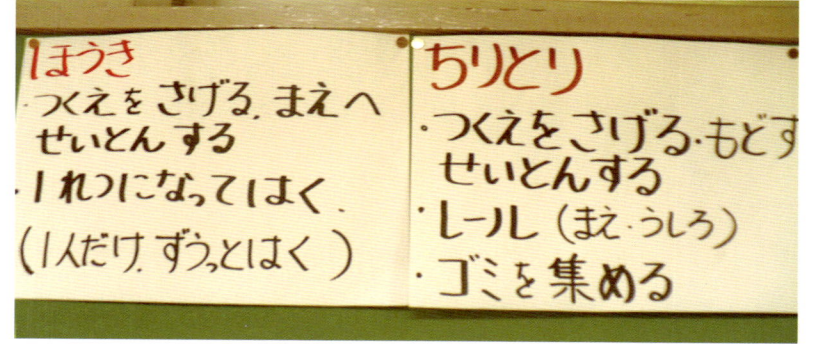

　掃除のやり方が分からないために、掃除がよくできない子どもがいます。年度初めに指導しても、当番が交代するとなかなか徹底されません。指導する側は何か所もの清掃分担を見守っているので、場所ごとの指導は難しいものです。そんな時、場所ごとに、やり方が書いてある紙が掲示してあるだけで、担当児童が変わっても、その紙を参考に清掃に取り組むことも、やり方を徹底することもできます。確認のために、始める前に読みあげることもあります。

■ 事例129　ごみ枠くん

　掃除の分担の中で、子どもたちに人気があるのが「ほうき」です。でも、家でほうきを使う経験はほとんどなく、あまり上手でないことも…。特に難しいのは、ごみをちりとりで取る時です。ごみを集める場所はだいたい決まっていても、一人一人の感覚で集めると場所が広がってしまい、取りにくくなっていました。教室をほうきで掃く時に、ごみを集める場所が決まっていると、ごみを集めやすいのでは…と考え、教室の前と後ろにビニールテープで枠を作りました。それによって、小さな範囲にごみを集めることができ、ちりとりで取る作業もやりやすくなりました。

11(5). 担任からクラス内のルールについての確認、評価を適切なタイミングで行っていますか。

関連するキーワード

ルール遵守に対する称賛／成功体験／ルールの意義の体験的理解

特別支援教育の視点

　発達障害のある児童生徒が、クラスの中のルールを守るために、人知れずに努力をしていることがあります。ルールの確認という教師側の作業には、ルールの遵守の徹底という意味もありますが、ルールについて頑張って守っていることや、継続できていることを称賛するチャンスを作るという視点でも設定したいのです。

　我々大人は「ルールは守って当たり前」というふうに考えがちです。そうした考え方ですと、ルールを守っていることに対する称賛は決して行いません。ルールが破られた時だけ叱責という形のフィードバックが与えられます。これではルールがあるが故に失敗体験が増えていくという構造になります。ルールが破られた時だけでなく、むしろ普段、定期的にできている時に、このテーマを話題にしたいのです。その時のフィードバックは成功体験を創り出すことになります。成功体験は「また、がんばろう」という意欲を生み出します。ルールを重荷と感じるのでなく、自分の価値を高めてくれるものと感じるように導くことがルールを守らせるコツでもあるのです。

ユニバーサルデザインの観点

　ルールの徹底には、繰り返しの確認が必要になりますが、上述したように、その話題が出るのはルールが守れなかった時に集中しがちです。こうしたことが繰り返されると、ルールというものが暗く、つらいものと感じられるようになります。逆にルールがよく守れている時にフィードバックをすることは、明るい雰囲気の学級作りに最適です。そうした「評価」を行うことは、ルールの意義を確認するという機能ももちます。いくら言葉で説明しても伝わりにくい「ルールの意味」ですが、ルールを守っていることで「こんなにいいことが起きている」と体験的に理解できるチャンスになるのです。ルールの確認、評価の機会をもつようにすることの効果は、目に見えませんが大きいことなのです。

■ **事例130　チャイム着席の意識付け**

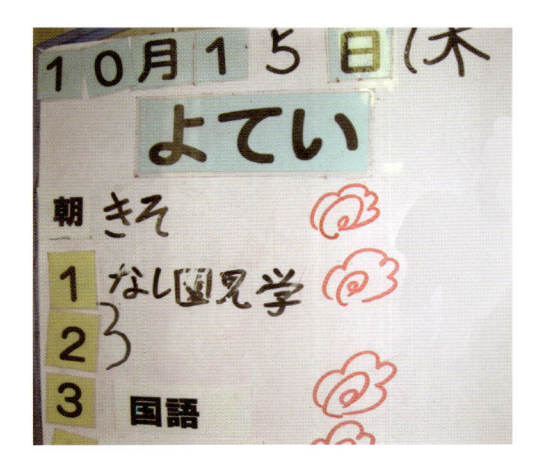

　簡単なことのようで意外と難しい「チャイム着席」。チャイム着席ができたら、時間割の横に花丸を書いていくことにしました。花丸がどんどん増えていくことが嬉しいらしく、みんな着席して、落ち着いて本鈴を迎えることができました。一学期は休み時間が終わってもなかなか帰って来ず、ぎりぎりでチャイム着席をしていた子もいましたが、二学期には、ほぼ全員ができるようになりました。すべての時間に花丸がついた日には三本締めをしています。子どもたちはそれを楽しみにしています。

■ **事例131　上級レベルをクリア!!　エコ意識を高める**

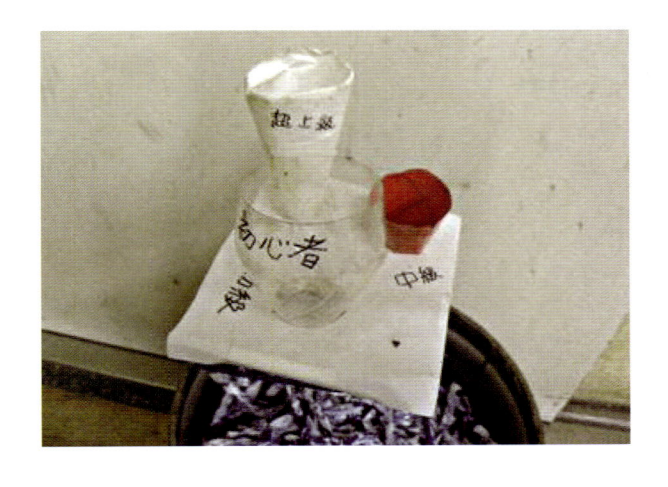

　給食の牛乳のラベル捨て。「小さくして捨てなさい」では物足りないので小さくする活動に面白みと、やりがいを加えてみました。まず、初心者用と命名してペットボトルを切って反対にしたものをごみ缶の上に設置しました。子どもたちは、楽しみながらラベルをひねりペットボトルの口を通る大きさにしてごみを捨てるようになりました。続いて中級・超上級とラベルを通す穴を小さくしていきました。ごみのかさを減らす効果はわずかですが、子どもたちのごみ少量化の意識向上には役立っています。みんな、上のレベルを自然に目指したくなるようです。

第5章　学級環境のスタンダード

4／クラス内の相互理解の工夫

12(6)．一人一人の目標を明確にし、本人に伝え、それについて一貫した指導を行っていますか。

関連するキーワード

クラスメイトの障害理解 ／ 目標に軽重はないことを伝える ／ その子なりの頑張り ／
見守りの雰囲気作り ／ 一緒に頑張っている感覚 ／ 理解されている安心感

特別支援教育の視点

　発達障害のある子を取り巻く「学級環境」は教室などの物理的環境のみでなく、学級の構成メンバー全員、つまり、クラスメイトという人的要素を含みます。学級全体の子どもたちが、発達障害のある子の状態を理解して受け入れることができれば、その子の学級環境は最高のものとなります。しかし、こうした人的な環境作りは容易ではありません。発達障害のある児童生徒がクラスにいる場合、他の児童生徒にその子の障害を伝えるのはとても難しいことなのです。例えば、LDとかADHDとか高機能自閉症とか、そうした言葉を使っても子どもたちは全く理解してくれません。こうした「概念」は大人同士が理解するための共通語でしかないのです。子どもたちに伝えられるのは、発達障害のある子が努力している方向、つまり、「目標」のみなのです。「○○くんは、△△を目指してがんばっています」という言い方で、理解を促すしかないのです。そうした言い方をするためには、クラス全体の一人一人の目標も明確にしておく必要があります。それぞれ得手不得手があって、当然、目標が違い、そこに軽重はないのだということを伝えたいのです。このような目標を設定した場合には、その目標をよく意識させるために、教師側も一人一人の目標についてできるだけ、ぶれない対応をとりたいと思います。その蓄積がその子の状態の理解にも通じ、さらに、その子もその子なりに頑張っているという、クラスメイト相互の認め合いのチャンスを作り出すことにもなります。

ユニバーサルデザインの観点

　目標を教師と児童生徒の間で共有することは「見守ってもらっている」「一緒に頑張っている」という雰囲気を創り出す効果をもちます。スポーツの世界で個人専属のコーチと選手との間に見えない絆が生まれるのは、同じ原理です。また、本人との話し合いを通じて、本人の力に応じた適切な目標を提示・設定できると「分かってもらっている」「理解してもらっている」というメッセージを送ることにもなります。また、項目11で説明した「ルールの設定のコツ」と同じように、目標は「ほめるチャンスを増やす」というつもりで設定するとよいです。目標があるから達成感が生じるという原理を最大限に活かせる工夫をするのです。

■ 事例132　一人一人の得意技を出し合って 理解を深める

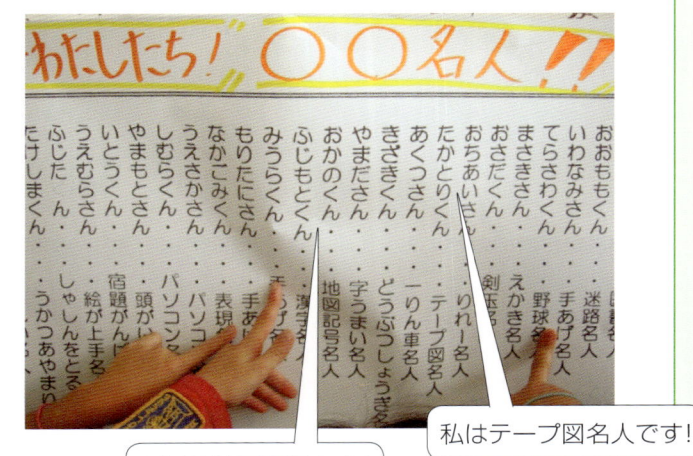

ぼくは地図記号名人！

私はテープ図名人です！

　自分に自信がもてなかったり、自分のよいところって何だろうと疑問をもっていたり、よいところを知らなかったりする子がいます。また、普段、友だちのよいところに目を向ける機会は意外に多くありません。

　担任の先生は、イラスト大会などを開き、一人一人に合ったよさを賞として認めたり、友だち同士で「○○名人だね」と相互に認め合ったりする機会を設けました。今まで気づかなかった友だちのよさを見つけることができ、さらに自分にはこんな得意なことがあるんだと自信をもつことができます。

■ 事例133　作品の掲示や、互いの作品へ相互評価を行って、理解を深める

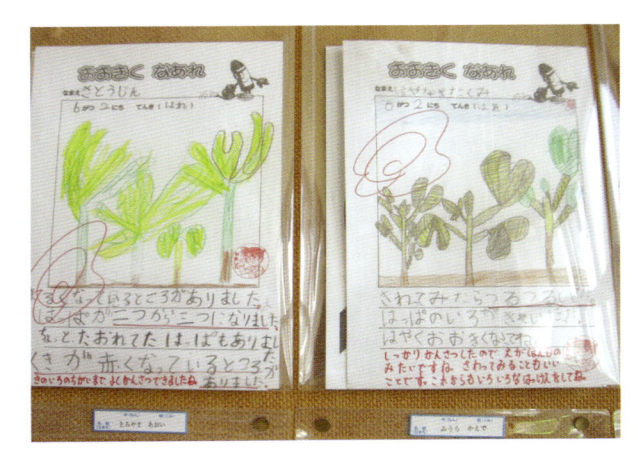

　子どもたちには、よいところや頑張ったところを、担任から認めてもらいたいという思いがいつもあります。また、友だちからも認めてもらいたいという思いがあります。しかし、授業中だけでは、すべての児童のそうした思いに応えることはできません。

　そこで、児童の作品やカードを掲示し、教師が児童に頑張りやよさをコメントとして書いていきます。さらに、友だち同士で付箋などを利用し、思ったことを書き合い貼っていきます。これらは、担任にとっても児童の学習状況の理解に通じ、子ども同士には、相互の認め合いのチャンスを作り出すことにつながります。

第5章　学級環境のスタンダード

■ **事例134　授業の中で、一人一人のよさを評価して**

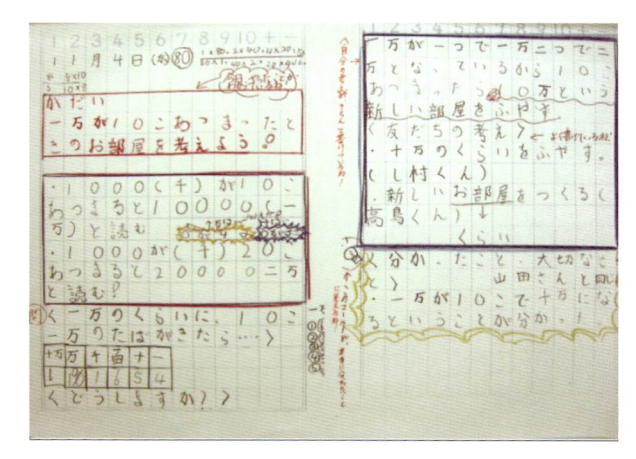

　友だちの考えや作品のよさが分からない児童がいます。よいところを知れば、友だちをより深く知ることにつながります。そこで、授業中に、一人一人の考えや作品のよさを取り上げて、具体的に価値づけていきます。すると、「○○さんには、こんな素晴らしいところがあるんだぁ～」と共感や尊敬が生まれたり、「私も真似してみよう」「やってみたいなあ」などとよいところを取り入れてみようとする様子がうかがえます。教師が手本を示して何かをやらせるより、友だちを認め、さらに子どもたちの中に自然にやる気が生まれる方法です。

■ **事例135　学級の目標と個人目標の掲示**

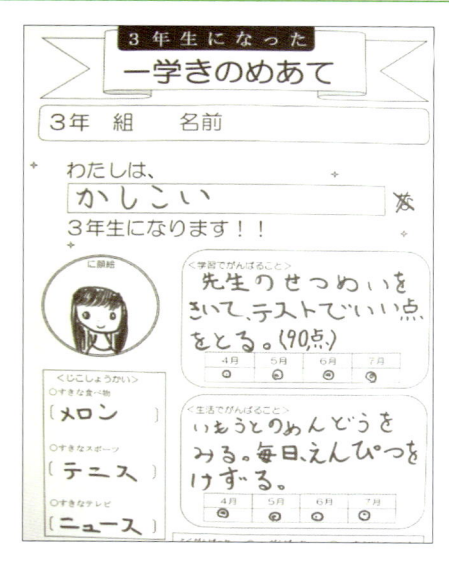

　クラスでなんとなく学校生活を送っている子や、友だちのよさを知らない子がいます。そこで、学級目標をかかげ、さらに〈自分の目標〉を作ってもらいます。学級目標をかかげることにより、クラスへの帰属意識が芽生えます。自分はクラスのために何をして、どう一緒に頑張っていくのかが明確になります。〈自分の目標〉は、一人一人、得意・不得意がありますから、当然、違ってよいのです。そのことを具体的に示してあげられます。そして、月ごとに反省を入れていくと、その子なりの頑張りや成長を見守ることができます。時々、個々の頑張りをクラス全体に示してあげると、みんなや担任から理解してもらっている安心感や、喜びを感じる機会が作れます。

■ 事例136 「めあてノート」

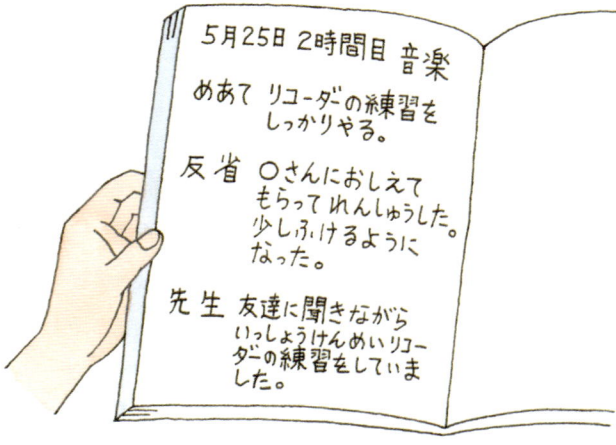

　担任がいる教室なら頑張れるけれど、専科の先生に教えてもらう時間ではうまくいかない子どもがいます。担任がいなくても、めあてをもって落ち着いて学習することができるように、授業の前に1時間のめあてをノートに書くことにしました。
　授業後、専科の先生にめあてが達成できたか評価してもらいます。めあてが達成できると何かよいことが待っています。

■ 事例137　生活目標で5・7・5

　毎日の生活目標を教室に掲示しているのですが、学級でなかなか浸透していかないので困りました。4月から生活目標を自分なりの言葉で5・7・5に書き表すことにしました。子どもたちは自分の思いや手立てを盛り込んで5・7・5にしています。並べて掲示すると互いに声を出して読み合う子どももいて生活目標が意識できるようになりました。

第5章　学級環境のスタンダード　221

■ **事例138** 「今月の目標」提示いろいろ

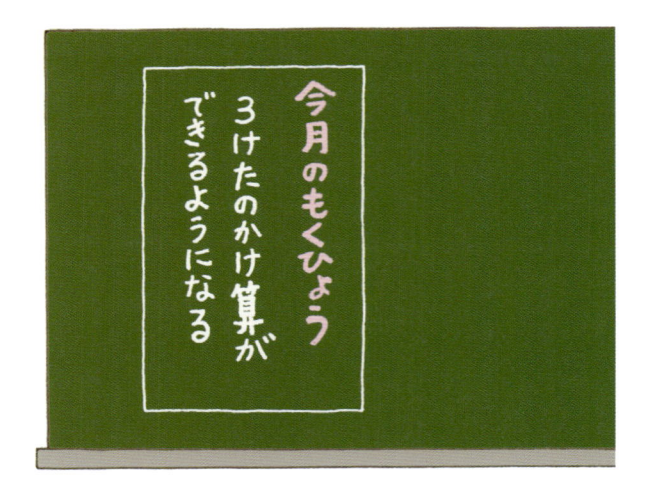

　本校では、生活月目標の掲示物の中に（　）をつくり、学級での取り組みを学級ごとに話し合って書き入れることにしました。目標を自分たちのこととして考えることで取り組み意識が大きく向上しました。

　授業のはじめに黒板の隅に〈きょうの目標〉のマグネットプレートを貼り、その下にその日の授業で学ぶ内容を書きます。

　授業の最後に〈きょうの目標〉が達成できたか、簡単に自己評価や、時には教師からの評価をします。見通しをもって授業に臨み、授業への意欲も高まります。

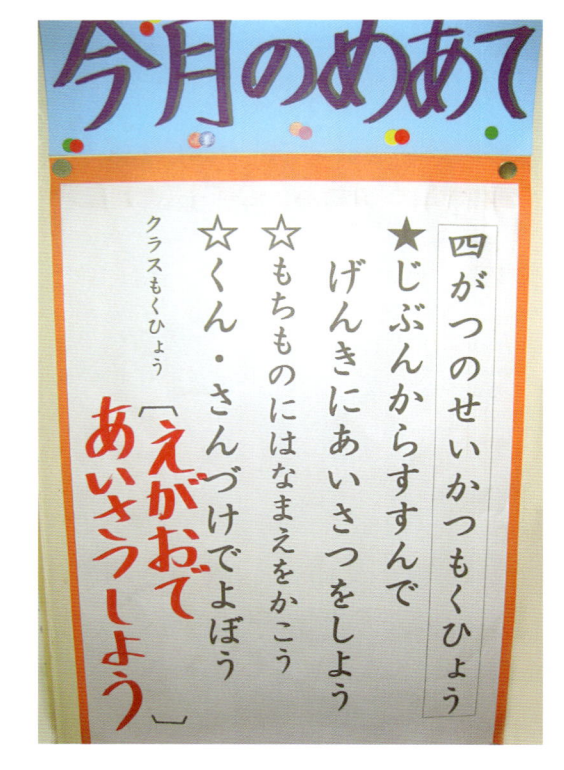

■ **事例139** 通知表「あゆみ」を一人一人ていねいに

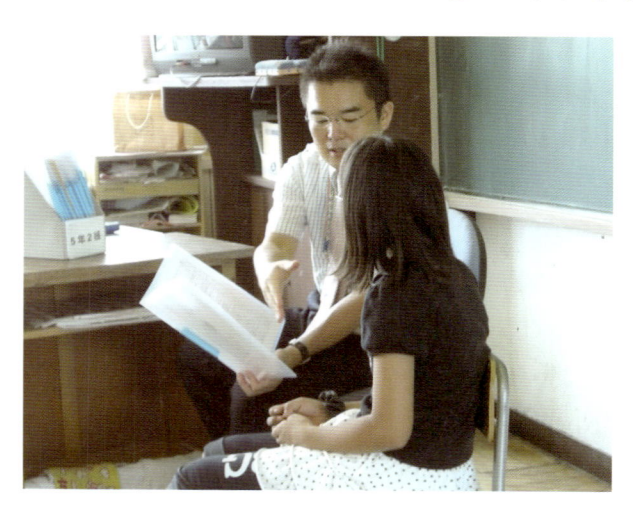

　終業式の日にワクワクドキドキの通知表が待っているのは今も昔も変わりません。ただ渡すのではなく、一人一人落ち着ける状態でよさや頑張りを認める話をしながら渡します。

　落ち着いた状態で渡せるよう、他の子どもには読書をさせたり、廊下を利用している先生もいます。

13(7). 助け合ったり、協力したりする場面を意図的に設定していますか。

関連するキーワード

ネガティブな感情への処方 ／ 助ける機会の設定 ／ 助ける－助けられる双方の体験

特別支援教育の視点

　通常の授業や集団行動の中では発達障害のある子の特徴が、周囲に「ペースを乱す存在」「迷惑な存在」と感じさせることがあります。本人には決して悪意がないのですが、多動、こだわり、ルールの理解不足などは、クラスメイトにネガティブな感想をもたせます。そうした通常の中で起きてくる事態に対しての処方として、お互いに助けたり、助けられたりする機会を作ることがとても大切です。昔からある遊びに「だるまさんが転んだ」があります。みんなオニにつかまってしまった後に、誰か一人だけが残っていて、その子がみんなを助けるために頑張っているというシーンでは、残った子が意外にも普段は頼りない子であったりすることが多かった気がします（あまり冒険をしないからオニに捕まらないせいでしょうか）。しかし、その時には、その子が最後の希望として、すごく頼りがいのあるヒーローみたいに見えたものです。オニから救い出してくれた時には、ただ「感謝！」でした。発達障害のある子は、普段のクラスの中では、助けてもらうことの方が多いかもしれません。しかし、助けてもらうのと同じバランスで人を助ける機会を作ることも、「クラスメイトからの受け入れ」という、その子を取り巻く環境作りのために、とても大切なことになります。

ユニバーサルデザインの観点

　協力する体験の大切さは説明の必要もないことでしょう。ただし、「協力する、支え合う」という関係を理解させることは、どうも言葉では伝えきれないようです。相手のペースに合わせたり、できるのを待ったり、手を貸したりという体験の蓄積があって、はじめて「協力する」という言葉に血が通います。誰もが助けたり、助けられたりしながら、素直に「協力」ということの意味が理解できるようになります。クラスの中に、助ける、助けられる双方の体験を一人一人がバランスよくもつ機会を作ることが必要です。

■ **事例140　お助けマン参上タイム（みんなができるようになるために）**

　自分の課題や作業が済んで担任から「合格」をもらったら、自分の仲間を増やしていきます。仲間で教え合います。教わった人とお助けマンは一緒に先生の確認の列に並びます。合格するとみんな担任と握手をします。分かるようになった子には「おめでとう」、お助けマンには「ありがとう」の言葉のやりとりをします。お互いの「よかった」気持ちが、次のお助けマンを増やしていきます。

　社会科が得意な子、工作が得意な子、それぞれの持ち味を活かして、みんな、お助けマンになれるように場面のバリエーションに配慮します。

　一人ではできない子がいる時は、自然と声をかけあい集まって、教えるための伝え方を色々考えている様子がみられます。時には、担任の一言アドバイスで解決したり、自分たちで解決したり、みんなでやる気になる時間です。

■ **事例141　二人組で教え合い**

　学習や教室の様々な活動の中で二人組になって教え合う機会を意図的に作っています。子ども同士である方が、教師が教えるより分かることも少なくありません。教える側にもさらに深く考える機会になります。また、教え合いを通して感謝の気持ちや友だち理解につながり、友だちのよいところや自分のよさに気づく児童が増えていきました。二人で助け合うと完成するような作業を設定すると、どの子も、誰かを助けたり、活躍したりできる場面を作ることができます。

■ **事例142** （中学校） 2種類のチェックカード（体育）

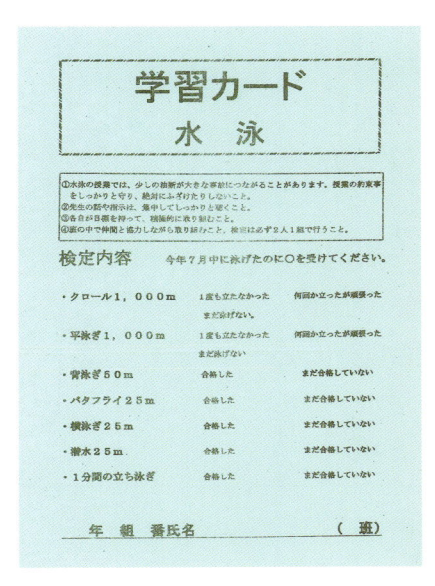

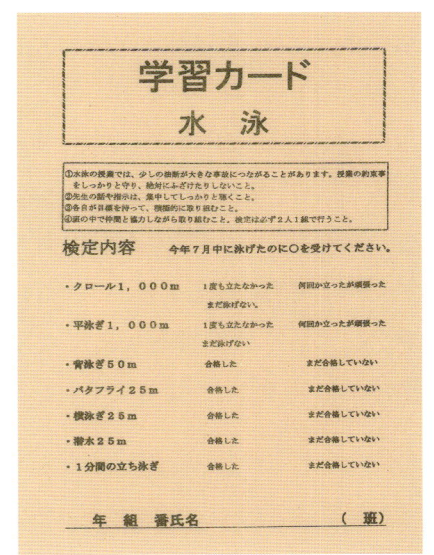

　体育の各種目に入る前に、2種類の色の違うチェックカードを用意します。赤色はできそうな種目、青色は努力を要する種目となっていて、自分で選びます。授業では、青色のチェックカードを持っている生徒は赤色のチェックカードを持っている生徒とペアを作り、できる生徒が補っていき、お互いを高めていくようにします。教師も適宜入りアドバイスをします。

■ **事例143** ありがとうの木

　感謝の気持ちを相手に伝えることはとても大切です。でも、その気持ちを持ち続けることはなかなか難しいのも事実です。そこで、お互いに感謝の気持ちを1枚の葉に書き、それを集めて「ありがとうの木」や「いいことの木」を作りました。すると感謝の気持ちから、友だちのよいところや自分のよさに気づく児童が増えていきました。この活動を通し、学級の帰属意識も高まっていきます。

■ **事例144　気持ちの温度計・イライラ度**

　自分の気持ちや気分の変動に気づくための視覚的なツールです。自分の気持ちをなかなか表せないＡ君。そのせいで、友だちとトラブルが起きたりします。そこで、自分の気持ちを顔の絵や言葉や数字で表せるようにしました。この温度計を使って、Ａ君の気持ちを説明します。その説明で子どもたちはＡ君の様子を知り、場合によっては支援をします。Ａ君も自分の気持ちを伝えることができてうれしそうです。

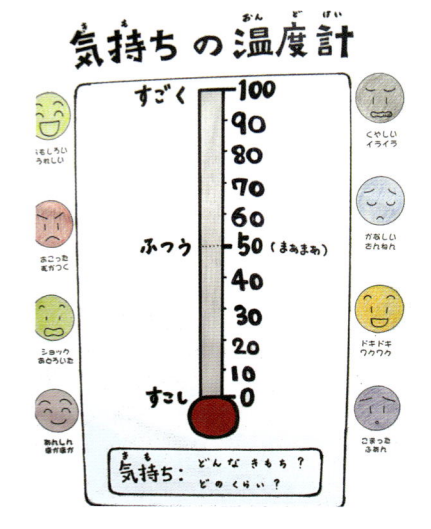

コラム 32 　現 場 か ら の 実 感

● 心 を 一 つ に

　Ａ君には、こだわりが強く、様々な変化に対応できず、周りの空気が読めない、人の気持ちを理解することが苦手であるなどが原因のトラブルがクラス内でたびたび起きていました。そんなＡ君に、わざわざちょっかいを出し、その反応を面白がる生徒も出てきたりして、なかなかクラスがまとまらない状況もあり、担任である私は大いに悩みました。

　中学校では、体育祭、合唱コンクールが２大行事で、クラスが一丸となって燃えます。特に合唱コンクールは、中学３年生にとっては中学校生活最後の大きな行事で、生徒としては、より一層、強い思いを持ちます。私のクラスでも合唱練習が続くある日、実行委員が私のところに来て、「Ａ君がいるとクラスがまとまらない。まじめに歌っていると笑い出したり、関係ないことを言ったりする。それから音取りも全然できていない」というようなことを言いました。私はどう返答すべきか悩んだのですが、二人の実行委員は、クラスのまとめ役として十分に力のある生徒であったので「じゃあ、Ａ君がいなければいいの？」とだけ聞いてみました。そして、「まずは、リーダーで考えてみたら？」と伝えました。

　どのクラスもめきめきと力を上げており、私のクラスの実行委員はだいぶ焦っていたようです。それでも実行委員は、指揮者、伴奏者、パートリーダーを集め、何日も話し合ったようです。その結果、「Ａ君が」ではなく、まだまだ音が取れていない、歌詞を覚えていないクラスメイトもいることが話題となり、名づけて「音取り大作戦」が展開されることが決まりました。音が取れている人が何人かでグループになり、音の取れていない人を教えるというもので、放課後遅くまで残り練習していました。クラス全体もその取り組みに理解を示し、協力の輪が広がる中で、Ａ君をみんなで励ますといった場面が増えていきました。それに応えて、できなくてもできるように頑張ろうとしているＡ君の姿は、クラスの生徒にとっては新たな感動であったようです。まわりに支えられ続けたＡ君でしたが、この時には、みんなの気持ちを支えることもできていたのかもしれま

せん。私のクラスは、合唱コンクール本番当日まで精一杯頑張り、見事、優秀賞（2位）をもらうことができました。

　合唱コンクールが終わっても、クラスにはほのぼのとした雰囲気が残り、笑い声が絶えなくなりました。私は担任として何をしたわけでもなかったのですが、A君のことをクラスの一員としてどう受け入れるかということから始まった合唱コンクールでの取り組みは、みんなの音程を一つにしただけでなく、心も一つにしたのだと思いました。

（中学校　教育委員会　指導主事）

14(8)． クラスの状況や方向性について、保護者会などで理解が得られるような工夫をしていますか。

関連するキーワード

必要性の有無の検討／校内委員会のサポート／みんなちがって、みんないい／保護者全体の安心感／大人としての対話の場

特別支援教育の視点

　学級環境の構成要素として、特殊でありながら、極めて重要なものに「保護者の理解」があります。発達障害のある児童生徒がクラスにいる場合に、担任として、すべての保護者の理解や協力をどう得るかは大きな課題となります。発達障害に関する知識がない保護者には、発達障害のある子が単にわがままな存在として目に映るかもしれません。この間違った認識をそのままにすると、様々な面で行き違いが生じ始めます。こうした保護者全体の理解を得るためにも、発達障害のある児童生徒の保護者と十分に状況を共有することがスタートになります。普段の密な連絡のやりとりをベースとした中で、その子を抱える環境作りの一環として、保護者会などで保護者全体の理解を得る必要がある場合には、どのように説明したらよいか（診断名を使うのかどうか等）、何を理解してほしいと思っているのかをできるだけ詳細に打ち合わせておく必要があります。ここをおろそかにすると、うまくいかなかった場合の後悔は大きなものになります。もちろん、うまくいった時の効果は相当に大きなものになります。しかし、発達障害のあるお子さんをもつ保護者の中には、他の保護者への説明を嫌う方も少なくありません。その場合にも、他の保護者への説明の必要性の有無だけは検討しておくとよい場合があります。そうした方法もあることを説明しておくだけでも、後に必要になった時に検討がしやすくなるからです。ただし、こうした話題をもち出す際には、保護者の気持ちへの配慮が不可欠になります。

以上、学級全体の保護者の理解を得るというテーマを、随分単純化して説明しましたが、この問題は限りなく、難しいテーマでもあります。担任だけの判断ではなく、校内委員会や管理職のサポートが絶対に必要になります。

ユニバーサルデザインの観点

　どの保護者も、自分の子どもにも個性があって、適応できることも、適応しにくいこともあることは知っています。「みんなちがって、みんないい」んだという姿勢を担任が示すことで、安心する保護者は多いのです。発達障害のある子のクラスでの適応についても、熱心に前向きに工夫する担任の姿は、どこかで我が子を委ねることへの安心感につながっていきます。

　そして、クラスの中には色々な子どもがいて、出会いがあって、その中で育っていくことに教育的意味があると理解してもらうことはとても大切です。同じ大人として、クラスのすべての子どもを大切にしていくという高い意識レベルで話し合える雰囲気や機会を作っていくと、保護者の中にある、子育てを通じて自分自身を高めていこうとする気持ちに響いていくと思います。発達障害の子の話題を出さない保護者会の場合にも、常にそうした担任の姿勢を示すことが、話題として出すことになった保護者会の成功のための布石となります。

■事例145　学級便りで今の子どもたちの状況を

　授業で書いた作文を掲示しておいても、保護者が来校する行事などの日程に当たらないまま、掲示物が変わってしまうこともあります。そんな時には学級便りを活用するのはどうでしょうか。

　学級便りにはクラスの様子や出来事だけでなく、ある子どもの発言がきっかけで広がった話題、授業中に書いた作文や詩、係の活動や休み時間の様子、担任が叱ったことなども含めてありのままのクラスの出来事を載せると、なかなか見えない学校生活の様子が家庭で話題になり、子どもとの会話も弾むそうです。写真をできるだけたくさん載せると喜ばれます。

■ **事例146　これ1枚で完全連絡！**

　忘れ物が続くA君は字を細かく書くことが苦手で、毎日連絡帳を書かずにいました。授業に必要なものや宿題を忘れ、先生から叱られたり、友だちからがっかりされたりしていました。ノートに漢字を練習する宿題も忘れがちなので、担任が連絡帳ならぬ連絡紙を作りました。それは1枚の中に、翌日の授業予定、持ち物、宿題の問題そのもの、お母さんへのお願いコーナーがあるので、その1枚ですべてが足ります。これでA君も毎日書けるようになり、忘れ物が減りました。そして、保護者と担任の連絡もスムーズになりました。

コラム33　現場での出会い
● 連 絡 帳 交 換 日 記

　1年生のA君は、虫やポケモンが大好きな男の子です。入学当初から、いすに座ることが苦手で、床で図鑑を見ていたり、ロッカーの上に乗ったり、好きなところに行ってしまいます。多勢の人がいるところでは緊張してしまうので、運動会や音楽会の合同練習は大嫌い。練習中は隠れてしまうこともありました。朝会の時も、並ぶのを嫌がります。授業参観ではさらに落ち着かなくなり、大きな声を出したりします。結局、クラスの中で注意されることが多くなってしまいました。

　A君は、学校でのことを家ではほとんど話していないようです。A君が自信をもって学校生活を送れるようにするためには、家庭との協力関係が必要と考えました。そこで、連絡帳にその日のA君の様子を毎日書いて知らせることにしました。「かまきりをつかまえて、嬉しそうでした」「席に着いて、漢字練習を頑張りました」「虫取りに夢中で、外から戻ってくるのが遅くなりました」など何でも、でも、できるだけよいところを伝えるようにしました。そのうちに、お母さんからもA君の家での様子等を書いてきてくれるようになり、交換日記のようになりました。結局、この連絡帳交換日記は2年間続き、A君の指導に大いに役立ちました。保護者会に来ていただけない時でも、いつも話し合って進めているという安心感につながりました。

　また、集団が苦手なA君のために、みんなが下校した後、「先生と一緒に虫取りに行くこと」をめあてにした個別指導に取り組みました。そのかわり、授業中には勝手に虫取りに行かないこ

とを約束しました。クラスの子どもたちには、「みんなそれぞれ、頑張るところが違うんだよ。A君は席に着くことを一生懸命頑張っているから、そっと応援してね」と話し、A君が仲間はずれにならないように配慮しました。

　少しずつ、少しずつだけど、成長しているA君を大人もクラスメイトも「見守る」環境を整えていくのも担任の役割の一つなのだと思います。

（小学校　教諭）

■ 事例147　連絡帳は毎日の「練習帳」

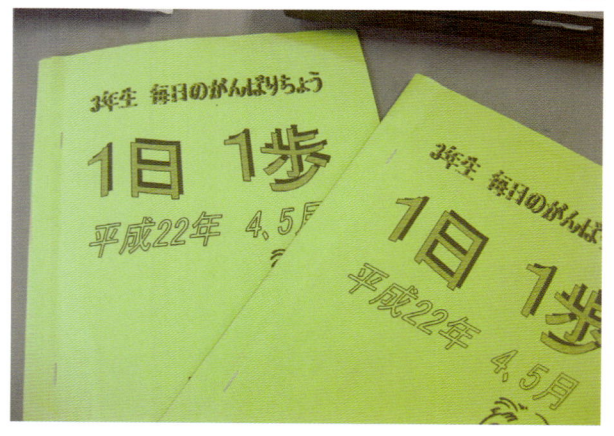

　文章を書くことが苦手な児童にとって、作文や日記の宿題は大変気が重く、いつまでたっても提出することができません。短くてもよいので書きやすい様式で、毎日書くことを練習していくことが大切です。

　連絡帳に日記欄を作ることで、子どもたちは自分のことを自由に、自分にあった量だけ書けます。保護者のサインや一言もお願いすると、家庭での様子や普段の友だち関係の把握もできて、担任と子どもたちとのコミュニケーションツールの一つとしても活用できます。

　中には子どもをほめながら、教師への感謝をつづる保護者もいて、家族同士や、家族と学校をつなぐコミュニケーション手段としても一役買っています。

コラム 34 現場からの実感
● 違いを受け入れる

　20年以上前のことです。K君という生徒が入学してきました。こだわりが強くコミュニケーションが苦手で、入学早々から中学校のシステムへの不適応や人間関係で、毎日、トラブル続きでした。校内の教員全員が、対応や指導に戸惑ったことを思い出します。最初は、本人と教員の間でコミュニケーションすらとれない状態で、小学校からの情報も少なく、トラブルが発生するたびに、本人への指導、母親との連絡と面談の繰り返しで、教員の指導も手探り状態でした。その中で少しずつ、本人との約束事を増やしていきました。そのほとんどが社会性に関わる事柄でした。今のように、発達障害の細かな概念も一般的でない時です。今にして思えば、回り道になるような指導もありました。このことは不登校の指導についての感慨と重なります。学校からの登校刺激はカウンセリングを併用しながら上手に行うという手法は、今になればごく当然なことだと思います。しかし20年前には、学校も保護者もただ一生懸命に、結果的には逆効果を生むことさえやっていたこともありました。発達障害のある生徒の指導に関しても、ちょうどそれと同じような状況であったと思います。もちろん、素手で立ち向かって、うまくいくケースもあります。しかし、それを偶然でなく必然にするには、実践事例の分析、科学的な視点などが大切なことが、K君への取り組みを思い出して、まず感じることです。

　K君への学校としての対応には、そんな試行錯誤の繰り返しがありました。それでも、少しずつトラブルが減っていきました。それは指導法が効を奏したということもありましたが、それを上回って、本人の努力とクラスの生徒の受け入れの姿勢がポイントであったような気がします。「違い」を受け入れるということです。K君は、机上にある書類を一見して覚えたり、電車の運賃を記憶していたりといった特殊な能力もありました。そのため、校外学習など、各班から計画を立てる時には、引っ張りだこでした（今のようにインターネットで調べる方法はない時代です）。成績も態度も、ある基準から決してよいとは言えないK君の有り様でしたが、その彼を一人のクラスメイトとして対等に自然に受け入れることが、あのクラスにはできていたのです。専門的な知見や科学的な視点も、「共に生きよう」とする人としての基本的な在り方を中心に据えた上で、はじめて特別支援教育の進展に寄与します。20年以上前のK君を理屈を超えて受け入れていた子どもたちに、特別支援教育は大いに学ぶべきものがありそうです。

（中学校　校長）

■ 第 6 章

学校環境のスタンダード

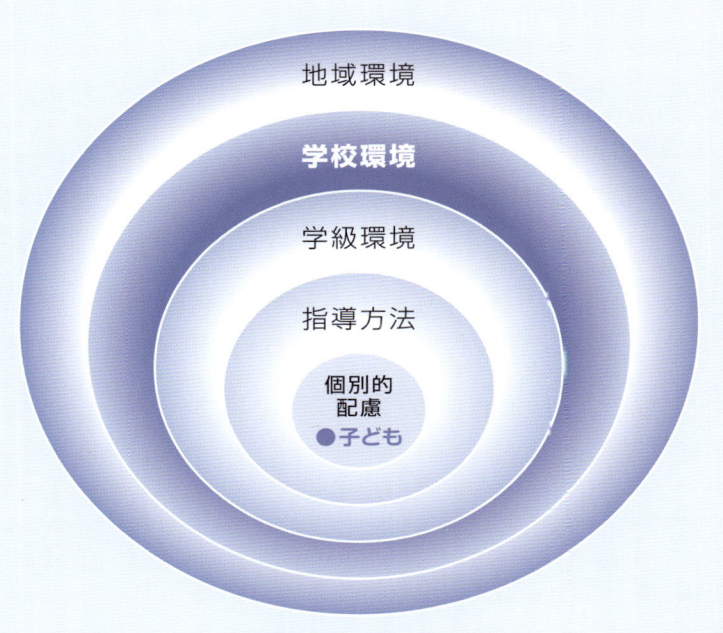

特別支援教育における「包み込むモデル」

　この章は、学級担任よりも管理職や特別支援教育コーディネーターなどの校内委員会の構成メンバーを読者に想定したものになっています。しかし、校内支援体制がどのように作られているのか、どのような視点を必要としているのかなどは、校内のすべての先生方に知っておいてもらいたい事柄の一つでもあります。なぜなら「外部環境は、その中に包み込まれている、すべての環境に影響する」という包み込むモデルの考え方からすると、この部分の環境の整備は、すべての先生方に強い影響を与えると言えるからです。

　ここで説明する「学校環境」を整備するための企画・運営の主体は「校内委員会」です。校内委員会の機能は、第2章で示したように、「組織作り」「理解・啓発」「発見」「把握・分析」「配慮・支援」「評価」「引き継ぎ」「連携」の八つに分類できます。

　また、特別支援教育のシステムに触れた第2章の内容の実現方法をまとめたものという言い方もできます。それゆえ、文章全体が堅くなりがちなので、日野市の学校での工夫例や、子どもとの出会い、実感などを現場の声としてコラムの形で少しずつ挿入しています。システムという制度面と、現場での実践面をどう結びつけていくか、工夫の数々をそこに見ることができます。

　　注記：本章の見出し番号1〜31は、26、28頁および312、314頁のチェックリストの番号に対応しています。

1／組織作り

1, 校内委員会は適切に運営できる体制(構成メンバー、頻度等)でしたか。

　校内委員会は、基本的に特別支援教育コーディネーターをはじめ、管理職、養護教諭、スクールカウンセラー、特別支援学級担任などが構成メンバーになることが一般的です。この形を基本にして、各校の実状に合わせて、構成メンバーを臨機応変に決めていくことが必要になります。例えば、大規模な小学校の場合は、低学年、中学年、高学年それぞれを担当する特別支援コーディネーターの複数体制での校内委員会の運営を行ったり、中学校では各学年からも一人（例えば、学年主任）に参加してもらうなどの工夫を行っている学校もあります。既存のスタイルにとらわれずに最も効果的に校内委員会が機能するために、どういった立場のメンバーが必要なのかを検討することが年度当初にはとても大切なことになります。

> ### コラム 35 現場での工夫
> ● コーディネーターを一人から複数にしてみた
>
> 　特別支援教育におけるコーディネーターの役割は多岐にわたっています。対象児童の把握、連絡会や全体会の運営、校内委員会の進行、スクールカウンセラーとの連絡・調整、各担任との話し合い、校外の機関との連絡などがあります。本校では、昨年度まで、それらすべてを一人のコーディネーターが行っていました。
> 　今年度は、コーディネーターを思い切って三人に増やしました。それによって、仕事を分担したり話し合ったりできるため、特別支援教育をさらに推進することができるようになってきました。様々なことを色々な立場や複数の目でみて、話し合いながら進めることで視野が広がり、思いがけない気づきと発展もみられました。
> 　三人で話し合う時間の確保、仕事の分担、共通理解のための資料の分類などの課題について、一つ一つさらなる工夫をしながら、複数で進めるよさを生かしていきたいです。
>
> 　　　　　　　　　　　　　　　　　　　　　　　　　　　　　　（小学校）

2, 校内委員会の開催間隔は適切であるように設定しましたか。

　この項目のポイントは、①特別支援教育に関する作業スケジュールをよく検討しておくこと、②公式に学校運営のスケジュールに組み込んでおくことなどになります。

①については、事前に決めることを校内委員会の会議日程だけにしてしまって、1年間の作業スケジュールや内容などを明確にせず「時間がある時に」などといった考え方で臨んで失敗するケースを時々目にします。また、②については、管理職の特別支援教育に対する意識が大きく影響します。1年間の見通しをもって、より良いタイミングで、校内全体の課題であるという意識で校内委員会の開催が行われるようにしておきたいと思います。263頁には1年間の校内委員会のスケジュールモデルを載せています。必要に応じて参考にしてください。校内委員会は、1年間を通しての活動になります。しかし、割合に仕事が落ち着いている時期と繁忙期とがあります。実態把握の更新や、個別指導計画の作成時期などは特に仕事量が多い時期と言えます。こうした時期には複数回、校内委員会を開催できるように事前にスケジュールを組んでおくなど、柔軟に開催時期を決定することも校内委員会が有効に機能するためには大切になります。

　また、あくまで一つの目安ですが、校内委員会の年間の開催頻度を調査した研究では11〜15回という学校が最も多かったです。こうした公式な会議とともに、それ以外に、短時間での簡素化した情報交換会議などの機会を作る学校も多いようです。

コラム 36 現場での工夫
●〈分担〉と〈計画〉で委員会が「楽に開ける」工夫を

　本校の校内委員会は木曜日と決めています。日々仕事に追われがちな中で、年間計画にもきちんと位置づけることで校内委員会の時間を保障しています。しかし、はじめのうちは1回終わるたびに「来週の開催はどうしよう」と悩みました。なぜなら校内委員会のメンバーはそれ以外にも多くの仕事や責任を抱えていて、校内委員会の仕事が傍から見ても負担になっていると思えたのです。メンバー全員がやりがいをもって楽に仕事ができる工夫が必要でした。そのために具体的な工夫を二つしました。一つは「仕事を細かく分担する」ことです。例えば、校内委員会では話し合われた内容を職員室の先生方に知らせる「校内委員会便り」を出します。ここは新卒2年目の教師に任せました。彼女は得意のパソコンを活かして、毎回、素敵なおたよりを出してくれています。二つ目は「やるべきことを1年間の計画表にして、毎回、あれこれ考えなくてもできるようにする」ことです。計画表のお陰で会の進行もスムーズになりました。こんなふうに限られた時間をやりくりして検討した校内委員会の働きかけが、子ども、保護者、担任に有効な支援となっていると感じられる時には、心から苦労が報われる感じがします。

（小学校）

3，他の部会等との共同開催で情報共有、整理を行いましたか。

　発達障害のある児童生徒の学校における不適応の内容は多岐に渡って生じます。そのため、ケースによっては「教育相談」や「生活指導」という認識で対応されている場合もあります。しかし、例えば不登校の状態でも、背景には発達障害があって学校での不適応が生じていたり、生活指導上の対応を要すると考えていた子が、実は発達障害があって、長期間のつまずきから生じた二次障害の結果として問題（例えば、非行）に至っていたりします。こうしたケースは教育相談と生活指導の「どちらか」という視点があまり役に立ちません。「どちらも」該当するからです。そのため、教育相談、生活指導との合同開催などの機会も作り、両方の視点から運営できる工夫をしてみると、大変、有意義な検討が行えることがあります。

コラム 37　現場での工夫
● 会議のもち方

　本校（中学校）の校内委員会は、毎週木曜日に時間割の中に位置づけておいて、定期的に開くことにしています（それでも、全員が集まることができないのは残念なことです）。しかし、その校内委員会は、教育相談部会を兼ねていて、不登校関係の課題も含めて情報交換をするため、話し合う件数が多く、そうした生徒の存在の認識のみで終わってしまうことがあります。そのため、不登校関係の〈F会議〉、特別支援教育関係の〈T会議〉と隔週でそれぞれにウエイトを置いて話し合っていくという工夫をし、毎回深まった話し合いができるようにしています。

　この工夫によって、支援を必要としている生徒は誰なのか、どんなつまずきで苦しんでいるのかなど、一人一人を理解する機会を増やすことができて、具体的にどんな支援ができるのかについても考えられるようになりました。今後は、もっと巡回相談を活用するなどして専門家の意見も聞きながら、担任・保護者とともに考えていける校内委員会にしていきたいと思っています。

（中学校）

4, 校内委員会の構成メンバーの他に その時に必要な人物（担任、前担任、介助員などその子をよく知る人）に 校内委員会へ参加してもらいましたか。

　項目1でも触れましたが、校内委員会の組織作りは、有効性という観点から、臨機応変で柔軟な組織であることが望ましいです。特に、ある一人の児童生徒について検討したり、対応について決定する場合は、対象となっている児童生徒に関する情報ができる限り正確になるように、また、対応の方向性が適切なものになるように構成メンバーを組織する必要があります。レギュラーメンバーだけでなく、そのとき限りで、対象となっている児童生徒の学級担任の参加はもちろん、前年度の担任、介助員など、その児童生徒についてよく知る人たちが参加して、多面的に検討できるような工夫をしたいと思います。

コラム 38　現場での工夫
● 担任が抱え込まないように

　特別支援教育を行っていく上で、大切なものの一つに組織作りがあります。本校では、校内委員会を月1回以上必ず実施し、なるべくスクールカウンセラーが参加できるように設定してあります。スクールカウンセラーが校内委員会に出席して専門的な立場から助言してくれることで、課題解決への糸口がみえてくることがあるからです。また、養護教諭の参加も大切です。担任一人が悩んでいる内容に養護教諭が知る情報も加味することで、より立体的に子どもの様子が見えるようになり、学級の中からだけでなく、組織全体の視点につなげやすくなるようです。校内全体の視点をもつと、例えば、巡回相談や外部の専門機関との連携などを検討する時につなげやすくなります。また、学級担任だけでなく、様々な立場の教員が関わることで、保護者の協力も得やすくなることもあるようです。そして、なにより学校全体で共有することで、一人で悩みを抱え込みがちになる担任の負担感を軽減させることができるのです。

（小学校教諭　特別支援教育コーディネーター担当）

5, 校内委員会で検討された結果、得られた結論を校内で有効に活用、機能させましたか。

　校内委員会は特別な支援を要する児童生徒についての検討がなされる場です。ここで話し合われた事柄は、実際の支援に結びついて初めて意味をもちます。検討結果をただの話し合いで終わらせずに、有効に活用する方法としては、①検討結果をできるだけ個別指導計画に反映させる、②校内への周知に関しては状態の説明のみでなく、その理由にも触れ、全員に納得してもらう、③周知するための方法について決めておく、などがあります。③について、例えば、定例の職員会議の中で、5分間だけ特別支援コーナーなどを設けてもらって、現在、話し合われている児童生徒の様子や、支援の実際、配慮の要請などを行う工夫をしたり、「特別支援だより」などの通信を定期的に出すなどの工夫をしている学校も見られます。この項目の必要性は言うまでもありませんが、やはり、その実現には苦労があるでしょう。各校の実態に合わせて、ぜひ、様々な工夫をしてみてください。

2／理解・啓発

6, 校内委員会として発達障害等の理解に必要な資料、文献等を校内の教員に対して紹介をしましたか。

　文部科学省のガイドラインでは、特別支援教育コーディネーターや校内委員会の役割の一つとして「校内の教員への啓発」に触れています。その活動の中心になるのは次の項目7のような校内研修会ということになるのだろうと思います。ただ、こうした特別な時間を作るということ以外にも、日常的な活動として「情報、資料の提供」を行うことを心がけると、校内の先生方の知識が増え、結果的に子どもを包み込む環境に貢献することになります。各校の特別支援教育や発達障害に関する理解状況に応じて、関連する資料や文献を紹介したいと思います。その第一歩としては、コーディネーターとして参加したコーディネーター研修会等の資料の活用などでもよいと思います。少しずつ、様々な所から入ってきた、多面的な情報を校内に向けて発信するとよいと思います。

　情報提供を効果的に行うコツは、校内でその時に問題や課題となっていることについて、各教師にタイミングよく提示することになります。資料や文献は、問題意識がない時にはなかなか読まないことも多いからです。こうしたタイミングを見計らって「校内委員会だより」などで要点を説明した文

章とともに、もっと詳しく知りたい先生に参考になる文献紹介などをすると、読んでみようと思う先生は必ずいらっしゃいます。こうしたタイミングを逃さないためにも、コーディネーターの先生方は普段から最新情報への関心を向け続け、色々な文献についての感度も上げておいていただきたいと思います。

> ### コラム 39 現場での工夫
> ● これも"ユニバーサルデザイン"なんだね
>
> 　冬休みの職員会議で、冒頭の時間を少しだけいただきました。校長先生のお考えで、特別支援教育におけるユニバーサルデザインの考え方について、職員全体に理解を深めてもらおうというねらいです。コーディネーターが各教室を回り、発達障害の特性がハンディキャップになりにくい様々な工夫を見つけて、写真を撮っておいたものをスライドの形でプロジェクターに投影して、各先生方に「こうした工夫がユニバーサルデザインと言えるそうです」などと説明し、全職員で確認するという時間にしました。
>
> 　これまでは、意識することなく、子どもたちのためにと先生方が自然に工夫されていたことが、特別支援教育を必要とする子どもにも、そうでない子どもにも温かい「支援」になっているという認識をもってもらうことで、それぞれの実践に自信を深めたり、新たなアイデアへのよい刺激になったりと有意義な時間を作れました。
>
> 　　　　　　　　　　　　　　　　　　（小学校教諭　特別支援教育コーディネーター担当）

7, 校内委員会として、専門家等を招いての各教員に対する校内での研修会、あるいは学習の機会を設定しましたか。

　最新の情報や専門的な情報を最も得やすい方法が、専門家を招いての校内研修会と言えます。校内研修会についても、テーマを明確にして、校内の関心・状況に合わせてタイミングのよい企画を行いたいと思います。研修会は、テーマが明確でないと折角の時間も主旨がぼやけることが多いです。さらに、そうなると、受講している校内の先生方の気持ちには不毛感が生じ、その結果、かえって特別支援教育自体への関心が薄らいだり、抵抗感を感じるようになることすらあるようです。

　研修会開催に先立って、講師に対しては、①研修会の目的を明確に伝える、②内容について講師のアイデアを聞き、やりとりをする機会を設定する（電話、メールなどを活用して）、③場合によっては、校内の課題や状況などを簡単に伝えておく、などの工夫が有効になることが多いです。

> コラム **40** 現場での工夫
> ● 講師が見つからない時は、校内の一人一人の先生方が「講師」
>
> 　本校では、全職員が全校児童を理解し適切な対応を行うことを目的として、毎週火曜日16時45分から15分間を生活指導連絡会として、様々なことを報告しあう形で共通理解を図っています。また、毎学期1回の生活指導全体会では、担任から実際の支援の状況について報告してもらっています。
>
> 　今年度の2学期の生活指導全体会では「他の先生方の指導方法を学ぼう」という目的で、指導上のことで悩んだり困ったりしたことを出し合い、テーマを絞って小グループでブレインストーミングを行い、それを模造紙にまとめて発表しあいました。他の先生方の指導方法を聞き知識を増やしたことにより、自らの今後の指導に生かしていこうという気持ちが高まりました。
>
> 　講師の先生を招いてお話を伺う研修会もよいですが、こうした校内の先生方同士で学びあう場をもてたということも大変よかったです。このような機会の設定は、今後も続けたいと思います。
>
> 　　　　　　　　　　　　　　　　　　　　　　　　　　　　　　（小学校　校長）

8, 各担任による個々の児童・生徒理解を深める機会（事例検討会等）を作りましたか。

　研修会の中でも、より自分の問題に引き寄せて考える機会となるのが「事例検討会」です。校内委員会の活動自体が、広い意味では事例検討会の要素をもっています。ただ、校内委員会は、実態把握の整理や、個別指導計画の記載内容の決定などの実務的な任務があるために、自由な発想で色々な視点からの発言がしにくい部分があります。その点で、純粋な事例検討会では、試行錯誤を含めて多彩な発言も可能になるため、見落としていた事実や視点を見つけたり、取り戻したりすることが可能になります。また、目的を明確にして行われる校内研修会と違って、会のサイズやメンバーなどの調整も容易です。学年単位、関係者だけなど、多彩な規模で柔軟に行えます。そうした会で検討された事柄は、それっきりにせず、部分的にでもあとで個別指導計画などに反映されることがベストです。また、事例検討会のもう一つの利点は、担任が一人でその子の対応で困っている具体的事実を複数の人で共有する点にあります。これによって、担任の孤立感、負担感が軽減できる効果が期待できます。ただし、担任の本当の行き詰まり感は、最終的には具体的な「手だて」が得られることで軽減します。大変さを愚痴っただけで終わることがないように、具体的な支援方法を中心とする検討の場になるようにすることも留意点の一つです。

9, 校内の教員に対して、発達障害等の理解に必要な学校外の研修等の参加を促しましたか。

　特別支援教育に関する研修会は、決して多くはありませんが、最近では自治体主催、学術団体・大学主催、親の会の主催などの研修会が増えつつあります。こうした校外の研修会の情報を校内に伝えていくことも意義のあることです。校内だけで行われる教員を対象にした研修会と違って、様々な教育的立場の人に向けての内容であったり、教育関係者以外の人も参加する研修会は、普段、どうしても目の前の自分の教育活動一色の中で狭くなりがちな視野を広げる効果が期待できるからです。こうした情報は、特別支援教育などに対してアンテナをはっているコーディネーターや校内委員会のメンバーでないとキャッチし損ないがちでもあります。ぜひ、情報発信の中心に校内委員会があるようにしていただきたいと思います。

　ただし、外部の研修会に対しては、前向きに活用する人と、あまり参加しようとしない人とに分かれる傾向があることも否めません。特別支援教育はどの教師にとっても必要な視点であることを改めて確認して、できるだけ多くの人に学びの機会をもってもらい、いつも新鮮な発想をもって子どもに対する気持ちを維持し続けてほしいと思います。

3／発見

10, 気になる児童・生徒について、校内委員会に各担任から報告される機会を作りましたか。

　校内委員会の活動の成功・不成功は、各担任と校内委員会との連携がスムーズであるかどうかにかかっていると言っても過言ではありません。これをいかに実現するかが校内委員会の工夫の中心なのかもしれません。

　校内委員会にとって各担任に対する年度最初のアプローチは、前年度から引き継がれている校内委員会の把握リストに載っている児童生徒に関する状況と方針を確認することから始まります。この作業は丁寧に行いたいと思います。なぜなら、校内委員会と担任との連携のスタートとなるからです。ただし、この作業を個々の担任と校内委員会とが一人一人に行うことは、あまりに時間がかかり過ぎる面があります。そのため、各担任が自分に関係のある児童生徒の実態把握票と個別指導計画につ

いて、各自確認をするという形にならざるをえないことが多くなります。しかし、「時間のある時に見ておいてほしい」などの対応では、やはり見落としを起こしがちになるようです。やはり、校内委員会が主導する形で全体会などを開催して、校内全体の作業として行うことが有効なようです。こうして、校内委員会が見守り続けている児童生徒に関する情報を担任との間で共有できるようになると、校内委員会と各担任との連携のパイプが出来上がります。そうなると、校内委員会がまだ気づいていない、課題のある児童生徒についての気づきの情報が、担任から校内委員会に報告されやすくなります。上手にスタートが切れた後にも、校内委員会は常に各担任との連携のための開かれた場であることを発信し続けることが大切になります。

コラム 41 現場からの実感
● 校内委員会で、全校児童一人一人をみています!!

校内委員会には学級担任から様々な相談がもち込まれます。ある担任からは、指示を聞かない児童が複数いてどうしたらいいかと相談がありました。「うるさいところで先生が指示を出しても聞いていないから、必ず一旦静かにさせてから、ゆっくり短く明確に伝えるようにしたらどうでしょうか。静かにならないようなら、とりあえず、黒板に順をおってやることを書いていって、指示を徹底させていくというのはどうでしょう?」と、発達障害の特性に詳しい先生からの意見。

「校長先生、中休みが終わっても、教室になかなか入れないということなので、その時間から、補助の先生についてもらうようにはできませんか?」とコーディネーターも意見を言います。「体育を学年全体の合同体育として行い、規律のある中での学習でルールを意識させていくといいと思います。学年として対応は可能ですか?」と、校長先生も突破口となるような教育方法を探ります。

ある時には、学級の中では決して目立たないけれど、学習のつまずきを抱えて一人苦しそうな児童の話題が出ました。「2年生のBさんについては、専門機関からの心理検査の結果からも、場にあった会話ができないことなどが指摘されています。助詞の使い方が理解されていないので、絵に吹き出しをつけて、話す内容を考える学習に取り組んでみるといいと思います。文に表し、助詞の指導もできるといいですね。学級で元気に勉強できるくらいの自信がつくまでは、個別的な学習機会を作るのもいいですね」とコーディネーターが切り出します。「席を前にして担任の目の届くところで、スモールステップで細かく指示を出して指導することで、学習内容を理解し授業についていけるのではないでしょうか。しばらくその方向で様子を見ていくことにしては?」と、学年主任の先生から現実的な新たな意見も出てきます。

こんなふうに、学級担任一人ではなく、多くの教員が一人の子どもへの支援をそれぞれの立場を踏まえた上で検討していくことには、限りない可能性が秘められています。その舞台が、校内委員会なのでしょう。何時間あっても足りない校内委員会ですが、現実の制約の中で、多くの成果を出していく工夫をどんどんしていきたいと思います。

（小学校教諭　特別支援教育コーディネーター担当）

11, 校内委員会の中で気になる児童・生徒について
専門的視点から検討する機会（巡回相談の利用等）を作りましたか。

　校内委員会で行われる検討内容は、実態把握票や個別指導計画への記載など、校内全体の正式なコンセンサスを得ることを目的にしたものになります。そのため、現場だけの感覚でなく、専門的な視点も加味した検討を行いたい場合が多くなります。その場合、巡回相談と校内委員会のタイミングをうまく合わせると専門家を参加させた形での校内委員会を実施することができます。項目4では、しかるべき立場の人に校内委員会に入ってもらうことの必要性を述べました。外部からの参加者という点で、その応用の形と考えることができます。ただし、専門家は外部からの、その時だけの校内委員会の参加になります。そのため、他のメンバーに比べるともっている情報量に違いがあります。専門家を十分に活かすためには、検討の場での上手な説明や有効な資料の準備をしたいと思います。また、こうした方法を用いる時の心構えとして、専門家の言うことを絶対的なものと思わずに、ある側面から見た時のヒントとして「よく聞く」という姿勢がちょうどよいと思います。なぜなら、専門家自身も、自分の発言が鵜呑みにされるよりも、上手に活用されることを望んでいるからです。

12, 気になる児童・生徒について
校内委員会の把握児童・生徒としてリストに載せましたか。
　　　昨年度まで継続されてきた把握児童・生徒数（　　　　）人
　　　今年度、新たに追加された把握児童・生徒数（　　　　）人

15, 把握リストに載った児童・生徒について
実態把握票を校内委員会と担任が協力して作成しましたか。

　校内委員会で把握している児童生徒は一覧にして校内委員会のリストで管理することになります。これを、本書では「把握リスト」という言い方をしています。ただし、校内委員会で把握しているかどうかは、「実態把握票」が作成されているか否かで明確になります。校内委員会で検討され「見守る」ことが必要と判断された場合には、実態把握票を作成し、初めて校内委員会で把握した児童生徒と

いうことになります。実際にリストを作って管理するかどうかは運用上の利便性に過ぎず、各校で決めることになります。

このように、実態把握票は校内委員会がその子への見守りをスタートするための大変重要な役割を担います。さらに、その後の実際の支援についても、実態把握票の記載をベースに行われていくことになります（例えば，個別指導計画の作成）から、その役割の重要性はますます高まります。そのため、実態把握票には、できる限り客観的で正確な記載を行う必要があります。実態把握票の記載は担任が責任をもって行います。その時に、書き方として、専門的な視点で記載しておくとよいことや、次年度以降の資料としても活かせるような視点を必要とすることがあります。こうしたことを担任に期待し一任するのは過重な要求となりがちです。支援のスタートを担い、数年間に渡る支援のバトンの役割をもつ実態把握票の記載内容については、校内委員会が積極的に担任と協働して作成していく姿勢を示すべきものと言えます。

コラム 42 現場からの実感
● どうしてなのかな？

教員になって10年目になります。今まで、小学校・中学校両方の特別支援学級の担当教員として、その他の様々な立場でたくさんの子どもたちと出会い、その保護者とも出会い、学習または生活、対人関係の課題を抱えている子どもたちを多く見てきて、いろいろな勉強をさせてもらいました。

特別支援学級で
　A君。いつもニコニコしていて、クラスの子だけではなく、われわれ教員も元気づけられる子でした。ある日、教室から外を眺めて、困惑した表情をしています。
　「○○君。どうしたの？ 授業中だから目は（話をしている）先生の…」と言いかけ、彼がどこを見ているか窓の外に目をやった瞬間、私ははっとしました。
　1年生がアサガオの鉢を運ぼうとしていて、転んでいたのです。A君は、「あ、あ、大丈夫かなぁ。痛くないかなぁ」と片手を口に持っていき、心配な表情をしています。
　そこに主事さんがかけより、一緒に鉢の支柱を直したり、怪我がないか確認している様子を見て、心から「よかった」という言葉をつぶやいたのです。

初任者の時に
　Bさん。授業を始めようと教室に入った瞬間、その子がぶるぶる震えて、目から今にもこぼれ落ちそうなくらいの涙をため、私のことを見ています。「どうしたの?」「具合が悪いの?」「おこったりしないよ」「さっきの休み時間、なんともなかったよね?」。私は、なぜこの子が涙をためているか分からず、いくつもいくつも矢継ぎ早に質問し、彼女からの回答を待ちました…。数日して気づきました。算数の教科書を見てこの子は泣いていたのです。

夜間中学校で

　CさんとDさん。私の親よりもはるかに年齢が高い在日外国人のCさんは昼は仕事をして、夜日本語（読み書き）を習いに登校してきます。Dさんは、不登校で中学時代を過ごし、高校1年相当となった今、通信制の高校に入るべく、こつこつと登校してきます。小学校低学年で使うドリルに一生懸命、取り組むCさん。自分の勉強が終わり、休み時間になってからCさんに寄り添い、「あ、Cさん、こっちは合っているよ。できるようになったんだ。すごいじゃん。でも、ここはね…」とほめて、教える、頑張りのプロセスをフィードバックする、私よりずっと若いDさん。

　決して生きやすい時代とはいえない社会に飛び込んでいく子どもたちが、教科の学習や、人とのかかわりの難しさ、楽しさを学習する貴重な小学校中学校の9年間。教師は「この子あるいはこの子たちのために」と思い、いろいろな支援をしています。しかし、どの子も、その表情や行動には深い理由があることを知ってはいるのに、確認をしないで支援をしてしまうことがあります。

　どうしてニコニコしているのか？　どうして心配そうな表情をしているのか？　どうして泣いているのか？　しっかりと受け止めていくことが、われわれ大人には求められていると思います。親であれ、教師であれ、立場は違いますが、一人一人の子に幸せになってほしいという思いがあります。その共通した思いを実現させるために、身近の子どもたちの表情や呟きをしっかりと聞いてあげたい。特別支援教育のみならず、教育の原点はそこにあるように思います。

（中学校教諭　特別支援学級担任）

13, 校内委員会の把握リストに載っている以外の児童・生徒についても、学習状況等の把握が適切に行われるように働きかけをしましたか。

　この作業は実質的には項目14での作業の一環です。常に、校内委員会の把握に漏れている児童生徒がいないかということについて注意を払う必要を述べたものです。障害の特徴によっては、集団の中で目立たなかったり、学年が上がらないと見えてこない子もいます。担任に対して、少しでも気になる子がいたら、気軽に校内委員会に報告してほしいことを普段から校内全体に発信しておくことが必要になります。そして、そうした報告を受けたら、校内委員会は、できるだけ早く、巡回相談を活用したり、複数の目で状況を確かめたりするなどのアクションを起こすことで、担任に安心感をもってもらえるようにしたいのです。

　校内で特に気づかれにくい児童生徒は、多動や、友人関係・集団行動についてのトラブルのないタイプの子です。例えば、学力だけの不適応などは緊急性が低く、担任もゆったりした対応になりがちで「様子を見よう」という形になり、どうしても対応が遅れがちになります。配慮、支援が後手にまわらないように、注意しておきたいものです。

コラム43 現場からの実感
● そんな生徒、他にもいますよ　〜もっと手のかかる生徒がいるから〜

　私は中学校の通級制の担任として、情報を共有し、指導の共通性をもたせるために「在籍校訪問」といって、学期末に在籍学級の担任の先生にお会いして、通級での状況を知らせると共に、在籍校での生徒の様子を聞く機会を設けます。

　そうした活動の経験から、通常学級において発達障害の生徒を受け持つ先生方は、自覚も覚悟もあり、どんな生徒にも分け隔てなく接し、どっしり構えている先生が多いという印象をもっています。そうした先生は、きっと校内でも信用されており、特徴のある生徒を任せることができると判断されるのでしょう。本当に良い先生ばかりです。

　ただ、時々、そうした能力の高い先生だからこそ、おっしゃられるのであろうと思う「気になる」言葉があります。それは、例えば、高機能自閉症がある一見おとなしい生徒に対する「もっと手のかかる生徒はいますから」とか、「もっと点数の悪い生徒はいますから」というような言葉なのです。そうした発言の趣旨は「確かに不得意なことはあるけど、特別大きなトラブルはないし、問題ありませんよ」ということなのだと思います。しかし、私は、生活指導上の問題もなく、学力が多少苦手な方に入る程度の、おとなしい「発達障害」の生徒が、在籍校ではあまり「配慮」されることなく学級生活を送っている場面をたびたび目にしてきました。そして、担任から「大丈夫ですよ」と言われた保護者も、トラブルさえなければ、何とかこのままでいいと、新たな成長の機会やチャレンジは考えずに過ごしてしまいがちなのです。私は立場上、本人に必要な課題がこんなふうに見過ごされていることに歯がゆい思いをすることがあります。やはり、私は発達障害からくる「できなさ」と、その「配慮」については、通常学級の先生にもっと理解してもらう必要があると感じます。通級学級に通う発達障害のある生徒は、在籍校と家庭との三者の理解と協力があって、はじめて大きく成長するのです。

　通常学級の担任の先生には「そんな生徒、他にもいますから」と片づけずに、やはり「発達障害」に正面から向き合っていただきたいと思っています。数多くの「そんな生徒」と言われてきた子たちとの関わりの中でそれを強く感じるのです。

（中学校　通級学級担任）

14. 昨年度から引き継いだ校内委員会の把握児童・生徒の入れ替えを校内委員会で検討しましたか。

　校内委員会で把握した児童生徒の「入れ替え」は積極的に行いたい作業の一つです。なぜならば、ある時点で特別支援教育を要する可能性を指摘された児童生徒が数年たった後に、そうした視点が必要ないと判断されることもあるからです。ある時点では心配があって校内委員会での把握がなされたわけですから、その見守りから外すことについてはもちろん慎重な態度が必要です。しかし、しっかりとした検討によって、これ以上の特別な支援が必要ないことがはっきりすれば、やはり、外すべきなのです。これを行う最も大きな利点は、担任が、自分が担任した子を校内委員会で把握すべき児童生徒と考えることへの心理的抵抗感が軽くなることです。校内委員会の把握リストに載ったら卒業までずっとそのままだったり、障害であると確定されてしまうと思うとなかなか発信しづらくなるのです。しかし、数年の経過観察が必要というレベルでの発信ができて、実際に数年後に課題が解消されていればその見守りから外れるというシステムであれば、担任としては校内委員会への報告がしやすくなるのです。もし、入れ替えのないシステムであれば、発見の遅れが生じやすくなるのです。こうした失敗は後になって学校としての後悔が大きくなります。心配な子は発達障害の有無ではなく、いったん校内の見守りの仕組みに入れて、何もなければそうした特別な見守りから外すという姿勢の方が正しいのです。ただし、実際の「入れ替え」に際しては、思い込みや思い入れで判断を誤らないように、複数の意見を反映する必要もあります。この点では項目4や項目11の工夫も役に立ちます。

コラム44　現場からの実感
●中学校における実態把握票のポイント

　中学校における実態把握票は、入学した直後から作成することが理想です。さて、この実態把握票を作成する際のポイントを、特別支援教育コーディネーターとしての体験から三つにまとめてみました。

①生徒をとにかく「よく観る」

　他の生徒とどこか違う、なぜこのような行動をするのかを把握するためには、とにかく目の前の生徒を「よく観る」ことが一番です。例えば、ある生徒が上履きの靴紐が結べていないとします。普通は「結びなさい」という声かけだけで通過することが多いのですが、「ちょっと結んでごらん」と目の前で結ばせてみます。すると、実はうまく結べないということが分かってくるがあります。そこから観点を広げます。この生徒は手先が不器用なのでは？他に困ることがあるのでは？文字の書きに課題はないのか？荷物の整理は上手にできるのか？などの

視点からも観察してみます。中学1年生の最初の時期は観察できる場面が多くあり、声かけするとやってみせてくれる素直さもあるので、じっくり観察することができます。

②心配なことは、とにかく書いてみる

「大丈夫」と確認できたら、あとから削除すればよいのです。

③本人がどのようにして解決しようとするのかを書く

このことがとても大切になります。本人なりの対処行動をよく観察して把握しておくのです。その本人が工夫して身につけてきた対処行動の成功・不成功の様子も含めてよく観察しておくことが必要です。そこを出発点にして、例えば、対人関係でうまくいかない時の最良の対応は、周りのがまんによるのがよいのか、本人のがまんによるのがよいのか、教師はどのように関わればよいのかなどをまとめておきます。

コーディネーターとして、校内の先生方に実態把握票を書いていただくために、まずは、こうした視点に「慣れて」いただけるように働きかけをしているところです。

（中学校教諭　特別支援教育コーディネーター担当）

4／把握・分析

16，実態把握票を基に、個別指導計画の作成に結びつけましたか。

「実態把握票」はあくまで、児童生徒のその時点での「状態」のみの記載が中心になります。実際の「支援」を実施するために必要となる指導目標、指導方法、その成果（評価）を記載するのは「個別指導計画」ということになります。個別指導計画は、実際の個別的な教育方法の指針となるものですから、保護者の同意を必要とします。当然、わが子がどのような教育を受けているかを保護者は知る権利があるからです。

個別指導計画を作ることによるメリットを、ここでは4つだけ挙げます。まず、①前年度の個別指導計画があると、今年度の個別指導計画はそれを引き継ぐ形となるため〈継続的な指導を行うことが可能〉になります。また、②目標や手だてを明確にすることによって〈日々の担任の指導の一貫性〉が出てきます。場当たり的な対応・指導が減るので落ち着いて指導に取り組めます。③保護者の同意の上で作るので、1年の間の〈保護者との行き違いや方針のズレが減る〉効果が期待できます。したがって連携がスムーズになります。④担任の関わり方が明確になるので、担任の言動にブレがなくなり、学級全体の子どもたちに、支援を必要としている子が目標としていることが伝わりやすくなったり、、その子への〈関わり方のモデルを示す〉ことになります。そこにクラス全体の「理解」と「受

け入れ」が生じます。

　作成に際しては、きちんとした手続きを踏む必要があり、その点では煩雑に感じることも多い個別指導計画なのですが、子どものその後の義務教育段階の数年間を充実したものにできる可能性を大いにもつものですから、特に大切にしたい書類なのです。

> **コラム 45　現場での工夫**
> ● 児童理解のために、そして…
>
> 　配慮を要する児童たちをより理解するために、校内全体で学習のつまずきの状態をチェックするLD用のチェックリストを実施しました。実態把握票が出されたすべての児童についてです。先生方は、夏休みに入る前の大変忙しい時でしたが、快くやっていただけました。その後、「Aちゃんは国語が苦手だと分かっていましたが、やっぱり、読む領域と話す領域が特に落ちていたんですね」、「Bくんは算数の推論する領域が、特に落ちているから、文章題でつまずいてしまうのですね」など、もっと、子どもを理解したいという声が聞こえてきました。
>
> 　さらに、役に立ったのは、学年別の特徴が出たことです。ある学年では、国語の読みが低い児童が多くいました。他の学年では、社会性の項目にチェックがつく児童が多く出ました。それを学年の先生方に伝えると、早速、読みについて学年全体で取り組むことを話し合い、2学期からの家庭学習の項目に、音読を少しずつ取り入れてくれました。社会性領域にチェックが多くついた学年では、前から児童同士のトラブルが多かったことを改めて話し合い、社会的行動に関して注意・指導する仕方について、学年の先生全員で考え直してくださいました。
>
> 　実態把握は、一人一人の児童理解のために実施するのですが、そこから分かったことを、さらに、その後の指導方法として発展させ、学年、学校単位で共有することも大切だと、よく分かりました。
>
> （小学校教諭　特別支援教育コーディネーター担当）

17, 個別指導計画を作成するにあたって、専門家の活用（巡回相談等）はありましたか。

　項目16に示したような理由で個別指導計画を作成することはとても大切です。一方で、その作成に困難を感じる担任は少なくありません。そこで、担任が他の誰かと相談しながら、個別指導計画を作れるような工夫も必要になります。その時の最初の相談役が校内委員会ということになります。しかし、サポートする校内委員会としても、子どもの状態によっては、どのような内容で個別指導計画

を組み立てるべきか悩むことも少なくありません。そうした時にこそ、巡回相談は大いに活用してほしい仕組みと言えます。巡回相談を担う専門家は、あちこちの学校に出向いていますから、多くの個別指導計画の実例を知る立場にあります。そして、当然ながら発達障害の特性に詳しいわけです。その豊富な知識を活用したいのです。個別指導計画について専門家にいくつか例を挙げてもらい、その中から、対象になっている児童生徒に最適な内容と思われるものを、現状を最も正確に把握している担任と校内委員会が選んだり、アレンジしたりという作業を行うというやりかたもあります。

　しかし、個別指導計画を作成するために専門家を利用する際に、留意すべきこともあります。専門家は知識の中から、最も理想的な内容を例示することが多いのです。しかし、単なるアドバイスなどと違って、個別指導計画は実際の教育的な関わりを示す書類です。いくら理想的な内容であったとしても、現実に達成が難しいことが書かれては意味がありません。理想的な方向を知りつつ、現状の中で確実にできる事柄を記載するのが誠実な姿であると言えます。「できることとできないこと」を改めて確認し、実効ある個別指導計画を書くことが担任の役割であり、専門家を上手に活用したことになります。

18, 関係する学習の場（通級・療育機関）での指導内容を考慮した個別指導計画が作成できましたか。

　個別指導計画の作成にあたり、注意が必要になるのが在籍学級以外にも学習の場をもっている児童生徒の場合です。現実には通級制の学級や、専門機関ということになります。こうした場も活用している児童生徒を担任している場合には、在籍学級以外で行われていることをよく知った上で、個別指導計画を作成することが必要になります。そのためにはそれぞれの場との情報交換を行う必要があります。また、通級学級を利用している場合にも教育の中心的な役割を果たすのは、あくまで在籍学級の担任と言えます。複数の学習の場をもつ児童生徒の教育的効果が高まるのは、それぞれの場が全体の中でどのような役割を果たすかが明確になっている場合です。個別指導計画を見ればその関連がよく分かる場合には、そのようなチームワークが可能になっている証拠と言えます。ただし、そうしたことをあまり難しく考える必要はありません。まずは、学級で行おうとしていることと、学級外で行われていることが互いに関連しているかどうか、関連していない場合は新たな工夫が必要かどうかを考える程度の視点からスタートしてみてください。その第一歩から様々な可能性が開けることがあります。

コラム 46 現場での出会い
● 集団と個別と

　B君は入学当初から、学習にやや遅れが目立ち、からかいの対象となることから、いわゆるキレるという状況が頻繁におこっている生徒でした。1年生の後半に登校を渋り、迎えに行った教員の前で教科書を破るということも起きました。本人にしてみれば、教科書さえなくなれば学校に行かなくてすむといった思いがあったようなのです。

　1年生の後半に巡回相談などの結果も踏まえて、通級制の情緒障害学級に通うことが決まりました。その対応が効果的に作用して、2年生の中盤になると、徐々に自分の感情をコントロールできることが増え、怒りが爆発しそうになると、担任に訴えたり、歩き回ることで怒りを静めようとする行動がみえはじめました。在籍する学級では、こうした時は「どうしたの？」と担任から問いかけ、話をゆっくり聴くことで気持ちを整理をさせるようにしました。また、怒りが爆発して物を壊したりした場合には、別室で気持ちを静めさせ「物にあたらない」や「手を出さない」等の約束を一つか、二つさせ、本人が納得できるよう簡単で短い言葉がけを心がけました。授業では、最低でも「授業のものは持ってくる」「教科書は開く」程度の約束を担任としたり、課題の中でも、時間をかけなければできないものについては、通級学級に持って行って、仕上げてくることもできるようになりました。

　集団場面でも良い変化が見られるようになってきました。2年生の時には、体育祭や合唱祭の放課後練習が納得できず、イライラした態度を見せることがありましたが、3年生になるとクラスのために何かしたいという気持ちも育ってきました。入学当初は大人との関わりが多かったB君ですが、クラスの友だちと一緒に過ごす時間も増えてきました。給食の片づけなどでも、率先して食器を受け取ることもでき、ほめると照れながら「ホテルや食堂で働けるかな」などと言うこともありました。

　B君の成長は、本人の努力がもちろん大きいのですが、同時に、通級制の学級での個別指導による安心感、自分のペースで過ごせることの心地よさの体験も大きかったと感じています。個別の丁寧なやりとりで、学校に対しての抵抗感が減ったため、在籍学級の集団のなかで成長できたケースだと思います。中学校の場合は、さらに、すべての教員の共通理解や保護者との丁寧なやりとり、そして、何よりも本人とのゆったりした関係作りが大切です。時間のやりくりが難しい教員の実態がありますが、そんな中でもB君に対して、もう少しできることもあったのではとの思いが頭をよぎることもあります。

　集団の中での指導と、個別的な指導のバランスをどうとるかというテーマは、いつでも学校教育の課題の一つと言えるのでしょう。

（中学校　教諭）

5／配慮・支援

19, 配慮の具体的な方法について担任を交えて校内委員会で検討する機会を作りましたか。

　校内委員会は、担任が具体的に動ける方法を見つけることができるサポートチームとして動くことが要求されます。もし、それがうまく機能していない場合は、その原因を明確にして、管理職を中心に改善に着手することが必要になります。

コラム 47　現場からの実感
●より適切な対応方法をサポートするために

　入学当初、ちょっとしたことでパニックを起こし、教室を飛び出してしまったり、近くの子に手を出してしまったりしていたA君。そこで、校内委員会で検討した結果、介助員が入ることになりました。しかし、教員にとっても対応が難しいA君。介助の先生にとっては、なおさらです。しかも、A君にとって、ずっとそばに人がいるという状況はとても窮屈なようで、かえって落ち着きがなくなってしまうこともありました。そこで、改めて校内委員会で検討して、教室を出てしまいそうになった時と、他の子と同じペースで学習ができそうにない時の2点にしぼって、介助の先生に様子を見ていただくことにして、その他の時には、Aくんから少し離れたところにいてもらいました。入学して3か月くらいたつと、クラスの子どもたちも学校生活に慣れ、担任もA君に接してあげられる時間が増えていきました。介助の先生にも少しずつ、教室にいる時間を減らしてもらったり、A君以外の子を見てもらったりと、A君から離れてもらうようにして、A君に自信をもたせるようにしました。そんな取り組みを続けていった結果、1年後には介助の先生がいなくても、A君はしっかりと学校生活を送れるようになりました。こうした判断は、その内側にいる担任だけでなく、外側から客観的に見ている目の方が適切なアイデアやメニューを組みやすいのだということがよく分かりました。校内委員会で温かく見守るべきは、子どもだけでなく、担任の対応も含まれるようです。

（小学校教諭　特別支援教育コーディネーター担当）

注：介助員。文部科学省でいうところの「支援員」のこと。

20, 校内委員会が必要に応じて担任の指導について定期的に専門家からのアドバイスが受けられる機会を設定しましたか。

　ここまでの複数の項目で専門家の活用を勧めてきました。さらに、その後の配慮と支援の経過を検討する機会にも専門家が同席できるよう工夫をすると、アドバイスする側である専門家と、される側の学校の双方にとって有意義になることが多いのです。例えば項目17では個別指導計画の作成について専門家の助言の活用を勧めました。そうして個別指導計画を作成した後もその専門家が引き続き、その展開について関与できると、個別指導計画の記載に修正が必要なことが分かったり、よりよい工夫が発見できたりします。そのためにも、担任が巡回相談などを積極的に活用して自身の指導の方法や様子などを見せる機会を作るとよいと思います。専門家の定期的な訪問を受けることが重荷に感じるようなことがあるとすれば、それはどちらかといえば、アドバイスをする専門家側の責任です。専門家は「聞いてよかった」「見てもらって助かった」と感じてもらうことが仕事だからです。「得した」気分になれないアドバイスが行われた場合には、そのアドバイスを鵜呑みにしたりしないで、どのような点についてもっと聞きたいのかを整理して、専門家に納得できるまで尋ねてみる根気が、今度は専門家の活動を助けます。お互いに協力関係にあるのです。

コラム 48　現場での出会い
● 解決に向けて、色々の視点を

　広汎性発達障害と診断されているB君。変更や見通しの立たないことにパニックを起こします。石を口に入れたり、自分より小さい子をいじめたり、二次障害と思われる問題行動が増えてきたので、巡回相談の先生や彼が通っている専門機関の臨床心理士から具体的なアドバイスをいただきました。注目を集めるための不適切行動をいかに減らすかが課題でしたが、あまり干渉しすぎたり、反応しないことも大切だということを教えていただきました。「子どものための無視」「一貫した指示」というお話を聞き、実践することにしました。子どものための無視とは、彼が目立とうとするための不適切行動をした時（大声を出す、歌う、暴れる、目立とうとする、石を食べるなど）には、反応しないようにしました。そして一貫してこちらが同じ指示を出すようにします。するとそのうちB君はぶつぶつ言いながらも椅子に座り学習を始めるようになります。そういった対応を繰り返すうちに少しずつ切り替えが早くなり、パニックが減ってきました。また彼の場合、どうしても気になる隣のクラスのC君の存在がありました。C君がいつもB君を攻撃していたのです。そのため、校内委員会で①隣のクラスのC君と合同の授業をなくす、②2クラス合同で食べる給食を減らし、各クラスで食べる、③休み時間も大人の目の届かないところでC君が攻撃し

ないよう配慮する、ことを決めました。さらに、B君の自信回復を目指して、クラス内でリーダー的役割を用意して、号令係や小さい子の世話ができた時はたくさんほめるようにしました。また、家庭と専門機関との連絡もこまめに行いました。臨床心理士から教えていただいた「トークン」を利用し、学校でできたことにシールを貼っていき、家庭ではそのシールが20個たまると、おうちシール1個に変換され、さらにたまるとお楽しみがあるというシステムにしています。B君もそのシールが集まることをとても楽しみにしているようです。少しずつB君の問題行動が減ってきました。また、以前はパニックになると隣の校舎の保健室まで逃げていましたが、今ではパニックになっても時間がたてば教室内で落ち着けるようになってきています。

（小学校　教諭）

6／評価

21，学期終了時点で個別指導計画の評価記載の管理を校内委員会で行っていますか。

23，個別指導計画の評価に基づき、来学期の指導目標を設定しましたか。

個別指導計画に関する管理の中でも、最もおろそかになりやすい作業が「評価」の記入のようです。個別指導計画の評価を行う時期は、特に学校での事務量も増える時期であるため、個別指導計画の評価記入は後回しにされがちです。また、管理する主体が明確でないと、担任任せになり、うっかりした記載漏れが起こるということもあるようです。やはり、個別指導計画の評価記入についての管理も、校内委員会でしっかりやっておきたい事項です。

このように強調する理由は、担任がその子について、過去に作成された個別指導計画を見た時に、その時点で最も役に立つ情報が評価欄に書かれていることが少なくないからです。うまくいったという情報はもちろんですが、うまくいかなかったという情報であっても、それは次学期や次年度に続く個別指導計画の作成にあたって信頼できる材料と根拠になるのです。個別指導計画を作ることは、作成の初年度が一番大変で、その後は少しずつ楽になるのは、こうした前年度の評価がその作成の大きなヒントになるからです。

個別指導計画では「目標」と「手だて」はあくまで仮説に基づく形で作ります。これが対象となっ

た児童生徒にとっていかなるものであったかを結論づけるのが評価なのです。評価があって、はじめて1年間の試行錯誤が意味をもち、学校の財産になると考えると、その重要性が認識できると思います。

22, 個別指導計画の評価について保護者と共有しましたか。

　項目16で触れたように、個別指導計画の作成には保護者の同意が必要です。そのため、流れとしては当然、個別指導計画の〈評価〉についても保護者には知る権利があります。また、評価内容を保護者と担任が共有することで現状を客観的かつ十分に理解することが可能になります。これが、項目16の中で個別指導計画作成の利点として紹介した「保護者と担任とのズレが減る」という良き現象を生む理由の説明になります。また、評価を共有してから次学期や次年度の個別指導計画の指導目標は提示されるので、その内容に関する保護者の理解と納得と同意は一段と得やすくなります。一方で項目23で指摘したように、評価の時期は学校の繁忙期とも言える時期ですから、保護者と情報を共有する機会を作るのは並大抵のことではありません。そこで、個人面談に合わせたタイミングで行う、夏休み等を利用する、頻度について保護者と現実的な線で調整するなどの実際的な工夫が必要になります。大変だけれども、効果の大きい、保護者との評価の共有を、ぜひ実現してほしいと思います。

24, 評価を客観的に行うための工夫
　　（複数名での確認、数値（頻度など）の記録等）をしましたか。

　個別指導計画の評価の作業が大変と感じる理由の一つに、その効果がどうであったかという点が、当事者である担任からも明確に言い切れない感じがあることが挙げられます。そうしたことを軽減するためにも、評価を行うことを前提にした工夫をあらかじめしておくことをおすすめします。指導目標に対する判断基準を折り込んでおくのです。例えば「1時間のうち30分は学習に参加し、残りは自分用の教材に取り組む」などの言い方にしておくと評価は明確になります。これを「できるだけクラスの学習に参加する」としておくと、後の評価では悩みます。つまり、ある程度の数値、頻度などの客観的な目印があると分かりやすいのです。また、数値化しにくい目標に対しては、印象での評価になります。こうした時には、その評価について複数の目で見て決めると、客観的な評価を導きやすくなります。そのために、学年会や校内委員会を利用する工夫も考えてみていただければと思います。

7／引き継ぎ

> 25，校内委員会として前年度の担任と今年度の担任との間で適切な引継ぎが行われるような方法を取りましたか。

> 27，前年度の個別指導計画の内容と一貫性をもった新しい個別指導計画を作成しましたか。

　ここまで説明してきた通り、校内委員会の仕事はどれをとっても大切なものばかりです。そんな中で、もし最も重要な仕事をどうしても一つに絞らなければならないとすれば、「つなぐ」役割を第一に挙げることになります。一人一人の実態把握票や個別指導計画の作成も、他機関の活用も、本質的には、何かと何かを「つなぐ」ことなのです。それは、教師と児童生徒を正しい理解で「つなぐ」ことであったり、児童生徒と適切な教育方法を「つなぐ」ことであったり、教師同士を協力体制で「つなぐ」ことであったり、教師と保護者を「つなぐ」ことであったりするのです。このような校内委員会が作る「つながり」「つなぎ」の視点は多様です。もしかしたら、時には児童生徒と保護者を「つなぐ」お手伝いをすることもあるかもしれません。こうした「つなぐ」作業の中でも特に大きな視点を要するのは〈年度間をつなぐ〉という作業になります。

　発達障害のある児童生徒の不適応は、一朝一夕に解決するわけではありません。数年間をかけて、少しずつ環境を調整したり、本人自身が対応できる力をつけていったりしていく必要があります。また、何か一つの課題をクリアしても、また、新しい課題が見つかることも少なくありません。つまり、発達障害のある児童生徒への教育は「数年がかり」なのです。そうなると、当然、昨年度までの教育的働きかけと今年度の教育的働きかけは一貫性をもっている必要があります。しかし、担任が交代してしまっている場合には、何かの工夫をしなければ一貫性は達成されません。ここで、唯一、校内で変わらぬ立場で、その子を見守り続けている校内委員会が機能することが求められます。

　それでは、年度間の引き継ぎは具体的にはどのように達成したらよいのでしょうか。一つは担任が変わっても、前年度の実態把握票、個別指導計画を見れば、何をやってきたのか、その結果どうであったかが、よく分かることが必要です。また、年度末に担任が次年度の担任に向けて引き継ぎ事項をまとめることも必要です。この際、別紙でまとめてもよいのですが、「実態把握票への書き足し」という形もよいと思います。できれば、校内の情報はすべて実態把握票と個別指導計画に集約していくことが望ましいからです。これは、事務量の軽減にもつながる現実的な方法です。また、年度が変わって担任となった先生が困るのが1学期の個別指導計画の作成です。まだ、ほとんど状態を知らない児童生徒について指導目標と手だてを考えることはとても難しいことです。そこで、個別指導計画の

1学期分の目標と手だてについては「指針」として前担任が案を残していけるような工夫をするとスムーズになります。

　こうして年度をまたいで、指導を継続していくことができると、伸び悩む時期（年度）があっても、必ず、いつか結果が出てくるのです。学校という組織が一体になって成し遂げるのが特別支援教育なのでしょう。そして、それは、きっと校内委員会がなくては達成できないことなのです。

コラム49　現場への応援
● 教師の気概

　校内の特別支援教育コーディネーターを任されている中堅の先生から、こんな話を聞きました。「校内でとっても尊敬されている定年退職を控えられたベテラン先生がおっしゃるんです。今の特別支援教育には少し疑問もあるって。つまり〈発達障害のある子どもに通級による指導を受けさせたり、支援員をつけるという方法は確かにあり得る対応だと思うけど、それは担任の覚悟の足りなさにも繋がっているのではないか。私は自分の学級の外に自分の担任した子を出したことが無い〉と。確かに、言われている意味はとても大切な視点だなって思って…」ということでした。こうした考えを、今では「古い考え」だと一蹴してしまうのは簡単かもしれません。しかし、この発言は過去を語っているだけでなく、特別支援教育の未来について考えるための大切な指摘が入っているように、私にも感じたのです。

　こうした考えは、少し前の教育では当たり前の認識であったと思います。担任した以上はその子の成長の全責任が担任にあり、他人に任せたり、頼ったりしたら担任の責務を果たしたことにはならないのだという認識です。この覚悟、気構えは絶対に必要なことだと思います。なぜなら、やはり、どんな人にとっても、生涯の中で小中学校時代の担任との関わりは他にない深い関係だと思うからです。これは自分の子ども時代を振り返っても、多くの人の感慨を聞いても間違いないことなのです。ですから、担任には生半可の関わりは許されないという緊張感が要求されることになります。そして、その覚悟に対して、世の中は「先生」という敬称によって尊敬を表現するのです。

　一方で、この覚悟の質は変わりつつあります。なぜなら「この子の成長の全責任は私にある」言う覚悟は、親がもつ覚悟と同質のものであり〈親モデル〉だからです。かつて教師は、もう一人の親としての役割を期待される部分がありました。もちろん今でもその側面があるのも間違いありません。しかし、時代の流れとともに教師と親の違いも明確になってきました。その違いの決定的なものは「時間」という要素にあると私は思っています。親は、我が子が誕生した日から社会自立を果たす日まで関わりを続けていきます。その育ての姿は長距離走者そのものです。一方で担任は1年単位の関わりになります。その関わりの姿は短距離走者になります。この違いは大きいと思います。つまり、親モデルの成立は長い長い時間を前提にしているのです。一方で担任にはそこまでの時間がありません。本当の変化を見届けるまでの十分な時間がないこと、必ず時間切れがあることなどの事実は〈親モデル〉で発達障害のある子を指導している担任に少なからず無力感を生み出すことになります。やはり、親にはなれない…と。

そうした中で、これまでのよい部分を簡単には諦めないで、なんとか工夫によって補い、残していこうとするのが特別支援教育の視点でもあるのです。例えば、校内委員会に卒業までの見守り機能をもたせること、1年1年バトンタッチしながら育てていく方法を導入すること、学校全体で育てるという視点をもつこと、などです。そうした意味では親モデルの気概で子どもと接してきたベテランの先生にこそ、積極的に特別支援教育の新たなシステムを活かしてほしいと思うのです。指導者が複数関わることを上手にコーディネートすることや、次なる担任に対して、試行錯誤から生まれたよりよい関わりの方法やその子に対する気持ちを、実態把握票や個別指導計画の記載の中にしっかり込めることなどを実践してもらいたいのです。そうした姿勢は、親がたまたま出会った人を担任として信頼し、我が子を委ねる瞬間の気持ちに似ています。親は自分だけでは子どもを育てられないことや、多くの人に関わってもらうことで、親だけで育てる限界を超えられることを知っているのです。特別支援教育の視点は、より一層、真の親モデルに近づけようとする試みと言うこともできるかもしれません。

（大学教員　臨床心理士　巡回相談員　市特別支援教育推進委員）

26, 前年度の実態把握票の書き換えを行いましたか。

　発達障害の実態（状態）は、刻々と変わっていくのが普通です。前年度に作成した実態把握の内容はすぐに古くなって、あまり役に立つものでなくなります。年度が変わっても、校内委員会の見守りに入っている児童生徒の実態把握は「更新」される必要があります。しかし、どうしても「更新」という作業は漏れが生じやすいのです。実態把握票の書き換えは校内で徹底する必要があります。ただ、担任としてその作業が可能になりやすいタイミングは、①子どもの情報がある程度得られた時、②作成する時間的余裕がある時期、の2点になります。例えば、新年度の最初に実態把握票作成の機会を無理して作るのではなく、1学期が終了した夏休みの時期に作成したり、その子の理解についての情報量が最大になる年度末に集中的に「書き足し」を行うなどの工夫になります。そのためには、1学期から各担任には、そのプランや作業スケジュールを示しておき、心構えを作っておいてもらうようにしたいと思います。

8／連携

> 28. 校内全体で対応方法を決めておいた方がよい
> 児童・生徒について校内全体で情報を共有する機会を
> 設けましたか（全体会の実施）。

　項目8と重なる点もありますが、特に、校内全体の連携を図る必要がある場合には、その機会を校内委員会が作ることになります。校内全体で把握しておく必要があるのは、小学校の場合には多動を中心とした行動特徴のある児童の場合が多いです。離席、離室などがあると校内で他の教師が関わる場面も発生するからです。どのような注意や声かけの仕方がよいのか、どのような対応を基本とするかなどを決めておかないと、教師によって対応が異なりますので、教育効果が半減します。また、中学校でも同様の理由で、生活指導上の課題も合わせてもつタイプの生徒については、校内全体での理解の共有を図っておいた方がよいでしょう。ただし、中学校の場合には、教科担任制の教育形態ですので、生活指導面に限らず、少なくともそれぞれの教師が受け持つすべてのクラスの配慮を要する生徒についての情報は共有しておく必要があります。

コラム 50　現場での工夫
● 貴重なノート

　本校には、スクールカウンセラーの先生が勤務しています。しかし、私（コーディネーター）との打ち合わせの時間も限られています。

　そこでスクールカウンセラーの先生が考えてくださったのが「連絡ノート」です。「○○君の授業態度の背景には、こんな原因が考えられます」「△年□組は、この点を担任の先生が工夫されるとよいでしょう」「××さんとの面談で、こんな内容を伝えておきました」と、児童観察をした様子や、支援に必要なことをそのノートに書き込んで、お互いの考えをいつでも共有できるようにしたのです。考えが共有できると、児童一人一人に対して一貫した対応ができ、混乱が避けられます。更に、記録として残るので、校内委員会の時や巡回相談の際にも資料として大いに役立ちます。「連絡ノート」は一石二鳥、三鳥、というわけです。ノートはファイル式で、タグでクラス別になっており、足りなくなったらクラスごとに用紙を増やせる形になっています。ですから常に整理された状態で機能的です。スクールカウンセラーが替わられた時も、次の方に引き継ぐ上でも当然よい資料となっていきます。このノートのページが増えた分だけ、特別支援教育が必要な子たちが成長しているのだと思うと、とても嬉しくなります。見守り、応援するノートとして、これからも有効に活用していきたいと思います。

（小学校　特別支援教育コーディネーター担当）

29, 通級あるいは専門機関を利用している児童・生徒について担当者・主治医などとの連絡を行う機会を作りましたか。

　項目18で述べたように、発達障害のある児童生徒は、学校以外の専門機関（医療機関、療育機関）や、在籍学級のある学校以外の通級指導学級などを利用している場合が少なくありません。そうした場と担任の両者が、それぞれの場での対応方針や、具体的に行われていることについて理解しておく必要があります。なぜならば、在籍学級以外の機関で行われている内容のほとんどが、在籍学級での適応を図るための努力である場合が多いからです。在籍学級以外の場は、担任に対して発信したい事柄や、確認しておきたい事柄をもっていることが多いのです。特に、医療機関などで薬物対応を行っている場合は、医師も学校での様子を知りたがります（その理由については第2章に説明してあります）。学校も医学面の留意点を知った方が、その対応が格段にスムーズになります。そのため、連携は心がけて達成したいことなのです。

　ただし、こうした外部との連携に慣れていない担任も多いです。そこで校内委員会が積極的にそうした活動を進めたり、連携の場の設定の仕方を示したりするとよいのです。

コラム 51　現場での出会い
● そんなに得意なことがあったの？　ー雑誌ニュートンが好きー

　通級制の学級を担任する私が在籍校訪問に行った時、ある担任の先生が言った言葉です。「T先生は、G君は理科が得意なのをご存知ですか？」「ニュートンという雑誌を好んで読んでいるんですよ」と。G君はLDのある生徒で、同年代の友だちとうまくコミュニケーションがとれないことを理由に通級していました。学校のテストはほとんど0点ばかりです。そんなG君が…???

　その話を聞いて、通級学級でも理科の実験の授業を行いました。G君は結果を予測するなど、目を輝かせて取り組みました。実験の授業を行うことで、学校は嫌な場所というマイナスイメージが緩んで、苦手な学習も少しずつ意欲をみせるようになりました。ある日、下校が遅くなったのをお母さんが本人に問いただすと、自転車が壊れて困っている小学生と道で出会い、直してあげていたということでした。書くことが苦手なG君は、学校での授業についていけなくて、小さく小さくなっているけれど、こんなに色々と得意な面をもっているのでした。通級学級では、苦手なことの克服を目的の一つとしていますが、得意なことを認めて伸ばして、自信をもたせるということも大切です。在籍校の担任の先生がこれに気づいていて、通級の担任に知らせてくれたことで本人への指導がうまくいったのです。発達障害のある生徒のことを色々考えた時、マイナス面にとかく目がいきがちですが、良い面を見つけるように、意識的に努力しないといけないと再確認させられました。

（中学校　教諭　通級学級担任）

30, 校内委員会で把握している児童・生徒について継続的に情報収集、検討を行う機会を作りましたか。

　これも、時間的な制約の中で、なかなか思うようにはいかないことの一つなのですが、校内委員会が「見守り」の役割をもつ以上、継続的に状態を確認することが必要になります。項目10や項目19で説明したように、校内委員会が児童生徒の様子について担任からの報告を受けたり、検討の場を用意することで、並行して、それらに関する情報を収集していくのが自然になります。校内委員会で把握している児童生徒については、あらゆる機会に少しずつ情報を蓄積していき、指導に活かしていく工夫をしておきたいのです。

31, 担任のみでなく校内委員会も関わった方がよいと判断される保護者との連携について、適切な対応ができましたか。

　担任のみでなく校内委員会も保護者との連携に加わった方がよい場合とは、簡単に言えば、その方がコミュニケーションがスムーズにいくであろうと判断された場合です。例えば、保護者とのやりとりの内容が、より専門的な視点を必要として複雑である場合などは項目11で説明したように、例えば、巡回相談を利用する方がよいこともあります。また、保護者の申し出の内容が、校内全体の協力を必要とする場合なども、その判断は担任だけではできないことも多く、保護者に対して責任ある回答をするためには校内委員会が関わった方がよいでしょう。当然、緊急事態や問題が複雑な場合などもそうした場合に入ります。以上のように保護者との連携において、そのやりとりが建設的なもの、有効なものになるように校内委員会が担任のバックアップをします。

コラム 52 現場からの実感
● 特別支援教育コーディネーターの動きやすい条件

　私は通級制の学級の担任をしている関係もあって、これまで2校（中学校）で特別支援教育コーディネーターを担当しました。コーディネーターは「校内委員会の推進、他機関との連携、保護者との…」と多岐にわたる事柄に対して重要な役割として位置づけられていますし、その必要性は、いまさら言うまでもないでしょう。しかし、はじめてコーディネーターを担当される先生の中には、人と人の間に入ることの難しさや、結果が見えにくい活動に不安と負担を感じる方もいる

かと思います。それでも、私の体験では、コーディネーターはやりがいのある仕事です。私は、校内で特別支援教育の推進に根本的に反対する人と出会ったことはありません。手を尽くしていく中で、生徒が良い方向に変わっていくことを実感することは、教師冥利に尽きるからなのでしょう。コーディネーターはそうした場面を作る意義ある役割を担うのです。

　ただ、中学校では、生活指導、進路・学習指導にも追われていますから、コーディネーターの仕事内容を知るにつけ、忙しくて身動きが取れないという悲鳴さえ聞こえてきそうです。そうしたコーディネーターの先生方に対しては、空き時間や放課後に校内の先生方と、生徒に関する日常の情報交換から始めてみることを私はお勧めしています。学級担任、スクールカウンセラー、養護教諭、特別支援学級担任などの先生方との日常的な情報交換を行っていくと具体的な対応のヒントが生まれると同様に、その後の校内委員会を組織的に進めていくきっかけも生まれ、結果的に仕事の分担もしやすくなるという体験をしています。このことは、たまたま私が所属した学校では、関係ある先生方とコンタクトが取りやすい状況が整っていたために得られただけの成功事例なのかもしれません。確かに、誰にでも条件が整っているわけではありません。多忙ゆえに少なからずコーディネーターの仕事にブレーキがかかってしまう現実も否めないでしょう。管理職がその意義を十分に理解し、一人だけに負担が偏らないよう、そして仕事を十分行えるような時間的な配慮を含める形で、コーディネーターが動きやすくなる条件整備をする必要もあると思います。もしかしたら、自分自身でそうした校内の協力が得られるような効果的な発信をすることも、コーディネーターという重責を担う先生が行うコーディネーターとしての仕事の第一歩なのかもしれません。

（中学校　通級学級担任　特別支援教育コーディネーター担当）

9／学校環境維持のための校内委員会の年間スケジュールモデル

　ここまで学校環境の項目について解説してきました。ここまで読まれた方には「確かに一つ一つ必要なことだろう。しかし、これを時間的に制約がある中で行うのは難しい」という率直な感想をもった方もいたのではないでしょうか。本書のモットーは「不可能なことは書かない」ではなかったのではないかと。確かに、こうして解説してみると、すべきことが本当に多いと感じます。ただし、こうした内容は1年間の中で少しずつ実行して実現するものです。ですから、年間のスケジュールさえ立てば、あとは着実な実行をしていくだけとも言えます。問題はスケジュールが立てられるかどうかにかかっています。

　こうした課題を克服するために、1年間のスケジュールのモデルを、ここで紹介したいと思います。このモデルは実際の小学校の校内委員会が試験的にやってみて、実行可能と判断したものです。一つの参考として、学校の実態に合わせてアレンジしていただければと思います。

校内委員会の1年間

月	校内委員会での連絡・調整	個別指導計画	特別支援校内研修・その他	巡回相談・専門機関
4	昨年度からの引継ぎ整理／1年間の見通し □校内委員会発足 ⇒ 役割分担 □校内委員会年間計画の作成（定例日程・研修会等） □昨年度から引き継ぎされた把握児童の新クラスの確認 □新担任への周知と、旧担任からの引き継ぎ時間の設定・連絡	□申し出のあった児童の状況確認と保護者面談の実施 □昨年度作成の個別指導計画を、担任が確認できるようにする。	□年度初めのミニ研修会 ・校内委員会について □年間特別支援研修会の企画	□巡回相談の日程確認 □通級学級の連絡・調整 □服薬している児童の担任への配慮事項の確認
5	指導方針の決定 □気になる児童の情報収集、検討	□個別指導計画の作成リスト作成 □昨年度より個別指導計画を作成している児童について、担任が1学期の目標の修正をする。 ⇒ 校内委員会でチェック	□1学期の特別支援全体会の企画・実施	□巡回相談の活用計画
6	見守り、見直し、対応……気になる児童の情報収集、検討 □担任を交えての情報収集、支援方法等の検討 □カウンセラー・介助員（支援員）を交えて情報交換、検討 □必要に応じ専門家・他機関担当者・主治医等を交えて検討 □児童の実状に応じた面談・臨時対応などの検討	□実態把握票の作成	□学校説明会で本校の特別支援教育について説明	□巡回相談の実施 □専門家チームの活用計画・準備
7	1学期のまとめ作業 □6月に準じた児童の情報収集、検討 □夏季休業中の保護者面談に向けて、個別指導計画作成や必要な対応方法の検討について各担任への呼びかけ	□実態把握票の作成 □個別指導計画の1学期評価 □担任は、夏季休業中の面談を利用して2学期の目標、対応方法を保護者と検討、決定	□2学期の特別支援全体会の計画	□2学期の巡回相談の活用計画
8	2学期に向けて □必要に応じて、2学期に向けての全体会、事例検討会、研修会等の検討	□2学期の個別指導計画について校内委員会で作成状況のチェック □実態把握票作成状況の確認		
9	見守り、見直し、対応……気になる児童の情報収集、検討 □担任を交えての情報収集、支援方法等の検討 □カウンセラー・介助（支援員）を交えて情報交換、検討 □必要に応じ専門家・他機関担当者・主治医等を交えて検討 □必要に応じ他校（中学や近隣校）との拡大校内委員会の計画 □児童の実状に応じた面談・臨時対応などの検討	□2学期の個別指導計画について校内委員会で作成状況のチェック	□特別支援全体会の実施	□2学期の巡回相談の活用計画
10	9月に準じた内容	□実態把握票の作成追加		□巡回相談の実施
11	9月に準じた内容	□実態把握票の作成追加		
12	2学期のまとめ作業 □9月に準じた児童の情報収集、検討 □個別指導計画作成や必要な対応方法の検討について各担任への呼びかけ	□実態把握票の作成 □個別指導計画の2学期評価 □3学期の目標、対応方法の検討、決定（可能であれば保護者と面談）		
1	3学期に向けて □本年度の特別支援教育についての評価 □新年度計画	□3学期の個別指導計画について校内委員会で作成状況のチェック □6年生児童について中学校校内委員会への引き継ぎ事項の確認	□3学期の特別支援全体会の計画	□3学期の巡回相談計画
2	9月に準じた内容			□巡回相談の実施
3	3学期のまとめの作業 □資料の整理 □来年度の校内委員会への引き継ぎ事項のまとめ	□6年生児童の中学校への引き継ぎまとめ □個別指導計画の3学期評価 □個別指導計画を作成している児童については来年度1学期分を立てる必要があるかを検討、必要な場合は保護者に了解を得て作成	□特別支援全体会の実施	
春休み中	今年度のまとめと来年度への引き継ぎ □資料の整理 □来年度の校内委員会への引き継ぎ事項のまとめ	□新1年生児童の保護者との面談（依頼があった場合、個別指導計画の作成）	□新年度初めのミニ研修会の準備	□次年度1・2学期巡回相談日程 希望調査提出

■ 第 7 章

地域環境のスタンダード

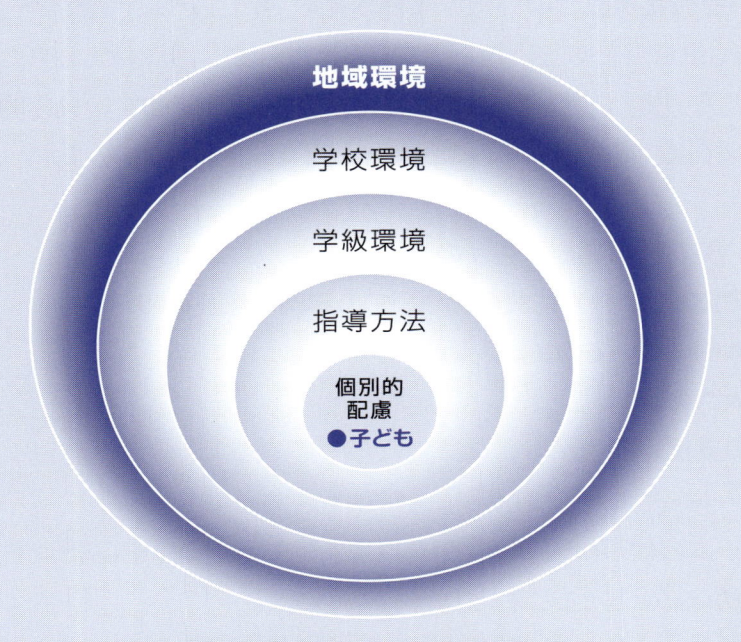

```
地域環境
  学校環境
    学級環境
      指導方法
        個別的
        配慮
        ●子ども
```

特別支援教育における「包み込むモデル」

　第7章は「地域環境」という包み込む環境をまとめました。ここが特別支援教育の大外の枠組みとなります。最も外側の枠が強固なものであることで、内側にあるすべての枠組みが柔軟になり、生き生きとしたものになります。この枠組みは、自治体、もっと絞った言い方をすると、教育委員会の活動になります。

　しかし、学級担任も節目節目にこうしたシステムと出会うことがあります。そして、第6章のとびらでの説明と同様に、日々の教育活動が行われている場は、その外部からのどのような工夫によって包み込まれているのかを知ることは、大切なことになります。ぜひ、ご一読していただければと思います。

　また、本章にもいくつかのコラムを散りばめましたが、ここで執筆いただいた多くの方は、教師という立場とはまた少し違った側面から発達障害のある児童生徒への支援活動を行っています。つまり、学校現場のサポーターからの発信です。ですから、そうした方からのコラム名は「現場への応援」としました。時々、違った視点と出会うことは、発想の硬直化を防ぐ効果があります。よきサプリメントのようであってほしいと思い、様々な立場の方に執筆を依頼しました。

　そして何より、学校という場に対しては、学校の外からもたくさんの応援があることを先生方に伝えたかったのです。がんばってください。

1／専門家チーム

　専門家チームとは、発達障害に詳しい医師、心理学の専門家、特別支援学級教員、通常学級担任、指導主事などを中心とした構成メンバーによって教育委員会が設置するものです。専門家チームでは、発達障害や特別支援教育の専門家集団がその専門性から、個々の子どもに合わせた学校の指導における工夫や留意点を助言します。校内だけの視点では見落としがちな支援方法の発見や、これまでの支援の在り方の確認や整理のために活用することができます。具体的な仕事として、文部科学省のガイドラインでは、専門家チームの役割を以下のように示しています。

> ・LD、ADHD、高機能自閉症か否かの判断
> ・児童生徒への望ましい教育的対応についての専門的意見の提示
> ・学校の支援体制についての指導・助言
> ・保護者、本人への説明
> ・校内研修への支援　等

　つまり、専門家チームの仕事は大きく括ると「判断・診断」「個別指導計画作成への助言」「関係者への説明」の三つがあると言うことになります。
　以下にこの三つの仕事について解説します。

1. 判断

　これは対象となっている児童生徒が発達障害と判断されるかどうかの検討を行う作業です。保護者や学校が、専門家チームに対して最も期待する機能のようです。学校の中に教育的な視点で気にかかる児童生徒がいた場合に、その子が同時に発達障害の特徴を有していることに気づく場合があります。もし、発達障害があるのであれば、単にわがままであるとか、怠けているといった視点だけでなく、やろうとしてもできないことがあるという視点も含めて見なければならなくなります。こうした配慮が必要な子なのかどうかという点について、確認すべき必要が出てくるのです。しかし、その特徴が発達障害と診断されるものであるのかどうかは学校では明言できません。そうした機能も役割も学校という場はもっていないのです。しかし、上記のようなあくまで教育的な理由から、その子を特別支援教育の対象として考えるかどうかの根拠となる障害の有無、障害名の特定という作業は、大切なことです。

　そこで、保護者の同意を得た上で、その作業を専門家チームが担います。障害の判断は、医学的診断や心理学・教育学的評価などを通じて行われます。その作業の内容は専門的な知見を多く含み、本書の役割を超えるので、ここでは詳述しません。発達障害の判断・診断を行うために必要となる資料は、主に①心理検査（知的能力の評価、認知能力のアンバランス）、②教科の学習の状況を記したもの、③行動面、社会性、心理面の特徴や、生育歴などを記したもの、④その他、本人の状況が分かる資料、などです。こうした情報が専門家チームの検査実施に際しては必要になるため、

多くの場合は専門家チームの会議の開催に先立って、臨床心理士などが資料の収集などにあたります。専門家チームの検討会には、担任やコーディネーターが（地域によっては管理職も）出席して、その子に関する情報を専門家チームに提供します。

> ## コラム 53 現場からの実感
> ● 専門家への相談（専門家チーム）につなげるまで
>
> 　4年生のAさんは入学当初から友だちとのトラブルが多く、校内の生活指導全体会では毎年、気になる児童としてあげられていました。担任も必要に応じて保護者と面談を行い相談していましたが、学年が進む中で、友だちとの関わりが更に難しくなっていました。
> 　そのため、市の「専門家チーム」を利用することを校内委員会で検討しました。校内委員会で話し合われたことに沿って、担任とコーディネーターから保護者にそのことを伝え、了解を得た上で、専門家チームにつなげることができました。
> 　学校側としては、専門家チームにつなげたいと思った時に、保護者に誤解を与えずに、その了解を得ることが一番苦労するところです。しかし、Aさんの場合は、思ったよりもスムーズに話を進めることができました。その理由は二つ考えられます。一つは1年生の時から担任が替わってもAさんの課題については、継続的に保護者に伝える機会をもち続けてきたことです。これは、生活指導全体会で教員の共通理解が図れ、引き継ぎも適切に行われていたからできたことです。そしてもう一つの理由としては、担任一人で抱え込まず、校内委員会でも考え、コーディネーターも面談に入る等の組織的対応を行ったことが挙げられると思います。
> 　その後、Aさんは「専門家チーム」の助言を受け、通級指導学級に通い始めることになり、少しずつですが、その成果も見え始めています。
>
> （小学校　教諭）

2. 個別指導計画作成への助言

　専門家チームは単なる判断のためのチームではありません。対象となっている児童生徒に発達障害があるかどうかを判断していくプロセスでは、当然「では、どのような配慮が必要であるのか」「どのような視点で教育的な支援をしていくとよいのか」などが検討されます。この中で、様々な専門家が様々な角度から出した提案を助言という形でまとめ、学校側に伝えます。そうした助言は適切な校内対応に不可欠である「個別指導計画」の作成に反映してもらいます。個別指導計画の中身については、第2章を参考にしてください。

3. 関係者への説明

　以上に示した1、2の作業結果からまとめられた意見は、専門家チームから学校側と保護者に同時に伝えられます。これによって、対象となった子どもの関係者すべてが、同じ情報による適切な対

応の方針を共有することになります。次頁に、専門家チームが最終的な意見書として助言をまとめた資料の例（個人情報等は削除・修正がされています）を紹介します。

コラム 54　現場への応援

● 歯車

　医師の立場として、学校の授業を見学したのは、市の専門家チームの仕事が初めてでした。授業を見学していると、本来対象となっている児童生徒さん以外にも気になる子がいることがあります。学校の先生に伺うと「そうなんですけど、親の理解が得られなくて、専門家チームに観てもらえないんです」という答えが返ってきます。その時に初めて気づきました。医療と学校教育の違いを。

　医療の場合、患者さんと親が病院にきて診察・治療をしていきます。これは契約です。その病院がいやになれば患者さんは来なくなります。でも学校の場合は、児童生徒さんは登校しなければいけません。これは権利であり義務です。だから学校の先生は大変です。

　以前、学校からの紹介でやっと外来にやって来た患者さんがいました。私が「今日は、どういう理由で外来に来たんですか？」と聞くと、「学校の先生に行けと言われて来ました」という親の返事。「困っていることは？」「別にありません」。結局、その外来が最後になりました。困っていることに対する意識（医学では「病識」と言います）が親あるいは児童生徒さんにないと、病院で治療を続けることは困難です。でも、これは医師からの論理。その時の学校の先生の気持ちを考えると申し訳ないと、専門家チームで授業を見学しながら初めて感じたのです。

　Ａちゃんと出会ったのはそんな頃でした。授業中いつも体が動いていてモジモジソワソワ。先生の言うことは聞いていません。友だちとケンカが絶えず、家でも両親に暴言をはくとのことでした。医療を拒み続けていたお父さんが、受診の勧めに対して学校に出した条件は「すぐ治す医者を紹介しろ」とのことでした。

　3週間後、両親とともにＡちゃんは病院にやって来ました。私は少し身構えていました。でも会ってみなければ分からないもの。今の状況を説明する、お父さん、お母さん、Ａちゃん、みんなとっても素直で一生懸命でした。でも3人ともイライラしている。そのいらだちを訴える、3人の家族の歯車はくずれていました。この歯車をどう戻していったらいいのか。その模索が始まりました。私は、外来をほっとできる空間作りに努めました。Ａちゃんが得意な詩を書いてきてもらったり、お父さんとスプラウト作りをしてもらったり。一生懸命宿題をやってきてくれるＡちゃんに、私は感謝の気持ちを伝えます。その時にみせるＡちゃんの笑顔は最高でした。そして外来に毎回きてくれるお母さんにも感謝の気持ちを伝えました。その時に流したお母さんの涙…、その涙がすべてを語っていました。

　Ａちゃん、お母さん、お父さん、みんな一生懸命なのに、そのことを誰もほめてくれない、認めてくれない。そして、いったんくずれた歯車は、もがけばもがくほど狂っていきます。その結果を責められ、そのいらだちを相手のせいにする、そんな家族の歯車のきしむ音が私の胸に響いてくるのです。一生懸命もがいていることを責めないこと、もがきを認めること、その原因を探

ること、解決に向かって一緒に考えること、進むこと、そして感謝の気持ちを育てること、そのことの大切さをAちゃんと両親から学びました。
「ほめることは認めること、認めることは愛すること」。これは、すべてに通じることです。

(小児科医　専門家チーム委員)

専門家チームによる意見書の例

◎対象児童　　　　Aさん　　○○小学校　3年△組

【学校からの依頼事項】
　授業中は注意・集中力に欠け、指示を聞いていなかったり、聞き逃したりすることが多発する。生活面では、極端に身の回りの整理整頓が苦手であり、これらの状態をどう理解すべきか、また、どういう配慮をすべきか知りたい。

【学校での授業の様子】
　国語は、音読がたどたどしいが、事前に何度も読む練習をさせると上手に読むことができる。書字に関しては、簡単な漢字なら書くことができるが、当該学年レベルの漢字は書くことができず、苦手意識が強く、文章はほとんど平仮名で書いている。
　算数は、本人の中では得意な分野であり、単純な計算問題なら難なく解けるが、文章題や応用問題になると歯が立たなくなってしまう。

【心理検査結果】
　○ WISC-III　言語性 IQ 98　動作性 IQ 111　全検査 IQ 102 (その他の細かい数値は省略)
　○ K-ABC　　継次処理尺度 97　同時処理尺度 97　習得度尺度 98
　　＊知的発達水準は平均域であるが、下位検査間には相当の能力のアンバランスがみられる。
　◎専門家チームでの判断
　　生育歴上の問題と多動傾向のエピソードがあったこと(保護者からの聞き取り)、また、集団場面の様子と学習状況の不適応(担任からの聞き取り)が確認された。これらの状態像と心理検査の結果を併せ、AさんにはADHDとLDがあると判断する。

【専門委員会での見解】
・Aさんは、知的な遅れはなく、その特異な読み書き・計算の苦手さは学習障害が影響している可能性が高いと考えられる。オーソドックスな指導のみでは習得できない領域があることを想定する必要がある。
・書字の指導では、単に何度も書かせるよりも、漢字を具体的なイメージと結びつけて覚えさせるなどの工夫が必要である(心理検査解釈から)。
・学習不足の経験から、自信のなさが窺える。これまでの担任の実践上の工夫から授業で扱うプリント1枚の中の問題数を少なくして、多くの枚数をこなすようにすることで本人に達成感を与えることが有効であると思われる。
・注意集中の悪さは、本人と話し合い、集中できない時には、どうすればよいかを担任と決めておく。また、少しずつでも集中できる場面が増えるように、特定の時間については、担任と取り決めていたプリントを行うなどのスモールステップによる指導を導入した方がよいと思われる。
・状況に応じて、医療機関での継続的受診を検討する。その場合は学校との連携が必要である。

2／巡回相談

1. 巡回相談の役割

　巡回相談とは、発達障害に関する専門家が学校に訪問する形で出向き、各学校の特別支援教育の様々な事柄が円滑に進むように支援する方法を言います。

　文部科学省のガイドラインには、巡回相談員の仕事が以下のように示されています。

> ・対象となる児童生徒や学校のニーズの把握と指導内容・方法に関する助言
> ・校内における支援体制づくりへの助言
> ・個別の指導計画の作成への協力
> ・専門家チームと学校の間をつなぐこと
> ・校内での実態把握の実施への助言
> ・授業場面の観察　等

　学校現場においては、実態把握、個別指導計画作成などの作業が行われる中で専門的助言の必要性が高まります。この要請が巡回相談員の仕事のなかで最も頻度の高いものになります。

　巡回相談員として学校へのサポート作業を可能にするために、具体的には、巡回相談時に「児童生徒の観察をする」「担任との相談を行う」「校内委員会に参加してその立場から必要な専門的知識を提供したり、助言を行う」「保護者と面接をする」などの役割を担います。また、校内研修会で講師として学校全体に対して専門的な知識を提供する場合もあります。巡回相談は、個々の子どもについての対応方針を具体的に考える絶好の機会にすることができます。しかし、巡回相談を行う専門家の力を十分に引き出せるかどうかは、各校の校内委員会やコーディネーターがいかに巡回相談を活用するかにかかっているのも事実です。各校の現状に合わせて柔軟なプランを立て、新たな展開のきっかけになるような工夫をしていただきたいと思います。

2. 巡回相談の事例 （巡回相談員による執筆：個人情報は削除・修正してあります）

　巡回相談における活動内容は各学校のニーズによって様々です。しかし、巡回相談の雰囲気や内容を紹介するために、以下にいくつか事例を取り上げます。

事例1：小学校1年生の男児A君は友だちへの暴力や離席が見られるということで、巡回相談の対象となった。授業中の行動観察を行った結果、A君には次のような傾向が見られた。①明るく元気であるが、常に体を動かしており多動の傾向があった。②友だちとのおしゃべりが多く、授業中に席を離れておしゃべりをしに行くことがあった。③作業課題に対して積極的に取り組むこともあり、手を挙げて発言もする。実際には観察することはできなかったが、担任の先生の話では機嫌の悪い時に興奮して他児への乱暴が見られるとのことであった。

　こうした情報を踏まえて担任の先生および特別支援教育コーディネーターの先生に次のような助言をした。①A君は多動の傾向があり、周りの刺激に反応しやすく、衝動的な行動を取りやすいことを

理解して環境の整備（適切な席の配置、危険な物の撤去）をした方がよい。②他者の注目を引くことを目的におしゃべりをしたり離席をしたりするので、担任の先生が注目する機会を増やしたり、適切なことをした場合に他児に注目される機会を増やしてあげるとよい。③いつも離席しているわけではなく、内容によっては集中して学習に取り組んでいる場面もあるので、A君が集中しやすい課題の形式や内容を見つけて、そうした課題場面を増やす方法を検討してほしい。④問題となる行動を起こさずに過ごした時間があれば、「〜しないでちゃんとできたね」などとほめてあげることが大切である。

●その後：A君は時々興奮することはありますが、乱暴をするに至ることは徐々になくなっていき、不適切なほどの離席も見られなくなりました。小学校低学年の児童の乱暴な行動は、上記のように「環境整備」と「適切な行動に取り組んでいる時間を増やす」ことによって解決が見られる場合が多いようです。

事例2：小学校4年生の女児Bさんは、最近登校しぶりがあるとのことで保護者から相談があり、巡回相談の際に保護者面談を行うことになった。保護者との面談の前に、担任の先生から最近の様子を聞き、その後10分程度Bさんの授業中の様子を観察した（面談の時間は30分程度と限られているので、Bさんの情報をある程度集めてから面談を行うため）。保護者面談では、近況だけでなく簡単な生育歴を踏まえて、学習面や行動面、友だち関係などについて話を伺った。得られた情報から総合的に判断すると、Bさんは4年生になってから学習面でのつまずきが明らかになってきたことが登校しぶりの背景にあると考えられた。特に算数が苦手なBさんは、算数の時間に発表して間違えたことやグループ学習で友だちに間違いを笑われたことがつらかったと母親に話したことがあった。

保護者面談の最後に、①Bさんの苦手を理解して否定的なことを言わないこと、②得意な学習や活動について話をして学校のイメージを改善すること、③Bさんの習得度に合わせた算数の内容を教えるために個別学習の機会設定を考えること、④学習面の認知的なかたよりを明らかにするために知能検査が役に立つこと、を保護者に助言した。

●その後：Bさんは担任と個別学習を行うようになり、その学習を楽しみにするようになりました。算数への苦手意識はあるようですが、授業には集中して取り組み、登校を嫌がることはなくなりました。登校しぶりや不登校の原因は様々ですが、学習面のつまずきが背景にあることは少なくありません。

事例3：中学校1年生のC君は、学校生活の中で急に怒り出すことがあり、友だちとのトラブルも多いということで巡回相談の対象となった。担任の先生からの聞き取りおよび行動観察の結果、①授業中に何度も質問を繰り返す、②作業中に間違いを指摘されると怒る、③長く会話を続けることが少ない、④小さなルール違反であっても違反した人に攻撃的な発言をする、といった行動特徴が明らかとなった。

その後、担任の先生と特別支援教育コーディネーターの先生に次のような助言を行った。①アスペルガー障害の生徒が示す行動特徴と似ている点が多いため、アスペルガー障害の可能性を考慮して（正式な診断ではなく、あくまで「見立て」である）C君の行動を理解するとよい（例えば、感覚の過敏さや不安の強さの考慮）。②C君にとって気になることやC君が大事にしていることを理解し

た上で、学校生活のルールやマナーを明確に教える（絵や文字を利用して視覚的にルールを示す）。合わせて、ルールは相手や場面によって異なることを教えるとよい。③トラブルが起きた後は、C君が落ち着いたところで、事実を確認して誤解や思い込みを正し、今回の責任の取り方と今後同様の状況になった時の対処方法をC君とともに確認する。

●その後：上記のような対応を続けた結果、C君の引き起こすトラブルは少しずつ減っていきました。こうした傾向がある生徒の場合、暗黙のルールと言われるような分かりにくいルールを明確化して伝え、困った時の対処方法についても具体的に教えることを根気強く繰り返すことが効果的なようです。

3／就学・進学システム

　小学校への就学や、中学校への進学は、障害のあるすべての子どもにとって、とても大きな課題となります。障害の特徴によっては、学びの場を特別支援学校、特別支援学級に求める子どももいます。そのため、わが国では、就学相談、就学指導などのシステムを各自治体ごとに整えてきた歴史があります。つまり、特別支援学校や特別支援学級への入学や入級にあたっては、適切な教育を受ける場や方法について入学前から検討できるシステムが用意されてきました。しかし、通常学級を学びの場にすることの多い発達障害のある子に関しては、他の障害のように入学前の検討システムが明確にされていないため、こうした検討がされないまま入学するということが起きがちです。

　発達障害のある子は、小学校に上がる前から様々な特徴を見せることが多く、幼稚園・保育園での対応方法の実績が、小学校の就学やその後の学習への配慮に際して、参考になることが多いです。また、就学にあたっては、保護者の不安は大変大きくなります。そうしたことからも、就学時のサポート体制を整えることは、他の障害と同様に発達障害に関してもとても大切なことになります。以上のことは、小学校の就学のみでなく、小学校から中学校への進学にあたっても同様のことが言えます。

　そこで、通常学級における特別支援教育の視点に立った就学・進学の支援システムを作ることが必要になります。例えば、就学に際しては、幼稚園・保育園から、これまでの支援内容を記した連絡文書のようなものを小学校に提出できる工夫などが挙げられます。こうした文書には保護者もその記入に参加することが原則になります。指導者からの視点と保護者の思いがきちんと記載された文書が作られると、小学校でスムーズなスタートが切れることが多いからです。同様に、小学校6年生時に、進学先の中学校に対して、こうした発信ができることが望ましいです。なぜなら、小学校の6年間に学校で蓄積した、その児童に最も合う指導方法という財産を中学校の3年間に引き継ぐことができるからです。小学校から中学校の進学の際に、支援内容が分断されることがどうしてもあります。特別支援教育からの視点では、こうしたロスをどう減らすかが小学校から中学校への進学時におけるポイントになります。以上の連絡文書の実際例として、付録に日野市の「進学支援シート」「就学支援シート」のフォーマットを付録に載せています。こうしたものを参考に各自治体で工夫していただけるとよいと思います。

コラム 55　現場への応援
● 巡 回 相 談 を 通 じ て 見 え る も の

　私は大学で特別支援教育に係る科目の教鞭をとりながら、小中学校の巡回相談を担当しています。相談の体験を通じて感じたことを、以下に3点ほど述べたいと思います。

　まず一点目は、学校全体で取り組むことの大切さです。特別支援教育を推進するキーマンは各校の特別支援教育コーディネーターですが、あくまでも連携を進めるためのパイプ役であり、すべてを行うわけではありません。しかし校内業務の多忙さから、学校全体が、つい特別支援教育に関することのほとんどをコーディネーターに頼りがちになるようです。そうしたことから結果的にコーディネーターが孤立し、適切な連携体制がとれなくなるケースもあります。それではいくら巡回相談を入れても、特別支援体制は機能しません。日本では従来、通常教育と特殊教育が分離した形で行われてきたため、通常学級の担任の意識に、問題を抱える児童生徒の個別対応というものを、自分の本来の役割と意識しにくいことが背景にあるように思います。学校全体の教師が対応の困難な児童生徒に対し、共通理解をもち、共通対応することで初めて、適切な支援教育が実現できることを忘れてはならないと思います。

　2点目は最初の点とも関連しますが、「学級の責任はすべて担任がもつ、故に口を出さないでほしい」という誤った学級担任の考え方が、校内連携の妨げになるということです。もちろん学級の責任者は担任ですが、特別なニーズを要する児童生徒の問題は担任だけで解決できないことも多いのです。うまくいかない時は抱え込まず、良い意味で周囲にヘルプを求めることが大切です。また、周囲も相談を求めた担任に対し、認識不十分、努力不足などと批判するのでなく、その大変さを共感した上で、共通の課題として共に支援を考えていく姿勢が必要です。実はこの点に関し、私自身にも失敗経験があります。巡回相談の役割は授業観察や担任からの話を聞きアドバイスすることですが、うまくいっていない担任の気持ちに十分な配慮をせず、改善策を次々と提起したため、反発とともに、ますます本人を落ち込ませてしまいました。まずは困難な思いを受容することが大切であり、それは対児童生徒だけでなく、先生方に対しても同様であることを改めて学びました。

　最後は保護者との連携の大切さです。残念ながら保護者側が「学校＝教師」へ不信感をもち、わが子の情報を学校側に伝え連携することに不安や抵抗を感じている場合もあります。その一因として、わが子の障害受容が十分でない保護者に対し、教師が児童生徒の現実を把握するように強く求めすぎてしまう点があるように思います。実際は、わが子の問題に薄々気づいていることが大半なのですが、それを明確に認めることは保護者にとって多大なストレスなのです。理解を強制する形でなく保護者の気持ちに寄り添い、共に児童生徒の今後にとってよい対応策を考えながら、信頼関係を育むことが大切です。仮に両者の溝が深くなりすぎた場合は、無理せず巡回相談も含め、外部機関の支援を利用することが有効です。

　現場の先生方は「まったなし」の状況の中で、児童生徒の理解と個に応じた援助を基盤とした学級経営の充実を考え、本当に真摯に取り組まれていると感じます。ただ日々の大変さの中で余裕がなくなり、自分だけでは見えにくくなる点も多々出てきます。そこを専門的観点からのアド

バイスを活用しながら見直し、児童生徒・家庭・学校の双方にとって、より良い支援となる契機を創り出すことが巡回相談の役割だろうと思っています。

（大学教員　臨床心理士　巡回相談員担当）

コラム 56　現 場 か ら の 実 感
● 幼児教育と特別支援教育はとっても似ている!?

　5歳のT君は、とても活発で、じっとしていることが苦手です。4歳の秋に転園してきました。3歳の時に通っていた幼稚園で乱暴な子というレッテルを貼られたと訴えるお母さんの表情は、とても硬く、そして、実際、T君は周りの子とトラブルばかりという状況でした。絵本の読み聞かせをしている時も、みんなで集まって話を聞く時も、歌を歌っている時も、周りの子に話しかけたり、体を触ったり、ずっと体が動いているといった感じで、友だちが注意すると乱暴な言動で応じ、担任が近づくとにらむといった調子です。ただ、T君は外で遊ぶのが大好きで、いろいろなことに興味をもってすぐに取り組む元気な子です。T君の行動は確かに担任泣かせではありましたが、私たちは、以前にレッテルを貼られた経験の影響も無視できないと思えましたので、すぐに介助をつける等の具体的な配慮をせず、しばらく様子を見ることにしました。

　5歳になってもT君は相変わらず落ち着きのない子でしたが、幼稚園が大好きで、少しずつ先生の言うことも聞けるようになっていました。しかし、夏休みのある日、ウサギの世話係でスノコを洗う役割だったのがT君です。ほかの子がほうきでウンチを集め始めたら、そっちの方が気になって、スノコをほったらかしてほうきを握ります。今度はウサギを抱く子を見つけ、ウンチをほったらかしてすぐにウサギを抱きに行きます。とうとう、友だちと追いかけっこを始めて、結局、ウサギの世話はお母さんが終わらせました。私たちはその様子をきっかけに「T君はやはりADHDの特徴をもっている子なのか？？　そうだったら、そうした意識をもって対応する必要があるのではないか？」というテーマで、T君へのかかわり方を話し合いました。その話し合いの場で、幼稚園の教育は「個に応じた配慮」をするのが当然ということになり、T君への対応について、今までは「動きたい気持ちは分かるけれど我慢しようね」と声をかけていたところを、動きたくなっている様子を見て取って、むしろ動いてもいい場面を作ったり、そばに行ってさりげなく体を触ったりしながら落ち着けるようにしたり、アイコンタクトを心がけるといったように、T君向きと思われる関わり方に変えることにしました。そうした配慮はT君には有効だったようです。最近は、じっとしていられなくなった時も、先生と目が合うと自制しようとするようになってきています。

　幼稚園という現場とT君にとって、まず必要だったのは、ADHDかどうかの診断ではなく、最も適した保育者側の関わり方をみつけることだったのかもしれません。集団の中で、個々の発達や状況に応じた個別支援をするという幼児教育のスタンスは、特別支援教育の考え方にとても近いということを改めて感じました。

（幼稚園　園長）

4／研修システム

　障害のある子どもを包み込む地域環境を作るという使命を負う教育委員会が行う具体的作業の中でも、大きなテーマが「教員の技能向上」です。最近では、大学を出たばかりで新たに教師になった人も、長く教師を続けている人も、等しく新しい技術に触れる機会が必要と認識されるようになり、どの自治体でも教員研修会の充実が図られるようになっています。特に特別支援教育は、通常学級のみの担任を長く続けてきた教師にとっては、新しい視点で物事を考える必要がある分野です。通常学級における特別支援教育の定着や発展は、良き研修会が組めるかどうかにかかっていると言ってもよいと思います。

　現在、自治体主催で行われている特別支援教育の研修会では、①理解・啓発に関するもの、②指導法に関するもの、②最新情報といったテーマが扱われることが多いようです。①では発達障害の特性、対応の基本を学ぶことになります。②は学力、社会性、行動などへの指導法がテーマになることが多いです。③は、国全体の方向性や自治体の方針などの変化に合わせて現場の知識として知っておくべきことなどが説明されることが多いようです。こうした複数の種類の研修会が用意され、それぞれの教師が各自のスキルと必要性に応じて選択できることが望ましいと考えられます。

　研修会というものは、受講者が必要なタイミングで必要な情報に触れることで活きます。企画する教育委員会の担当者は、講師と受講者の両者のマッチングを十分に考えて、慎重に研修会を運営する配慮が必要です。現状のように特別支援教育に関する研修会が増えている中にあっても、受講した教師の中からは「自分にはできない」「役に立たない」「必要ない」などの感想も散見され、その目的とは逆の結果が生じていることもあるようです。研修を受けてもピンとこない時には、研修会の講師の話の内容が悪いか、もしくは受ける側に準備状態がないなどの場合もあります。お互いに前向きであっても、互いの視点やタイミングのズレで労力に見合うだけの満足感が得られないことも少なくないのです。このように、必ずしも効果的に終わると保証されているわけでない研修会の内容、講師、時期をいかに考えて企画するかは、教育委員会が現場のニーズにどれだけ触れているかにかかっています。

　また、各自治体が特に力を入れる研修会の一つとして「特別支援教育コーディネーター研修会」があります。これは、コーディネーターに限定した研修会です。各校の特別支援教育の実務的な部分を担うコーディネーターが十分な知識と最新情報を備えることは、「望ましい」をことを超えて「必要条件」だからです。研修会の実状は各自治体で違ってきます。しかし最低限、特別支援教育コーディネーター研修会を充実させることは、特別支援教育の地域環境作りのポイントになりそうです。

コラム 57　現場への応援
● 研修会を運営すること

　私は、指導主事として市の教育委員会に勤めています。もともと中学校で国語を教えていて、ここまで三つの中学校に勤務しましたが、今で言う特別支援学級が設置されていたのは1校だけ

でした。私は、通常学級の教員でしたので、特別支援学級の子どもたちと関わるということはほとんどありませんでした。私が指導主事になる数年前から、現場にも「特別支援教育が始まる」という話が聞こえてきましたが、その言葉がピンとこない、というのが正直なところでした。

　私が担任したクラスの中に、自分が気になると、授業中だろうと何だろうと、突然に大きな声でそのことを話し出す生徒がいました。私も様々に指導をしましたが、なかなかうまくいかずに困っていました。そんな時、特別支援学級の先生から「座席を一番前にして、授業中に関係ないことを話し出したら、画用紙に描いた〈唇に×印〉の絵を見せて、〈今は違うよね〉とやさしく言ってあげるといいよ」と言われました。その時の私は、正直、その言葉を半信半疑で聞いていました。それでも、とても困り果てていましたので、やってみようと思い、試してみました。そうすると、その生徒は少しずつ授業に取り組んでいくようになったのです。様々に学ぶ機会が与えられた今になって思えば、その方法は「刺激を減らし、視覚的に指示を与える」ものだというふうに説明することができます。しかし、当時の私には全く想像もできないやり方でした。

　多くの教員の中には、以前の私と同じように、様々な障害への理解や、障害のある子どもへの指導の経験が乏しい人もいます。しかし、今、どの教室にも支援を必要としている子どもたちがいるという前提で、すべての教員がしっかりと学ばないといけないのです。指導主事として現場に行くと、教員の中から「これまでのやり方ではうまく指導ができない」「子どものことが分からない」といった悩みの声を聞きます。これらの声に応えるためにも、特別支援教育にかかわる研修会の充実は本当に必要であると改めて思います。

　そのために私ができることは、専門家からしっかり学べ、悩んでいることや困っていることを素直に語れ、そして学んだことをそれぞれの場で自信をもって実践していける、そんな研修会を企画していくことだと思っています。

（市教育委員会　指導主事　特別支援教育担当）

5／専門機関との連携

　地域環境によって障害のある子を包み込むためには、地域に存在する関係機関がお互いに連携しあって協働する必要があります。発達障害のある一人の子が、様々な場と関係をもっていることは少なくありません。例えば、医療機関、療育機関、その他の福祉や保健に関わる機関などの複数がその子のサポートを行っていたりします。また、同じ公教育システムの中にあっても、発達障害のある児童生徒に関しては通常学級以外の通級制の学級や教室を利用している場合は多くなります。こうした発達障害のある子に関わる様々な機関は、それぞれに役割をもっているため、連携の必要性が生じてくるのは自然なことと言えます。それぞれの場のそれぞれがもつ役割を最大限に発揮するためには、お互いの役割をよく知った上で、サポートしあったり、必要なことを補いあったりする必要があります。

　多くの場合、複数の機関で連携するには、誰かがその中心になることが求められます。連携がうまくいかないという例のほとんどは、どこが、あるいは誰がそのコーディネートの役割を担うのかが明確

でない場合に起こってくるようです。しかし、このような作業は大変な労力を必要とします。学校がそれを担うことには限界があります。そこで、各地域にある特別支援学校に「センター的機能」を活用しようという動きも生じました。各地域にある特別支援学校が周辺地域に目配りをしながら、その連携を支えていくイメージです。文部科学省では以下のように特別支援学校のセンター的機能を示しました。

> ① 小・中学校等の教員への支援機能
> ② 特別支援教育等に関する相談・情報提供機能
> ③ 障害のある幼児児童生徒への指導・支援機能
> ④ 福祉、医療、労働などの関係機関等との連絡・調整機能
> ⑤ 小・中学校等の教員に対する研修協力機能
> ⑥ 障害のある幼児児童生徒への施設設備等の提供機能です。

つまり、特別支援学校のノウハウの提供という役割と地域の連携を促進する機能です。各小中学校は積極的にこの特別支援学校のセンター的機能を活用したいものです。

6／行政システム間の連携

連携協議会

文部科学省は一定の地域レベルでの教育・福祉・医療等の関係機関部局とのネットワークの構築を推進しています。そうした関係部局横断型のネットワークを「特別支援連携協議会」と言います。それぞれの専門的な支援内容等の情報を共有することにより、障害のある子どもの多様なニーズに応えたり、総合的な支援を行うことができます。例えば、特別支援学校、福祉センター、大学、医療機関、児童相談所等の公的な関係機関との連携により、地域において様々なアイデアによる施策が展開できます。また、特別支援教育の発想が学校教育に留まることなく展開されることも期待されています。そのための具体的な方法の一つとして「個別の教育支援計画」があります。

個別の教育支援計画

小・中学校の学習指導要領の「総説」の中に「障害のある児童（生徒）などについては、特別支援学校等の助言又は援助を活用しつつ、例えば指導についての計画又は家庭や医療、福祉等の業務を行う関係機関と連携した支援のための計画を個別に作成することなどにより、個々の児童（生徒）の障害の状態等に応じた指導内容や指導方法の工夫を計画的、組織的に行うこと」という箇所があります。ここでいう「指導についての計画」とは、本書でこれまでに説明してきた「個別指導計画」のことですし、「家庭や医療、福祉等の業務を行う関係機関と連携した支援のための計画」とは「個別の教育支援計画」について触れた部分です。「個別の教育支援計画」の内容については、文部科学省は以下のように説明しています。

> ① 特別な教育的ニーズの内容
> ② 適切な教育的支援の目標と内容
>   障害の状態を克服・改善するための教育・指導を含め必要となる教育的な支援の目標及び基本的内容を明らかにする。福祉、医療等教育以外の分野からの支援が必要となる場合はその旨を併せて記述する。・・・（中略）毎年作成されてきた個別指導計画は、児童生徒一人一人の教育的ニーズに対応して指導の方法や内容の明確化を図るものであるが、乳幼児期から学校卒業後までを通じて長期的な視点で作成される「個別の教育支援計画」を踏まえ、より具体的な指導の内容を盛り込んだものとして作成される。
> ③ 教育的支援を行う者・機関
>   保護者を含め、教育的支援を行う者及び関係機関と、その役割の具体化を図る。

つまり、この教育支援計画の最も重要な視点は、学校での対応だけでなく、福祉、医療機関と連携を図ること、そして学校教育を受ける期間のみならず、その前後の時期についても視野に入れることの、二つになります。これによって、ある時点での関係機関同士の「横のつながり」と、時間経過に伴う「縦のつながり」を構築することになります。個別の教育支援計画には、関わる人と人をつなぐことと、そして次の支援者にバトンを渡すことの２つの機能があるとイメージすると理解しやすいでしょうか。付録に日野市で使用している「個別の教育支援計画」のフォーマットを付けています。

コラム 58　現場への応援
● 行政がすべきこと

「今までこんなに勉強したことはなかった！」

リソースルーム（本市の全小学校に設置してある学習支援室です）に通う子どもの声です。子どもからこうした喜びの声が発せられるは、もちろん学校現場の努力の成果です。そして、行政の立場として子どもたちを応援する私たちも、こうした声に励まされ、もっともっとこんな言葉が聞きたい、そして、まだこうした言葉をまだ出せないでいる子どもたちに、もっと手を差し伸べていかなければならないと改めて思います。

障がいのある子どもは、学習につまずいたり、友だちとの関係で悩み、つらい思いをすることもあります。それだけに学校には、一人一人の障がいの理解と、学校生活が順調に送れるような配慮が求められます。

そのためには、まず、授業は分かりやすく魅力あるものでなければなりません。現場の努力によって完成した「ひのスタンダード」と名づけられた本市のユニバーサルデザインの教材研究を通して、特別支援教育の丁寧な指導法は、通常学級の子どもたちの学びにも好影響をもたらす

ということが全体の共通認識になりつつあります。「特別支援教育は教育の原点」と言われるのは、本当のことだと思います。

このように、教育の在り方全体に良き影響をもたらす特別支援教育を展開するために、教育行政が取り組まなければならないことは多岐に渡ります。その中でも、重点が置かれるのは、なにより、学校現場の先生方に障がいの理解とその指導法を身につけていただくことと、学校全体に特別支援教育を広げていくことの2点であろうと思います。この2点の実践のために、今、行政がすべきことを具体的に3点ほどまとめてみます。

① 設置可能な学校には、特別支援学級を設置すること

ここ数年、計画的に市内に特別支援学級を増やしてみて、まず明らかだったことは、入級者がどんどん増えて、特別支援教育を必要とする子どもたちが予想よりも多かったということです。これは全国的な傾向なようです。これまで、こうした子どものニーズに応える教育体制が足りなかったのだとしたら、十分に考え直さなければなりません。また、学級に配置された専任の先生方は、学級を超えて校内の特別支援教育の推進役を担ってくれました。特別支援学級の設置によって通常学級の先生方が特別支援教育の実際を学び、学校全体で取り組んでいく大きな契機になりました。また、教員だけでなく、保護者も特別支援教育の実際に触れる機会が増え、その理解が大きく進みました。このことは障がいのある子の保護者にとっても、そうでない保護者にとっても、大変意義のあることだったのではないかと思っています。

② 授業のサポートをすること

本市はこれまでもICTを活用した授業の研究を進めてきています。これに、さらに特別支援教育の視点を加えて、現場の先生方が、障がいのある子を含めたすべての子どもに対する指導に、そのもてる力を十分に発揮し、さらに磨ける状況を作ろうと思っています。教室の中での授業という表舞台の舞台装置、大道具、小道具を、できるかぎり揃えるのも、裏方としての行政の腕の見せ所です。

③ 福祉と連携すること

学校現場の特別支援教育の進展に対応する「現場主義」を基本姿勢としながら、市長部局の諸施策と連携した総合的な支援を目指すことも必要です。本市については、福祉領域で計画中の発達支援センター設置と教育の連携が「生涯にわたる支援」の鍵になりそうです。

教育実践に真に寄与する施策の在り方を探り、冒頭のような、学びに喜ぶ子どもたちの声をもっと、もっと、聞きたいと私は思います。

（日野市　教育長）

■ 終 章

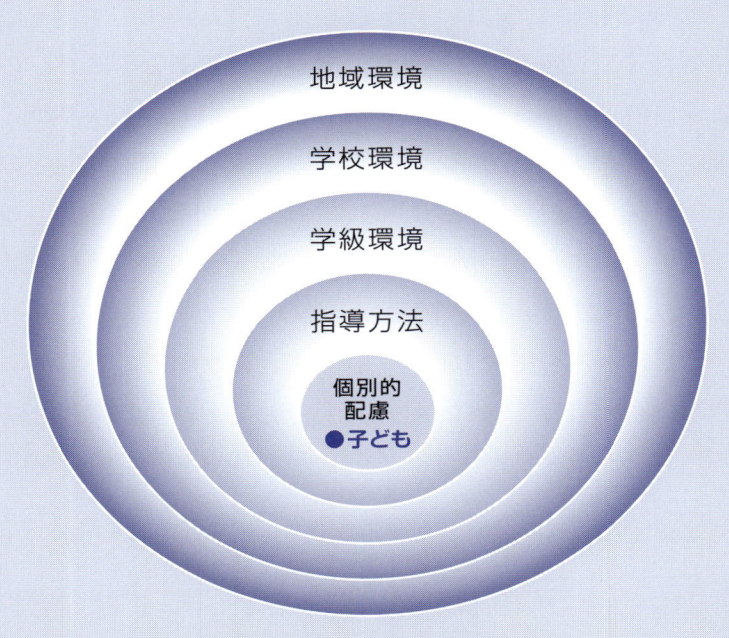

特別支援教育における「包み込むモデル」

　「包み込むモデル」によって、発達にかたよりのある子どもたちが育つ環境を整えるという視点で作られた本書の最終章として、三つの論点を述べたいと思います。
　このテーマを、本書でここまで明確に論じることをしてきませんでした。「はじめに」での障害児教育の理念の世界的潮流、第2章で説明した発達障害のもつ「状況からの影響の受けやすさ」という特性を理由に、包み込むモデルの存在根拠を示したに過ぎません。また、おそらく現場感覚からいっても、発達障害のある子どもたちを包み込む環境作りの必要性は「学校適応を図る」という視点では自明な部分があったと思います。ただ、ここで、単に「適応する」ということだけでなく、この環境の中で発達障害のある子がどう「育っていく」のかについて論じて本書を閉じたいと思います。

論点1／包み込むモデルによって、なぜ育つのか。

どの子にも育つ環境を保障すること

　発達障害のある児童生徒は学校の中で、多くの失敗状況にさらされます。これは、発達障害のある児童生徒と接したことがある教師ならば、皆知っている残念な事実です。そして、この過剰な失敗体験は、彼らの成長に停滞や迂回を生じさせます。発達障害のある子に対しても、発達障害のない子がたどるのと同様な成長の道筋が保障される必要があります。発達障害があっても、同世代の平均的な失敗量程度に抑える環境の整備が必要です。そのために、具体的にどのような環境を作るべきかというテーマを追求すると本書全体で紹介したような「特別な」環境作りが必要になります。つまり、「同じ」を確保するために「特別」が必要なのです。一方で、この「どの子にも」という考えをどんどん突き詰めていくと、最終的には、障害があろうがなかろうが、等しく育ちやすい環境を作るというユニバーサルデザインの発想につながっていくことになります。その時点で「特別な」環境は、「特別でない」環境に変貌します。我々はここを目指して、日々の実践を積んでいるのです。包み込むモデルは発達障害のある子を含んだすべての子が育ちやすい環境を提供するモデルです。

ハンディキャップ

　こうした「失敗体験の軽減」という機能以外にも包み込むモデルには、発達障害のある子に対する教育的効果を生じさせる秘密があります。それは、包み込む環境の中で育つからこそ学べることです。もっと言えば、包み込む環境でしか学べないことです。

　発達障害のある子には「ハンディキャップ」が生じます。ハンディキャップとは「社会的不利」を意味する言葉です。障害があること自体は、もちろん本人を苦しめますが、さらにそこから生じる数々の現実的な「不利」や「損」が彼らを苦しめます。そこで、社会では彼らの障害を認め、彼らのハンディキャップ（不利）部分が減るような支援を行うことになります。ゴルフ競技では、まだ、技術的に習得過程にある人にハンディを多めに与えて、同じ条件で誰もが参加でき、プレイを楽しめる工夫をします。障害のある人の社会参加についても全く同じ発想が有効になります。これは前述したような「〈同じ〉であるための〈特別〉」という視点の言い換えでもあります。

ハンディキャップを軽減できる子に育てるために

　ハンディキャップは自分以外の人（社会）からの支援によって大幅に減らすことができます。しかし、ハンディキャップの軽減は、他者から与えられるだけでなく、自分自身でもできることなのです。例えば、聴覚障害のある人は、補聴器を使用することでハンディキャップを自ら軽減しようとします。補聴器を装着することは聴覚障害そのものに変化をもたらすわけではありません。しかし、これによってハンディキャップは軽減できるのです。発達障害という障害に関してはどうでしょうか。発達障害という障害は他の障害と比べても本当に分かりにくくて、補聴器や眼鏡のような明確なハンディキャップ軽減法がありません。発達障害の人のハンディキャップ軽減の方法は目には見えないものになります。そして、それは本人自身がもっている「工夫をする能力」なのです。例えば、認知能力の中で記憶に障害があるLDのある子は、日常生活で色々な忘れ物をしてしまうかもしれません。その時に彼が「メモをとる」

という「工夫」をするとハンディキャップが軽減されます。計算が苦手な子は計算機を持ち歩くことでハンディキャップが軽減します。それぞれの特徴に応じた工夫を無限にできるようになれば、障害をもっていてもハンディキャップ部分が少ない状況を作ることは可能なのです。

「工夫する能力」を育てるためには

そこで、我々は発達障害のある子を工夫できる子に育てたいのです。そうした能力を伸ばしてあげることが大人ができる最大のプレゼントになります。どうしたら工夫できる子に育てられるのでしょうか。ここで、我々自身は、どうやって工夫する能力を身につけてきたか考えてみてください。工夫は、実は「模倣」から始まったという事実に気づきませんか。例えば、職場では先輩が工夫する様子を見て「あんなふうに工夫すればいいんだ」と、その工夫内容だけでなく、その姿勢や方法を学んだのではないでしょうか。工夫する姿勢やコツは、模倣学習（専門的に言えばモデリング学習）によって、身につくのです。つまり、工夫できる子に育てるためには、周囲に「工夫するモデル」が必要になります。ここで本書全体の内容を思い出してください。「包み込む環境」は「工夫であふれた環境」と言い換えることが可能なはずです。工夫の中で育つことが、彼らの中に工夫するという視点を育て、生涯役に立つ姿勢と能力を育てるのです。

論点2／包み込まれて育つことが社会自立を妨げないのか。

包み込むモデルの説明から生じる懸念の一つに「このように守られた環境でぬくぬく育つことで厳しい社会の中で生きていけるのだろうか。社会自立を妨げているのではないか」というものがあります。つまり、「甘やかし」にはならないかという心配です。確かに、この指摘は一側面を言い当てています。人はいつもいつも守られているわけでも、守られ続けられるわけでもありません。実社会の中では自分一人で悪条件を生きていく必要がある時はいくらでもあります。もし、自立を妨げるようなことが起きているのであれば、包み込むモデルは教育モデルにはならず、子どもをダメにするモデルということになってしまいます。

環境だけではなく、子どもも見ること

そこで注意すべき視点は、彼らの周囲に作られた包み込む環境が、彼らの成長・変化を生んでいるかどうかということになります。指導者として環境作りに熱心になると、つい目が外側ばかりに向かいます。しかし、当たり前のことですが、大切なのは、彼らの内部にどのような変化が生じているかということです。子どもの内部を見ずに、外部のみに意識を向け、熱心に整えていく大人の様子を我々は「過保護」と呼びます。確かに、〈包み込み＝保護〉の側面があります。これは大切なことですが、「過ぎれば」毒になるのは事実です。子どもを見るという姿勢を失うと生じる毒なのです。

子どもの内部で起きていること

　では、包みこむモデルによって、彼らの内部にどのような変化を作り出せばよいのでしょうか。私は彼らの内部については下図のようなモデルを想定しました（もちろん説明の都合です。複雑な彼らの内面をこんなに簡単な略図で示せるわけがありません）。この図は、ここまで読者の皆さんの前に何度も示してきた包み込むモデルの同心円の中心近くにいる「子ども」と記した小さな円部分を、クローズアップしたものと考えてください。その内部も包み込むモデルと同形の同心円状になっています。自分の外と接している部分は「支援を適切に受けられる能力」としました。外部の環境がいくら整っても、それを上手に活用できる本人の力が育っていなければ、その環境は役に立たないのです。

　我々はどんな人もなんらかの支援を受けて生きています。人は社会的な存在なのです。そして、どの人も量や質を自分で調整しながら支援を受けます。発達障害があるという事情をもっている彼らの支援の受け方は、より複雑で難しくなります。支援を受けることを、自身で適切に調整する力をつけるためには、その方法を意識的に学んだり、身につけたりする必要があります。自分に必要なものだけを、必要に応じて受けられるというのが「適切な」という意味です。この能力を身につけることが、環境が自分をダメにするのを防止します。つまり、外部環境が過保護にならないように注意する姿勢は、大人側だけでなく、子ども自身も身につけなければならないことなのです。では、そうした能力をどうやって身につけていくのでしょうか。

包み込む環境は自立を学ぶ場

　人の心は、人にやってもらうことだけでは、喜びが生じてこないようにできています。過保護な関わりの中だけで育ってきた子は、決して生き生きとした表情をしていません。それは、自分でやる体験、成功を感じる体験が奪われているからです。包み込む環境には、確かに保護の側面があるのですが、その保護の目的は、あくまで、「自分でできる」という実感がもてる状況作りでもあり、自立体験を確保することなのです。こうした目的が意識されていれば、包み込む環境がもつ子どもを保護する機能

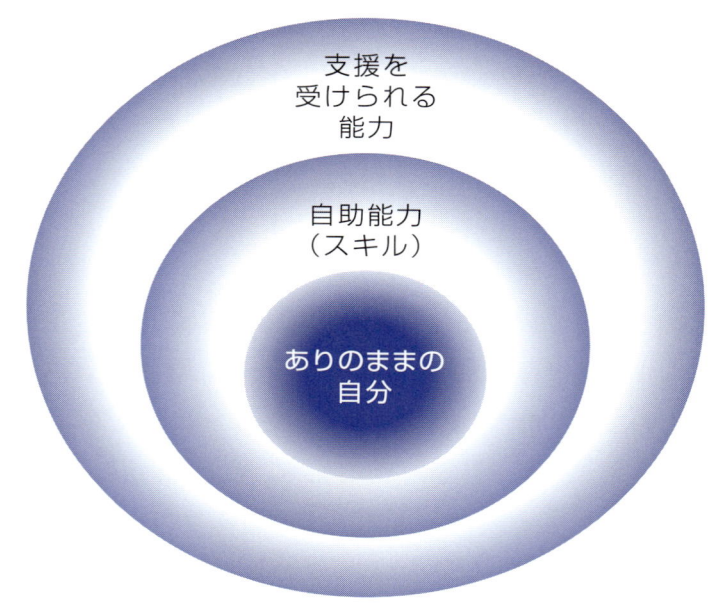

子どもの内部環境モデル

は健全に作用するはずです。本人の中にすでに備わっている達成感を求める気持ちが、整えられた環境の中で常に満たされます。そんな環境の中では、色々なことをできるだけ自分でやりたいし、人から支援してもらってでも達成したくなります。結果的に、自分で行うべき部分と、人から支援を受ける部分との仕分けをせざるをえません。こうして適切に支援を受ける能力は身についていきます。

つまり、包み込む場は本来、自立を学ぶ場であり、そう機能していないものは、包み込む環境とは言えないのです。

論点3／包み込むモデルで育つことが、その子の将来にどう影響するのか。

適切な支援を受ける能力のさらに内側にあるのは「自分でできる能力」つまり「自助能力」になります。「自助能力」の層と「包み込む環境」とに挟まれた「支援を適切に受ける」層は、「自助能力」が育つことでより洗練されていきます。そしてなにより、「自助能力」が育つことが学校教育終了後に不可欠なことは容易に想像できるでしょう。

自助能力を育てるために

学校教育の段階でも、発達障害のある子を対象とする教育にあっては「自助能力」の層をどんどん大きくしていくことが当然求められます。なぜなら、ここの成長が本人の中に最も大きな喜びとなり、これまでの失敗に対する癒しにもなるからです。すべての子ども（幼児も含めて）はみな、この部分が大きくなっていくことに喜びを感じます。ただし、ここで注意しておきたいのは「自助能力」も、あくまで、外部の「包み込み環境」と「支援を受けられる能力」に「包まれて」育てていくべきということです。時に、自助能力を育てるという名目で、放り出し、突き放しが行われることがあります。それによって育つのは自助能力というよりも、自己防衛能力です。非行、引きこもりなどに苦しむ子どもの中に時々見てとれる種類の「自分を守る対処能力」が引き出されるのです。こうした行動も一種の自助能力として生じるのですが、我々が育てたいのは、もっと前向きで、積極的な自助能力です。人を乱暴に遠ざけたり、避けるというような方法ではなく、人とほどよく関わる中で自分を活かすような種類の自助能力です。そのためには、あくまで包み込む（無理なく参加できる）環境の中で、自助能力を育てることが肝要なのです。

治療教育の視点

「自助能力」の層は、彼らの内部にある能力の育成ですので、通常学級以外で行われる「療育」と言われる治療教育の視点も有効になります。具体的にはソーシャルスキル、ライフスキルなどのスキルトレーニングなどの方法が例として挙げられます。ソーシャルスキルトレーニング（SST）は通級制の学級で行われることが多いです。このようなスキルトレーニングと言われるものには、その子ができないことを指摘して矯正する教育だと思われている誤解が一般にあります。しかし、スキルト

レーニングはあくまで、自助能力を育成し、モデルの中心にある「ありのままの自分」を包みこむ環境作りとしてあるのです。こだわりのある自分、集中することが苦手な自分、読み書きが苦手な自分、そのままの自分を受け入れ包み込むためには、スキルをもつ必要があります。こだわりを趣味として楽しめるスキル、集中できる時間や場所を自分で作るスキル、ワープロを自由自在に使いこなすスキルをトレーニングすることで、自分を否定するので、あくまで守り、活かすのです。それが治療教育の本質と言えます。

すべての包み込みは「自助能力」の中に

こうして、「ありのままの自分」を最も近い位置で包み込む「自助能力」を教育段階にあって育てていくと、この層はどんどん大きくなって、モデルの外側に広がっていきます。そして、やがて、元々はこの層を育てるためにあった、その外側の層が徐々に自助能力の層に取り込まれていきます。外側の層は、自助能力の層が厚くなるのに比例して薄くなっていきます。なぜなら、包み込む環境に存在していた数々の工夫が、どんどん自助能力の中に取り込まれていくからです。こうして、豊かな包み込む環境が、豊かな自助能力を育成する材料を提供することになります。

そのような変化を遂げていく中で、包み込む環境がその子の将来に残すものは、おそらく「包み込む環境」というネーミングでは表せなくなります。なぜなら、包み込む環境はあくまで自分の一部として自然に存在するようになり、一人一人違った、自分を活かす能動的なものへと進化していくからです。我々が目指す包み込むモデルの最終形は、「自分を活かす環境が，一人一人違った形で人それぞれの内部にある」イメージです。

「みんなちがって、みんないい」という詩の一節が頭をよぎります。

おわりに

もうお気づきでしょうか。この章で言いたかったことは、つまるところ、子どもを取り巻く外部環境を整えることの大切さです。なぜなら、外部環境の有り様そのままが、彼らの内部環境にも全く同形の「自分を包みこむ環境」を作り上げるからです。

もしかしたら、少し抽象的に語りすぎたのかもしれません。ただ、ここで論じたことは、本書の題名である「通常学級での特別支援教育のスタンダード」の説明そのもののつもりです。なぜなら、ここでお伝えしたことはすべて、「通常学級での教育」という文言に置き換えても語れることであろうと思うからです。

■ あとがき

　この本は、東京都日野市内の小学校、中学校の教師全員と、教育委員会、そして、研究者の三者が一体になってできあがった本です。最後に、それぞれからの「あとがき」を記させていただきます。

全教師を代表して

　「今までの苦労がうそのようです」。掃除用具入れを構造化したら、何も言わなくても、子どもたちが自分できちんと片づけるようになったと喜ぶ教師。「今まで発表できなかったＡさんが、発表カードを黒板に大きく映したら発表ができました！」と視覚的な支援の効果に驚く教師。「今年の遠足も、くつを脱いで遊具を使う自由時間に、シートの上にくつを置くルールにしたら、行方不明はゼロでした！」と昨年の実践を引き継いだ教師。「授業の流れを毎回黒板に書くようになったら、自分の頭も整理されました」とうれしそうに語る１年目の教師。いま日野市では、こうした実践が市内全体に広がっています。

　明星大学の小貫悟先生にご指導いただきながら日野市をあげて進めてきた特別支援教育。その「現場発の教育実践」がまとめられ、出版できたことを深く感謝しています。

　私は、平成 18 年度より日野市の特別支援教育に関わらせていただき、いくつかの大切な視点を学校教育に見出しました。

　その一つは、専門性をもった大学と実践している教師が協働することの重要性です。現場の教師は目の前の子どもたちから多くを学びます。一人一人の子どもたちのために工夫し、創造した実践は宝の山です。しかし、そのことがなかなか教師間で共有されにくく、また、次の世代まで引き継がれるような一般化まで至らないことが悩みでした。今回、明星大学と手を組んだことで、状況は大きく変わりました。実践の裏づけとなる理論を知り、さらにチェックリストをつけることで、特別支援教育の視点をもった指導方法を獲得できるようになったのです。それによって、教師は今まで以上に自信をもって子どもたちに向かうことができるようになりました。また、それぞれの学級や学校の教育実践が交流され、多くのモデルも見られるようになったことで、教師の創造意欲に火がつきました。大学との連携による理論と方法の獲得が教師に力を与えたのです。

　二つ目は、特別支援教育は学校を大きく改革させるということです。本書に紹介したような内容からなる「ひのスタンダード」を実践している教室は、落ち着きと温かさと向上心に溢れています。教室が整理整頓されただけでも驚くほど空気が変化しました。さらに、授業における指導方法が磨かれることで、１年目２年目の教師でも、ベテランに負けないくらいに、児童に良き変容を起こす結果を出すことができたのです。子どもの変容は、教師の次なる意欲を生みます。一人一人の子どもと教師が輝く学校作り……その成果は驚くほどでした。

　三つ目は、自治体としての決断が、学校改革を推進するということです。もし、日野市が、特別支援教育を教育委員会の重点施策に設定し、全市的な取り組みにするという英断をしていなかったとしたら、こうした結果を得るには、まだ何年もかかっていたと思います。

　こつこつ積み重ねられてきた教師の優れた実践・技・子どもへの想いが、これからも永く学校現場に引き継がれ、さらに高められていくことを願っています。

日野市立 日野第三小学校 校長　京極澄子

教育委員会を代表して

ここのところ、日野市教育委員会には、次のようなうれしい声が聞こえてくるようになりました。

〈保護者や地域の方から〉
- 教室の前面がすっきりとしていて感じが良くなったように思います。
- ものを置く場所が誰にでも分かるようにていねいに表示してありますね。
- ICTを効果的に活用して、言葉だけでなく映像など視覚的で分かりやすい授業が増えてきています。
- 先生方が声のトーンや言葉の数を厳選するよう心がけていることがよく分かります。

〈子どもたちから〉
- 「この時間はこんな勉強をするよ」って、先生が授業のはじめに話してくれるからいい。
- 大きなテレビで映してくれて分かりやすい。勉強が得意になったよ。
- 何をどこに置くかがちゃんと決まっているから、困らないし気持ちがいい。

〈先生たちから〉
- 教室全体の雰囲気が落ち着きを増し、子どもたちが集中して学習に取り組めるようになってきた。
- 特別支援教育の視点を具体的に学ぶことができ本当によかった。教師としてのこれからに活かし、自信にしていきたい。

　私たちは「特別支援教育の視点を取り入れて学級の生活環境を整え、授業づくりや集団づくりを行っていくことは、障害の有無にかかわらず"どの子にとっても安心で""どの子も活かされ""どの子にも分かりやすい"学校生活につながる」ということを、日野市の先生たちの地道な努力と日々の実践の中にいる子どもたちから学び、実感しました。その実感が、このような形でまとめられたことは、日野市教育委員会といたしましても大きな喜びです。

　温かく熱心なご指導で、日野市の先生たちが大きな信頼を寄せている明星大学准教授 小貫 悟先生には心より感謝、御礼申し上げます。そして、これからも日野市の特別支援教育をお導きいただければ幸いでございます。

　私ども教育委員会も「現場発の教育改革」を合言葉に、学校現場を応援し、子どもたちの瞳が輝く「ひのっ子」教育のさらなる充実に全力を注いでまいります。

日野市教育委員会 教育部 参事　浮須勇人

研究者として

　編者の一人として、この本作りに参加できて、本当に嬉しかったです。このような体験をさせていただく前提を作っていただいた日野市の教育現場の先生方、関係者の方、そして、この本を手にしてくださった読者の方々に感謝申し上げたいと思います。ありがとうございました。

私が、日野市とおつきあいを始めたのは平成17年度からだったと記憶しています。平成19年度の法改正に伴う全国的な特別支援教育の導入にあたり、1年前倒しで始めようという日野市の積極的な姿勢に共感して、その在り方を検討する委員会に有識者という立場として委員の委嘱を受けたのが、そのスタートでした。それから、丸5年の間に、巡回相談を中心に日野市内の小学校、中学校に訪問した回数はすでに300回を超えてしまっているようです。こうして数字だけで見ると、正直に「すごい数だな」と思います。しかし、実際には、日野市内の小学校、中学校を訪問すること自体は、すでに私の日常に溶け込んでしまって、ごく身近な場に足を運ぶのとあまり変わらない感覚にまでなっています。

　日野市での私の体験は、私自身が20年近く前から、ただ、ひたすらに臨床実践として取り組み続けている「発達障害への対応」というテーマに違った場所から光が差し込む体験でした。ほんの15年ほど前までは、「発達障害」という言葉も「特別支援教育」という言葉も現場には存在すらしていませんでした。そんな頃、若い研究者でもあった私は先駆的な先生の働きかけで、校内研修会に講師として招かれ、一生懸命にLDやADHDなどの今でいう「発達障害」について話をさせていただくこともありました（当時は、専門家の数自体が本当に少なかったのです。未熟な私も頑張らなければならなかった。そんな時代でした）。しかし、現場の先生方に対して、発達にかたよりのある子どものことを上手に説明できずに、「子どもに不必要にレッテルを貼る行為でないか…」「現場の事情も知らない人が色々言って…」という雰囲気になることが多かったのは事実です。私はその度に自信をなくし、校内研修会に呼ばれることが恐怖に感じるまでになっていきました。学校に足が向かわない子どもの気持ちが少し分かるような気すらしたものです。

　しかし、この5年間で、これまでの苦しさは、すっかり報われてしまいました。なぜなら、現場の先生方は私にとって、説得する相手、対峙する相手ではなく、一人の子どものつまずきや傷つきを見つめながら、共に解決方法と出口を探す仲間になったからです。たまたま、違った立場にいるだけで、その思いは同じ方向を向いているとごく自然に思えるのです。ですから、頑張れば、頑張るほど、仲間が増えていくという体験だったのです。
　そして今、その大勢の仲間と、この本作りができるという幸せな時間を過ごさせていただいています。

　こうしたことが起きたのは、きっと時代が「特別支援教育」を受け入れ始めたことが大きかったと言えるかもしれません。さらに、現場が、専門家の声にも耳を傾けてみよう、なんとか力を発揮させてあげようという気持ちをもって、私を受け入れてくれたことが何より大きいと強く感じます。つまり、私は、多くの先生からの「特別な支援」を受けて今があると言えるのです。

　学校という場は、子どもだけでなく、大人をも成長させる「なんて素敵な場所なんだろう」と思います。その場が、ますます素敵になっていくようなお手伝いがこれからもできるといいなと思います。

　そんな気持ちがこの本に乗りうつって、学校での教育活動の一助になる役割を果たしてくれることを心から願っています。

明星大学　小貫 悟

　最後に、この小さな市の実践と努力の価値を認めていただき、全国への発信を可能にしてくださった、東京書籍株式会社と、編集者の大山茂樹氏には、深い感謝を申し上げたいと思います。ありがとうございました。

編著・執筆・編集者 紹介

● **編著者**（五十音順）

梶野　明信
日野市教育委員会統括指導主事
執筆箇所：第5章コラム、第6章コラム

京極　澄子
日野市立日野第三小学校校長
執筆箇所：第1章コラム
（第4章事例 編集担当）

小貫　悟
明星大学人文学部心理学科 准教授
執筆箇所：はじめに、第1章チェックリスト、第2章解説文、第3章～6章項目解説文、第2章・第6章コラム、第7章解説文、終章
（全体 編集担当）

正留　久巳
日野市立三沢中学校校長
執筆箇所：第5章コラム

宮崎　芳子
日野市立潤徳小学校校長
執筆箇所：第1章、第5章、第6章コラム
（第5章事例 編集担当）

● **事例編集ワーキングチームメンバー**
（五十音順　所属は平成21年度のもの）

荒川　知美　（日野第四小学校）
石岡　由香　（潤徳小学校）
井出　まり　（日野第二小学校）
伊藤　宣彦　（日野第三小学校）
大久保　誠　（日野第三小学校）
金林　里江　（日野第八小学校）
川口　亜矢子（日野第六小学校）
河田　あすか（平山中学校）
楠　　雅代　（日野第三小学校）
楠本　純士　（日野第二小学校）
久米　真純　（日野第六小学校）
郡司　実　　（滝合小学校）
佐々木　由起子（平山小学校）
清水　智　　（滝合小学校）
清水　裕子　（仲田小学校）
鈴木　美紀　（潤徳小学校）
関口　佳美　（日野第二小学校）

高橋　潔　　（日野第四中学校）
竹内　睦弓　（旭が丘小学校）
竹原　佳澄　（日野第三小学校）
谷藤　裕子　（大坂上中学校）
堤　　章治　（日野第三中学校）
富川　準子　（日野第六小学校）
名塚　彩奈　（七生緑小学校）
波江野　礼子（日野第三小学校）
橋本　健　　（日野第三小学校）
宮澤　博子　（大坂上中学校）
村野井　宏美（七生緑小学校）
本藤　智子　（南平小学校）
山上　弘祐　（日野第三小学校）
山下　智子　（日野第六小学校）
吉川　美幸　（日野第六小学校）

● **コラム・資料執筆者**
（五十音順　所属は平成21年度のもの）

秋山　由美　（日野第四小学校）
安達　光樹　（潤徳小学校）
網野　嘉恵　（旭が丘小学校）
稲岡　佳子　（仲田小学校）
井上　宏子　（第七幼稚園）
上野　春美　（夢が丘小学校）
牛島　由美子（潤徳小学校）
宇留賀　眞理子（七生緑小学校）
小沢　浩　　（島田療育センター医師）
大戸　雅代　（南平小学校）
加島　俊雄　（日野市教育長）
加藤　和美　（日野第二小学校）
河田　あすか（平山中学校）
神田　聡　　（日野市教育委員会 特別支援
　　　　　　　教育推進チーム 臨床心理士）
北川　理恵子（日野第六小学校）
北田　友美　（東光寺小学校）
楠　　雅代　（日野第三小学校）
久保田　薫　（日野第三中学校）
小島　智史　（七生中学校）
島田　博祐　（明星大学教育学部教育学科 教授）
高野　知紀　（日野第八小学校）
高橋　篤　　（日野第二中学校）
高橋　恵子　（日野第四中学校）
竹内　絵美　（滝合小学校）
竹内　康二　（明星大学人文学部心理学科講師）
竹内　睦弓　（旭が丘小学校）
地下　紀子　（日野第一小学校）
土谷　亜矢　（日野市教育委員会特別支援教育
　　　　　　　推進チーム臨床心理士）

堤　　章治　（日野第三中学校）
戸田　和子　（日野第一小学校）
富川　準子　（日野第六小学校）
中嶋　建一郎（日野第二中学校）
中村　優子　（大坂上中学校）
名塚　彩奈　（七生緑小学校）
仁科　明美　（日野第八小学校）
林　　有里子（夢が丘小学校）
笛木　理恵　（日野第八小学校）
藤川　大作　（滝合小学校）
舛田　敦子　（潤徳小学校）
水野　静子　（東光寺小学校）
皆川　弘樹　（日野第三中学校）
村野井　宏美（七生緑小学校）
山田　千草　（日野第五小学校）
米田　友美　（日野第五小学校）

● **事例提供者**
（五十音順　所属は平成21年度のもの）

相原　恵梨子（七生緑小学校）
青木　志保　（潤徳小学校）
青柳　玲子　（日野第三中学校）
秋田　克己　（仲田小学校）
秋山　由美　（日野第四小学校）
安達　光樹　（潤徳小学校）
網野　嘉恵　（旭が丘小学校）
荒井　良男　（南平小学校）
荒川　知美　（日野第四小学校）
池田　恵理子（日野第一小学校）
池田　貴美子（平山小学校）
池田　頼太　（潤徳小学校）
石井　久美子（潤徳小学校）
石井　弓子　（日野第五小学校）
石岡　由香　（潤徳小学校）
石川　育代　（平山小学校）
石坂　武士　（七生緑小学校）
石坂　光敏　（東光寺小学校）
石原　さよ　（日野第三小学校）
市之瀬　英臣（平山小学校）
井出　寿雄　（日野第三小学校）
井出　隆章　（潤徳小学校）
伊藤　宣彦　（日野第三小学校）
犬塚　哲　　（日野第四小学校）
井上　絢子　（七生緑小学校）
岩井　則義　（日野第五小学校）
岩澤　泰　　（日野第三中学校）
上野　元之　（日野第五小学校）
牛島　由美子（潤徳小学校）

内田　清（七生緑小学校）	佐内　美聡（潤徳小学校）	日高　千晶（日野第七小学校）
内田　智子（平山小学校）	塩川　和貴（日野第八小学校）	日高　玲子（七生緑小学校）
内田　桃代（日野第四小学校）	清水　智（滝合小学校）	平山小学校　わかくさ学級
内堀　勝秀（潤徳小学校）	清水　裕子（仲田小学校）	深津　史江（東光寺小学校）
閏井　研司（日野第七小学校）	下里　鮎乃（日野第八小学校）	藤田　真人（潤徳小学校）
宇留賀　眞理子（七生緑小学校）	鈴木　七重（七生緑小学校）	堀竹　蝶子（東光寺小学校）
海老根　智史（日野第二小学校）	鈴木　美紀（潤徳小学校）	舛田　敦子（潤徳小学校）
遠田　毅（七生緑小学校）	砂川　さよ子（夢が丘小学校）	松延　康男（潤徳小学校）
扇原　裕子（日野第四小学校）	関口　佳美（日野第二小学校）	桧山　大作（日野第四小学校）
大久保　誠（日野第三小学校）	髙木　淳子（旭が丘小学校）	丸山　隆（七生緑小学校）
大戸　雅代（南平小学校）	髙木　雅人（七生緑小学校）	満留　淳子（潤徳小学校）
大西　聡子（七生緑小学校）	髙野　淳美（七生緑小学校）	水野　雄二（大坂上中学校）
岡本　百代（日野第三中学校）	高橋　悦子（日野第三小学校）	皆川　弘樹（日野第三中学校）
折茂　慎一郎（平山小学校）	高橋　恵子（日野第四中学校）	宮折　久美子（日野第三小学校）
恩曽　徳一（夢が丘小学校）	高橋　忍（七生緑小学校）	宮沢　博子（大坂上中学校）
加藤　和美（日野第二小学校）	高橋　光子（日野第三小学校）	宮原　延郎（日野第二中学校）
加藤　敏行（日野第二小学校）	高橋　由紀子（日野第七小学校）	村野井　宏美（七生緑小学校）
金林　里江（日野第八小学校）	滝島　克久（潤徳小学校）	柳生　美華（潤徳小学校）
釜島　理恵（日野第八小学校）	武居　美奈（滝合小学校）	栁堀　孝徳（日野第三小学校）
鎌田　義男（日野第三中学校）	竹内　睦弓（旭が丘小学校）	山上　弘祐（日野第三小学校）
河野　佳子（七生緑小学校）	竹嶋　弘貴（南平小学校）	山岸　有香（日野第二小学校）
菊池　英子（日野第四小学校）	竹原　佳澄（日野第三小学校）	山口　早苗（日野第三小学校）
木崎　光恵（日野第二小学校）	田坂　希望（日野第三小学校）	山田　謙一（日野第二小学校）
北川　理恵子（日野第六小学校）	立川　琴子（潤徳小学校）	山田　千草（日野第五小学校）
北田　友美（東光寺小学校）	立川　未奈（七生緑小学校）	山本　尚義（潤徳小学校）
北見　洋介（平山小学校）	立石　順子（日野第四小学校）	芳川　壽生（日野第四小学校）
木村　寿子（日野第三小学校）	辻　陽子（日野第三小学校）	吉川　美幸（日野第六小学校）
木村　恵（日野第七小学校）	堤　章治（日野第三中学校）	吉田　由身香（東光寺小学校）
木本　拓（日野第五小学校）	富川　準子（日野第六小学校）	横山　光子（七生緑小学校）
木村　麻由（日野第二小学校）	豊泉　京子（日野第六小学校）	米田　友美（日野第五小学校）
久下　ひかる（日野第五小学校）	中川　純（日野第三小学校）	渡辺　かおり（東光寺小学校）
楠　雅代（日野第三小学校）	中島　芙美子（日野第二中学校）	
久保田　薫（日野第三中学校）	中島　雅子（日野第三中学校）	● 編集協力者
郡司　実（滝合小学校）	永原　愛子（南平小学校）	
小池　智子（潤徳小学校）	中村　貴恵（日野第六小学校）	岩崎　宏美
小杉　博司（日野第一小学校）	中村　真理子（日野第五小学校）	さいたま市特別支援教育相談センター
小鍛治　真哉（七生緑小学校）	那須　京子（東光寺小学校）	中村　江里
後藤　秋月（日野第八小学校）	成田　美喜子（日野第一小学校）	千代田区立児童・家庭支援センター
後藤　朋子（七生緑小学校）	西沢　庸（潤徳小学校）	
小林　和代（日野市第五小学校）	根本　恵美子（三沢中学校）	
坂口　朋子（潤徳小学校）	野村　健太郎（七生緑小学校）	
坂本　彩乃（東光寺小学校）	波江野　礼子（日野第三小学校）	
佐久間　恵美子（日野第二小学校）	萩原　幸枝（旭が丘小学校）	●
佐々木　厚（日野第三小学校）	箱﨑　高之（日野第六小学校）	扉イラスト：小林イーボ /waha
佐々木　綾子（東光寺小学校）	橋本　健（日野第三小学校）	本文イラスト：角　慎作
佐々木　由紀子（平山小学校）	橋本　隆之（日野第三中学校）	DTP編集：山本　幸男
佐宗　紀子（日野第五小学校）	畑野　茂実（日野第三小学校）	編集：大山　茂樹
佐多　香里（潤徳小学校）	花城　正勝（日野第三小学校）	ブックデザイン：東京書籍AD
佐藤　修子（日野第八小学校）	濱中　律子（日野第三小学校）	
佐藤　千穂（南平小学校）	半田　七奈江（東光寺小学校）	

通常学級での特別支援教育のスタンダード
自己チェックとユニバーサルデザイン環境の作り方

2010年8月4日　第1刷発行　　2017年10月5日　第11刷発行

編　者　東京都日野市 公立小中学校全教師・教育委員会 with 小貫 悟
発行者　千石雅仁
発行所　東京書籍株式会社
　　　　東京都北区堀船 2-17-1　〒114－8524
　　　　03-5390-7531（営業）／03-5390-7455（編集）
　　　　出版情報　https://www.tokyo-shoseki.co.jp
　　　　e-mail:　shuppan-j-h@tokyo-shoseki.co.jp

印刷・製本　株式会社 シナノ パブリッシング プレス

ISBN 978-4-487-80490-0　C0037

Japanese text copyright © 2010, 2014 by Hino City Joint Project Team
Illustrations copyright © 2010 by Shinsaku Sumi
All rights reserved.　Printed in Japan

禁無断転載
乱丁・落丁の場合はお取替えいたします。
定価はカバーに表示してあります。
本書の内容の無断使用はかたくお断りいたします。

付録

児童のようす

氏　名 (頭文字)		性別（　）	記　入　日	年　　月　　日
学　　年		年　　組	担　任　名	
主訴（項目に○）		・学習（A）	・運動、身体（B）	・行動（C）
1．生育歴等				

A．学習の状況

2．学習の状況 話す・聞く 読む・書く 計算する 推論する 　　など	聞く・話す	
	読む	
	書く	
	計算する	
	推論する	
その他		
【特記事項】		

B．運動・身体の状況

3．運動・身体の状況	

C. 生活・行動の状況

4．学校生活の状況	

D. その他

5．専門機関との連携 （検査等も含む）	
6．保護者の思い	
7．担任の所見	
8．引き継ぎ事項	

生徒のようす（中学校用）

※この資料は生徒の様子を把握し、具体的な指導や支援の参考になるように作成するものです。
※必要な箇所のみ記入してください。全部の項目に記入しなくても結構です。

フリガナ 氏　　名		性別（　）	記 入 日	年　　月　　日
学　　年	年　　　　組		担 任 名	
主 訴（項目に○）	・学習（A）	・生活、行動（B）		・運動、身体（C）
1．生育歴等				

A．学習の状況

2．教科の評定	教　科	国語	社会	数学	理科	音楽	美術	体育	技家	英語	
	前年度										
	今年度										

3．学習の状況 　話す・聞く 　読む・書く 　計算する 　推論する	

【特記事項】

B．生活・行動の状況

4．学校生活の状況	

C．運動・身体の状況

5．運動・身体の状況	

D．その他

6．専門機関との連携 （検査等も含む）	
7．保護者の思い	
8．担任の所見	
9．引き継ぎ事項	

個別の指導計画

____年 ____組　氏名 _____　　保護者 _____　　担任名 _____

	指導の目標	具体的な対応・配慮・支援	評価・次への課題
一学期			
二学期			
三学期			

《保護者の同意のもとに作成》　作成年月日　平成　　年　　月　　日

就学支援シート

I 成長・発達のようす

		成長・発達のようす
健康・生活	身体・健康	健康上必要な配慮、食事、視覚・聴覚など
	身体の動き	補聴器などの使用状況、動作・手指の巧緻性など
	日常生活	意欲、支援の具体的な程度、配慮事項など
人との かかわり	人との かかわり	誰とでもかかわれる、特定の相手とならかかわれるなど
	集団への 参加	集団参加への支援の程度、配慮事項など
	意思疎通の 方法	言語・指示の理解、要求の伝達方法、配慮事項など
学習等 （ことば・数 など）	主な学習等 の内容	好きな課題、苦手な課題、特に重視した課題など
興味・関心 （性格・行動 等の特徴）		

Ⅱ 指導内容・方法の工夫や配慮などに関すること（指導で大切にしてきたこと）

＊教材や教具、環境や働きかけの工夫、支援のポイント、不機嫌になったときへの対応策など

Ⅲ これまでの指導により伸びたこと、これからも伸ばしてほしいことなど

● 就学後の生活に関する家庭の意向、要望、期待など　　　（保護者記入欄）

学校生活	
家庭生活	
その他	
入学予定先	小学校

平成　　年　　月　　日 作成

進学支援シート

〈小学校担任記入欄〉 ＊保護者の確認を経て、特記すべき内容のみ記入

	児 童 の 様 子
身体・健康面	身体・健康面に関する状態など
学習面	聞く・話す・読む・書く・計算するなどの学力面の状況
社会性	友人関係・集団行動などに関する状況

小学校にて指導上の配慮・工夫をしてきた点（教育上、有効と思われる方法など）

〈保護者記入欄〉

● 小学校での配慮事項を踏まえ、中学校でも配慮を希望する事項があればお書きください。

● 中学進学にあたり、進学先の中学校に特に伝えておきたいことがあればお書きください。

進学予定先 _____ 中学校

平成　　年　　月　　日作成

コピー不可

日野市
個別の教育支援計画

作成年月日　平成　年　月　日

園児児童生徒	ふりがな		生年月日	年　月　日生
	氏名			
			電話番号	
	〒 住所		幼・保入園年度	年度入園
			小学校入学年度	年度入学
			中学校入学年度	年度入学
保護者	ふりがな			
	氏名			
			電話番号	
	〒 住所			

保護者による内容の確認・同意

（4歳児）（5歳児）（小1）（小2）（小3）（小4）（小5）（小6）（中1）（中2）（中3）

＊同意の場合、保護者が該当する学年に押印するものとする。
＊押印は、該当する学年の年度末に行う。

＊保護者の氏名は、保護者が記入することを原則とし、個別の教育支援計画を作成することを同意したものとする。
＊保護者欄の住所と電話番号は、園児・児童・生徒と同じである場合は、「園児（児童・生徒）と同じ」と記入する。

日野市教育委員会

「個別の教育支援計画」作成上の留意点

表紙記入上の留意点

日野市
個別の教育支援計画

作成年月日 平成　年　月　日
初めて作成した日付を記入する。

- ふりがな／氏名／性別／生年月日／幼稚園・保育園／小学校入学年度／中学校入学年度／高等学校／現住所／電話番号

（4歳児）（5歳児）（小1）（小2）（小3）（小4）（小5）（小6）（中1）（中2）（中3）

* 保護者欄の氏名は、保護者が記入することを原則とする。
* 保護者の同意が得られた場合は、保護者に同学年欄のところに押印してもらう。押印は、該当する学年の年度末にもらう。
* 保護者欄の住所と電話番号は、児童・生徒と同じであるときは、「児童・生徒と同じ」と記入する。

「個別の教育支援計画」本文の記入について①

（園児の実態・様子／支援機関での支援等／支援機関の名称・連絡先・担当者の氏名、具体的支援の内容等）

（4歳児／5歳児／評価と課題）

- 特記事項の欄は、園児の実態・様子を受けて、目だて（配慮の方針）、手だて（具体的配慮）、評価（手だての良かった点や修正したほうがよい点）といった内容を記入する。
- 幼稚園・保育園で実態把握票のようなものを作成していない場合は、ここに園児の実態、様子を記入する。

「個別の教育支援計画」本文の記入について②

（5歳児／学年（園組）／在籍校（電話番号）／担任氏名（作成担当者氏名・作成月日）／児童・生徒の実態・様子、在籍校での支援等／在籍校以外の支援機関 支援機関の名称・連絡先・担当者の氏名・具体的な支援の内容等）

（個別指導計画等の目標／1学期／2学期／3学期）

1 ／（評価と課題）

3 ／（評価と課題）

4 ／（評価と課題）

進路／（作成と課題）／今後の支援の方向性等

- 生徒によって、支援機関の数に差があると予想されるため、区切り線を設けていないが、機関の名称・その機関の連絡先・電話番号等の担当者の氏名・具体的な支援の内容は必ず記入する。
- 通級指導学級などで作成した目標も、この欄に記入する。

- ここには、個別指導計画作成の基礎となる。
- 次年度の「個別指導計画」作成の基礎となる。
- 支援を打ち切る年度は、この欄だけでは不足するので別紙資料を作成し添付する。

- 学級担任が作成者である場合は「同上」と記入する。
- 作成担当者が担任以外である場合は、役職名も記入する。担任が交代した時は、新担任名を記入する。

- 年度末の支援会議での欄に記入すべき内容を協議する。
- 次年度の「個別指導計画」作成の基礎となる。
- 次年度の支援体制については、「支援会議の記録」に記入する。
- 次年度の幼稚園・保育園・中学校等の記録に記入する。

- 支援の途中で転校した場合は、新しい在籍校名とその連絡先も記入する。

進路先の名称及び連絡先（住所・電話番号等）を記入する。

中学校3学年の＜評価と課題＞と重複する内容もあると思われるが、引き継ぐべき内容や継続機関等も記入する。

学年	在籍園 (電話番号) [園長名]	組	担任氏名 (作成担当者氏名) 作成月	園児の実態・様子、在籍園での支援等	在籍園以外の支援機関、その他支援機関の名称・担当者の氏名・具体的な支援の内容等・連絡先
4歳児	(　　) [　　]		(　　) 平成　年　月作成		
《評価と課題》					
5歳児	(　　) [　　]		(　　) 平成　年　月作成		
《評価と課題》					

幼稚園・保育園

学年	在籍校 (電話番号) [校長名]	組	担任氏名 (作成担当者氏名) 作成月	児童・生徒の実態・様子、在籍校での支援等	在籍校以外の支援機関、その他支援機関の名称・担当者の氏名・具体的な支援の内容等・連絡先
1	(　　) [　　]		(　　) 平成　年　月作成	個別指導計画等の目標 1学期： 2学期： 3学期：	
《評価と課題》					
2	(　　) [　　]		(　　) 平成　年　月作成	個別指導計画等の目標 1学期： 2学期： 3学期：	
《評価と課題》					
3	(　　) [　　]		(　　) 平成　年　月作成	個別指導計画等の目標 1学期： 2学期： 3学期：	
《評価と課題》					
4	(　　) [　　]		(　　) 平成　年　月作成	個別指導計画等の目標 1学期： 2学期： 3学期：	
《評価と課題》					

小学校

学年	在籍校 (電話番号) [校長名]	組	担任氏名 (作成担当者氏名) 作成月	児童・生徒の実態・様子、在籍校での支援等	在籍校以外の支援機関、その他支援機関の名称・連絡先・担当者の氏名・具体的な支援の内容等
小学校 5	(　) [　]		(　　　　　) 平成　年　月作成	個別指導計画等の目標 1学期： 2学期： 3学期：	
	《評価と課題》				
小学校 6	(　) [　]		(　　　　　) 平成　年　月作成	個別指導計画等の目標 1学期： 2学期： 3学期：	
	《評価と課題》				
中学校 1	(　) [　]		(　　　　　) 平成　年　月作成	個別指導計画等の目標 1学期： 2学期： 3学期：	
	《評価と課題》				
中学校 2	(　) [　]		(　　　　　) 平成　年　月作成	個別指導計画等の目標 1学期： 2学期： 3学期：	
	《評価と課題》				
中学校 3	(　) [　]		(　　　　　) 平成　年　月作成	個別指導計画等の目標 1学期： 2学期： 3学期：	
	《評価と課題》				
進路					
今後の支援の方向性等					

支援（連携）会議等の記録

年度 学年	支援（連携）会議等の内容 ＊支援（連携）会議や専門委員会及び巡回相談の記録を記入する ＊上記以外で他の機関等と連絡会等を実施した場合、記録しておくことが必要と判断した内容を記入する ＊会議等の名称、開催日時・場所、参加機関及び参加者名、協議内容は必ず記入する
平成　年度 4歳児	
平成　年度 5歳児	
平成　年度 小学校第1学年	
平成　年度 小学校第2学年	
平成　年度 小学校第3学年	

平成　　年度 中学校第3学年	平成　　年度 中学校第2学年	平成　　年度 中学校第1学年	平成　　年度 小学校第6学年	平成　　年度 小学校第5学年	平成　　年度 小学校第4学年

添付資料一覧

校種	就学支援シート　　　有・無							進学支援シート　　　有・無														
	幼稚園・保育園							小　学　校												中　学　校		
学年・学期	4歳児 （　年度）			5歳児 （　年度）			1　年 （　年度）			2　年 （　年度）			3　年 （　年度）			4　年 （　年度）			5　年 （　年度）			6　年 （　年度）
資料名	1学期	2学期	3学期	1学期	2学期	3学期	1学期	2学期	3学期	1学期	2学期	3学期	1学期	2学期	3学期	1学期	2学期	3学期	1学期	2学期	3学期	1学期	2学期	3学期
個別指導計画																								
実態把握票 （園児・児童・ 生徒の様子）																								

（中学校：1年／2年／3年 　各1・2・3学期）

※ 該当する欄に◎を記入する。ただし、初めて添付した時期の欄には◎を記入する。
※ 実態把握票など、学期ごとに作成しない資料については、初めて添付した欄に◎を記入し、それ以降を空欄とする。変更等をした時は◯を記入する。
※ 実態把握票以下の欄は、医師の診断記録、WISC-Ⅲ、K-ABC、田中ビネー等の諸検査記録、就学相談記録等があれば、名称を記入して資料の存在を明確にする。
　資料がない場合は、空欄のままとする。

小学校用

小学校名 _____　　記入者名 _____	とてもよくできた	できた	少しできた	できなかった
役職　[校長・コーディネーター・その他（　　　　　）]				

学校環境

Ⅰ．組織作り

1	校内委員会は適切に運営できる体制（構成メンバー、頻度等）でしたか	├──┼──┼──┤
2	校内委員会の開催間隔は適切であるように設定しましたか	├──┼──┼──┤
3	他の部会等との共同開催等で情報共有、整理を行いましたか。また行った場合、どのように行ったかご記入下さい。[　　　　　　　　　　　　　　　　　　　　　　　　　　　　　　　]	├──┼──┼──┤
4	校内委員会の構成メンバー以外にその時に必要（有効となる）となる人物（担任、前担任、介助などその子をよく知る人）に校内委員会へ参加してもらいましたか	├──┼──┼──┤
5	校内委員会で検討された結果、得られた結論を校内で有効に活用、機能させましたか	├──┼──┼──┤

Ⅱ．理解・啓発

6	校内委員会として発達障害等の理解に必要な資料、文献等を校内の教員に対して紹介をしましたか	├──┼──┼──┤
7	校内委員会として専門家等を招いての校内での研修会、あるいは学習の機会を校内の教員に対して設定しましたか	├──┼──┼──┤
8	各担任による個々の児童理解を深める機会（事例検討会等）を作りましたか	├──┼──┼──┤
9	校内の教員に対して発達障害等の理解に必要な学校外の研修等の参加を促しましたか	├──┼──┼──┤

Ⅲ．発見

10	気になる児童について校内委員会に各担任から報告される機会を作りましたか	├──┼──┼──┤
11	校内委員会の中で気になる児童について専門的視点から検討する機会（巡回相談の利用等）を作りましたか	├──┼──┼──┤
12	気になる生徒について校内委員会の把握児童としてリストに載せましたか　　昨年度まで継続されてきた把握児童数　（　　　）人　　今年度新たに追加された把握児童数　（　　　）人	├──┼──┼──┤
13	校内委員会の把握リストに載っている以外の児童についても学習状況等の把握が適切に行われるよう働きかけをしましたか	├──┼──┼──┤
14	昨年度から引き継いだ校内委員会の把握児童の入れ替えを校内委員会で検討しましたか	├──┼──┼──┤

Ⅳ．把握・分析

15	把握リストに載った児童に対して実態把握票を校内委員会と担任が協力して作成しましたか	├──┼──┼──┤
16	実態把握票を基に、個別指導計画の作成に結びつけましたか	├──┼──┼──┤
17	個別指導計画を作成するにあたって、専門家の活用（巡回相談等）をしましたか	├──┼──┼──┤
18	関係する学習の場（通級・療育機関）での指導内容を考慮した個別指導計画が作成できましたか	├──┼──┼──┤

Ⅴ．配慮・支援

19	配慮の具体的な方法について担任を交えて校内委員会で検討する機会を作りましたか	├──┼──┼──┤
20	校内委員会が必要に応じて担任の指導について定期的に専門家からのアドバイスが受けられる機会を設定しましたか	├──┼──┼──┤

Ⅵ．評価

21	学期終了時点で個別指導計画の評価記載の管理を校内委員会で行っていますか	├──┼──┼──┤
22	個別指導計画の評価について保護者と共有しましたか	├──┼──┼──┤
23	個別指導計画の評価に基づき、来学期の指導目標を設定しましたか	├──┼──┼──┤
24	評価を客観的に行うための工夫（複数名での確認、数値（頻度など）の記録等）をしましたか	├──┼──┼──┤

Ⅶ．引き継ぎ

25	校内委員会として前年度の担任と今年度の担任との間で適切な引き継ぎが行われるような方法を取りましたか	├──┼──┼──┤
26	前年度の実態把握票の書き換えを行いましたか	├──┼──┼──┤
27	前年度の個別指導計画の内容と一貫性を持った新しい個別指導計画を作成しましたか	├──┼──┼──┤

Ⅷ．連携

28	校内全体で対応方法を決めておいた方がよい児童について校内全体で情報を共有する機会を設けましたか（全体会の実施）	├──┼──┼──┤
29	通級あるいは専門機関を利用している児童について担当者・主治医などとの連絡を行う機会を作りましたか	├──┼──┼──┤
30	校内委員会で把握している児童について継続的に情報収集、検討を行う機会を作りましたか	├──┼──┼──┤
31	担任のみでなく校内委員会も関わった方がよいと判断される保護者との連携について、適切な対応ができましたか	├──┼──┼──┤

小学校名 ＿＿＿＿＿＿＿＿＿＿ 小学校　　記入者 ＿＿＿＿＿＿＿＿＿＿	かなりやっている	やっている	たまにやっている	ほとんどやっていない
今年度担当学年　小 ＿＿＿ 年				

学級環境

Ⅰ．場の構造化
1. 教室内の物については、一つ一つ置く位置が決まっていますか
2. 教材の場所や置き方などが一目で分かるように整理されていますか
3. 座席の位置は個々の特徴に合わせたものになっていますか

Ⅱ．刺激量の調整
4. 教室内の掲示物によって気がそれたりしないように配慮がされていますか
5. 教室の前面の壁の掲示物は必要最小限なものに絞られていますか
6. 教室の棚等には目隠しをするなど、余計な刺激にならないような配慮がなされていますか
7. 教室内、教室外から刺激となるような騒音（例　水槽、机、廊下等）が入らないように配慮されていますか
8. ちょっかいを出す、話しかけるなどの刺激し合う子をお互いに離れるような座席位置にしていますか

Ⅲ．ルールの明確化
9. クラス内のルールはシンプルで誰もが実行できるものに設定されていますか
10. クラス内での役割（例　当番、係）について行動の手順・仕方などが分からなくなった時、実際に参照できる工夫（例　手順表・マニュアル）がされていますか
11. 担任からクラス内のルールについての確認、評価を適切なタイミングで行っていますか

Ⅳ．クラス内の相互理解の工夫
12. 一人一人の目標について明確にし、本人に伝え、それについて一貫した指導を行っていますか
13. 助け合ったり、協力したりする場面を意図的に設定していますか
14. クラスの状況や方向性について、保護者会などで理解が得られるような説明をしていますか

授業における指導方法

Ⅰ．時間の構造化
15. 授業の初めに内容の進め方について全体的な見通しを提示していますか
16. 授業の流れの中で、今、何が行われているかが分かる工夫をしていますか
17. 時間割の変更などについてはできるだけ早く伝える工夫がされていますか
18. （タイマーなどを活用して）作業など時間の区切りが分かるように工夫していますか

Ⅱ．情報伝達の工夫
19. 指示・伝達事項は聴覚的（言語）にだけでなく、視覚的（板書）に提示するようにしていますか
20. 抽象的な表現、あいまいな表現をできるだけ避け、具体的な表現に置き換える工夫をしていますか
21. 大事なことはメモさせる、メモを渡すなど、記憶に負担がかからない方法を工夫していますか

Ⅲ．参加の促進
22. 分からないことがあった児童が、担任からの助言を受けやすくする工夫をしていますか
23. どの児童も発表できる機会をもてるよう工夫がされていますか
24. １つの課題が終わったら、次にするべきことが常に用意されていますか
25. 集中の持続が可能なように、課題の内容や取り組み方に少しずつ変化をもたせていますか

Ⅳ．内容の構造化
26. （ワークシートなどを活用して）学習の進め方、段取りが分かりやすくなるような工夫がされていますか
27. 課題についてできる限り学習内容の細分化（スモールステップ化）を行っていますか
28. 授業がスムーズになるように毎回の進め方にある程度パターンを導入していますか

個別的配慮（気になる児童に対して）

Ⅰ．つまずき全般
29. 個別指導計画に基づいた指導が充分に行えましたか（個別指導計画が作成されている児童に対して）

Ⅱ．学習のつまずき
30. 教科内容について習得されている学年レベル、ミスの仕方について把握する工夫がされていますか
31. つまずきが起きはじめている所に戻って学習できる機会を用意していますか（例　下学年対応）
32. 学級以外の指導の場（例　通級）を利用している場合、情報・教材の共有がされていますか

Ⅲ．社会性のつまずき
33. その子なりに参加できる集団作り（例　学級、班、小グループ）をしていますか
34. 集団に参加できるための本人に応じたスキル（例　言葉のかけ方、挨拶の仕方）を個別に教える機会を作っていますか
35. 小集団指導の参加機会について検討していますか（例　通級）

Ⅳ．注意のつまずき
36. 集中が途切れた時やじっとしていられない時に、どうするかなどの具体的な行動の仕方を本人と約束していますか
37. 授業内容は聞くばかりでなく、具体的な活動を取り入れていますか

Ⅴ．言葉のつまずき
38. 時々、質問などをして指示内容が理解できているか確認していますか
39. 指示理解の弱い子に対して、個別に説明を加えるようにしていますか
40. 言葉だけの説明で理解できない子には、絵や図などを使って補っていますか
41. 説明することの苦手な子に対して、時々時間をかけてゆっくり聞いてあげることをしていますか

Ⅵ．運動のつまずき
42. 手先の不器用さ、運動の苦手さから学習参加の拒否などが起こらないように気をつけていますか

Ⅶ．情緒のつまずき
43. １日の中でほめられる場面作りをしていますか
44. 得意なことが発揮できる活動を時々入れていますか
45. 本人の成長している点について、時々本人に伝える機会を作っていますか
46. 学校生活の中で苦にしていることなどについての訴えを聞く機会を作っていますか
47. 学校が好きになれることを一緒に探したり、提示したりしていますか

[中学校用]

中学校名 _____　記入者名 _____ 役職 [校長・コーディネーター・その他（　　　　　）]	とてもよくできた	できた	少しできた	できなかった

学校環境

Ⅰ．組織作り

1. 校内委員会は適切に運営できる体制（構成メンバー、頻度等）でしたか
2. 校内委員会の開催間隔は適切であるように設定しましたか
3. 他の部会等との共同開催等で情報共有、整理を行いましたか。また行った場合、どのように行ったかご記入下さい。
　[　　]
4. 校内委員会の構成メンバー以外にその時に必要（有効となる）となる人物（担任、前担任、介助などその子をよく知る人）に校内委員会へ参加してもらいましたか
5. 校内委員会で検討された結果、得られた結論を校内で有効に活用、機能させましたか

Ⅱ．理解・啓発

6. 校内委員会として発達障害等の理解に必要な資料、文献等を校内の教員に対して紹介をしましたか
7. 校内委員会として専門家等を招いての校内での研修会、あるいは学習の機会を校内の教員に対して設定しましたか
8. 各担任による個々の生徒理解を深める機会（事例検討会等）を作りましたか
9. 校内の教員に対して発達障害等の理解に必要な学校外の研修等の参加を促しましたか

Ⅲ．発見

10. 気になる生徒について校内委員会に各担任から報告される機会を作りましたか
11. 校内委員会の中で気になる生徒について専門的視点から検討する機会（巡回相談の利用等）を作りましたか
12. 気になる生徒について校内委員会の把握生徒としてリストに載せましたか
　　昨年度まで継続されてきた把握生徒数　（　　　）人
　　今年度新たに追加された把握生徒数　（　　　）人
13. 校内委員会の把握リストに載っている以外の生徒についても学習状況等の把握が適切に行われるよう働きかけをしましたか
14. 昨年度から引き継いだ校内委員会の把握生徒の入れ替えを校内委員会で検討しましたか

Ⅳ．把握・分析

15. 把握リストに載った生徒に対して実態把握票を校内委員会と担任が協力して作成しましたか
16. 実態把握票を基に、個別指導計画の作成に結びつけましたか
17. 個別指導計画を作成するにあたって、専門家の活用（巡回相談等）をしましたか
18. 関係する学習の場（通級等）での指導内容を考慮した個別指導計画が作成できましたか

Ⅴ．配慮・支援

19. 配慮の具体的な方法について担任を交えて校内委員会で検討する機会を作りましたか
20. 校内委員会が必要に応じて担任の指導について定期的に専門家からのアドバイスが受けられる機会を設定しましたか

Ⅵ．評価

21. 学期終了時点で個別指導計画の評価記載の管理を校内委員会で行っていますか
22. 個別指導計画の評価について保護者と共有しましたか
23. 個別指導計画の評価に基づき、来学期の指導目標を設定しましたか
24. 評価を客観的に行うための工夫（複数名での確認、数値（頻度など）の記録等）をしましたか

Ⅶ．引き継ぎ

25. 校内委員会として前年度の担任と今年度の担任との間で適切な引き継ぎが行われるような方法を取りましたか
26. 前年度の実態把握票の書き換えを行いましたか
27. 前年度の個別指導計画の内容と一貫性を持った新しい個別指導計画を作成しましたか

Ⅷ．連携

28. 校内全体で対応方法を決めておいた方がよい生徒について校内全体で情報を共有する機会を設けましたか（全体会の実施）
29. 通級あるいは専門機関を利用している生徒について担当者・主治医などとの連絡を行う機会を作りましたか
30. 校内委員会で把握している生徒について継続的に情報収集、検討を行う機会を作りましたか
31. 担任のみでなく校内委員会も関わった方がよいと判断される保護者との連携について、適切な対応ができましたか

	かなりやっている	やっている	たまにやっている	ほとんどやっていない

中学校名 ＿＿＿＿＿＿＿＿＿＿ 中学校　　記入者 ＿＿＿＿＿＿＿＿＿＿
学級担任　有・無　　今年度担当学年 ＿＿＿ 年　　教科 ＿＿＿＿＿

学級環境

Ⅰ．刺激量の調整
1. 座席の位置は個々の特徴に合わせたものになっていますか
2. ちょっかいを出す、話かけるなどの刺激し合う子をお互いに離れるような座席位置にしていますか

Ⅱ．ルールの明確化
3. クラス内のルールはシンプルで誰もが実行できるものに設定されていますか
4. クラス内での役割（例　当番、係）について行動の手順・仕方などが分からなくなった時、実際に参照できる工夫（例　手順表・マニュアル）がされていますか
5. 担任からクラス内のルールについての確認、評価を適切なタイミングで行っていますか

Ⅲ．クラス内の相互理解の工夫
6. 一人一人の目標について明確にし、本人に伝え、それについて一貫した指導を行っていますか
7. 助け合ったり、協力したりする場面を意図的に設定していますか
8. クラスの状況や方向性について、保護者会などで理解が得られるような説明をしていますか

授業における指導方法

Ⅰ．時間の構造化
9. 授業の初めに内容の進め方について全体的な見通しを提示していますか
10. 授業の流れの中で、今、何が行われているかが分かる工夫をしていますか
11. 時間割の変更などについてはできるだけ早く伝える工夫がされていますか

Ⅱ．情報伝達の工夫
12. 指示・伝達事項は聴覚的（言語）にだけでなく、視覚的（板書）に提示するようにしていますか
13. 抽象的な表現、あいまいな表現をできるだけ避け、具体的な表現に置き換える工夫をしていますか
14. 大事なことはメモさせる、メモを渡すなど、記憶に負担がかからない方法を工夫していますか

Ⅲ．参加の促進
15. 分からないことがあった生徒が、担任からの助言を受けやすくする工夫をしていますか
16. どの生徒も発表できる機会をもてるよう工夫がされていますか
17. １つの課題が終わったら、次にするべきことが常に用意されていますか
18. 集中の持続が可能なように、課題の内容や取り組み方に少しずつ変化をもたせていますか

Ⅳ．内容の構造化
19. （ワークシートなどを活用して）学習の進め方、段取りが分かりやすくなるような工夫がされていますか
20. 課題についてできる限り学習内容の細分化（スモールステップ化）を行っていますか
21. 授業がスムーズになるように毎回の進め方にある程度パターンを導入していますか

個別的配慮（気になる生徒に対して）

Ⅰ．つまずき全般
22. 個別指導計画に基づいた指導が充分に行えましたか（個別指導計画が作成されている生徒に対して）

Ⅱ．学習のつまずき
23. 教科内容について習得されている学年レベル、ミスの仕方について把握する工夫がされていますか
24. つまずきが起きはじめている所に戻って学習できる機会を用意していますか（例　下学年対応）
25. 学級以外の指導の場（例　通級）を利用している場合、情報・教材の共有がされていますか

Ⅲ．社会性のつまずき
26. その子なりに参加できる集団作り（例　学級、班、小グループ）をしていますか
27. 集団に参加できるための本人に応じたスキル（例　言葉使い、挨拶の仕方）を個別に教える機会を作っていますか
28. 小集団指導の参加機会について検討していますか（例　通級）

Ⅳ．注意のつまずき
29. 集中が途切れた時やじっとしていられない時に、どうするかなどの具体的な行動の仕方を本人と約束していますか
30. 授業内容は聞くばかりでなく、具体的な活動を取り入れていますか

Ⅴ．言葉のつまずき
31. 時々、質問などをして指示内容が理解できているか確認していますか
32. 指示理解の弱い子に対して、個別に説明を加えるようにしていますか
33. 言葉だけの説明で理解できない子には、絵や図などを使って補っていますか
34. 説明することの苦手な子に対して、時々時間をかけてゆっくり聞いてあげることをしていますか

Ⅵ．運動のつまずき
35. 手先の不器用さ、運動の苦手さから学習参加の拒否などが起こらないように気をつけていますか

Ⅶ．情緒のつまずき
36. １日の中でほめられる場面作りをしていますか
37. 得意なことが発揮できる活動を時々取り入れていますか
38. 本人の成長している点について、時々本人に伝える機会を作っていますか
39. 学校生活の中で苦にしていることなどについての訴えを聞く機会を作っていますか
40. 学校が好きになれることを一緒に探したり、提示したりしていますか